现代性视域下的
中国语言文学研究

《天水师范学院60周年校庆文库》编委会 | 编

光明日报出版社

图书在版编目（CIP）数据

现代性视域下的中国语言文学研究 /《天水师范学院 60 周年校庆文库》编委会编 . -- 北京：光明日报出版社，2019.9

ISBN 978 - 7 - 5194 - 5513 - 2

Ⅰ.①现… Ⅱ.①天… Ⅲ.①汉语—语言学—研究② 中国文学—文学研究 Ⅳ.①H1②I206

中国版本图书馆 CIP 数据核字（2019）第 189436 号

现代性视域下的中国语言文学研究
XIANDAIXING SHIYU XIA DE ZHONGGUO YUYAN WENXUE YANJIU

编　　者：《天水师范学院 60 周年校庆文库》编委会

责任编辑：郭玫君　　　　　　　责任校对：赵鸣鸣
封面设计：中联学林　　　　　　责任印制：曹　净

出版发行：光明日报出版社

地　　址：北京市西城区永安路 106 号，100050

电　　话：010-67017249（咨询）　　63131930（邮购）

传　　真：010 - 67078227，67078255

网　　址：http://book.gmw.cn

E - mail：guomeijun@gmw.cn

法律顾问：北京德恒律师事务所龚柳方律师

印　　刷：三河市华东印刷有限公司

装　　订：三河市华东印刷有限公司

本书如有破损、缺页、装订错误，请与本社联系调换，电话：010 - 67019571

开　　本：170mm×240mm

字　　数：421 千字　　　　　　印　　张：23.5

版　　次：2019 年 9 月第 1 版　　印　　次：2019 年 9 月第 1 次印刷

书　　号：ISBN 978 - 7 - 5194 - 5513 - 2

定　　价：89.00 元

总　序

春秋代序,岁月倥偬,弦歌不断,薪火相传。不知不觉,天水师范学院就走过了它60年风雨发展的道路,迎来了它的甲子华诞。为了庆贺这一重要历史时刻的到来,学校以"守正·奋进"为主题,筹办了缤纷多样的庆祝活动,其中"学术华章"主题活动,就是希冀通过系列科研活动和学术成就的介绍,建构学校作为一个地方高校的公共学术形象,从一个特殊的渠道,对学校进行深层次也更具力度的宣传。

《天水师范学院60周年校庆文库》(以下简称《文库》)是"学术华章"主题活动的一个重要构成。《文库》共分9卷,分别为《现代性视域下的中国语言文学研究》《"一带一路"视域下的西北史地研究》《"一带一路"视域下的政治经济研究》《"一带一路"视域下的教师教育研究》《"一带一路"视域下的体育艺术研究》《生态文明视域下的生物学研究》《分子科学视域下的化学前沿问题研究》《现代科学思维视域下的数理问题研究》《新工科视域下的工程基础与应用研究》。每卷收录各自学科领域代表性科研骨干的代表性论文若干,集中体现了师院学术的传承和创新。编撰之目的,不仅在于生动展示每一学科60年来学术发展的历史和教学改革的面向,而且也在于具体梳理每一学科与时俱进的学脉传统和特色优势,从而体现传承学术传统,发扬学术精神,展示学科建设和科学研究的成就,砥砺后学奋进的良苦用心。

《文库》所选文章,自然不足以代表学校科研成绩的全部,近千名教职员工,60年孜孜以求,几代师院学人的学术心血,区区九卷书稿300多篇文章,个中内容,岂能一一尽显? 但仅就目前所成文稿观视,师院数十年科研的旧貌新颜、变化特色,也大体有了一个较为清晰的眉目。

首先,《文库》真实凸显了几十年天水师范学院学术发展的历史痕迹,为人们全面了解学校的发展提供了一种直观的印象。师院的发展,根基于一些基础老学科的实力,如中文、历史、数学、物理、生物等,所以翻阅《文库》文稿,可以看到这些学科及其专业辉煌的历史成绩。张鸿勋、雒江生、杨儒成、张德华……,一个一个闪光的名字,他们的努力,成就了天水师范学院科研的初始高峰。但是随着时代的发展和社会需求的变化,新的学科和专业不断增生,新的学术成果也便不断涌现,教育、政法、资环等新学院的创建自是不用特别说明,单是工程学科方面出现的信息工程、光电子工程、机械工程、土木工程等新学科日新月异的发展,就足以说明学校从一个单一的传统师范教育为特色的学校向一个兼及师范教育但逐日向高水平应用型大学过渡的生动历史。

其次,《文库》具体显示了不同历史阶段不同师院学人不同的学术追求。张鸿勋、雒江生一代人对于敦煌俗文学、对于《诗经》《尚书》等大学术对象的文献考订和文化阐释,显见了他们扎实的文献、文字和学术史基本功以及贯通古今、熔冶正反的大视野、大胸襟,而雍际春、郭昭第、呼丽萍、刘雁翔、王弋博等中青年学者,则紧扣地方经济社会发展做文章,彰显地域性学术的应用价值,于他人用力薄弱或不及处,或成就了一家之言,或把论文写在陇原大地,结出了累累果实,发挥了地方高校科学研究服务区域经济社会发展的功能。

再次,《文库》直观说明了不同学科特别是不同学人治学的不同特点。张鸿勋、雒江生等前辈学者,其所做的更多是个人学术,其长处是几十年如一日,埋首苦干,皓首穷经,将治学和修身融贯于一体,在学术的拓展之中同时也提升了自己的做人境界。但其不足之处则在于厕身僻地小校之内,单兵作战,若非有超人之志,持之以恒,广为求索,自是难以取得理想之成果。即以张、雒诸师为例,以其用心用力,原本当有远愈于今日之成绩和声名,但其诸多未竟之研究,因一人之逝或衰,往往成为绝学,思之令人不能不扼腕以叹。所幸他们之遗憾,后为国家科研大势和学校科研政策所改变,经雍际春、呼丽萍等人之中介,至如今各学科纷纷之新锐,变单兵作战为团队攻坚,借助于梯队建设之良好机制运行,使一人之学成一众之学,前有所行,后有所随,断不因以人之故废以方向之学。

还有,《文库》形象展示了学校几十年科研变化和发展的趋势。从汉语到外语,变单兵作战为团队攻坚,在不断于学校内部挖掘潜力、建立梯队的同时,学校的一些科研骨干如邢永忠、王弋博、令维军、李艳红、陈于柱等,也融入了更大和更高一级的学科团队,从而不仅使个人的研究因之而不断升级,而且也带动学校的科研和国内甚至国际尖端研究初步接轨,让学校的声誉因之得以不断走向更远也更高更强的区域。

当然,前后贯通,整体比较,缺点和不足也是非常明显的,譬如科研实力的不均衡,个别学科长期的缺乏领军人物和突出的成绩;譬如和老一代学人相比,新一代学人人文情怀的式微等。本《文库》的编撰因此还有另外的一重意旨,那就是立此存照,在纵向和横向的多面比较之中,知古鉴今,知不足而后进,让更多的老师因之获得清晰的方向和内在的力量,通过自己积极而坚实的努力,为学校科研奉献更多的成果,在区域经济和周边社会的发展中提供更多的智慧,赢得更多的话语权和尊重。

六十年风云今复始,千万里长征又一步。谨祈《文库》的编撰和发行,能引起更多人对天水师范学院的关注和推助,让天水师范学院的发展能够不断取得新的辉煌。

是为序。

李正元　安涛

2019 年 8 月 26 日

目 录
CONTENTS

从印度到中国

——丝绸路上的睒子故事与艺术

张鸿勋*

闻名于世的古丝绸之路,不仅是一条促进中外经济往来的商贸之路,也是一座沟通东西文化交流的友谊桥梁。仅以文化交流而言,就广泛地涉及宗教、哲学、医学、科技、工艺、语言、文学、音乐、舞蹈、绘画、民俗等,泽及后世,极为深远。我国民间广为传布的"二十四孝"中所谓"郯子鹿乳奉亲"一事,就是通过丝绸之路、从古印度佛经中的睒子故事经中亚传入我国内地,流传千年后改造为本土化、世俗化的孝行故事,融入我国孝道文化的一个极好例证。

一

所谓郯子鹿乳奉亲,据明万历忠恕堂詹敬菊刊绣像本《日记故事大全》卷一《二十四孝》载:

> 周郯子,性至孝,父母年老,俱患双眼,思食鹿乳。郯子顺承亲意,乃衣鹿皮,去深山入鹿群中,取鹿乳以娱亲。猎者见而欲射之,郯子具以情告,乃免。
> 老亲思鹿乳,身挂鹿毛衣;
> 若不高声语,山中带箭归。

我国的所谓"二十四孝",自五代、宋以来,各种记述所收人物多有不同。而这个《日记故事大全》本收录的二十四孝人物,依次分别有"孝帝类"的虞舜、汉文帝二人,"孝贤类"的曾参、闵损、仲由(周)三人,"孝子类"的董永(汉)、郯子(周)、江革、黄香、陆绩(后汉)五人,"孝妇类"崔山南(唐)一人,"孝苦类"的吴猛、王祥(汉)、杨香(晋)三人,"仕孝类"的朱寿昌(宋)、庾黔娄(南齐)二人,"顺孝类"的

---

* 作者简介:张鸿勋(1935—),男,河南省郑州市人,天水师范学院文学与文化传播学院教授,主要从事敦煌文学研究。

老莱子(周)、蔡顺(汉)、黄香(后汉)、姜诗(汉)四人,"病孝类"的王裒(魏)、丁兰(汉)、孟宗(晋)、董廷坚四人等。每人的孝行事迹,均以四言标目,如"孝感动天""亲尝汤药""啮指心痛"之类;每人每事的解说,都很简略,却又都配以单幅画图,如"鹿乳奉亲"一图,背景是深山之中有一奔鹿,郯子头顶鹿角、身披鹿皮、拱手向二武士作讲说状;武士中年轻者执枪,年长者执弓箭作欲射状,旁有一犬仰首向郯子作吠状,增添了画面活跃气氛(图1),文后又附以五言诗一首作结。《日记故事大全》是明代众多通俗类书之一,当时有许多刊本,是供普通民众日常生活实用的一部教科书似的读物。它主要以儒家思想为主导,以历史人物和事件为借鉴榜样,教示儿童如何立身、处世修养自己,此书在当时社会中有相当的影响,所以我们选用了它。其实,《二十四孝》还有更早一些的印本,如1933年北平古物陈列所珂罗版影印的清宫藏南宋画家赵孟坚和画家刘松年合作的《赵子固二十四孝书画合璧》等,其文句与此本也差不多,故不再多谈。还要申明一下,这里附印的插图,用的并非《日记故事大全》上的插图,而是采用了较清晰的中国书店线装印本插图。

图 1

采自《二十四孝》(中国书店 1999 年 12 月版)

  传说中郯子鹿乳奉亲的故事发生在周朝,那就应该是春秋时期的事情。因为我国历史上只有战国时距鲁国不远,即今山东省郯城县西南二十里有一个郯国。杨伯峻著《春秋左传注》对它有个简介:

> 郯音谈,国名,据昭十七年传,为少皞之后,则为己姓;然《史记·秦本纪赞》云:"秦之先为嬴姓,其后分封,以国为姓,有徐氏、郯氏。"则似又郯出于伯益。《汉书·地理志》谓为"少昊后,盈姓",盈即嬴。则其所自出从《左传》,姓则从《史记》也。《楚世家》顷襄王十八年有郯国,则郯国至战国犹存。

  郯子的先祖,在《左传·昭公十七年(前525年)》中有一个自述:

> 秋,郯子来朝,公与之宴。昭子问焉,曰:"少皞氏鸟名官,何故也?"郯子曰:"吾祖也,我知之。……我高祖少皞挚之立也,凤鸟适至,故纪于鸟,为鸟师而鸟名……。自颛顼以来,不能纪远,乃纪于近。为民师而命以民事,则不能放也。"仲尼闻之,见于郯子而学之。既而告人曰:"吾闻之,'天子失官,官学在四夷',犹信。"

  从这一段话可知,郯子自称神话人物少皞(昊)的后裔;郯国是一个由以挚(鸷)鸟为主,以众鸟为百官名组成的鸟图腾崇拜联盟侯国。《春秋》之例,于当时所谓夷狄之国,皆以"子"称,故它仅是生活在中国东部沿海一带东夷集团中的小侯国。《春秋左传》涉及到它的记载,有如下数则:

  1. 宣公四年(前605年):"四年春,公及齐侯平莒及郯,莒人不肯。"

  2. 宣公十六年(前593年):"秋,郯伯姬来归,出也。"

  3. 成公七年(前584年):"七年春,吴伐郯,郯成。"

  4. 成公八年(前583年):"晋士燮来聘,言伐郯也,以其事吴故。……使宣伯师师会伐郯。"

  5. 襄公七年(前566年):"七年春,郯子来朝,始朝公也。"

  6. 昭公十六年(前526年):"齐侯伐徐。……二月丙申,齐师至于蒲隧,徐人行成。徐子及郯人、莒人会齐侯,盟于蒲隧。"

  7. 昭公十七年(前525年):"秋,郯子来朝。"

  8. 定公三年(前503年):"冬,盟于郯,修邾好也。"

  9. 哀公十年(前485年):"公会吴子、邾子、郯子伐齐南鄙,师于鄎。"

  《左传》所记郯国之事,若从初见的鲁宣公4年算起,到《史记·楚世家》最后见到它的楚顷襄王十九年(前281年)止,共历三百多年,郯国之君不知传了多少代,其间竟毫不见有郯子孝亲的记事;向以用字深寓褒贬著称的《春秋》,在宣公十六年把嫁于晋国的郯伯姬,中途因晋国发生王孙苏与召氏、毛氏争政之乱而被遣回娘家的事,以其关乎"诸侯出夫人"之礼(《礼记·杂记(下)》)都著于经传,如果真有郯子孝亲之事的话,就不会不写入《春秋》之中吧? 所以郯子鹿乳奉亲一事之有无,是很可怀疑的。不过郯子孝亲一事虽于史无据,但若作为传说故事来看,其基本情节:孝顺的郯子——年老病眼的父母——披鹿皮入山觅鹿乳——几误中箭等,按此类型寻找,那就是从古代印度传来的睒子孝亲故事。

<h2 style="text-align:center">二</h2>

季羡林先生早已指出,我国二十四孝中的郯子孝亲故事,是通过译经从印度传入我国的睒子故事。而睒子故事原本是古印度民间广为流传的一个传说,其最初的记载,则见于完成于公元前 4—前 3 世纪,由一个名叫蚁垤(Vālmiki,一译瓦尔米基或跋弥)的行吟诗人所完成的史诗《罗摩衍那》之中。《罗摩衍那》(一译《腊玛延那》,意译为"罗摩游记"或"罗摩传"),与另一部史诗《摩诃婆罗多》都是印度享誉世界的两大史诗。《罗摩衍那》在印度有多种版本,经印度学者精校后,编订为 7 卷,约 2 万 4 千颂的定本,经季先生译成汉文,收入《季羡林文集》第 17 - 24 卷。这部史诗的篇幅很长,但其故事的基本情节却并不复杂。季先生将其梗概简述为:

> 十头罗刹王罗波那肆虐,欺凌神人。大神毗湿奴化身为四,下凡生为十车王的四个儿子。长后萨厘雅生子罗摩,小后吉迦伊生子婆罗多,另一后须弥多罗生子罗什曼那和设睹卢祗那。罗摩娶遮那竭王从垄沟里拣起来的女儿悉多为妻。十车王想立罗摩为太子。小后要挟他,放逐罗摩 14 年,立自己的儿子婆罗多为太子。罗摩、悉多和罗什曼那遵父命流放野林中。十车王死后,婆罗多到林中来恳求罗摩回城即国王位。罗摩不肯。十头魔王劫走了悉多,把她劫到楞伽城。罗摩同猴王须羯哩婆联盟,率猴子和熊黑大军,围攻楞伽城。神猴哈奴曼立下了奇功。后来魔王被杀。罗摩同悉多团圆,流放期满,回国为王。

在这基干故事之中,一如印度《五卷书》《故事海》,或阿拉伯著名的《一千零一夜》等书的结构一样,都是在一个主干故事里又穿插大大小小、许许多多的其他故事,形成故事中套故事的包孕式结构。睒子的故事,就是穿插在《罗摩衍那》这部史诗第 2 篇"阿逾陀篇"第 57 - 58 章中的一个小故事。这个故事讲:在十车王放逐了长子罗摩以后,夜半时分,他回想起过去的一件罪孽,向正在伤心思子的长后憍萨厘雅倾诉。原来十车王年轻时就能够闻声射箭命中任何东西,在一个炎热天的夜晚,他驾车执箭去萨罗逾河边闲玩。这时,忽然听到水的咕咕响声,十车王以为遇到了来河边饮水的大象,于是随手向水响处射去一箭,但出人意外地:

接着从黑暗中传来了
森林居民说话的声音:
"啊,啊!"说着倒入水中,
那里有人在说话呻吟。
怎么这一支箭竟射中了
象我这样苦行者之身?(2,57,18)

我在夜里来到了
这寂静的河边汲水,
我却被这毒箭射中,
我做了什么坏事? 对谁?(2,57,19)

我本是仙人,与世无忤,
住在林中,以林产品为生;
……(2,57,20)

身上穿着树皮和兽皮,
我头上梳了辫子。
谁会想到把我来伤害?
我对谁干过什么坏事?
……(2,57,21)
断送了我的性命,
我没有什么忧愁,
只是我身死后,
我要为父母担忧。(2,57,23)

那一双老人年纪大了,
长时间来由我来抚养。
在我化为五种元素以后,
他们倚靠谁把生命延长?(2,57,24)

……

你只射出了一支箭，

就把我自己射死；

你同时也就射死了

我年迈双亲两个瞎子。（2，57，30）

他们俩眼瞎体弱，

正等着我打水回去；

他们好久就忍着渴，

满怀希望等在那里。（2，57，31）

……

国王呀！这一条小路，

就通向父亲的净修处。

你去安慰他一下吧！

但愿他不一怒把你咒诅。（2，57，35）

在诉说完这些话后，那个苦行者死去。"出于无知犯了大罪"的十车王，循着苦行者所指道路找到了那对盲父母，向他们讲述了前边发生的一切；悲痛欲绝的盲父母让他带路，来到儿子的尸旁，呼天抢地，大放悲声，诉说自己的失子之痛。这时死去的苦行者降临在父母面前，说是因其对父母做了善事，而"获得了天上神仙的躯体"，让父母勿过分悲哀。可是这父亲仍然向十车王发出了这样的诅咒：

既然你现在已经让我

由于丧子而痛苦难当；

国王呀！同样我也让你

为儿子担惊害怕而死去！（2，57，46）

简化一下这个故事的基本情节，则是国王夜游——误射为盲父母觅水的苦行者——找到盲父母——盲父母到独生子尸旁——盲父咒国王将遭报应，与我国二十四孝中的郯子鹿乳奉亲故事相较，虽然郯子故事是为患眼病的父母入山寻鹿乳，也并未被箭射中而死，射猎者也就未受到什么诅咒，但是他们的身份同为国王，同样披着兽皮在丛林或山中为父母觅水乳，同样被射箭者误中，只是最后结局不同而已。但从故事类型学而言，二者应属同一类型。换句话说，这两个故事之间应存在着一定的嬗变关系。不过经季羡林先生考察，我国的郯子孝行故事并不是直接受《罗摩衍那》的影响才形成，因为《罗摩衍那》在古印度属于伶工文学，是靠流浪到各处的艺人以传唱故事谋生的世俗文学，所以在古代从未被我国译为汉文。它之传入我国，是由佛经的汉译才来到了我国。这些汉译佛经是：

《六度集经》卷5（三国吴、康僧会编译）

《僧伽罗刹所集经》卷3（符秦、僧伽跋澄等译）

《睒子经》1卷（姚秦、圣坚译）

《佛说菩萨睒子经》1卷（失译）

《杂宝藏经》卷1（元魏、吉迦夜共昙曜译）

《善见律毗婆沙》卷2（萧齐、僧伽跋陀罗译）

《经律异相》卷10（南朝梁、宝唱纂集）

《法苑珠林》卷49"忠孝篇"（唐、道世著）

上述诸本，内容与文句的繁简虽有差异，但其故事人物、基本情节、孝行主题等，却无大的不同。现举《六度集经》卷5"忍辱度无极章"第3《睒道士本生》全文，以见其事：

昔者菩萨，厥名曰睒。常怀普慈，润逮众生。悲闵群愚不睹三尊，将其二亲处于山泽。父母年耆，两目失明；睒为悲楚，言之泣涕。夜常三兴，消息寒温。至孝之行，德香熏乾，地祇、海龙、国人并知。奉佛十善，不杀众生，道不拾遗。守贞不娶，身祸都息。两舌、恶骂、妄言、绮语、谮谤、邪伪、口过都绝；中心众秽、嫉恚、贪餮、心垢都寂。信善有福，为恶有殃。以草茅为庐，蓬蒿为席。清净无欲，志若天金。山有流泉，中生莲华，众果甘美，周旋其边，风兴采果，未尝先甘。其仁远照，禽兽附恃。二亲时渴，睒行汲水。迦夷国王入山田猎，弯弓发矢，射山麋鹿，误中睒胸。矢毒流行，其痛难言，左右顾眄，涕泣大言："谁以一矢杀三道士者乎？吾亲年耆，又俱失明，一朝无我，普当殒命。"抗声哀曰："象以其牙，犀以其角，翠以其毛，吾无牙角光目（日）之毛，将以何死乎！"王闻哀声，下马问曰："尔为深山乎？"答曰："吾将二亲，处斯山中，除世众秽，学进道志。"王闻睒言，哽咽流泪，甚痛悼之。曰："吾为不仁，残天物命，又杀至孝。"举哀云："奈此何！"群臣巨细，莫不哽咽。王重曰："吾以一国救子之命。愿示亲所在，吾欲首过。"曰："便向小径，去斯不远，有小蓬庐，吾亲在中，为吾启亲：'自斯长别，幸卒余年，慎无追恋也。'"势复举哀，奄忽而绝。王逮士众，重复哀恸。寻所示路，到厥亲所。王从众多，草木肃肃有声。二亲闻之，疑其异人，曰："行者何人？"王曰："吾是迦夷国王。"亲曰："王翔兹甚善，斯有草席，可以息凉；甘果可食，吾子汲水，今者且还。"王睹其亲，以慈待子，重为哽噎。王谓亲曰："吾睹两道士以慈待子，吾心切悼，甚（其）痛无量。

道士子睒者,吾射杀之。"亲惊恒曰:"吾子何罪,而杀之乎?子操仁恻,蹈地常恐地痛,其有何罪,而王杀之?"王曰:"至孝之子,实为上贤。吾射麋鹿,误中之耳。"曰:"子已死,将何恃哉?吾今死矣!惟愿大王牵吾二老,著子尸处,必见穷没,庶同灰土。"王闻亲辞,又重哀恸。自牵其亲,将至尸所。父以首著膝上,母抱其足,鸣口吮足,各以一手,扪其箭疮,椎胸搏颊,仰首呼曰:"天神、地神、树神、水神!吾子睒者,奉佛信法;尊贤孝亲,怀无外之弘仁,润逮草木。"又曰:"若子审奉佛,至孝之诚,上闻天者,箭当拔出,重毒消灭,子获生存,卒其至孝之行;子行不然,吾言不诚,遂当终没,俱为灰土。"天帝释、四大王天、地祇、海龙,闻亲哀声,信如其言,靡不扰动。帝释身下,谓其亲曰:"斯至孝之子,吾能活之。"以天神药灌睒口中,忽然得苏,父母及睒,王逮臣从,悲乐交集,普复举哀。王曰:"奉佛至孝之德,乃至于斯!"遂命群臣:"自今至后,率土人民皆奉佛十德之善,修睒至孝之行,一国则焉。"然后国丰民康,遂致太平。佛告诸比丘:"吾世世奉诸佛,至孝之行,德高福盛,遂成天中之天,三界独步。时睒者,吾身是;国王者,阿难是;睒父者,今吾父是;睒母者,吾母舍妙是;天帝释者,弥勒是也。"菩萨法忍度无极忍如是。

以此经所述与《罗摩衍那》相应部分比对,虽一为诗颂,一为散文,文体有异,但二者故事情节内容,几乎全同。不同的是:述者一为十车王自述,一为佛说;射猎者一为十车王,一为迦夷国王;被射杀者一为无名姓的苦行者,一为名睒的修道士;结局一为苦行者成仙升天,十车王受盲父母诅咒,是悲剧;一为睒由天帝释灌药而复活,迦夷国也由此奉佛,"国丰民康,遂致太平",皆大欢喜。特别是,《罗摩衍那》中这段故事,虽也有因果报应思想,但总体上尚保持着民间诗歌反复咏唱的朴实叙事风格,而《睒道士本生》在结尾处,由"佛告诸比丘"云云,将十车王这个故事中的人物——比附为佛教人物,轻轻巧巧就把民间传说故事,完全转化成了佛教故事,这是编造佛本生故事者最常用的手法,这样的套语几乎成了滥调。睒子故事进入佛本生故事后,也就成为佛教艺术的题材之一。位于今印度中央邦首府博帕尔附近、距毗底萨(今比尔萨)西南约 8 千米处,有一座建成于公元前 3—前1 世纪初的山奇佛塔(Sāchi StuPa),是印度著名的早期佛教建筑艺术。大塔下有四座砂石塔门,每座塔门约高 10 米,由三道中间微拱的横梁和两根方形的侧柱以插榫法构成(图 2)。在横梁和侧柱的嵌板上,布满了浮雕、半圆雕或圆雕,以人物和背景变换来展现发生在不同时间、地点的一系列佛本生和本行故事,同中国传统画的长卷十分相似。大塔的西门上就镌刻着一幅睒子孝亲故事浮雕。

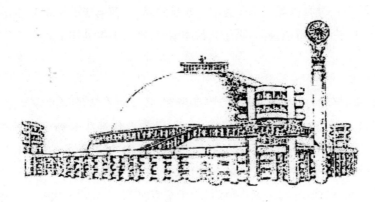

图 2　山奇第一塔

采自《中国美术全集·绘画卷》第 16 册。

　　整个画面由人物、草木、鹿群与茅屋组成:右上方是两间茅屋,为睒子盲父母所居处;左上方为鹿群,左下角是引箭射鹿的国王和中箭的睒子。雕刻简单古朴而凝重,这是睒子故事最早见于艺术的表现。再是在南印度德干高原文达雅山的悬崖上,有古代佛教开凿的阿旃陀(Ajanta)石窟。其中约建成于公元前 1 世纪的第 10 窟右廊壁上,也绘有连环画形式的睒子故事画。该画虽已剥落严重,但大体情节尚可辨识。它包含有:国王入山狩猎;盲父母隐居池边草庐,睒子与鹿交谈;睒子肩负水罐汲水,国王引箭误中睒子;国王与濒死的睒子交谈;国王至草庐前,向盲父母陈述睒子身亡事;国王引盲父母至睒子尸处;帝释以药拯睒子、睒子复苏、盲父母目复明,皆大欢喜。此一题材的绘画,在约建于公元 5 世纪的阿旃陀石窟第 17 窟里也有,仍是单幅多景式构图。画面下方是上身赤裸、下身着裙的睒子,肩负内坐盲父母的两筐前行,表现了睒子侍奉父母入山隐居。在其上方,则是国王引箭,一侍者双手托起中箭倒地的睒子;最上方仅存一马头和两马腿,应该是国王到盲父母隐居处之类的情节。除印度外,睒子故事还传入师子国(今斯里兰卡),又有了能流动展现的经变彩画,见东晋法显(337/342—418/428 年)所撰《佛国记》(亦称《高僧法显传》或《历游天竺记》),记其在师子国所见:

　　佛齿未出十日,使一辩说人著王衣服,骑象上,击鼓唱言:"菩萨经三阿僧祇劫,苦行不惜身命,以国、妻子及挑眼与人,割肉贸鸽,截头布施,投身饿虎,不悋脑,如是种种苦行,为众生故。……却后十日,佛齿当出,至无畏山精舍。……"如是唱已,王使夹道两边作菩萨五百身已来种种变现,或作须大挐,或作睒变,或作象王,或作鹿、马。如是形象,皆彩画庄校,状若生人。然后佛齿乃出,中道而行。

所谓"睒变",就是以睒子本生故事为题材的彩画,看来睒子的故事,早在公元4世纪初,已有了说唱看图表演,至于其具体情况,则已不得其详了。

三

睒子故事是何时传入我国的?以目前所知,较早收有该故事的译经是《六度集经》。此经8卷,依大乘佛教所说六度,分为六章,收佛经故事91篇。这些经并非编者自译,有的是前人所译。编集者是三国时吴国的康僧会。康僧会生年不详,据梁、僧祐《出三藏记集》卷13载,他祖籍康居(当今中亚撒马尔罕北),世居天竺,因其父经商,移居交趾(今两广境内)。十余岁时,双亲并亡前出家。吴赤乌十年(247年)赴建业(今江苏南京),居孙权为其所建的建初寺传教译经,于吴末帝天纪四年(280年)卒。《六度集经》中《睒道士本生》的传入,正在此时。有人认为,在我国睒子故事施之于讲唱,始自于魏曹植创作的《睒颂》,可是此说并不可靠,陈寅恪于《四声三问》一文中已加辩驳:

> 《睒颂》者即据康僧会译《六度集经》五《睒菩萨本生》而作之颂。考《高僧传》壹《康僧会传》云:会以赤乌十年始达建业。《魏志》拾玖《陈思王植传》云:(太和)六年发疾薨。吴大帝赤乌十年,即魏齐王芳正始八年,上距魏明帝太和六年,即植薨之岁,已十五年之久。陈思何能于其未死之前,预为未译之本作颂耶?其说……为依托,而非事实,固不待详辨也。

事虽伪托,但睒子故事撰成偈颂传唱,则是可能。于此可见至迟三国时睒子故事已在我国流传。

睒子故事随着佛教传入我国后,沿着丝绸大道,由西向东,在绘画、雕刻等艺术上都有表现。新疆拜城附近克孜尔石窟中的第7、8、17、63、114、157、178、184、186等窟,森木塞姆石窟第26窟,克孜尔尕哈石窟第11窟等的壁画中,都有睒子经变故事画。这些壁画,大约绘成于两晋、南北朝时期。其特点是少有表现完整故事的画幅,往往只是选择睒子故事中一两个核心情节,以单幅菱形画图,夹绘于众多佛本生故事画群中。如第17窟的一幅,是菱格顶端为穹庐中趺座着睒子的盲父母,其下左侧是身著甲胄、骑在马上张弓作射箭状的国王,右侧则是跪在泉傍正弯身汲水的睒子(图3),构图非常简洁。又,第114窟的一幅,构图基本与上述第17窟相似,只是把趺坐穹庐中的盲父母放了下方(图4)。而第178窟中的一幅,却没有睒子的盲父母出现,只是围绕在主题像上方、左方、右方各绘装饰性的猴、禽鸟、奔鹿而已(图5)。这些菱形画中的人物,其发型、饰物、衣着、提壶等,都呈现出浓郁的当地民族的风格,特别是睒子的图像,全是汲水而非身披鹿皮,说明它们是按佛经故事绘制而成,尚未转化为中土故事。睒子故事进入当时"华戎所交一都会"的敦煌后,在文学和艺术的表现中更为多样。敦煌遗书里,有5个残卷收有孝行故事,即伯2621卷、伯3536卷、伯3680卷各3则,斯5776卷6则,斯389卷5则。经王庆菽先生综合校理,拟名"孝子传"收入《敦煌变文集》卷8,睒子故事即见于伯3680卷(补以伯3536卷),其文为:

> 闪子者,嘉夷国人也。父母年老,并皆丧亡。闪子晨夕侍养无阙,常著鹿皮之衣,与鹿为伴,担瓶取水,在鹿群中。时遇国王出城游猎,乃见间下有鹿群行逐,王张弓射之。误中闪子,失声号叫云:"一箭煞三人。"王闻之有人叫声,下马而问。闪子答言:"父母年老,又俱丧明,侍养无人,必应饿死。"语了身亡。诗曰:
>
> 闪子行尊孝老亲,不恨君王射此身;
>
> 父母年老失两目,谁之一箭煞三人。

图3　克孜尔第17案　睒子本生　　　　图4　克孜尔第114窟　睒子本生

又,台湾黄永武主编的《敦煌宝藏》第137册收录德化李盛铎原藏敦煌遗书本《佛说父母恩重经》,其中列举孝子事迹时亦载睒子一事:

> 昔丁兰木母,川灵感应;孝顺董黯,生义之报德;郭巨至孝,赐黄金。迦夷国王入山射猎,挽弓射鹿,误伤闪胸,二父仰天悲号。由是至孝,诸天下药涂疮,闪子还活。父母眼开,明诸日月。不慈不孝,感应。闪子更生,父母开目。人之孝顺,百行为本,外书内经,明文成记。……

图 5　克孜尔第 178 窟

采自贾应逸、非青编《新疆壁画线描精品》（新疆美术摄
影出版社 1993 年版 8 月版。）

这两则"睒子"都作"闪子"，应是同一人。因为它们都是取自梵文 Syāmaka（音译"商莫迦"）或 Syāma（音译"睒摩"）的首音，在《广韵》中睒、闪同为失冉切、咸摄开口三等上声琰韵的书母字，只是用字不同而已。至于敦煌壁画中以睒子故事为题材的作品就更多了。据敦煌文物研究所统计，现存洞窟中敦编第 461 窟西壁龛楣（建于西魏），第 299 窟窟顶西、北、东坡，第 301 窟窟顶北坡，第 438 窟窟顶北坡（以上建于北周），第 302 窟窟顶前部下段，第 417 窟窟顶东坡（以上建于隋），以及西千佛洞第 12 窟（建于北周）等，都绘有睒子故事的壁画。这些壁画的表现形式有两种：一种是立体式单幅画，如西千佛洞第 12 窟，其图分上下两层，自右而左（以像的左右定位），上层先绘睒子跪奉父母；其下层乃国王骑马射向睒子，再转上层，依次是国王向盲父母跪告；国王携盲父母去睒子亡处；盲父母抚尸痛哭，天神飞降；其下层是睒子再生，皆大欢乐（图 6）。另一种是横卷式连环画。它一般是按故事的发生、发展、高潮、结束来展开画面，第 299 窟的睒子故事画是其代表作。此图绘于该窟主室顶藻井外围之西坡北段、北坡、东坡北段，成一"凹"字形。画面表现了该故事的六个情节，构图如图示；这六个情节如图示：(1)迦夷国王趺坐宫殿，前立拱手二大臣，后为一立侍；(2)在执曲柄伞从的遮护下，国王骑马向茂密山林走去；(3)国王纵马张弓欲射飞驰的奔鹿，睒子坐在溪边，旁立一鹿；(4)国

王跪在内坐盲父母的穹庐前,作述说状;(5)国王引携盲父母前行;(6)盲父母抚睒子尸痛哭,天神降临。全图由右向左,从两头开始展现,恰好使国王误射睒子这一关键情节,处于中央部位,表现了画家精心的构思。

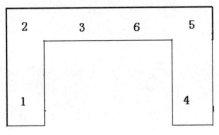

沿着丝绸之路向东,则有天水麦积山石窟第127窟前坡北魏时所绘的《睒子经变》图以及陇西县和清水县宋金墓砖彩绘二十四孝中的睒子鹿乳奉亲图。前者长7.6米,高1.4米,呈梯形横贯第127窟前坡,是麦积山现存最为完整内容也最为丰富的一幅北魏后期原作壁画。对此壁画,麦积山石窟艺术研究所刘俊琪先生历时3年完成了临摹工作,并先后发表过两篇研究文章。据他介绍:"全图以朝臣送行、观猎、狩猎、误射睒子、睒子倾诉、国王告知盲父母、国王背盲父母去看睒子、盲父母哭尸八个场面组成。""这幅北朝壁画,无论对物象形神的刻画、画面布局,还是对山川河流,即山水的处理,均达到了一个前所未有的高度。"(图7)至于陇西县和清水县宋金墓砖雕画,分雕于二块砖上,右侧为一人骑马,身背数箭,左手执弓,右手前扬,前有一人牵马,马后上方墨书"国王出游";左侧为头顶鹿角、身披被一箭穿透鹿皮的睒子半身像,身旁站一人,左手执棒抗肩,右手抬起,两人间墨书"剡子行孝""嘉口人也"两行(图8)。由于是砖雕,故其图像简单而呆板,谈不上什么艺术,仅备一格而已。

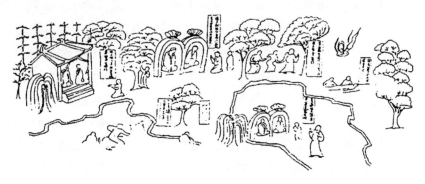

图6　敦煌西千佛洞第12窟　睒子经变

图7　莫高窟第299窟窟顶　睒子经变

图6、图7均采自谢生保《从〈睒子经变〉看佛教艺术中的孝道思想》(《敦煌研究》2001年第2期。)

图8　麦积山石窟第127窟窟顶　睒子经变(局部)

采自谢生保《从〈睒子经变〉看佛教艺术中的孝道思想》(《敦煌研究》2001年第2期。)

展现睒子故事的雕刻艺术,进入中原内地后,偏北则有山西大同云冈石窟分别刻于北魏时期第1、第9窟中的"睒子经变"浮雕。第1窟前室的那幅,残缺过甚,画面大多已不可辨识,只有第9窟前室腰壁的那幅,虽也有残损,但保存基本还算完整。据介绍,第9窟这幅睒子浮雕故事,"从窟内西壁南部开始,延伸到北壁。纵高0.8米,横长约4米。西壁三个画面:第一个画面是:妙行菩萨下凡投胎,盲父母施舍财物;第二个画面是:睒子肩驮盲父母入山,盲父母在草庐中休行;第三个画面是:睒子辞别父母去汲水,睒子同泉边野兽戏耍。北壁两个画面:第一个画面国王入山狩猎,侍从紧随后面;国王射鹿,误中睒子。第二个画面是国王亲到草庐前向睒子父母谢罪;盲父母听后,举手哀痛,呼唤天神。共用5个画面表现了故事的主要内容,但没有天神下凡救活睒子、盲父母重见光明的情节。每个画

图9　睒子鹿乳奉亲

采自魏斌等《甘肃宋金墓"二十四孝"图与敦煌选书〈孝子传〉》(《敦煌研究》1998 年第 3 期。)

面旁边原有石刻榜题,现已风化,不见字迹"(图 10、11)从中原向西南行,则有四川大足石窟刻在宝顶山大佛湾宋代第 17 号窟的《大方便[佛]报恩经变》中的《睒子经变》。该窟为平顶窟,高 7.1 米,宽 14.7 米。全图以释迦摩尼佛半身像为中心,东西两侧岩壁面上,分三层雕刻着 12 组该经变相图。西壁上层就刻有"释迦

图10　云冈第9窟前室西壁　睒子经变

图11　云冈第9窟前室北壁　睒子经变

图 10、11 均采自谢生保《从〈睒子经变〉看佛教艺术中的孝道思想》(《敦煌研究》2001 年第 2 期。)

因地睒子行孝图"。图中仅刻了睒子父母抚尸痛哭与肩负弓、腰系剑壶的国王面向睒子父母站立的景象;傍边又刻有《睒子经》经文,相当于该图的解说辞。此外,甘肃、山西、河南、北京、辽宁等省市多处发现的宋、金、辽、元等历代墓室壁画、石

棺线刻中包含睒子行孝在内的二十四孝图,都有不少,就不再一一介绍了。

<h2 style="text-align:center">四</h2>

睒子故事传入我国后,并非一下就融入民众心目中被认可为中国二十四孝之一的,它有一个逐渐世俗化、本土化的过程。这就不能不简单考察一下我国传统文化中的孝道思想问题。

在统治我国思想的儒家伦理道德体系中,"孝"是具有特殊重要地位的一种传统道德观念。儒家六经之一、先秦时期孝道文化总结和升华的《孝经》,"开宗明义章"就说:"夫孝,德之本也,教之所由生也。"《大戴礼·曾子大孝》篇也说:

> 夫孝者,天下之大经也。夫孝,置之而塞于天地,衡之而衡于四海;施诸后世,而无朝夕;推而放诸东海而准,推而放诸西海而准,推而放诸南海而准,推而放诸北海而准。《诗》云:"自西向东,自南向北,无思不服。"此之谓也。

在这种文化氛围下,孝行事迹的传说故事就为人们所津津乐道,并且自汉以来,历代都有人搜集、整理、编纂褒扬其事。不过《汉书·艺文志·六艺略》虽有《孝经》11家、59篇的著录,但尚无专作孝子事迹的著作。而《隋书·经籍志·史部》开始则多了起来,计有:《孝子传赞》3卷(王韶之撰)、《孝子传》15卷(晋辅国将军萧广济撰)、又10卷(宋员外郎郑辑之撰)、又8卷(师觉授撰)、又20卷(宗躬撰)、《孝子传略》2卷(佚名撰)、《孝德传》30卷(梁元帝撰)、《孝友传》8卷(佚名撰)等。到了《旧唐书·经籍志·史录·杂传类》除继续著录上列各书外,又增添了《杂孝子传》1卷(佚名撰)、《孝子传》1卷(卢盘佐撰)、又,3卷(徐广撰)等。这些著作大多已经亡佚,至清道光间出现了茆泮林从唐宋类书《初学记》《艺文类聚》《太平御览》及其他有关著作中,辑得《古孝子传》十种,计有汉刘向以下萧广济、王歆、王韶之、周景式、师觉授、宋躬、虞盘佑、郑缉之,以及佚名等十家残存孝行人物事迹和他自己辑录的《孝子传补遗》10则。值得注意的是,这11种《古孝子传》辑佚中,并无睒子孝行故事,虽然并不排除未能保存下来的可能,但11种辑佚中竟然未有片言只语涉及睒子,就不能不认为在隋以前,睒子故事虽早已传入中国,但只在佛教界内传布,尚未融入中国孝行人物之中。之所以如此,是同那时一些儒者排斥佛教有关。佛教传入中国后,发展虽很快,且得到多数统治者的支持,但也引起了一些儒者的反对。特别是在中国文化传统中心"孝"与"忠"上,更是大受儒者攻击。他们说,和尚剃度出家,既毁形伤体,又断绝后嗣;身披袈裟,不拜王者,有违事亲报父母恩和君亲之教等等。梁僧佑《弘明集》卷3所收晋孙绰《喻道论》一文中,就引有对此的责难:

周孔之教,以孝为首,孝德之至,百行之本,本立道生,通于神明。故子之事亲,生则致其养,没则奉其祀。三千之责,莫大无后。体之父母,不敢夷毁,是以乐正伤足,终身含愧也。而沙门之道,委离所生,弃亲即疏,刑剔须发,残其天貌,生废色养,终绝血食,骨肉之亲,等之行路,背理伤情,莫此之甚。

在这种情况下,怎么可能把佛教的菩萨睒子认同为本民族的孝子人物呢?当然,对于这种攻击,佛教内外都有为之抗辩者,双方相持争论不已,但最后终以佛教不懈的辩解、调和、妥协与改革,逐渐与中国封建传统文化靠拢,才得以渐渐平息了下来。

在现存文献中,首见引睒子故事入孝行的是成书于唐高宗总章元年(668年)释道世撰《法苑珠林》卷61、62"忠孝篇·睒子部"。至于它进入我国二十四孝之列,大约应在晚唐五代之时。因为敦煌遗书晚唐五代抄卷中前引伯3680拟名"孝子传"内已有了睒子故事,同时还有三件五代高僧云辩撰述的《故圆鉴大师二十四孝押座文》证实此时也有了"二十四孝"之说,但其内容仅及目连、释迦、舜、王祥等9人孝行,并未出现睒子名目(不排除该文仅系列举,故二十四人未一一出现),直到河南林县城关发现的宋神宗熙宁至徽宗政和年间(1068—1117年)墓葬砖雕,和《赵子固二十四孝书画合璧》、元代郭居敬(一说郭守正)编《二十四孝诗》等,始见佛经中的"睒"子以本土化的"郯"子出现,收进了二十四孝。因而把佛教睒子故事中转化为中国故事的时间定在晚唐至北宋时,应该是没有什么大问题的。至于睒子改为郯子,是因我国古代有郯国,附会后便于"信而有征",且因"睒""郯"二字形近,又同属咸摄开口呼定母字,音相近,便于转变附会。这样,古代印度的睒子故事,也就形成了周王朝时的郯子故事,融入了中国社会。

我们简略地考察了古代印度睒子故事传入中国衍化为郯子鹿乳奉亲故事进入二十四孝之一后,可以看到,世界上历史最为悠久的中印两个大国,在其文化交流中,就中国而言,以佛教为主的古印度文化传入后,大大丰富了我国传统文化的内容,但是在这一过程中,我们并非毫无保留、生搬硬套,而是在交流中以我为主,有吸收,有扬弃,有改造,也就是现在人们常说的"洋为中用"。史学大师陈寅恪就说过,历史上我国与外来文化交流时,"其真能思想上自成系统,有所创获者,必须一方面吸收输入外来之学说,一方面不忘本来民族之地位。此二种相反而适相成之态度,乃……二千年吾民族与他民族思想接触史之所昭示者也"。这一论断,我们在二十四孝之一郯子故事中又得到了验证。

注:本文曾发表在《天水师范学院学报》2003年第6期上

敦煌俗赋《茶酒论》与"争奇型"故事研究

张鸿勋*

自古以来,茶与酒就是我国人民日常生活中两个极其重要的组成部分。"夫茶之为民用,等于米盐,不可一日以无";而"酒之于世也……无一可以缺此"。可以这样说,上至帝王将相,文人墨客,儒、道、释各家,下至挑夫贩夫,渔父织妇,平民百姓,无不以茶酒为好。在我国浩繁的古籍里,有关茶酒的记载也是汗牛充栋,车载斗量。单以诗文而言,茶酒诗、茶酒词曲、茶酒辞赋、茶酒小说、茶酒故事传说,等等,简直连篇累牍,不可胜数。至于遍及各地、各民族所形成的茶酒之道、茶酒之艺、茶酒之俗、茶酒之歌舞游艺,以及茶酒之书画等,更是各具特色,历世不绝。

然而,茶与酒的性质和功能并不相同。有人说:"至若救渴,饮之以浆;蠲忧忿,饮之以酒;荡昏寐,饮之以茶。"只是它们同属饮料,故往往又被联系在一起。可是酒的性格鲜明,热情,外向,但若恣纵酗饮,就易凶狠,暴烈,给人带来某种伤害;而茶的性格清幽,儒雅,平和,隽永,利多弊少。于是,人们对茶酒的评论就出现了高低、优劣、贵贱的不同。有人推崇茶高于其他所有饮用物,如唐裴汶《茶述》就说:

> 茶……其性精清,其味浩浩,其用涤烦,其功致和,参百品而不混,越众饮而独高。烹之鼎水,和以虎形,人人服之,永永不厌。

可是有人却又嗜酒,赞之为"天之美禄"。诗人白居易《酒功赞》说得好:

> 麦曲之英,米泉之精,作和为酒,孕和产灵。孕和者何?浊酒一樽,霜天雪夜,变寒为温。产灵者何?靖醑一酌,离人迁客,转忧为乐。纳诸喉舌之内,淳淳泄泄,醍醐沆瀣;沃诸心胸之中,熙熙融融,膏泽和风。百虑齐息时,乃之德;万缘皆空时,乃之功。吾尝终日不食,终日不寝,以思无益,不如且饮。

于是,在各有偏爱的情况下,有了互相攻讦。《太平广记》卷一四三"毋旻"条

---

* 作者简介:张鸿勋(1935—　　),男,河南省郑州市人,天水师范学院文学与文化传播学院教授,主要从事敦煌文学研究。

引《大唐新语》载：

> 唐右补阙毋旻，博学有著述才……。性不饮茶，著《代饮茶序》，其略曰：
> 释滞消壅，一日之利暂佳；瘠气侵精、终身之累斯大。获益则归功茶力，贻患，
> 则不谓茶灾，岂非福近易知，祸远难见云。

这种不同的看法和评价，中唐以后，随着制茶酿酒业的进一步发展与普及，就
越演越烈，反映到民间通俗文艺中，就出现了以茶酒争功为题材的《茶酒论》。

一

《茶酒论》在敦煌遗书中现知有六个抄本，其具体情况如下：

（一）伯 2718 黄纸五张，四界，正面书。接抄于《王梵志诗一卷》之后，存 45
行。首尾完全，有前后题，撰人题名及抄写人阎海真题记。

（二）伯 2875 仅一纸，正面书，虽存 24 行，有前题，但其纸下半截已残缺。字
较工。

（三）伯 2972 黄纸二张，四界，首缺，存 52 行，正面书，字较工。有朱笔圆点及
校改。卷背有"金光明寺"、食物帐、舍施回向疏等。

（四）伯 3910 小册子，十九叶；直栏，书法不佳。首尾皆有标题。首行题"己卯
年正月十八日阴奴儿界学子"，接抄《茶酒论》《新合千文皇帝感辞》《新合孝经皇
帝感辞》、韦庄《秦妇吟》等。末行题"癸未年二月六日净土寺弥赵负住左手书"。

（五）斯 406 存前部分 18 行，有前题。

（六）斯 5774 存三断片，分别为 3、6、5 行。

这六个写卷中，有三个写卷（即一五六）有作者署名"乡贡进士王敷撰"。王
敷，史传无载，生平、籍贯不详；敦煌遗书中署此名者，目前也仅见此一篇，但篇中
"茶为酒曰：'阿弥不见道：男儿十四五，莫与酒家亲。……'"之句，却又见于斯
5711 卷《千字文》外的多行杂写中："郎君须立身，莫共酒家亲"；伯 4051 卷《事林
一卷》的封面上边也有此语。另外在莫高窟第 108 窟窟檐南壁外侧题壁也有
"□□（五）□（身）第二莫共酒家亲"云云一条。看来这是当时敦煌流行的一句俗语；
因而我怀疑王敷大概是敦煌士人。而敦煌研究院定此窟为五代曹氏时窟，则王敷
或亦此时期人欤？另外，"乡贡进士"之称，又为我们了解此人提供了一点线索。
唐人所谓"乡贡进士"，大多是指那些被举荐参加进士科考试而尚未登第者。王敷
既是"乡贡进士"，那么他该是一位出自州县、应过进士科举有一定社会身份的文
士了。在当时，这是一个相当庞大的文人集团，其成员相当复杂，五代王定保《唐
摭言》卷一"散序进士"条就指出："进士科……岁贡常不减八九百人。……其负

倜傥之才,变通之术,苏、张之辨说,荆、聂之胆气,仲由之武勇,子房之筹画,弘羊之书计,方朔之诙谐,咸以是而晦之,修身慎行,虽处子之不若;其有老死于文场者,亦无所恨。"从《茶酒论》的内容本身看,反映出王敷对茶酒的方方面面都有相当的知识和了解,比较熟悉民间传说故事,又擅长诗赋,故而才能写出这篇有"方朔之诙谐"的赋体之作。

《茶酒论》的编写年代,据上录(一)卷题记"开宝三年(970年)壬申岁正月十四日知术院弟子阎海真自手书记"看(引案:开宝三年应为庚午,壬申乃开宝五年,此必有一误),是为其编成的年代下限;而据上录(四)卷题记"癸未年二月六日净土寺弥赵负住左手书,虽未标出年号,但接抄有《秦妇吟》等,而《秦妇吟》开篇即道"中和癸卯春三月,洛阳城外花如雪"云云,即唐僖宗中和三年(883年),则此"癸未"有可能为五代后梁龙德三年(923年)或宋太宗太平兴国八年(983年)。若为前者,则其编成年代下限较开宝三年又提前四十七年。证以(一)卷抄写人"阎海真"之名又见于莫高窟第五窟南壁西端供养人第五身,乃曹元忠之远亲,敦煌之大姓,说它是五代或北宋初以前编写成,大体是不会错的。而且从篇中出现的"酒店"一语看,其出处虽早见于《南史·颜延之传》:"文帝尝召延之,传召频不见,常日但酒店裸袒挽歌,了不应对,他日醉醒乃见",但并不常用,当时更多的称之"酒户"(见《旧唐书·食货志(下)》)、"酒坊"(见《隋书·食货志》、唐·姚合《姚少监集》卷十《听僧云端讲经》诗)、"酒家"(见《汉书》卷三十七《栾布传》)等等,只是晚唐五代之后,特别是宋代,随着商品经济的迅速发展,城市中封闭型坊市制度瓦解后繁华街市的逐渐形成以及以勾栏为中心的瓦市的兴起与活跃,都市生活逐渐形成后,酒店茶坊才蓬勃发展起来,这只要看一下北宋孟元老《东京梦华录》等记述当时都城生活及风土民情的书,即可知道。这也说明《茶酒论》的出现,大约就是在这样的社会历史时期。至于它著作时代的上限,当不出中唐,一则《茶酒论》中列举产茶之地有"浮梁"一处,而浮梁乃天宝元年新平县所改称;二则据唐人杨华《膳夫经手录》记载:

> 茶,古不闻食之。……至开元、天宝之间,稍稍有茶,至德、大历遂多,不得一日无茶也。……歙州、婺州、祁门、婺源方茶,制置精好,不杂木药,自梁、宋、幽、并间,人皆尚之。赋税所入,商贾所赍,数千里不绝于道。

又,唐人封演《封氏闻见记》卷六"饮茶"条也载:

> 茶……南人好饮之,北人初不多饮。开元中,泰山灵岩寺有降魔师,大兴禅教,学禅务于不寐,又不夕食,皆许其饮茶。人自怀挟,到处煮饮,以此转相仿效,遂成风俗。自邹、齐、沧、棣,渐至京邑城市,多开店铺,煎茶卖之,不问

道俗，投钱取饮。其茶自江淮而来，舟车相继，所在山积，色额甚多。

这些记述当时社会兴起的饮茶习尚、普及程度、产地和贩贸等，与《茶酒论》的描述，基本一致，可见它们的时代应相去不远：

> 茶为酒曰："阿你不闻道，浮梁歙州，万国来求；蜀川流（蒙）顶，其山蓦岭；舒城太胡（湖），买婢买奴；越郡余杭，金帛为囊。素紫天子，人间亦少；客商来求，舡车塞绍。"……茶为酒曰："我之茗草，万木之心，或白如玉，或似黄金。明（名）僧大德，幽隐禅林，饮之语话，能去昏沉。……"酒为茶曰："三文一上江下巩（缸），何年得富？……"茶为酒曰："我三十成名，束带巾栉，蓦海其江，来朝今室。将到市鄽，安排未毕，人来买之，钱财盈溢。言下便得富饶，不在明朝后日。……"

附带说一下，中国，也是世界上最早的一部茶学百科全书《茶经》，其编著也约在此时（唐肃宗上元初至德宗贞元廿年左右），也可以作为《茶酒论》编写年代上限的一个旁证吧。

最后，谈一下伯2718卷题记中的"知术院"，这是一个被某些论著误解讹传的问题。游国恩等主编的《中国文学史》第四编第十二章第二节"俗赋、话本和词文"中，校"术"为"行"，进而推断这篇作品曾"在行院里演唱"；而姜亮夫先生说它"疑不能明，释道两家皆有院称……又私寺亦多用院字"。他们将"知术院"或看作倡优行院，或看作释道寺院、庙院，其实都是错的。"知术院"应当是"伎术院"（在《广韵》"知"为止摄开口三等平声支韵知母，"伎"为止摄开口三等上声纸韵群母，在敦煌俗文中，它们可以通押），它是归义军时期管理各类工匠的衙门。所谓"伎术"据《唐会要》卷六十七"伎术官"条即可知道其所辖范围：

> 神功元年（697）十月三日敕：自今以后，本色出身，解天文者，进官不得过太史令；音乐者，不得过太乐鼓吹署令；医术者，不得过尚药奉御；阴阳卜筮者，不得过太卜令；解造食者，不得过司膳令。……

可见唐之"伎术"，包括天文、音乐、医术、阴阳卜筮、造食等，官品并不高。"知术院弟子"的阎海真，完全有可能喜欢并抄写这样富有趣味性、知识性的《茶酒论》。同时，这一称谓在敦煌遗书中还有多例，如伯3192卷《论语集解卷第六》背题记："伎术院礼生翟奉达"；伯3716卷《新集书仪一卷》题记："天成五年庚寅岁五月十五日敦煌伎术院礼生张儒通写"；伯3906卷题记："天福七年壬寅岁肆月贰拾日伎术院学郎知慈惠乡书手吕▢▢▢"；伯4040卷背金山国时期《修文坊巷社再缉上祖兰若标画两廊大圣功德赞并序》也有"……都勾当伎术院学郎李文进社众等计卅捌人……"云云的话句,都证实了这一点。

二

《茶酒论》的故事内容,是一篇寓言。它以拟人化的茶、酒各为一方,争夸自己的出身、价值最高,最有功于世人;同时攻讦对方处处不如自己,因而自己最尊贵。最后,由水出面劝说,没有水,既浸不出茶,又酿不出酒,所以万物皆有所长,只有互相依存,才能各显其用。这一故事,丁乃通编著的《中国民间故事类型索引》按国际通用的阿尔尼和汤普森分类制(简称"AT 分类法")列为 293 型,其归纳为:

> 293〔肚子和人体其他的器官争大〕有时争大的是五个手指。
>
> 293A〔身体两个部分不和〕鸟(或蛇)身上的两部分(两个头或头和尾)总是不合作,而吵闹不休,最后这个鸟或蛇死于非命。
>
> 293B〔茶和酒争大〕茶和酒都争说自己比对方好,水指出没有水两者都不行。

就类型的归纳而言,上述三个类型与次类型基本上概括了这类故事的共同点和不同处,但事实上,就笔者所见到的,却有超出这个概括的故事(详下),显示了这一故事类型流传中的变异性。就其流传地域而言,还涉及古代印度、希腊;就在我国的流传来说,也涉及中原、西南、江浙等地。就其传播的民族而言,除汉族外,还有布依族、藏族。就其表现形式而言,除故事外,还有小说、戏曲、小调、曲艺等等,相当多样。凡此皆可补充丁乃通归类与举例的不足。

古人很早就从自身和社会生活中认识到,世间任何事物之间往往存在着彼此互为依存、相辅相成、协作发展的关系,所谓"辅车相依,唇亡齿寒"(《左传·僖公五年》)就是这个意思。这样的认识,从另一角度看,如不这样,就会弄得两败俱伤,于是衍化出像《韩非子·说林》这样的寓言故事:

> 虫有虺者,一身两口,争食相龁也。遂相杀,因自杀。人臣之争而亡其国者,皆虺之类。

虺,古人称多首之蛇,《楚辞·招魂》"雄虺九首,儵忽焉在"可证。《韩非子》的《说林》篇(其实还有《储说》篇)汇集了大量历史传说和民间故事,是韩非积累起来为写作论说时引用以阐述自己观点的原始资料,所以这是一则公元前三百多年时(韩非约生活于公元前 280—前 233 年)流传民间的寓言故事,情节虽简单,却具有293A 型故事的雏形,成为目前可见到的此类故事最早的记录。西汉末年,佛教传入中国,随着佛经的译迻,古印度的一些民间寓言故事之类,也传到了中国。我们在后秦鸠摩罗什译、比丘道略集编的《众经撰杂譬喻经》卷六第廿五见到一则类似故事:

昔有一蛇,头尾自相与诤。头语尾曰:"我应为大。"尾语头曰:"我亦应大。"头曰:"我有耳能听,有目能视,有口能食,行时最在前,是故可为大。汝无此术,不应为大。"尾曰:"我令汝去,故得去耳;若我以身绕木三匝,三日而不已。"头遂不得去求食,饥饿垂死。头语尾曰:"汝可放之,听汝为大。"尾闻其言,即时放之。复语头曰:"汝既为大,听汝前行。"尾在前行,未经数步,堕火坑而死。此喻僧中或有聪明大德上座,能断法律,下有小者,不肯顺从,上座力不能制,便语之言,欲尔随意。事不成济,俱堕非法,喻若彼蛇坠大坑也。

抛开故事结尾的牵强说教,这实际是一则293A型故事,却较《韩非子·说林》所述的两口之虺故事,翔实得多。这一故事,在古印度伽斯那著、南朝齐求那毗地译《百喻经》卷下、南朝梁释宝唱编《经律异相》卷四十八"蛇第二"等之中,也都有收录。另外,古印度同类型的其他故事,也传入了中国,这就是元魏西域三藏吉迦夜共昙曜译《杂宝藏经》卷第三"共命鸟缘"、隋天竺三藏阇那崛多译《佛本行集经》卷第五十九等的"二头鸟"故事。不过前者文简,仅存梗概,后者文繁事详,为节省篇幅,现仅录前者:

昔雪山中有鸟,名为共命,一身二头,一头常食美果,欲使身得安稳。一头便生嫉妒之心,而作是言;彼常云何,食好类果,我不曾得;即取毒果食之,使二头俱死。

这一共命鸟故事,与韩非子的虺两口故事有异曲同工之妙。异域故事的传入,更加激发了中土故事的创造。此即鲁迅先生所说:"魏晋以来,渐译释典,天竺故事亦流传世间,文人喜其颖异,于有意或无意中用之,遂蜕化为国有。"特别是到了唐代,由于封建经济的昌盛,社会生活的繁荣,文化艺术的昂扬,对外交往的频繁,在这种历史背景下,《茶酒论》出现了。

《茶酒论》属于293B型故事。虽以"论"命名,却实为传统的赋体形式。即《文心雕龙·诠赋》所指出的"序以建言,首引情本;乱以理篇,迭致文契"。其主体是"述客主以首引,极声貌以穷文"。所以故事开始是简短的序,说明茶与酒争辩的起因,中间以茶、酒各为一方,展开了一场针锋相对的争辩。首先由茶出来夸耀自己为"百草之首,万木之花,……贡五侯宅,奉帝王家,……自然尊贵,何用论夸!"接着酒乃出来,嘲笑茶的"可笑词说",说是"自古至今,茶贱酒贵。单醪投河,三军告醉;君王饮之,叫呼万岁;群臣饮之,赐卿尤畏。和死定生,神明歆气。酒食向人,终无恶意,有酒有令,人(仁)义礼智。自合称尊,何劳比类!"如此往复辩驳,争论不休。最后水出来指出,"人生四大,地水火风。茶不得水,作何相貌?酒不得水,作甚形容?米粬干吃,损人肠胃;茶片干吃,只粝破喉咙",告诫他们:

"从今已后,切须和同,酒店发富,茶坊不穷。长为兄弟,须得始终。"故事结尾,作者又进而点明题旨:"若人读之一本,永世不害酒颠茶风。"《茶酒论》的语言,以四六骈句为主,但又多用俗语,明白如话;通篇押韵,每五六个韵脚后即另换它韵,一篇之中就用了家麻、支微、尤侯、庚青、鱼模、江阳、歌戈、真文、侵寻、寒先、东钟等十多个韵部。这样的体制,既是传统辞赋的通俗化,又是吸收当时流行的其他说唱故事伎艺的结果,可以说是介于说与唱之间的韵诵体寓言故事赋。

除《茶酒论》外,唐代不乏这类寓言故事,宋人王谠撰《唐语林》卷六收录了诗人顾况这样一则逸闻:

> 顾况从辟,与府公相失,掉出幕,况曰:"某梦口与鼻争高下,口曰:'我谈今古是非,尔何能居我上?'鼻曰:'饮食非我不能辨。'眼谓鼻曰:'我近鉴毫端,远察天际,惟我当先。'又谓眉曰:'尔有何功,居我上?'眉曰:'我虽无用,亦如世有宾客,何益主人?无即不成礼仪;若无眉,成何面目?'"府公悟其讥,待之如初。

这显然是一则 AT293 型故事。其来源,书首虽也列出据以辑录的唐、五代人著作五十种目录,但具体到每条却又照例不注材资出处,所以无法知道这是顾况自己编撰的故事,还是转述他人流传的故事。不过据《旧唐书》卷一三○《李泌传》附《顾况传》说他"性诙谐,虽王公之贵与之交者,必戏侮之。然以嘲笑能文,人多狎之",被时人目为"轻薄之流",宜乎他能脱口讲出这样的寓言故事来。顾况确切生卒年虽不详,但据近代学者考证,他约生活在唐玄宗开元年间至宪宗元和初年,那么这一故事的流传,也就在此一期间了。此时,这一类型的故事,还被小说家编写成传奇。晚唐柳祥撰《潇湘录》中的《王屋薪者》(《太平广记》卷三七○引):

> 王屋山有老僧,常独居一茅庵。朝夕持念,惟采药苗及松实食之。每食后,恒必自寻溪涧以澡浴。数年在山中,人稍知之。忽一日,有道士衣敝衣,坚求老僧一宵宿止。老僧性僻,复恶其尘杂甚,不允。道士再三言曰:"佛与道不相疏,混沌已来,方知有佛;师今佛弟子,我今道弟子,何不见容一宵,陪清论耳。"老僧曰:"我佛弟子也,故不知有道之可比佛也。"道士曰:"夫道者,居亿劫之前,而能生天,生人,生万物,使有天地,有人,有万物,则我之道也。亿劫之前,人皆知而尊之,而师今不知,即非人也。"老僧曰:"我佛恒河沙劫,皆独称世尊,大庇众生,恩普天地,又岂闻道能争衡?我且述释迦佛世尊,是国王之子。其始也,舍王位,入雪山,乘囊劫之功,证当今之果,天上天下,惟我独尊,故使外道邪魔,悉皆降伏,至于今日,孰不闻之?尔之无君,是谁之子,何处修行,教迹之间,未闻有益,岂得与我佛同日而言?"道士曰:"老君降生于天,为此劫之道祖,始出于周,

浮紫气,乘白鹿,人孰不闻?至于三岛之事,十州之景,三十六洞之神仙,二十四化之灵异,五尺童子,皆能知之,岂独师以庸庸之见而敢蔑耶!若以尔佛,舍父逾城,受穿膝之苦,而与外道角胜,又安足道哉!以此言之,佛只是群庵之中一强梁者耳。我天地人之万物,本不赖尔佛而生;今无佛,必不损天地人之万物也。千万勿自言世尊;自言世尊,世必不尊之,无自称尊耳。”老僧作色曰:“须要此等人,设无此等,即顿空却阿毗地狱矣。”道士大怒,伸臂而前,拟击老僧;僧但合掌闭目。须臾,有一负薪者过,见而怪之。知老僧与道士争佛道优劣,负薪者攘袂而呵曰:“二子俱父母所生而不养,处帝王之土而不臣,不耕而食,不蚕而衣,不但偷生于人间,复更以他佛道争优劣耶?无居我山,挠乱我山居之人。”遂遽焚其茅庵,仗伐薪之斧,皆欲杀之。老僧惊走入地,化为一铁铮;道士亦寻化一龟背骨,乃知其皆精怪耳。

论者指出,《潇湘录》“多为寓言讥讽之作,所异者,喜托物怪以议论耳。”这篇作品,就借一个樵夫的话,骂倒了佛道两家,即是一例。此外,流行唐代宫庭的所谓“三教论衡”,也是仿自这一类型,就不再具引了。

三

演至宋代,这类故事又有了新的发展。21世纪初,俄国皇家地理学会会员∏. K. 科兹洛夫为首的一支“探险队”,在我国内蒙古的故西夏黑城(今额济纳旗达兰库布东南)遗址盗掘出上万卷西夏文和汉文刊本,其中有一种不见于《宋史·艺文志》与其他书目著录的《新雕文酒清话》残本,仅存卷五结尾至卷九开头,中间又有严重破损;专家考证,此书当编成于北宋之时。幸运的是,残存的卷六中有一则“眉眼争强”故事,现迻录如下:

陈大卿云:“口鼻眉眼皆有神也。一日,▢鼻曰:‘尔有何能,而位居我上?’鼻曰:‘吾能别香臭,然后子方可食也。’▢曰:‘子有何德,而在我上也?’眼曰:‘吾能观色,辨道路,其功不细。’鼻曰:‘▢有何功也?’眉自思久之,曰:‘吾实无能,而位在众君之上,其理不可▢’。昇急行手留之曰:‘你去▢则得嫌怕塌了我。’眼曰:‘吾草(辈)▢眉▢手无情也,不若使位居吾下。’眉曰:“我不辞▢甚而帠也。’”

这是承袭唐人顾况所说“五官争大”故事而来的一则故事,南宋罗烨撰《醉翁谈录》丁集卷二也曾辑入,仅文字稍有差异,而又自言其寓意在“嘲人不识羞”,与其他争大故事教人协作相依不同。

沿着这一类型发展,明代遂出现了以小说形式编著的作品。在短篇,则有《梅杏争春》一种，见《晁氏宝文堂书目》卷中"子杂类"著录。20世纪50年代初，阿英先生从某古书衬裱上拆出一篇话本体小说，残存五纸；从版式上看，极类似洪楩于嘉靖年间刊印的"六十家小说"中的一种。从这些仅余的残纸中大体可以看出其故事情节为："梅娇与杏俏春日游园，畅谈梅、杏，引经据典，各说其好。事为郡王得知，嫌其喧闹，加以责罚，二人大恐。旋由郡王命彼等各作诗赋自赎。"作品虽刊于明，但其文"颇似宋人风格"，从对话语气、称谓、杖人竹篦、吴七郡王等看，"这个话本可能为宋人之作"。至于这一类型故事的长篇之作，则有刊于启、祯年间的所谓"争奇"系列小说七种。前六种，皆为"饶安邓志谟编"，即：《花鸟争奇》《童婉争奇》《风月争奇》《蔬果争奇》《山水争奇》《茶酒争奇》。还有一种署名"武夷蝶庵主编"的《梅雪争奇》，估计是他人仿编。这些小说，除《茶酒争奇》为两卷外，其余每种皆三卷，上卷为故事主体，中下两卷为有关的诗文、戏曲等。编著者邓志谟，字景南，号竹溪散人、竹溪风月主人、百拙生等。所著书多署饶安人，又不详为何地，有疑其为江西饶州府安仁县者。王重民先生据其《风月争奇》前张天佐序，推断他"约生于嘉靖三十九年（1560年）前后"。所著小说除上述几种外，还有《铁树记》《飞剑记》《咒枣记》等多种。他的小说，"多本诸前人"，其"争奇"小说自不例外，故其题署或作"编""新编""重编"等等，可见其前已有旧本流传。只是旧本为宋为元，则已不可知。

　　这七种小说，尽管"争奇"角色，有花与鸟、娈童与妓女、风神与月神、蔬菜与瓜果、梅与雪、山与水、酒与茶等等不同，但其情节却有一个相同的模式，以《茶酒争奇》为例，故事的主体第一卷，约有万字。开篇是畅论茶酒在日用饮食、民间往来礼仪中的重要作用；然后列举"茶之异品""茶之有益于人""制茶烹茶"之法和"酒之异品""酿酒之诸名"等等；最后归结道："茶酒诚天下之至重，日月之至常，不可废者也。"这一大段可以说相当于小说的绪论。接着讲述河东士人上官四知，家赀巨万，性极豪爽，隐居不仕，日喜烹茶煮酒自乐。"每客至，或仿投辖，或效平原，无不尽欢而别。一日有一客问曰：'茶好乎，酒好乎？'答曰：'俱属清贵，但人之好尚不同耳。'"客去后，上官独卧，忽梦"茶神率草魁、建安、顾渚、酪奴数十辈，酒神率青州、督邮、索郎、麻姑、酒民醉士数十辈，喧喧嚷嚷"。先是茶神与酒神互相争辩高低、贵贱，继而分别由草魁与青州从事、武夷与麻姑、建安与曲生、茶董与酒颠、酪奴与平原督邮一一对垒，各执一端，争夸己高。相持不下后，酪奴与督邮遂分别奏本水火二官；水火二官览本后大怒，召二者责曰："阴阳和而五行乃生……你二人若非吾水火既济，徒为山中之乳妖，虚为天下之美禄。一称茶仙，一称酒圣，妄自尊大，独不思茶从何始，酒自何来；饮不忘源，当思报本。第你二人，吾日用不可缺一，姑恕争竞之罪，酪奴将四书集成茶文章一篇，又将曲牌名串合茶意一篇，督邮将四书集成酒文章一篇，又将曲牌名串合酒意一篇，上朕观览，以文章优劣裁夺,各快成文,无取迟究。"而此时"上官方醒然觉也,不知东方之既白,因起而录梦中始末,以为传奇行于世"。

此外,其他六种"争奇",结构与此差不多,只要看看每种第一卷的"简目",就知其梗概了。如《花鸟争奇》是:

花鸟朝东皇　　花鸟相嘲讥　　花鸟动奏本
东皇罚作乐府　　秦楼箫引凤　　唐苑鼓催花
见雁忆征人　　折梅逢驿使

《童婉争奇》是:

二院歌诮　　逞凶诟殴　　写状讦告
张子劝释　　归斋饮酒　　各作传奇
举烽取笑　　泣爽固宠　　张子情和

《风月争奇》是:

四翁赏中秋　　四翁共联句　　四翁评风月
风月共争辩　　飞廉吴刚战　　辩本瑶池上
试少女诗才　　试婵娥诗才　　试少女文才
试婵娥文才　　各作象棋文　　王母判二臣
二女谢恩退　　王母退瑶宫　　附风月传奇

《蔬果争奇》是:

蔬果名园　　童取蔬果　　二童争殴
蔬果神助殴　　蔬果神动本　　黔雷解纷
园丁有梦　　园丁祭赛

《山水争奇》是:

巨灵擘破山　　山水相争辩　　山水动奏本
玉帝召问讯　　考山水文学　　山神作文章
水神作文章　　玉帝判公案　　山水各还职

《梅雪争奇》是:

书生结梦　　梅雪相嘲　　二婢护主
修本弹奏　　诗句判断　　醒撰乐府
踏雪寻梅剧

这一系列作品,虽同属 AT293 型之作,但似小说又非小说,似寓言却也非寓言,语言骈散兼行,大量辑入相关的诗词曲文、戏曲等,的确有些独特,难怪不见于孙楷第编《中国通俗小说书目》著录。然揆之鲁迅《中国小说史略》所论"清之以小说见才学者"一类,倒也符合"以小说为庋学问文章之具","于小说又复论学说艺,数典谈经,连篇累牍而不能自已";且"以排偶之文试为小说","欲以小说见其才藻之美者"等特点,而其时代又早于清人此类小说,所以还是应当将它们补列入"中国通俗小说"才是。

与此同时,这一类型故事,还以戏曲形式演出于氍毹勾栏,如《花鸟争奇》所附传奇《秦楼箫引凤》(箫史、弄玉、小翠、小珠共演)、《唐苑鼓催花》(明皇、贵妃、二内臣、二宫娥共演)等,《童婉争奇》所附传奇二出《幽王举烽取笑》《龙阳君泣鱼固宠》,《风月争奇》所附传奇《青楼访妓》(二旦、二生、一夫、旦丑并演),《茶酒争奇》所附《茶酒传奇》(附种松堂庆寿茶酒筵宴大会,生、小生、外、净、旦、小旦、丑并演)等等,皆是。尤其是明代戏曲家李开先所撰的院本《园林午梦》(存万历间刘龙田刻《西厢记》附录本、崇祯间闵遇五辑刻《六幻西厢》附录本、暖红室《汇刻传奇西厢记》附录本等),剧甚短,演一渔翁于园林中午睡,梦崔莺莺、李亚仙、红娘、秋桂出现,互讥其行为以贬低对方,争吵不休,渔父醒后自叹道:

　　奇怪,奇怪! 园林中方才合眼,梦见两个女仙,各逞其能;两个女奴,各为其主;多因我机心常在,致使梦境不安。从今后早断俗缘,务造到至人无梦。
　　黄粱久炊犹未熟,社鼓一声惊觉来;
　　万事到头俱是梦,浮名何用老吟怀!

戏曲外,民歌小阕、笑话中,同样流行着这类题材之作,如刊印于嘉靖间的《解愠编》中的"口脚相争""眉争高下"二则,王世贞编《苏长公外纪》中《调谑编》的"争闲气"一则,冯梦龙纂集《笑府》卷十三中的"口脚争",赤心子、吴所编辑《绣谷春容》卷十一"文选撷粹"栏中的《萤蚁判》《汤婆子竹夫人判》等等皆是。现举嘉靖间刻本明乐天大笑生纂集《解愠编》卷八《茶酒争高》以见其余:

　　茶谓酒曰:"战退睡魔功不少,助成吟兴更堪夸。亡家败国皆因酒,待客如何只饮茶。"酒答茶曰:"瑶台紫府荐琼浆,息讼和亲意味长。祭祀筵宾先用我,何曾说着淡黄汤。"各夸己能,争论不已。水解之曰:"汲井烹茶归石鼎,引泉酿酒注银瓶。两家且莫争闲气,无我调和总不成。"

这则故事的来源虽不得知,但与《茶酒论》标题近似,拟人手法、情节内容、思想寓意,以至用诗歌辩诘的表现形式,都相同,可以说是具体而微的《茶酒论》。至于小曲之作,则有冯梦龙编的《山歌》卷八《汤婆子竹夫人相骂》,以及扬州清曲中的《竹木相争》等。特别是后者,共178句,由[京舵子]、[梳妆台]两曲组成。唱的是:"秋风起,树叶黄,竹、木二人谈叙家常。"先是木头提出欲与竹子"拜金兰"之好,竹子欣然答应,但提出:"我从今就把哥哥做,你为弟来该叫我兄。"这惹恼了木头,自称己应为兄长。正当二人"你吵我闹各不相让"之时,土地公公出来解劝,说是:

> 如此争吵总是一笔糊涂账;
> 你们不必吵来不必闹,
> 各人数一数家乡与用场;
> 数得好,他做哥哥站上方,
> 数得丑,他做弟弟站下行。

接着竹子、木头各各自夸耀己之高贵和多能,最后土地公公评判道:

> 二位本领都不小,
> 老夫实在难分弱和强;
> 只是倘若无人把你们来利用,
> 恐怕你们一辈子空长在荒山岗;
> 我有一言请记取,
> 一个好汉还得三个帮。

曲艺中的群口相声《五官争功》、东北二人转《烟酒醋茶》、四川相书《四体内讧》等,都属这一类型故事,至今仍活跃于演出场上,可说已家喻户晓,这里就不再多谈了。

四

中华民族是一个多民族大家庭,中华文明是各族人民长期共同创造的。在长期的历史发展中,中原汉族与边疆少数民族各自创造了独具特色的本民族文化,双方在交往中却也互相吸收了对方某些对自己有用的文化成果。茶酒文化也同样如此。酿酒不必说,以茶而论,据研究,其原产地就在以大娄山为中心的云贵高原,后传入蜀;到了唐代,产茶之地已遍及全国四十余州(见陆羽《茶经》八"之出"),并且把中原茶文化传播到北方牧猎民族当中,甚至使茶贸易成为中原王朝控制北方少数民族的一种"国策",使茶成为连结南北经济和文化的纽带唐·李肇《唐国史补》卷下载,德宗建中年间:

> 常鲁公使西蕃,烹茶帐中。赞普问曰:"此为何物?"鲁公曰:"涤烦疗渴,所谓茶也。"赞普曰:"我此也有。"遂命出之,以指曰:"此寿州者,此舒州者,此顾渚者,此蕲门者,此昌明者,此泲湖者。"

可见此时藏族王室对中原出产的各种名茶与产地是多么熟悉。在这样的历史背景下，藏族就出现了与《茶酒论》《茶酒争奇》类似的《茶酒仙女》故事。

《茶酒仙女》，又名《茶酒夸功》，用的是一种散韵结合的"白玛文体"，据说是17 世纪末、18 世纪初藏族学者彭仲·次旦益西所作。彭仲本是第司桑结加措手下的一名俗官，晚年退居在家，著书赋诗兼带讲学。他是如何创作《茶酒仙女》的，未见记载。从时间上说，它比《茶酒论》，甚至《茶酒争奇》都晚得多，不能说没有受到它们的某种影响。但是，彭仲的《茶酒仙女》又带有强烈的本民族特色，已经是藏族化了的"茶酒夸功"故事。笔者不懂藏文，至今也没见到该故事的文本，现据藏族学者郎吉的记述，将其故事大意转录如下：

> 一座叫"恋旧意想城"，城中有个国王叫"同族王"，在一次王臣饮宴上，国王令侍者多上茶，后献酒，以茶代酒。为此引起了酒仙(具乐甘露)对茶仙(智慧仙女)的嫉恨。于是酒仙向国王呈词，竭力夸耀自己的家世和身世。她自称是天界的甘露，作为高贵的礼品来到人间，养育众生的青稞是她的母亲，糌粑是她的兄长。她为国王和臣民带来了温暖和幸福，并攻击茶仙是从东方支那来的流浪汉，要求国王和臣民戒掉这"血红色的饮料"。茶仙听了十分气愤，同样炫耀自己高贵的身世，自称是天界如意宝树的后代，生在天竺是菩提，长在支那则是茶树。并引用了许多历史典故，证明饮酒的危害，要求国王把"酒魔"驱逐到大海彼岸。茶酒激烈争辩的时候，国王出面判决，公正地评论了茶酒的功过，并劝茶酒仙女亲密合作，为民造福。

故事结局是，二仙女心悦诚服，言归于好。这一故事，与汉族的《茶酒论》《茶酒争奇》都同属夸功争大型；故事的寓意也都是在于认识物有所用，凡物须各自发挥各自之长，做到协和相处，互相尊重，才能有益于人。它们的文体，无论是汉族的赋体，还是藏族的白玛体，都是散韵交织的韵诵文体；甚至某些段落的表述，也极为近似。如《茶酒论》说："名僧大德，幽隐禅林，饮之语话，能去昏沉"；《茶酒仙女》则说："只有我(引案：茶自指)才能使名僧大德欣然。使他们神智清醒，勤奋修行，增进智慧。"又如，《茶酒论》说："酒能破家散宅，广作邪淫，打却三盏已后，只是罪深。……吃了张眉竖眼，怒斗揎拳，状上只言粗豪酒醉，不曾有茶醉相言。"《茶酒仙女》则说："(酒)饮一碗，烦恼心起，手摸刀柄，口乱言语；饮二碗，丢掉了理智谨慎心，产生种种诡计邪念；饮三碗，全然忘记罪孽；饮四碗竟勾引女仆、女商和娼妓；饮得再多，犯下十不赦罪。"虽然如此，《茶酒论》《茶酒争奇》《茶酒仙女》却各具本民族的风格特色，又有明显的差异。主要表现在《茶酒仙女》除以茶酒相争外，还涉及"汉族皇帝从神鸟中得到茶叶的故事；藏王赤松德赞向唐朝使者举杯敬酒以金城公主为母亲的历史传说;玛尔巴与米拉热巴结为师饮酒祝贺的故事;还可以读到天神和阿修罗齐心协力'搅乳海',从中得到月亮、甘露的神话以及圣人毕互巴为拖欠酒钱,把太阳拴在空中七日不落的传说。这些有关茶酒的历史传说、神话故事在汉文《茶酒论》中是没有的。"至于《茶酒仙女》中特有的藏族语汇,如茶仙名"希若卓玛"、酒仙名"德点堆子"、青稞酒、糌粑等,以及藏族特有的谚语,如"识箭置弓"(喻心中有数)、"无臂拔山"(喻极难达到)、"指甲掐虱子"(喻三方对证)、"分瓣捣蒜"(喻逐个决断)、"兔子归窟"(喻重访家园)等,更反映出浓厚的藏民族色彩。

除这一篇带有浓郁神话传说色彩的《茶酒仙女》外,藏族民间还流传着其他一些极富世俗人情味的 AT293 型故事,这就是《谁最可贵》(萧崇素搜集整理):

金锭、银锭、氆氇、藏靴和粮食结伴到西藏去。一路上它们不分贵贱,非常和好地走着。

但是到了拉萨以后,金锭、银锭、氆氇和藏靴却想:我们到了目的地了,在这里我们将天天和大活佛、大喇嘛、大堪布(原注:喇嘛寺院中的高级负责人)和有学问的格西(原注:研究佛经,经过一定考试的喇嘛教学位称号)见面,我们怎能和普通平常的粮食在一起平起平坐呢? 这怕会惹人笑话吧!

于是,从这天起,它们开始分别开坐的位置。他们自己坐在火塘正面的"卡垫"上(上方,贵人座位),叫粮食去坐在火塘尾子上(下方,奴隶座位),并且叫它递茶递水,服侍它们。

粮食说:

"为什么要这样待我呢? 我们不是一路出来,一路走着,都不分高下吗?"

金锭、银锭、氆氇、藏靴说:

"因为我们是最高贵的,我们从来只和上等人往来,因此该坐在上面的'卡垫'上。至于你,你是最平常、最普通、最不值钱的,因此你应该坐在'柯巴'(原注:即奴隶。系嘉戎语译音,)们坐的下方。"

粮食说:

"既然你们都这样说,我就坐在下方吧! 不过我却要告诉你们:你们虽然坐在'卡垫'上,却都不见得有我贵重。世间一没有我,你们也都不会有了。现在且让你们暂时去高贵吧!"

说完,它就坐到"柯巴"的位置上,从自己的袋里取出馍呵、饼呵……自个吃着,不理它们。吃完后又把剩下的都放进袋子里去,又一碗一碗地喝着马茶,显出吃喝得非常舒服的样子。

这时金锭、银锭、氆氇、藏靴都感到饿了，但他们却没有饼和馍，只在一旁干瞪眼，看着粮食在那儿吃。哪知越看越饿，后来饿得几乎不能支持了。

最后它们一齐请求粮食给他们一点吃的，粮食却掉过头去，不理它们。

它们实在饿慌了，才一齐起来，自动走到下方去坐，请粮食坐到"卡垫"上去，并请粮食给它们一点吃的。

粮食说：

"我不是最平常、最普通、最不值钱的东西吗？为什么又要我坐在'卡垫'上呢？"

金锭、银锭、氆氇、藏靴一齐鞠躬认错说：

"今后我们再不敢看轻你了，你虽然是最平常、最普通、最不值钱的东西，但是没有你，我们都将没有，都将会饿死了。"

粮食笑了笑，才拿了一点剩的给它们吃。

无独有偶，贵州兴仁布依族中也流传有《茶和酒》《谁的功劳大》等寓言故事，下面根据汛河搜集整理的转录如下。《茶和酒》：

一天，茶和酒在一起吟诗争论，都说自己了不起，别人总是不行。

茶说：

"在人们的生活中，我的贡献最大。"说完，随口吟道：

"一杯浓茶水，提神撵瞌睡；两杯清茶水，助人吟诗对；三杯香茶水，待客我为最。"

吟完，对酒说道：

"哪像你那样，对人只有害处没有益处。"说完，又随口吟道：

"三杯酒下肚，讲话就糊涂；五杯酒下肚，发疯又呕吐；七杯酒下肚，祸民把国误。"

酒听了茶的数落，很不服气，说：

"在人们的生活中，你的贡献哪有我的贡献大！"说完，也随口吟道：

"两杯茨藜酒，助兴精神抖；三杯糯米酒，结亲交朋友；四杯高粱酒，宴客我为首。"

吟完，对茶说道：

"哪像你那样，专供那些懒汉聚在茶馆里偷闲聊天，说别人长短！"说完，又随口吟道：

"一杯浓黄汤，懒汉最欣赏；两杯清黄汤，说别人短长；三杯淡黄汤，消磨好时光。"

当茶和酒正在争论得展劲时,井水走来听到了,就很和气地对他们说:

"你们不要争了! 在人们的生活中,你们各有各的特长,各有各的贡献。你们要晓得啊,人们总不能成天光喝茶,或是成天光喝酒呀,就像人们既想听铜鼓,也想听唢呐;既想听月琴,又想听洞箫;既想听木叶,也想听山歌一样,这样,人们的生活才会丰富多彩呀。再说,我们大家要紧密的团结,互相帮助,互相配合,也才能为人们做出贡献啊! 比如说,要是茶叶没有我,能泡成清香的茶水吗? 要是糯米和粬没有我,能酿成醇香的酒吗? 我要是没有茶叶、糯米和粬的配合,还不是一杯白水?"说完,也随口吟道:

"茶叶无水煮,干嚼涩又苦。米粬无水调,哪有酒味道? 无米粬茶水,白水难待客。"

吟完,又说道:

"至于那些醉鬼和懒汉,是他们自己不检点和不知羞耻的恶果,我们是没有责任的。"

茶和酒听了井水的话,觉得很有道理,就再也不相争了。从此,他们各自默默地为人们做着应有的贡献。

(讲述者:黄利国【布依族】)

另一篇《谁的功劳大》,流传于兴仁、贞丰一带,讲述者为陈元龙。内容是"木匠、石匠、篾匠、铁匠四个人在一起聚会,争论着谁的功劳大",最后由一位白胡子老公公加以劝导,指出他们"都为人们做出了贡献",在人们的生活中,"缺少了哪一个也不行";只有"团拢来在一起,共同努力,才能给人们做出更大的贡献"。还有,流行于浙江绍兴的《谁的本事大》等,也是此类型故事。

最后,顺便说一下,AT293型故事,在欧洲也十分流行,仅以《伊索寓言》而论。就有:

胃与脚

胃与脚关于力量互相争论。每回脚总说他是那么地有力,连肚皮也搬得动,胃答说道:"喊,朋友,但是假如我不给你们营养,那么你们也要搬不动了。"

蛇的尾巴与其他部分

有一回,蛇的尾巴主张由他领导,在先头走路。那些别的部分说道:"你没有眼睛鼻子,怎么引导我们,像别的动物那样?"可是他们不能说服他,随后那理性也败给他了。那尾巴就来指挥领导,拖了那全身盲目地跑,终于掉进一个石洞里,把蛇的背脊和全身都打坏了。尾巴摇摆着来请求那头,说道:"主妇,请救救我们吧,我争的意气真是太无聊了!"

石榴与苹果与橄榄与木莓

　　石榴、苹果、橄榄各树争论果实的好坏。在争辩很激烈的时候,木莓从近旁的篱边看见了,说道:"朋友们,我们停止争斗吧!"

　　《伊索寓言》流行于欧洲各地,传入中国,今所知当以明天启五年(1625 年)西安府刊金尼阁的译本为最早。仅有二十二则,巴黎图书馆藏有两抄本,书名《况义》,其中就有 AT293 型故事,只是译得古色古香而已:

　　一日形体交疑乱也,相告语曰,我何繁劳不休? 首主思虑,察以目,听以耳,论宣以舌,吃唑以齿,挥握奔走以手足:如是,各司形役,但彼腹中脾肚,享受晏如,胡为乎直? 遂与誓盟,勿再奉之,绝其饮食。不日肢体渐愈,莫觉其故也:首晕,目瞀耳聩,舌槁齿摇,手颤足躟。于是腹乃吁曰,慎勿乖哉,谓予无用。夫脾,源也,血脉流传,全体一家;抑脾庖也,尔饔尔飧,和合饱满,具咸宁矣。

　　义曰:天下一体,君元首、臣为腹,其五司四肢皆民也。君疑臣曰,尔靡大俸;愚民亦曰,厉为我。不思相养相安,物各有酬,不则相伤;无民之国,无腹之体而已。

　　这样,中外 AT293 型故事,在 17 世纪初有了交流。其实早在公元 9 世纪至公元 12 世纪的日本平安时代,是日本的统治阶级与知识阶层自觉地渴望获得中国文化的第一个高潮时期,这一类型故事,在此时就传入了日本,并且为日本学者模仿创作出新的作品来。这就是此时空海写出的"被称为日本最早的思想小说的《三教指归》"。据严绍璗、王晓平著《中国文学在日本》一书介绍,《三教指归》原名《聋瞽指归》,是空海二十四岁时的作品,"书中人物有兔角公,他的外甥游荡儿蛭牙公子,儒教龟毛先生,道教虚亡隐士,佛教假名乞儿等五人,作品由他们展开了一场戏剧式的对话。写兔角公请来龟毛先生,对不务正业的蛭牙公子加以规劝,龟毛先生讲起儒教忠孝、立身、人世的道理,由于他的教诲,蛭牙决心改邪归正。接着,原来在场故作痴愚的虚亡隐士开了口,讲述老庄道家的超凡脱俗之道,特别称道长生久存、升天得道的神术,以此说明道胜于儒……。假名乞儿标榜三世因果,认为普济众生才是真忠孝,大倡《无常赋》《受报词》《生死侮赋》陈说五戒、十善、六道轮回之理,赞颂佛德。于是众皆叹服。作品最后以表现三教要旨的'十韵诗'作结"。这篇作品,其主旨在于"评定三教,即儒、道、佛的优劣","而论及佛理";其表现手法,既吸收了汉赋主客问答,虚构人物,展开辩论以及唐人"三教论衡"的形式,恐怕也受唐人传奇《玄怪录·元无有》《东阳夜怪录》之类的影响吧? 而从题材情节的类型上看,自应属于"争大"型一类了。

　　最后,将上述各种作品,依大体时间的顺序排列为下表,以明其发展轨迹(关系无法十分明确者,以虚线连结):

《韩非子·说林》（公元前 3 世纪）
|
《众经撰杂譬喻经》（后秦弘始年间[399-415]）
|
《杂宝藏经·共命鸟》（元魏孝文帝年间[471-499]）
|
《百喻经》（齐武帝年间[483-493]）
《经律异相》 （梁武帝年间[502-549]）
|
《唐语林》载顾况事（约 727-820）
|
《潇湘录·王屋薪者》（晚唐）
|
《茶酒论》（晚唐—北宋初）
| ------------《三教指归》（日本）
《文酒清话·眉眼争强》（北宋）
|
《园林午梦》
《梅杏争春》（明嘉靖年间）
《解愠编》
|
《茶酒争奇》等七种小说——（明万历—天启间）
《山歌》《绣谷春容》 等
----------- ----------------------------------- | ------------《况义》（伊索寓言）
| | 扬州清曲 《竹木相争》（民国年间）
|《茶酒仙女》（藏族[17-18 世纪]） |
| | 《五官争功》《烟酒醋茶》《四体内讧》等
| | 《谁的本事大》 等
|《谁最可贵》（藏族[当代]）
|
《茶和酒》（布依族）
《谁的功劳大》 [当代]

又,《一千零一夜》（李维中译,花山文艺出版社,1998 年 6 月版）第 4 卷
《男女尊卑贵贱之争》也是"争大"型故事,有兴趣者也可以参看。

读书治学忆往

雒江生[*]

　　我于1938年出生在甘肃省秦安县叶家堡村。幼年家贫不能上学,1950年十二岁始入小学。乃刻苦用功,用四年半学完六年课程,而以第一名毕业,1954年考入秦安中学。1956年秦安一中建成,我们全级转入一中。1957年我初中毕业,因成绩优秀免试保送升入高中。1959年学校派我课余到一中附小教课并主持教务。附小即邢泉小学,环境幽雅,有果木成荫,花蔬成畦,院外即秦安名泉"可泉",泉溪穿流学校庭院。院角另筑高台,上盖房舍,名为"高房",有台阶上下,既是教员办公室,也是我的宿舍。放暑假我不回家,住守附小,专心读书。我从县新华书店买来刘大杰先生的《中国文学发展史》上、中、下三册,日夜阅读。那翔实的论述,流畅的语言,深深吸引着我。书中引诗词名篇甚多,夜阑人静,孤灯明月,溪声蛙声,我走下高房,漫步溪径,背诵名作。这是我喜爱中国古代文学之始。接着从上海邮购来黎锦熙先生的《新著国语文法》和陈望道先生的《修辞学发凡》,课余阅读这两部中国现代语言学的奠基名著,这又是我喜爱中国语言学之始。初读这些学术名著,对我后来学习研究中国传统文化学术"国学"起了启蒙作用。

　　1960年高中毕业,考入甘肃师大(今西北师大)。先在政治经济学专业学习一年,第二年转入中文系。当时师大中文系名师荟萃,尤著者有音韵学名家赵荫棠先生,国学大师黄侃的弟子彭铎先生,古代汉语大师杨树达的弟子郭晋稀先生,著名文艺理论家陈涌先生等。首先指导我读"国学"名著的是梁启超先生的《清代学术概论》。上大学二年级时,我反复阅读梁先生这部书,对清代乾嘉学者实事求是、无征不信的治学态度与学风深感兴趣,开始选读乾嘉学术名著与继承发扬乾嘉学风的现代国学大师名著。梁先生在《清代学术概论》中说:"以极严正之训诂家法贯穴群书而会其通者,则王引之《经传释词》最精凿。"但当时买不到《经传释

---

　　*　作者简介:雒江生(1938—　　),男,甘肃省秦安县人。中文系教授。曾任系主任,西北师大中文系兼职教授与音韵训诂硕士研究生导师。全国优秀教师。

词》这部书,我就借来一部中华书局出版的点校精装本抄录。除部分例证引文,其余都抄在一硬皮笔记本上,名为《经传释词抄略》。如此抄写一遍,对乾嘉学派的治学方法即有领悟。虽然后来我有了五种版本的《经传释词》,但这个抄本至今保存着。

1962 年王力先生主编的《古代汉语》第一、二分册由中华书局出版,彭铎先生即以此书为教本给我们讲授"古代汉语"课。彭先生在开讲时说:"我的老师黄季刚(侃)先生教育学生要读基本书,学习古代汉语要熟读《说文》《尔雅》《广韵》三部书,黄先生对这三部书最为精熟。"黄侃先生研读这三部书的学术风范,俱见近年中华书局影印出版的《黄侃手批说义解字》《黄侃手批尔雅义疏》《黄侃手批广韵》,那批语的精细深微,古今少见,堪称绝业。讲汉语文字形音义的书,许慎《说文解字》为形书之首,《尔雅》为义书之首,《广韵》为音书之首,是古代汉语文字学、训诂学、音韵学最重要的代表著作。只有熟读《说文》,才能由小篆向上识读战国文字、两周金文与殷商甲骨文字,向下考察由小篆到汉代隶书、魏晋以来楷书的演变,所以学习《说文》是通晓古今汉字结构流变的桥梁。《尔雅》是古代词义书鼻祖,只有熟读《尔雅》词义,才能够通读《尚书》《诗经》一类古代经典,所以晋代郭璞作《尔雅注》的序中说:《尔雅》是《六经》(《五经》加已佚的《乐经》)之关键。《广韵》虽是隋唐以来著作,但保存古音古义甚多,因魏晋以前韵书俱亡,所以研究汉语古今音变,要以《广韵》为桥梁,上推汉魏音至先秦古音,下推唐宋元明以来今音。而且《广韵》也是重要的词义书,收字二万六千多,是《说文》九千多字的近三倍。著名文字训诂学家沈兼士教授,在 20 世纪三四十年代,曾用十年主编《广韵声系》一书,把所收文字以形声字声符为纲系联排列,以见其词义联系,对研究古汉语词义非常有用。此书现有中华书局重印本。而对阅读古书来说,《说文》《尔雅》《广韵》都是重要的词义书,因为阅读古书最要紧的是词义,如果不知道古诗文的词义,也就无法读懂其文意,所以彭铎先生对我说:"古代汉语学习的重点是词。"而王力先生主编的《古代汉语》以"培养学生阅读古书的能力"为教学目标,把文选、常用词和古汉语通论三部分有机地结合编写,让学生通过学习文选范文掌握词义文法,增加感性认识;通过学习常用词掌握古汉语重点词的各种词义与用法,既增加感性认识又增加理性认识;又通过学习通论掌握古代汉语基本知识以增加理性认识,这样就突出了词义教学而又不偏废理论教学,避免了前人把"古代汉语"课或讲成文言语法,或讲成文字音韵训诂,或讲成汉语史的教法。所以这是一部体例最完善的划时代的古代汉语教科书,我们有幸在名师指导下最先读此书。这部《古代汉语》全书四册,第一、二分册讲先秦汉语,第三、四分册讲汉魏至宋元汉语。从 1963 年春季到 1964 年我们毕业,彭先生用一年半三个学期讲完第

一、二分册。当时第三分册刚见到书,第四分册尚未出版。彭先生在课程结束时说:"古代汉语学习的难点在先秦,学习先秦汉语打好基础,汉魏以后的就可以自学。"所以我在毕业以后就自学了第三、四分册。

在上大学三年级时,我感到要结合古代经典学习古代汉语与古代文学,《诗经》是最重要的一部书,不象《尚书》有那么复杂的真伪问题,所以准备读《诗经》全书。我请彭铎先生开《诗经》必读书目。彭先生开的书目是:《毛诗正义》,汉毛亨传郑玄笺,唐孔颖达疏;《诗集传》,宋朱熹集传;《诗毛氏传疏》,清陈奂撰;《毛诗后笺》,清胡承珙撰;《毛诗传笺通释》,清马瑞辰撰;《诗三家义集疏》,清王先谦撰。这些书当时我只有朱熹的《诗集传》,那还是上高中时买的。那时线装古书贱如废纸,我在县城旧书摊用一元钱买来线装书八册,其中朱熹《诗集传》四册,蔡沈《书集传》四册。于是我就从兰州古旧书店买来明崇祯年间毛氏汲古阁刻《十三经注疏》中的《毛诗注疏》(即《毛诗正义》),线装两函二十册,把课余的主要时间用来读这部书,直到第二年毕业前才读完。而同时向老师学习《诗经》研究方法,其中赵荫棠先生的《诗经》研究使我深受教益。赵先生早年在北京大学从国学大师钱玄同先生学习音韵学,毕业后在北京大学、北京师范大学、辅仁大学等校任教,新中国成立后到兰州西北师院(西北师大前身)任教。他的第一部音韵学名著《中原音韵研究》于1936年由商务印书馆出版,1956年重印修订本。1957年商务印书馆又出版了赵先生的第二部音韵学名著《等韵源流》。在完成出版这两部蜚声海内外的音韵学名著后,赵先生就把研究重点转向了《诗经》。1963年赵先生给我们作了一次《诗经》研究的学术报告,专驳闻一多先生的《诗新台鸿字说》。《诗经·邶风·新台》一诗第三章"鱼网之设,鸿则离之"的"鸿"字,自汉代郑玄《毛诗笺》解释为鸟名,历代学者从之不疑。而至1935年闻一多先生在《清华学报》发表《诗新台鸿字说》一文,考证出"鸿"为"苦蠪"之合音,"苦蠪"即蛤蟆,否定鸿为鸟名之说。此说颇为新颖,影响很大,学者从之,几成定论。而赵先生反复论证,驳闻说之非,维护鸿为鸟名之说,有理有据。这对学习研究《诗经》很有启发,说明在学术研究上,对古人之说是者要维护,对今人新说非者不盲从。所以后来我在写《诗经通诂》时就没有采用闻先生的这个新说,而且注明"其说虽新,但未必诗义"。赵荫棠先生的这篇学术报告稿,十多年后经生前助手马志文先生整理以《邶风·新台简释》为题发表在《甘肃师大学报》1980年第一期。

我上大学时中文系不开"目录学"课,而我喜读目录学著作,这也是受老师指点。彭铎先生在授课时说:"目录学是指导读书治学的一门课程,1958年调整课程,取消了中文系的目录学课,学生就不知道怎样读书了。"清代学者治学最重视目录学。王鸣盛在《十七史商榷》卷一中说:"目录之学,学中第一紧要事,必从此问途，方能得其门而入。"而章学诚在《校雠通义·自序》中把目录学的功用概括为"辨章学术，考镜源流"，都强调说明目录学是指导学术入门，考辨学术源流的一门学科。我首先购读的一部目录学名著是清代纪昀（晓岚）主编的《四库全书简明目录》（1957 年古典文学出版社点校平装本上下册）。当年鲁迅先生在给好友许寿裳先生长子许世瑛考上清华大学中文系所开的十二部应读古书名单中就有这部书，而且特为注明："其实是现有的较好的书籍之批评，但须注意其批评是'钦定'的。"（见许寿裳《亡友鲁迅印象记》）清代乾隆年间编辑《四库全书》，由纪昀主编《四库全书总目》，也名《四库全书总目提要》，评介每部所收书与存目书（未收入书）的内容，是一部二百卷的中国文化学术史巨著。但卷帙浩繁，非初学者所适用，所以纪昀又主编《四库全书简明目录》二十卷，删繁就简，且不录存目书评介，故篇幅仅为原书十分之一，是一部适合初学者阅读的目录学著作。我在读这部书的基础上，进而购读古今目录学名著与学术史名著。后来在我书桌常备翻检的两部书，一部就是《四库全书总目提要》，另一部则是最切合实用的《书目答问补正》，张之洞原著，范希曾补正，都是中华书局影印本。

传统的目录学也称校雠学，校雠即校勘之意，是根据汉代刘向、刘歆父子校雠古书，订正文字，编定篇目之学而名校雠学。所以目录学本来就是校读古书的一门学问。这门学问发展至清代乾嘉时期达到极致，王念孙著《广雅疏正》《读书杂志》，其子王引之著《经义述闻》《经传释词》，用校勘方法解读了许多古书疑难。后学继承发扬王氏父子学术学风，晚清学者俞樾著《群经平议》《诸子平议》《古书疑义举例》。孙诒让著《名原》《古籀拾遗》《札迻》，民国学者黄侃先生校读《白文十三经》《昭明文选》与前述《说文》《尔雅》《广韵》三书，都充分运用了校勘方法。彭铎先生早年在前中央大学（今南京大学）师从黄侃先生。他遵循师法，校读汉代王符的《潜夫论》，在清代汪继培《潜夫论笺》的基础上，校订文字训诂而成《潜夫论笺校正》一书。此书于 1962 年定稿送中华书局出版，但因"文革"于 1979 年出版，一经出版即受到中外学者好评。著名学者唐长孺、王仲荦、张舜徽先生及美国的一些汉学家都说，《校正》是近年来中国古籍整理方面卓有成就的著作之一。中华书局即决定收入本局出版的《新编诸子集成》丛书重印。彭先生在教学中坚持用这一方法指导学生提高阅读古书能力。当他的名作《古籍校读法》一文于 1961年 11 月 18 日在《光明日报》发表后，就给我们中文系的学生作专场学术报告，详细讲解这种校读古书的有效方法。后来彭先生又扩充内容，写成论文《古籍校读与语法学习》，在《中国语文》1979 年第五期发表。当然通过学习"目录学"要达到校读古书，还要有一定的古代汉语基础，但学习"目录学"起码能学到一些选读好书的知识。彭铎先生给我说："读古书要读精校本。民国年间渭南严氏在成都校刻《音韵学丛书》,是由赵少咸先生一个字一个字校对的,所以错误很少。"赵少咸先生是著名的汉语音韵学家,四川大学中文系教授,"文革"前写成《广韵疏正》与《〈经典释文〉集说附笺》两部巨著,各三百万字,已誉清即将出版,而遭"文革"浩劫,今仅存残稿。严氏《音韵学丛书》汇刻宋、明、清代音韵学名著,其中包括顾炎武《音学五书》、江有诰《音学十书》等大著作。这部丛书校刻精美,有1957年四川人民出版社影印线装本。我后来给中文系学生开选修课"目录学",也是本着起码让学生具有选读精校善本好书的知识,然后进入校读古书的学术研究领域。

我在上大学时即喜欢逛书店,选购名著,也是受老师熏陶。老师中郭晋稀先生富于藏书。郭先生青年时代在湖南大学从杨树达、曾运乾先生学习文字音韵训诂,是杨、曾两位古汉语学大师入室弟子。他的名著《声类疏证》一书,是对清代大学者钱大昕《声类》一书的详注,由上海古籍出版社出版。而郭先生的《文心雕龙》研究早已闻名于世。1963年出版《文心雕龙译注十八篇》,因很有特色而风行海内外。后又注译全书成《文心雕龙注译》,由甘肃人民出版社出版,是半个世纪以来国内几部《文心雕龙》著名注本之一。中华书局出版曾运乾先生《音韵学讲义》,由郭先生整理编校并写《前言》。上海古籍出版社出版《杨树达文集》,其中有两部书由郭先生编校并写《校后记》。郭先生准备撰写《说文解字集注》,所以广购图书。1963年郭先生给我们讲授"中国古代文学"课。一个星期一早上八点钟来授课,一上讲台还未开讲就高兴地对我们说:"昨天进城在古旧书店买到了一部程瑶田的《通艺录》,实在太好了,太难得了。"老师那种买到好书的喜悦之情感动着我们学生。程瑶田是清代乾嘉考证学派的著名学者。他的著作集名《通艺录》,"通艺"即通经之意,是一部考证解释古代经书的名著。《通艺录》中的《考工创物小记》《九谷考》等学术著作,除了征引古代文献,还参考地下出土文物与田野实际调查材料写成。如对古代兵器戟的形制考证就参考了出土文物。而对黍、稷区别的考证是结合古代文献记载与到田间地头实际考察并通过向老农请教才得到确解,为学者所信服。郭沫若先生推崇程瑶田是近代考古学的前驱。王国维先生提出著名的"二重证据法",即据地下出土新材料与纸上文献结合研究古史的方法,实是对程瑶田治学方法的继承发展。《通艺录》一书很难得。20世纪90年代扬州广陵古籍刻印社曾据《安徽丛书》本影印一版,但印数很少。黄山书社点校本的《程瑶田全集》精装三卷本已预告多年,想也应即将出版面世。

而赵萌棠先生辛勤买书的情景也使我感动。赵先生在《等韵源流新序》中记述他在北京任教时买书的情景说:"原来我的书分为三个系统,即《诗经》参考资料,《楚辞》参考资料与文字声韵参考资料。在搜集的过程中,是费了许多劳力与精神的。在旧序上说:'在买书方面,我常常去琉璃厂与隆福寺各旧书店找寻,又要从北新桥徒步走到崇文门，或者从宣武门徒步走到护国寺及后门，所有沿街的小书摊都被我翻查到了。'这是当时的实写。"我上大学时常去兰州古旧书店，后来参加工作，凡去兰州也必至古旧书店，书店经理特许我入库挑书。晚清大学者俞樾的著作全集《春在堂全书》，浙江图书馆校刊的章太炎先生著作集《章氏丛书》，临啸阁原版的朱骏声《说文通训定声》，以及徐锴《说文系传》，段玉裁《说文解字注》，王念孙《广雅疏证》，王引之《经义述闻》，朱彝尊《经义考》，郑樵《通志略》，严可均《说文校议》《说文声类》，庄述祖《说文古籀疏证》，王筠《说文释例》，阮元《积古斋钟鼎彝器款识》，孙诒让《名原》《古籀拾遗》，陈澧《切韵考》《东塾读书记》，胡刻《昭明文选》，阮刻《十三经注流》，《史记》等前四史，丁福保汇编四十家诗文集的《汉魏六朝名家集》，《汉魏丛书》《百子全书》，阮元与王先谦先后汇编清人解经名著四百种的正续《清经解》等线装书，都购自兰州古旧书店。我从上大学到后来工作，与兰州古旧书店有二十多年的交谊。而近二十年主要从北京买书。我去北京出差查阅资料，为便于看书买书，就住在琉璃厂。中国书店读者服务部的负责同志对其他同志说："这位先生每年来买书，凡库存有的就找给他。"所以总是满载而归。除了选购新印文史古籍，也注意搜购绝版书。如从琉璃厂中国书店买到章太炎先生作序的胡以鲁《国语学草创》，朱师辙《商君书解诂定本》，王泗原《离骚语文疏解》，在隆福寺中国书店买到黄节《魏武帝魏文帝诗注》，在潘家园旧货市场书摊买到赵荫棠先生《中原音韵研究》，都是绝版半个世纪的书。我一直要读赵先生这部书而苦于无书，所以一旦买到欣喜非常，特在书后题记说："甲申仲夏，余游北京潘家园旧货市场，于书摊购得赵荫棠憩之先生《中原音韵研究》一书，因欣喜而志之，雒江生。"潘家园旧货市场的书报市场书摊约有几百家，常能见到绝版好书，所以我去北京必至潘家园。

我在大学毕业后的十几年中，仍以读书打基础为主，不敢轻写文章，这也是遵守师训。彭铎先生在授课时说："黄侃先生当年告诫学生，五十岁以前主要是读书不要急着发表论著，学问还未成熟，功力不足，会被人笑话。"我铭记在心。1964年大学毕业，分配到天水师范任教，按教育部规定有一年的农村劳动实习锻炼，我就背着一部线装十六册的段氏《说文解字注》到了农村。每天四点多起床，青灯寒窗，用心阅读，直至上工时分，晚饭以后又读到深夜，一年之内把《说文解字注》细心通读一遍，1966年夏季"文革"开始，学校停课，我就闭门点读郝懿行《尔雅义疏》与陈奂《诗毛氏传疏》。后又通读王念孙《广雅疏证》与马瑞辰《毛诗传笺通释》等，钻研文字训诂，同时认真阅读甲骨文金文研究名著，为进入学术研究打基础。1978年我四十岁，写成《论汉字声符削繁》一文，全文九千字，运用汉字结构理论评议当时公布的第二批简化汉字。文章寄呈彭铎先生审阅，彭先生来信肯定此文说："胜义纷纶。"文章于1979年在《甘肃师大学报》第二期发表。此文发表二十年后，国内两家学术团体进行论文评奖，此文被评为一等奖与特等奖。2004年人民日报社选编改革开放以来学术理论文选，此文以"立意新颖独到，具有较高的指导和参考价值"。选入《盛世中华·理论动态篇》一书由人民日报出版社出版发行。1984年写成《释蓐食》一文，综合使用古文字、古方言、古文献材料，比较互证，抽绎考释了《左传》《史记》《汉书》等古书所用"蓐食"一词本义，对自汉代以来直至清代训诂名家王念孙、王引之父子的训诂成说提出了修正意见。文章寄呈彭铎先生审阅，彭先生来信说："足发千古之疑。"此文于1985年在国内重要语言学刊物《语文研究》第三期发表。在此同时写成一篇研究古代文学的文章《略论〈桃花源记〉与系诗的关系》，在中国古代文学研究最高学术刊物《文学遗产》1984年第四期发表。此文论证陶渊明《桃花源记》与记后的一首诗本非一文，而是后人误合。中文系几位同仁看了文章说："考证结论正确，可为定论。"我晋升副教授主要送审论文是这篇文章。省教育厅高评会学科组评议时，西北师院中文系著名教授郑文先生说："我研究魏晋文学，每读到《桃花源记》总感到有些问题，这篇文章把问题说清楚了。"而《秦国名考》一文的研究写作历时十年，三易其稿。最初是在1981年天水师专《教学研究》（《天水师专学报》前身）创刊号发表的《成纪辑闻》一文中，从甲骨文金文形结构、古代汉语同源字以及古方言、古史地理等方面，考证"秦"字本义为古代养马的饲草"草谷"，也名"毛谷"，秦人祖先因种"草谷"为周王朝养马受封而立国，故国号为"秦"。此说一出，天水一位研究地方史的同志托人向我要去一份《教学研究》，把"秦"字本义为"草谷"或"毛谷"的说法引入几年以后出版的《天水史话》而未注明出处。后又经数年研究，写成一篇八千字的单篇文章，题为《释秦——西周国名考之一》，于1987年在《天水师专学报》第一期发表。当时西北师大中文系著名教授李鼎文先生来学校，看到了这篇文章。李先生是我的老师，我去看望李先生，李先生勉励我说："《释秦》是篇好文章。"后来又经过两年研究考证，于1989年写成一万五千字的长文，改题为《秦国名考》，寄给中华书局《文史》编辑室。中华书局决定在《文史》第三十八辑发表。《文史》是文史考证最高学术刊物，用繁体字排版。文章校对时我在中华书局见到《文史》的责任编辑汪圣铎先生，汪先生对我说："你的文章我们送到外边去审查，专家对你的文章很感兴趣。"此文综合使用甲骨文、金文与古史材料，不仅考证了"秦"国名的由来，同时也考证了"周""齐""晋"等西周国名的由来。其立意是中国社会至西周时期，由于农业的长足发展，以农立国、以农为本的重农思想占统治地位，立国称名就多用"禾"类字，所以"周""齐""晋""秦"国名都用"禾"类字。我晋升教授时要送审这篇文章。学校人事处送到西北师大，师大送郭晋稀先生审查，郭先生在鉴定评语中说:"这是用自己的独创写成的长篇巨制。"

我从上大学时即已用心读《诗经》重要注本,后来又长期钻研《说文》《尔雅》《广雅》等文字训诂著作,为准备写一部《诗经》训诂注本努力打基础。从1986年至1996年用十年撰写成《诗经通诂》,全稿六十多万字,意在为大学文史学科的学生提供一部《诗经》训诂读本。此书于1998年由三秦出版社出版,初版印精装一千册,半年即售完。2000年重印精装三千册,获甘肃省高等院校社科成果一等奖。而近十年来我把主要精力用于撰写《尚书校诂》。王国维先生在《尚书覈诂序》中说:"古经多难读而《尚书》为最。"我明明知道《尚书》很难读,而又偏偏选了《尚书校诂》这个研究课题,就是表明在学术研究上我要知难而进。经过长时间艰苦磨研,终成五十多万字的书稿。我在《尚书校诂自序》的开头说:"《尚书》为中国最古之史书经典,是夏商周三代政治制度史之概要。"前一句不需说明,后一句应该说明一下。《尚书》中的名篇,如《禹贡》记我国最早的政治区划与田赋经济制度及水陆交通枢纽,《盘庚》记商王盘庚以迁都图谋发展的政治动员报告,《洪范》记天人合一治国思想大法,《康诰》记执政尚德慎刑,《酒诰》记执政改造恶俗,《梓材》记执政治民良策,《无逸》记执政居安思危,《立政》记周初官制,《顾命》记周初礼制,《吕刑》记最早刑法,《秦誓》记执政用人之道等,都是研究我国古代国家政治制度建设的重要历史文献,所以《尚书》是《五经》中写成最早而又最重要的一部经典。现在《尚书校诂》即将出版,而《尔雅正诂》也已开始撰写,力争三年左右写出五十多万字的书稿,以完成我原计划的《尚书校诂》《诗经通诂》《尔雅正诂》经书训诂注本三书。我名其书室为"诂经室",今自题诂经室云:"继昼夜读五十年,文字训诂勤钻研。嗜书如命满三屋,皓首穷经不清闲。"2009年2月记于诂经室。

说明:此文原载2009年出版的《师院春秋》一书,收入本书时作者做了修改。

论国学与国学研究

雒江生 *

本文共分四部分。第一部分论述什么是国学与国学研究的内容;第二部分论述国学研究的历史,即三个阶段与研究成就;第三部分论述国学研究的四个特点,即重学理、重实证、重贯通、重工具;第四部分论述国学研究的意义。是一篇全面系统论述国学研究的内容范围、简要历史、观点方法及深远意义的学术论文。

20 世纪以来,中国传统文化学术继清代汉学而有国学。何谓国学? 国即本国之义,中国人言国学,是特指中国固有文化学术,所以国学也称国故。国学原是对西学(即西方文化学术)而言。20 世纪初,国内一些学者编印《国粹学报》,章太炎著《国故论衡》。到五四爱国运动前后,北京大学文科研究所设立了国学门,出版《国学季刊》;清华大学办了国学研究院,编印《国学论丛》;章太炎在上海等地讲演国学,出版《国学概论》,国学研究之风大兴,于是国学成为约定俗成的中国文化学术通称。

国学是中国人通称本国文化学术,外国学者研究中国文化学术,一般称为汉学,也称为中国学。之所以称为汉学,是因为清代有汉学、宋学之分,而以汉学为主流,乾嘉时期以后,汉学成为中国文化学术的通称,故后来外国学者仍沿用汉学这一名称。

国学既然特指中国文化学术,那么国学研究的内容,就应该包括中国传统文化学术的各个方面。早在 1906 年,章太炎在日本主编同盟会的机关报《民报》,刊登《国学振兴社广告》,谓国学讲授内容为:"一、诸子学;二、文史学;三、制度学;四、内典学;五、宋明理学;六、中国历史。"(按"内典"即佛典)以上内容实际上包括了传统的经、史、子、集的各个学科。现在北京大学中国传统文化研究中心主编

---

　 * 作者简介:雒江生(1938—　),男,甘肃省秦安县人。中文系教授。曾任系主任,西北师大中文系兼职教授与音韵训诂硕士研究生导师。全国优秀教师。

出版的大型学术刊物《国学研究》,征稿内容为"古代文学、近代文学、古代文论、文字学、音韵学、训诂学、目录学、版本学、校勘学、古代史、近代史、史学史、敦煌学、思想史,哲学史、宗教史、法律思想史、政治思想史、经济思想史、军事思想史、科技史、美术史,伦理学史、文化史、考古学、中外文化比较研究、中外文化交流史"。(《国学研究》第一卷"稿约")从这一征稿范围可概见现代学科分类的国学研究内容。而中华孔子学会主编的《国学通览》一书,把国学研究的内容分为《易》学、《春秋》学、《尔雅》学、敦煌学、唐诗学、版本学、国画学、天文学等77个门类,可视为国学研究内容更加详细的学术分类。任继愈教授在北京大学召开的《国学研究》第二卷出版座谈会上说:"不能简单地认为只有经、史、子、集才是国学,马克思主义同中国的实际结合,也已成为中国文化的一部分。"(现《国学研究》第三卷650页)这样来看国学研究的内容,就更加全面了,反映了20世纪90年代中国学者审视国学研究内容与方向的学术眼光。

国学研究的历史,可分为三个阶段。清末至辛亥革命为第一阶段。这阶段国学始兴,主要是提倡经史之学,宣传保存国粹,确定中华文化学术的历史地位。辛亥革命至1949年为第二阶段,国学再兴,是发展时期。新中国建立至今为第三阶段。这一阶段,在20世纪80年代前为徘徊时期,80年代以来又呈复兴之势。这三个阶段,研究成绩以第二、第三阶段比较突出,所以主要论述后两个阶段。

1911年至1949年为民国时期。这一时期国学研究异彩纷呈。除普遍开展研究,研究中心有四,一是章黄学派,二是北京大学,三是清华大学,四是前国立中央研究院。

章太炎(名炳麟,字枚叔,号太炎)与其弟子黄侃(字季刚)皆为国学大师、号称章黄学派。章太炎师从清末朴学大师俞樾(字荫甫,号曲园),继承和发扬清代乾嘉学派的治学传统,在1919年前已写成专著13部,汇刻为《章氏丛书》,其中代表著作是《文始》《新方言》《国故论衡》等。《国故论衡》三卷,上卷论"小学"(文字、音韵、训诂),中卷论文学,下卷论诸子,即哲学思想,是一部国学研究的重要著作。章氏在辛亥革命后至1936年逝世,主要从事国学教学与研究,先后在无锡与苏州创办国学讲习会,是专门从事国学教育的学校。其著作继《章氏丛书》又有《章氏丛书续编》与《三编》出版。1922年章氏弟子曹聚仁记录整理章太炎国学讲演记录而出版的《国学概论》一书,至今在海内外已印39版,是一部内容系统、深入浅出的国学入门书。章氏晚年的讲学记录《国学讲演录》一书更为系统深入,近年出版的"二十世纪国学丛书",此书被列为第一种。

章太炎的学生很多,其中最著名的有黄侃、吴承仕、鲁迅、钱玄同等。黄侃长于"小学"(文字、音韵、训诂),他研究音韵学的成就还在其师章太炎之上。章氏的代表著作《文始》一书,是在黄侃的建议下写成的。黄侃被称为清代古音学研究的殿军,他研究音韵学的代表著作是《音略》一书,考定古声十九组,古韵二十八部,其研究结论至今为学术界所承认。王力主编的《古代汉语》,音韵学部分主要是根据黄侃的研究结论写成的。黄侃的另一部研究著作《文心雕龙札记》,精义叠出,是国学名著,被列入"二十世纪国学丛书"重印。章太炎的第二位大弟子吴承仕(字检斋)长于经学,曾任中国大学国学系主任和北京师大中文系主任。他同后来在南京中央大学任教授的黄侃有"北吴南黄"、南北两经学大师之称。吴的著作甚多,代表学术专著是《经典释文序录疏证》《经籍旧音辨证》等。1983年为纪念吴承仕诞辰100周年,北京师大出版社和中华书局同时出版他的著作集《吴检斋遗书》。一位学者的著作由两家出版社同时出版,这在出版史上是破例,足见学术界对他的崇敬之情。章氏弟子中的鲁迅(周树人),早年在日本师从章太炎学习国学,也是国学大师。他编著的《中国小说史略》,是现代学术经典;校勘的《嵇康集》校本,是古籍校勘的典范;而辑校的《古小说钩沉》《唐宋传奇集》等,是古文献整理的名著。所以不能因为鲁迅在文学创作方面的名声很大,而掩盖了他的国学研究。钱玄同是著名的文字音韵学家,著作除论文有"学术四种",即《文字学音篇》《国音沿革六讲》《说文段注小笺》《说文部首今读》。他在北京大学任教授时讲音韵学的讲义《文字学音篇》一书,曾被很多学者采用为大学音韵学课的教本。章门在甘肃的弟子,有甘谷县的李恭(字行之)。李恭先就学北平中国大学国学系,师从系主任吴承仕习文字训诂声韵之学。1935年又至苏州章氏国学讲习会从太炎先生学,次年太炎先生病逝,始回甘任教。著述甚多,代表著作是《陇右方言发微》。而武威李鼎超(字酝班)也私淑章氏,一依章氏《新方言》体例著《陇右方言》。二李考陇右方言两书已于近年整理出版,皆有益考证方言本字。

北京大学的国学研究,以1917年蔡元培任北大校长为契机。在蔡元培"思想自由、兼容并包"的办学方针下,既请陈独秀任文科学长,也请刘师培任经学教授,又把27岁刚在美国读完博士学位的胡适请来任哲学教授。陈独秀于文史、"小学"均有造诣,尤其"小学"一门终身从事。1913年写成《字义类例》一书,把"假借"分为造字的假借与用字的假借,认为前者是"六书"的专名,后者则为通用。到北大后继续此研究,计划在前书基础上再写专著。后来经过长期研究撰著的同源词研究专著《小学识字教本》(台湾印本改名《文字通诠》),是他的一部代表著作,有"已到炉火纯青之境"的佳评。近年成都的巴蜀书社也整理出版了此书。刘师培家学渊源,四世传经。曾祖父刘文淇是清代乾嘉学派的著名学者,毕生研究《左传》,撰写《左传旧注疏证》,是清代《左传》注本最详博的一部,但未完成而卒。其子、孙两代续写,也未完成。刘师培在学术上与章太炎齐名,章字枚叔,刘字申叔,所以被称为"二叔"。他比黄侃仅大两岁,当时黄也在北大任教授,因为感到经学不如刘师培,就拜刘为师,以师礼事之。刘只活 36 岁,著书 74 种,汇编为《刘申叔遗书》。代表著作是论文集《左盦集》及《外集》等,都是研究国学应该参考之书。到五四运动前后,北大的国学研究更加蓬勃开展。1922 年北大文科研究所设立国学门,由章氏弟子、著名训诂学家沈兼士任主任。并出版《国学季刊》,由编辑部主任胡适写了《国学季刊发刊宣言》,对推动国学研究产生了广泛而深远的影响。胡适在"五四"前后算得上是一个开学术风气的人物。当他 27 岁任北大教授,两年后即出版《中国哲学史大纲》(上卷),就已确立了在中国学术界的地位。不久又出版《白话文学史》(上卷),也是一部开风气的著作。这两部书都是学术经典。胡适的学术成就是多方面的。论文集有自编的《胡适文存》四集。现在中华书局正在陆续出版的《胡适学术文集》,分十卷出版,即哲学原理、中国哲学史、中国佛学史、中国文学史、新文学运动、语言文字研究、文化与教育、史学与史论、历史传纪、《水经注》研究,已出版六卷。北大由于在五四运动前后国学研究就已奠定了深厚基础,所以一直是国学研究的重要阵地,有国学研究的优良传统。

国学研究的另一重要阵地是清华大学。1925 年,清华国学研究院成立,聘王国维、梁启超、陈寅恪、赵元任为导师,被称为"四大导师"。又聘李济(字济之)任讲师。王国维(字静安,号观堂)是享有国际盛誉的著名学者。北京大学从 1922 年设立国学门起,多次请王国维任导师,皆未应聘。至此才同时应聘为北大国学函授导师。王国维的学术成就是多方面的,其中以经史、小学成就最高。著作有 62 种,出版 44 种,尚有 18 种未出版。代表著作是论文集《观堂集林》。郭沫若在《中国古代社会研究》与《历史人物》两书中评论说:"那好像一座崔巍的楼阁,在几千年来的旧学城垒上,灿然放出了一段异样的光辉。""他在史学上划时代的成就使我震惊了。""虽与日月争光可也。"鲁迅在 1922 年写的题为《不懂的音译》文中说:"中国有一部《流沙坠简》,印了将有 10 年了。要读国学,那才可以算一种研究国学的书。开首有一篇长序,是王国维先生做的,要谈国学,他才可以算一个研究国学的人物。"第二位导师梁启超(字卓如,号任公),是中国近代以来最博学的学者之一。他的著作集《饮冰室合集》,收有论文集 45 种,专著 104 种。要学习和研究国学,梁启超的著作起码以下几本书是应该读的,即《清代学术概论》《中国近三百年学术史》《中国历史研究法》《中国之美文及其历史》《古书真伪及其年代》。前两种是论清代学术的,第三种是关于历史学的,第四种是关于文学的,最后一种是古书辨伪的专著。第三位导师陈寅恪,是学贯中西的享有国际盛誉的国学大师。他读书很多很熟,《二十四史》中的某条史料在第几卷第几页都能说上来。他懂八种外语,文、史、哲兼通,是中国近代以来最精博的学者之一。连"敦煌学"这个学术名称,最先也是由他提出来的。1949 年以前,在清华大学同时兼任历史系与中文系两系的教授。1949 年以后到广州中山大学,也是任历史、中文两系的教授。他被称为"教授的教授",意思是他的水平是给教授当教授的。陈寅恪的主要学术著作是《隋唐制度渊源略论稿》《唐代政治史述论稿》《元白诗笺证稿》《柳如是别传》《寒柳堂集》《金明馆丛稿初编》与《二编》,都已出版。第四位导师赵元任,是语言学奇才,中国科学语言学的奠基人,被称为"中国语言学之父"。他专长汉语音韵学与方言学,又精通多种外语。在清华国学研究院时调查方言写成的《现代吴语的研究》一书。是现代汉语研究的奠基之作。1938 年以后在美国各大学任教,研究世界各国语言,更加广通博达,成为世界语言学大师。赵元任对中国现代语言学界影响深远,造就甚多。中国当代语言学大师王力教授说:"赵元任可以称为中国第一代语言学家,我学语言学是跟他学的,我后来到法国去,也是受他的影响。"王力在清华国学研究院的毕业论文《中国古文法》,就是由赵元任与梁启超联合指导的。由于有以上"四大导师"为中坚的教师阵容,所以当时清华的国学研究水平在全国是最高的。

国学研究的中心,后来为前国立中央研究院的历史语言研究所。1925 年,蔡元培任前中央研究院院长,成立历史语言研究所,由黄侃的高足傅斯年(字孟真)任所长。傅毕业于北京大学国文门,留学伦敦大学,柏林大学,研究实验心理学、数学与哲学等,学问广博,又有学术领导才能,任所长 21 年。1949 年去台湾,任台湾大学校长,代表著作有《性命古训辩证》等。研究所内分四个研究组。第一为历史组,研究历史问题与古籍校勘整理。第二组为语言组,研究汉语与国内少数民族语言。第三组为考古组,研究中国史前史与考古学。第四组为民族组,研究中国民族史,同年赵元任到历史语言研究所任语言组组长,领导了对全国主要方言的调查,成果甚多,写成调查报告多种。李济任考古组组长,主持了对殷墟的十五次发掘,奠定了中国现代科学考古学的基础。历史组由"古史辨"派的著名学者顾颉刚任组长。该所主办的刊物《历史语言研究所集刊》,是前中央研究院最重要的一份学术刊物,许多著名学者的重要论文发表在这个刊物上。至 1949 年出 21 本,1949 年以后在台湾继续出版。前中央研究院的研究人员分专任和兼任及通信研究员,这样就把全国许多著名学者的研究力量集中在一起了。历史语言研究所的研究成果很多,如刘复的《敦煌掇琐》,陈垣的《敦煌劫余录》,董作宾的《殷历谱》,容庚的《金文编》,历史组整理内阁大库档案编辑的《明清史料》十册等,不胜枚举。

民国时期的国学大师还有廖平(字季平)。辛亥革命后任成都国学专科学校校长。廖平是中国经学史上最后一位兼通今古文经学的大师。著书 118 种,代表著作是《今古学考》《古学考》《知圣篇》等。他的经学思想有六变,而以"尊今抑古""托古改制"思想影响较大。康有为为"戊戌变法"制造理论根据的两部书《新学伪经考》与《孔子改制考》,就是受廖平学术思想写成的。康有为当然也是国学大师,他是梁启超的老师。另一位国学大师吴梅(字瞿安),曾任北京大学、南京中央大学教授。他与王国维是中国现代两大戏曲研究家。王国维的《宋元戏曲史》等著作侧重于戏曲史的考证。而吴梅侧重于戏曲表演艺术的理论研究与舞台实践,京剧表演艺术家梅兰芳的成名戏《木兰从军》的唱腔,即亲受吴梅指导。吴梅的著作很多,《中国戏曲概论》《顾曲麈谈》《词学通论》等都是国学名著。

民国时期的国学研究,如罗振玉的考古文献,郭沫若的古文字与古代中国古代史,陈垣的校勘学与宗教史。柳诒徵的中国文化史。汤用彤的佛教史,熊十力的儒佛哲学,余嘉锡的目录学,孟森的明清史等研究,都达到了极高的水平。这些国学大师的学术研究,有的在下面还要谈到。

新中国建立后,中国传统文化学术的研究虽然不以国学为称,但许多学者在马克思主义理论的指导下,仍在继续研究国学,并在各学科领域取得了许多成果。20世纪70年代初,香港学术界有人问曹聚仁:"在新中国,研究国故、国学的,还有没有如钱宾四这样博通的人?"(见曹聚仁《中国学术思想史随笔》),意思是认为大陆的国学研究不行。曹聚仁听了不觉大笑说:"且不说冯友兰、冯沅君、陆侃如,顾颉刚,他们都在继续他们的研究。即如张舜徽先生的经史研究,也在钱宾四之上。冯友兰是著名的哲学专家,代表著作是20世纪30年代初出版的《中国哲学史》上下册。陆侃如、冯沅君夫妇是著名的中国古代文学史专家。陆毕业于清华大学国学研究院,冯毕业于北京大学,同留学法国巴黎大学,均获文学博士学位。又都曾任山东大学副校长。他们合著《中国诗史》《中国文学史简编》《中国古典文学简史》。后一种在1957年出版英文版和捷克文版,中国文学史翻译成外文的,这是最早的一本。顾颉刚在新中国成立后继续研究古代史,校释《尚书》,还主持了《二十四史》和《资治通鉴》的校点工作,这是新中国古籍整理的一项重大工程。钱穆字宾四,20世纪三四十年代已是著名的国学研究家,30年代出版《国学概论》。1949年以后定居香港,讲学于香港、台湾。著作很多,代表著作是《先秦诸子系年》《中国近三百年学术史》《国史大纲》《中国文化史导论》等。张舜徽,湖南沅江县人,未上过大学,家里藏书很多,刻苦自学成才。33岁以前,用10年时间校读《二十四史》,写读书札书记数十巨册,40岁以前完成专著22种,40年代后期,辛树帜(著名生物学家,史地学家)任兰州大学校长,把35岁的张舜徽从湖南请来任教授,给中文、历史两系授课,同时兼西北师院的课程。他是著名的古文献学家和文字训诂学家。代表著作是《广校雠略》《中国古代史籍校读法》《清人文集别录》

和200多万字的《说文解字约注》等。而论清代学术史的专著《清代扬州学记》也是国学名著，被列入"二十世纪国学丛书"。他是80年代以来国内出版文史研究专著最多的学者之一。

国学研究的特点，可概括为四，即重学理、重实证、重贯通、重工具。第一点主要指学术研究的观点，后三点主要指学术研究的方法。下面分别论述。

重学理。学术研究，以明学理为首要。近代以来，影响中国文化学术研究最重要的理论观点是唯物史观，其次是疑古辨伪思想等。用唯物史观研究国学的代表学者是郭沫若、范文澜等。郭沫若用唯物史观研究中国古代社会历史，取得了超越前人的成就。他于1930年出版《中国古代社会研究》一书，在《自序》中说："本书的性质可以说就是恩格斯《家庭、私有制和国家的起源》一书的续篇。恩格斯的著作中国近来已有翻译，这于本书的了解上，乃至在'国故'的了解上，都是有莫大的帮助。"1945年又出版了《青铜时代》与《十批判书》。以上三书都是学术经典。范文澜早年考入北京大学文科国学门，师从黄侃学习《文心雕龙》。1926年出版《群经概论》。1936年出版《文心雕龙注》，是《文心雕龙》一书迄今最好的注本之一。而1942年出版的《中国通史简编》，是第一部用马克思主义观点写成的中国通史著作。

"五四"新文化运动后，"古史辨"派的代表学者顾颉刚创立了"层累地造成的中国古史"观，为考辨古史传说提供了新的思想方法。1922年，顾颉刚在起草《最早的上古史的传说》一文时，通过比较研究《诗经》《尚书》和《论语》等书中所记载的古史传说，发现"越是起得晚，越是排在前面"。如禹的传说是西周时就有的，尧、舜是到春秋末年才流传起来的，而伏羲、神农是战国以后出现的。于是他提出一个假设："古史是层累地造成的，发生的次序和排列的系统恰是一个反背。"（《古史辨》第一册《自序》）次年，他在《与钱玄同先生论古史书》的《前纪》中对此又做了进一步阐发，钱在答书中评为"精当绝伦"。郭沫若在《中国古代社会研究》一书《夏禹的问题》一节中评价说："顾颉刚的'层累地造成的古史'，的确是个卓识。"顾颉刚这一科学治史理论观点的创立，影响深远，为科学的研究中国古代历史扫清了道路。他的研究论文很多，主要发表在多卷本的《古史辨》中。

重实证。国学研究继承了清代乾嘉学派朴学学风，不务空谈，以可信的史料为依据，通过综合分析以求结论，所以是征实之学。在研究方法上影响最大的是"二重证据法"。所谓"二重证据法"，就是以地下出土的文物新材料证明古书文献所记载的史事的研究方法。这是王国维在清华国学研究院完成的一部名著《古史新证》中提出的。这一科学方法，是王国维正式提出来的，其实是他对前代学者和自己考证古史方法的总结。在治学方法上，对王国维影响最大的一位前代学者,是清代乾嘉学派的著名学者程瑶田(字易畴)。程瑶田的著作集《通艺录》中的《考工创物小记》《九谷考》等学术名著,除了征引文献记载,主要参考了地下出土文物与田野实际调查材料,也就是用二重证据写成的。所以郭沫若说程瑶田是近代考古学的开山。而王国维在学术研究中更科学更完善地应运了"二重证据法",取得了辉煌成就。如《观堂集林》的压卷之作《殷卜辞中所见先公先王考》及《续考》两篇论文,就是用地下出土的甲骨文考证殷代世系,而证明司马迁《史记·殷本纪》所记载的殷代世系的实录。这是用"二重证据法"考证古史的典范名作。半个多世纪以来,学者广泛运用这一科学方法,对历史研究起了很大作用。

运用"二重证据法"的先决条件,是要有"地下新材料",主要指甲骨文、金文、汉简等。而搜集整理"地下新材料"之功以王国维的学术密友罗振玉为最大。郭沫若在《中国古代社会研究》的《自序》中说:"罗振玉的功劳即在为我们提供出了无数的真实的史料。他对殷代甲骨的搜集、保藏、流传、考释,实是中国近30年来文化史上所应该大书特书的一项事件。大抵在中国目前欲论中国的古学,欲清算中国的古代社会,我们是不能以罗、王二家之业绩为其出发点了。"罗氏编印的新材料书主要有《殷墟书契前编》《殷墟书契后续》《三代吉金文存》等,考释之书主要有《增订殷墟书契考释》《流沙坠简考释》(与王国维合著)等。王国维的学术研究成就,是与罗振玉的帮助与合作分不开的。

除了利用地下出土文物材料证明历史文献记载,用民俗学调查材料印证古史,也是"五四"以来学术研究的重要方法。开这一学术研究风气的,首先是北京大学文科研究所国学门,该所在创办《国学季刊》的同时,组织"歌谣研究会",创办了《歌谣周刊》,发表民俗学研究的论著,当时顾颉刚在国学门任教,他研究民歌的《吴歌甲集》,研究民间文学的《孟姜女故事的转变》一文在《歌谣周刊》发表后,震撼了当时的学术界,著名学者刘复教授读后在给顾颉刚的信中评价说:"真教我佩服得五体投地,你用第一等史学家的眼光与手段来研究这故事;这故事是二千五百年来一个有价值的故事;你那文章也是二千五百年来一篇有价值的文章。"(孟姜女的原形是记载于《左传》一书的二千五百年前的杞梁之妻)魏建功教授在《〈歌谣〉四十年》一文中说:"顾先生用研究历史学的方法、精神来对旧社会认为'不登大雅之堂'的故事传说进行研究,一时成了好几十位学者共同的话题。"钟敬文教授把顾颉刚的孟姜女故事研究誉之为"'五四'运动后我国新学术上的一颗明珠",可见其影响之大。从此利用民俗调查材料考证历史蔚然成风,为学术研究开拓了一个新途径,如闻一多用民俗材料研究《诗经》,形成了《诗经》研究的新学派,成为现代《诗经》研究大师。他又用民俗调查材料研究古代神话,同样取得了超越前人的成绩,他的长篇论文《伏羲考》,就是用民俗调查材料结合文献记载材料研究古代神话传说的划时代杰作。

重贯通,主要是指三个贯通,即文、史贯通,儒、道、佛贯通和中西学术贯通。文、史贯通的研究方法、可以陈寅恪的"以诗证史""诗史互证"为例。陈寅恪用历史的眼光与考据的方法,一方面以诗为史料,考证史书记载未备的史实;另一方面以史证诗,考证作者作诗的历史背景。这方面最具有代表的著作是《元白诗笺证稿》一书,不仅是文学的研究,也是历史的研究。全书最精彩处,即在既能"引史证诗",又能"从诗看史"。如他通过诗史互证,证明元稹的《莺莺传》实自叙之作,其所谓张生者实即元稹本人之化名。这一考证,对认识唐代社会士大夫阶级的门第观念、仕进欲望及在爱愤上"始乱终弃"的社会意识,有很大参考价值。陈寅恪的"以诗证史""诗史互证"的研究方法,也是开一代学风的。

自从东汉时期佛教传入中国,对我国文化学术的各个方面产生了影响。魏晋玄学,宋明理学,都是儒、道、佛合流的产物。所以要深入研究在魏晋以来的中国文化学术,就要深入研究佛、道思想和儒家思想的分合与互补,不然就难以贯通。如熊十力(字子真)中的哲学思想,就是在儒、道、佛哲学思想贯通研究的基础上建立起来的。他的哲学思想经历了杂染儒、佛、崇信唯识,由佛转儒等几个变化过程,最终以崇儒为归宿。变化虽繁而得力最多的还是儒学与佛法。尤其是《易》学。其代表著作是《新唯识论》《体用论》等。自 1954 年中国科学院哲学研究所筹备成立时,他给郭沫若院长写了一封长信,系统地阐述了中国哲学史上辩证法思想的优良传统,并对哲学研究机构的建立与淹博贯通人才的培养,提出了自己的看法与建议。这篇重要论著也于近年公开发表。

中西学术贯通,是国学研究走上科学化道路的重要标志。在这条研究道路上造就了不少学贯中西的国学大师。其代表学者前有陈寅恪,后有钱钟书。陈寅恪在治学方法上继承和发扬了清代乾嘉学派和欧洲近代研究梵文、佛典的传统,融会贯通,不断开拓文学研究的新领域,取得超越前人的新成果,为海内外学术界所推重。他论中外思想文化交流融会之规律说:"其真能于思想上自成系统,有所创获者,必须一方面吸收输入外来之学说,一方面不忘本来民族之地位。此二种相反而适相成之态度,乃道教之真精神,新儒家之旧途径。而二千年吾民族与他民族思想接触史之所昭示者也。"《冯友兰中国哲学史下册审查报告》,此真可谓通人之论。而钱钟书的代表学术著作《管锥编》与《谈艺录》,是中西学术融会贯通的典范著作。其他国学大师也多是学贯中西的。如王国维,早年攻读西方哲学与美学,接受了西方学术科学的研究方法。他的名著《人间词话》就是融合中国传统文论与西方美学观点写成的文学批评理论著作。又如汤用彤(字锡予)也是一位学贯中西的国学大师。他祖籍湖北黄梅,生于甘肃渭源县,是著名哲学家,佛教史专家。20 世纪 20 年代末赴美留学,先入汉姆林大学主修哲学,后入哈佛大学学习哲学与梵文,巴利文,学成回国。曾长期主持北京大学的文科,30 年代任文科研究所所长,40 年代任文学院院长,50 年代任副校长,为北大的学科与学风建设做出了卓越贡献,他一生抱定"昌明国粹,融化新知"的为学宗旨,为民族文化建设奋斗,所著的《汉魏两晋南北朝佛教史》《隋唐佛教史稿》《魏晋玄学论稿》《印度哲学史略》等,都是国内外学术界公认的权威性著作。他认为:外来文化输入中国后,其结果是双方的,一方面,本土文化吸收外来成分,因而有所变化发展;另一方面,外来文化必须适应本土原有文化才能在本土文化中扎根并发生持久影响。(《汤用彤小传》)他这样来看中外文化学术交流的意义规律,与前引陈氏之论可谓异曲同工。

重工具。近代以来的国学研究,维承和发扬清代"汉学"以"小学"(语言文字学)为治学根基的传统,把掌握语言文字工具作为开拓学术研究新领城,取得新成果的手段。如王国维,其实是在中年转入研究甲骨文、金文而取得经史研究的辉煌成就后,才确立其崇高学术地位的。而郭沫若研究中国古代社会历史,也是以精研古文字为其研究工具的。郭沫著原名郭鼎堂,是甲骨学四大家之一,与在先研究甲骨文的罗雪堂(振玉)、王观堂(国维)、董彦堂(作宾)号称"甲骨四堂"。他研究古文字学的主要著作《甲骨文字研究》《卜辞通纂》《殷周青铜器铭文研究》《两周金文辞大系图录考释》等,都获得了很高的评价。在研究方法上,他受王国维的影响最深。《甲骨文字研究》一书的《序录》中说:"余于处理殷周古文字之方法上,得之王氏者为最多。"而陈寅恪所以卓绝一世,更是如此。他从 13 岁随兄长到日本留学,15 岁考取官费继续留学日本,后来又到欧洲和美国,此后在国外留学 14 年,主要是攻读外国语及其古文字,因而通晓多种文字,尤精于印度梵文与巴利文、突厥文、西夏文等。他就是以能运用中外语言文字工具为优势,而在学术研究上超越前人和同时代人的。但是要精通中国的古文字,本身就不易,而要通晓外国语言及古文字就更难。正是由于这一原因,学者不易看到有些外国学术名著的汉译本,而使国学某些学科的研究往往受到限制。如研究蒙古史,就需要参考 14 世纪初波斯国大史学家拉施特主编的世界通史巨著《史集》的第一编《蒙古史》。但在我国,至 1887 年,洪钧(字陶士,号文卿)任清朝驻俄、德、奥、荷四国钦差大臣,才在欧洲看到《史集》的俄文本,参考写成著名的《元史译文证补》一书,为元史研究树立了一个里程碑。而《史集》的汉译本,直到 1983 至 1986 年,才由商务印书馆分四册出版了第一编《蒙古史》的翻译本,距洪钧看到俄文本前后相隔 100 年时间。而且是从俄文本转译的,如要从波斯文本翻译全书四编就更难了。

国学研究的意义,概括地说,就在于弘扬中国优秀传统文化学术,激励爱国情操,凝聚民族团结,联系海外华人,沟通国际汉学研究,使中华文化光耀于世界民族文化之林。先举一个李白研究的例子,1971 年,郭沫若的《李白与杜甫》一书出版。这部著作由于"扬李抑杜",出版后意见纷纷。但这部著作自有其学术价值。如关于李白出生地的考证,其结论是:"唐代诗人李白,以武则天长安元年(公元701 年),出生于中央亚西亚的碎叶城。城在碎叶水南岸,说者谓即托克马克,在现在的苏联吉尔吉斯境内。……碎叶是属于条支的。唐代有'条支都督府'。这个都督府乃'西域十六都督州府'之一,皆属安西督护统摄'。……条支都督府所辖地即今苏联境内的吉尔吉斯和哈萨克一带。"当时中苏边境形势紧张,苏联有觊觎我国新疆之势。郭著的考证结论在这时发表,自有其现实意义,中国唐代大诗人李白生于中亚碎叶城,说明不仅新疆自古是中国的领土,连苏联境内的吉尔吉斯一带,唐代时都在中国版图之内。所以这一学术研究,不仅表现了作者的爱国主义立场,而且鼓舞了中国人民的爱国思想,凝聚了民族团结。

再举一个屈原研究的例子,近代以来,疑古的学者廖平、胡适等有一"屈原否定论"。1922 年胡适写了一篇《读〈楚辞〉》,其中说:"我现在不但要问屈原是什么人,并且要问屈原这个人究竟有没有。为什么我要疑心呢?因为,第一,《史记》本来不很可靠,而《屈原贾生列传》尤其不可靠。第二,传说的屈原,若真有其人,必不会生在秦汉以前。"(《胡适文集》二集)这种"屈原否定论"自 20 世纪 50 年代初讨论后,国内即无市场。但 60 年代以后,由于种种原因,在日本学术界又出现新的"屈原否定论"。其否定之势,较国内旧论还有过之。为答此论,赵逵夫撰写了一篇题为《屈氏先世与句亶王熊伯庸——兼论三闾大夫的职掌》的论文。于 1987年在中华书局《文史》第二十五辑发表。该文考定屈原《离骚》"朕皇考曰伯庸"的伯庸。"即见于《世本》和《史记·楚世家》的句亶王熊伯庸",是屈氏的始封君。这一考证定论的发表,在中外学术界反应强烈,从而使"屈原否定论"不攻自破,既捍卫了伟大诗人屈原世界文化名人的历史地位,又消除了国际汉学研究中出现的某些负面影响。这是沟通国际汉学,坚持追求真理的国学研究。总之,国学研究的意义是深远的。

说明:此文原载《天水行政学院学报》(创刊号),收入由文化部、教育部等国家十部委联合评选编辑出版的《中国改革发展战略研究文汇》一书。

论汉字声符削繁

雒江生*

本文想通过介绍汉字的一种特殊简化法——声符削繁,发凡举例,究本推原,对《第二次汉字简化方案(草案)》(以下概称《二简》)中的部分简化字,也旁及《二简》以外的一些常用字,或阐明简化原则,或评议修订意见,以备简化汉字的参考。

一、什么是声符削繁

所谓声符削繁,不是别的,乃是汉字传统的简化法之一。早在 1850 年前,东汉的许慎,就在他的不朽著作《说文解字》(以下简称《说文》)中,提出了所谓"省声"的说法。他举例说:"歎(嘆),吟也,从欠、鷬(難)省声;歎,籀文,不省。"这就是说,由于"歎"的声符是"鷬","鷬"的声符又是"堇"(音 han,参看文字改革出版社编《现代汉字形声字字汇》,1975 年版第 52 页,内部发行,以下简称《形声字字汇》),即"歎、鷬、堇"同音(这是古音声读原则,今音读音不同,是语音转化的结果),所以大篆(籀文)的"歎","省声"简化为小篆的"歎"了。从这个例子看,所谓"省声",就是当一个形声字的纯粹声符,包孕在它的声符结构中时,可以削除其声符结构中并不表声的部分,而只省略留存其纯粹声符,使声符部分简化。这犹如化简数学中的一个繁分数,分母是"歎",分子是"鷬",公约数是"鸟",可化简约小为"歎",而其值不变(按:刘熙《释名·释言语》:"省……约小之言也。"即其义)。这是一种削其繁芜、存其精华的简化方法,所以我们管它叫"声符削繁"。但是,许慎在《说文》中所谓的"省声"字,其实多数并不是"省声",这就造成了"省声"理论原则上的混乱。后代有见识的文字学家,虽然屡有发疑讨论,而看法至今仍不尽同。例如"家"字,许慎说是"从宀、豭省声",但是在汉字史料中找不到这

---

* 作者简介:雒江生(1938—),男,甘肃省秦安县人。中文系教授。曾任系主任,西北师大中文系兼职教授与音韵训诂硕士研究生导师。全国优秀教师。

样的证据。而证据是,在现存最早的汉字史料甲骨文和金文中,"家"字都是"从宀、从豕"的会意字(参看郭沫若同志编《殷契粹编》一九七片、一二三四片和清代吴大澂《说文古籀补》卷七)。又如说"官"字是"从宀、𠂤(躬)省声",这也毫无根据。而我们根据汉字史料的记载知道,"官"在古代是屋室的通称;从字形分析,甲文金文都证明,是屋室开门开窗的象形字。《尔雅·释言》说:"宫谓之室,室谓之宫。"这说的正是它的本义,宫殿乃是后起义(字形参看同上两书,字例很多,不必一一注明)。这样的例子,在《说文》中还有许多。这说明,许慎的"省声"理论,还带有主观唯心主义的成份。但是,这并不能否定许慎创说的"省声"简化原则。因为证之《说文》本书,从同一字的小篆与大篆(籀文)两种形体相比较,确有许多小篆形体,是真正的"省声"字。如"辶"部的"达"字,许慎说是"達"(達)的或体,其实是它的"省声"简化字(按:達从辶,羍声,羍从羊,大声,達、羍、大同音,省形存声,简化为达)。又如"速"字,籀文作"遬";"述"字,籀文作"𧗲";"送"字,籀文作"𨕂";"邁"字,籀文作"𨆌";"逋"字,籀文作"𨔷";"退"字,籀文作"𢓴"。很清楚,这些字的小篆形体,都是从它的前身大篆(籀文)"省声"简化而来的。而对这些真正的"省声"字,许慎却并未指明是"省声"。这又说明,许慎的"省声"理论,确实还有缺点。但是,许慎毕竟是汉字结构理论初创时期的文字学家,万事开头难,不应该苛求于他。相反,我们今天应该充分肯定的是,许慎通过寻找汉字发展痕迹提出的"省声"原则,在汉字由繁化简的技术史上,不仅是创造了一例,而且是起了启示后来的作用的。这一点,也正是我们今天应该借鉴推广的。

二、声符削繁的推广应用

上述分析说明,声符削繁的结果,是形声字声符部分的纯粹简化。由于这一简化结果具有两个显著的优点,一是保留了原字形体的主要特征,二是突出了原字结构中所固有的纯粹声符,所以简体与繁体比较起来,面目易识,声音易辨,群众易于熟悉,和那种面目全非的重造新字,有很大区别。因此,这一简化方法不仅在历史上能沿用下来,而且在今天仍有推广的价值。

举例来说,1955年公布的《第一批异体字整理表》,就保留了声符削繁的简体,而淘汰了其繁体。如:

袒(襢)、眯(瞇)、苣(藒)、菱(蔆)、疴(痾)、椁(槨)、秆(稈)、杆(桿)、杠(槓)、扛(摃)、挂(掛)、呼(嘑)、楣(槝)、矩(榘)、蝎(蠍)、泅(洇)、笋(筍)、谪(讁)、饦(飥)、衽(袵)、妊(姙)、蕊(蘂)、映(暎)、涌(湧)、悥(遌)等。

这是不需说解,一看就会清楚的。

再举例说,1956年公布的《汉字简化方案》,也采用了历史上流传已久,群众

中广泛通行的声符削繁简化字,让这些千百年来被封建统治阶级禁锢使用的所谓
"俗字",取得了正式使用的合法地位。如:

达(達)、沪(滬)、样(樣)、痒(癢)、赶(趕)、踊(踴)、佣(傭)、岭(嶺)、吨
(噸)、垦(墾)、恳(懇)、洼(窪)、誊(謄)、疖(癤)、节(節、莭)、准(準、凖)、悬
(懸)、漓(灕)、篱(籬)等。

这些简化字的简化方法,虽然都是声符削繁,但是简化结果可分为几种类型。
"达"至"吨"字,声符是一个常用字或次常用字,而且符合或基本符合"谐声"的
要求(按:形声字也叫谐声字,是声符的读音和本字的读音相谐和的意思。另外,
傭字的声符庸,结构应是"从庚、从用、用亦声"。今本《说文》脱"用亦声"三字,没
有说明是形声字,非许慎原文。参看清代苗夔《说文声读表》卷一)。这是第一类,
也是最理想的一类。"垦"至"疖"字,声符是一个罕用字或古字(按:艮字现代汉
语中很少用,卩是節字的初文)。这类简化字,虽然声符不够明显,但保留了原字
结构的主要特征,所以被采用了。这是第二类。以上是基本的两类。"节"是
"節"字的异体"莭"(隶书变形)的声符削繁,"准"是"準"字的异体"凖"的声符削
繁(按:準字的声符是隼,凖字的声符又是隹。参看《形声字汇》第 73 页。也参看
易熙吾著《文字改革论集》,东方书店 1955 年版第 116 页)。由于它们是从异体削
简而来的,所以可算作另一类,即第三类。这实际是前两类的支流。"悬、漓、篱",
本是声符简化类推而来的,但其结果也是声符削繁,所以可作为前两类的附类。

现在我们就把以上几类简化原则推广应用,来讨论《二简》中的部分简化字。

总的来看,《二简》虽然也采用了一些流传已久和新拟的声符削繁字,但从实
际简化效果来看,对这一简化方法的使用,是不够充分的。这也就是我们要在下
面着重讨论的问题。

第一类,简化字的声符是一个常用字或次常用字的,《二简》列有"苁"(蔥)、
"沍"(渠)、"扞"(捍)、"炋"(焊)、"泬"(涨)、"迖"(逢)、"纬"(缝)等。这都无疑
是很好的简化字。不过"沍"字是怎样削简声符而来的,需要稍加说明。按"渠"
字"从氵、柜(音 ju)声"(从朱骏声《说文通训定声》说,以下凡引朱骏声说均指此
书;也参看《形声字汇》第 63 页);"枅"是"柜"的变形,"从木、巨声",省形存声,简
化为"沍"。

但有些字,本来可以声符削繁简化,而《二简》使用了其他方法,所以简化效果
不够好。如"衮,滚,磙"简化为"厽";"添、舔"简化为"添、舓","照"简化为"业",
"蜂、烽、峰、锋"简化为"夆","缚"简化为"纺","貌"简化为"秒"等。

按:"衮"简化为"厽",虽然也保留了原字形体的一些特征,但形、音、义都难于
理解;尤其再来代替"滚、磙",就更难理解了。不如声符削繁,把"滚"简化为"泍"

（衮从衣、公声），"磩"简化为"砼"。"衮"是古名物字，现代汉语很少用，可不必简化。

"添"简化为"𣿇"，在结构的平衡和字形的规范上有一些优点，但简化的成分太少。而声符削繁，可简化为"沃"（忝从竖心、天声），形与声俱明。"舔"也同法，简化为"舚"。

"𭕄"是"照"字的草书楷化，简是够简了，但形体别扭，不便书写。如何简化，有两种设想，一是声符削繁，简化为"炤"或"𤈶"（昭从日、召声，召从口，刀声），二是用古通用字"昭"来代替，这样不仅可从常用字中减少一个"照"字，而且形与声比较简明。后一种简化效果可能更好些。

"夆"是一个死字，而要同音代替四个常用字"蜂、烽、峰、锋"，这与同音假借的原则有些不符。我们知道，假借的基本原则是：一定历史阶段（主要是语音发展阶段）的通用汉字之间同音通用，而很少用死弃字通借常用字。因为追究假借的原因，主要有二，一是古代造字较少，有些事物本无其字，只好用同音字来代替（此许慎说，见《说文·叙》）。二是后代虽然造字渐多，本有其字，但书写时往往仓卒偶忘，也就写个同音字来代替（此郑玄说，见《周礼注》）。在这两种情况下造成假借字，当然一般是常用字。而如果把以上四字声符削繁，即用"逢"简化为"迲"，"缝"简化为"纬"的方法，后三字就可以简化为"炜、峄、钅"。但"蜂"字如简化为"虻"，就和"河蚌"字相混，故放在后边讨论。

"缚"字简化为"纼"，形体有些别扭，不如声符削繁，简化为"纀"，声符反而明显。

"藐"字简化为"秒"，是同音代替。但"貌"字既然简化为"皃"（貌的古本字），就应类推，简化为"苋"。这和"藐"字声符削繁简化的结果相同。

还有《二简》提出急需简化而尚未简化的字中，有"薪"字、"额"字、"嗽"字，也可声符削繁简化。按"薪从艹、新声"，"新从斤、亲声"，"亲（親）从木、辛声"，省形存声，可简化为"莘"。而"莘"本来就是"薪"字的异体字（从朱骏声说）。"额从页，客声"，"客从宀、各声"，可削简为"颔"，声符比原字既简且明（按：其实颔是古本字，《说文》有颔无额）。"嗽从口、欶声"，"欶从欠、束声"，可削简为"咪"。又"漱"和"嗽"通用，所以"咪"也可代替"漱"。

此外，在常用汉字中，有些字也可以同样简化，而《二简》未涉及。如"谎"字，"从讠、荒声"，"荒从艹、巟声"，"巟从川（川）、亡声"，可削简为"讠亡"。还有"蓬"与"篷"，也应简化为"艹"和"竻"。

第二类，简化字的声符是一个罕用字或古字的，《二简》列有"芿"（蒙），"𢞫"（腾）、"阊"（阔），以及"忾"（慨）、"泋"（溉）、"杚"（概）等。

按"蒙"字"从艹、冡声","冡从豕、从冖（音蒙）、冖亦声"（从苗夔说,见《说文声读表》卷一）。从"冖、冡、蒙"古今同音同义来分析,可以知道,"冖"是"冡"的初文,"冡"是"冖"的形声繁化,"蒙"又是"冡"的再繁化（艹有蒙覆义,如蓋、苫、藏、葬等字,其义从艹,可证）。这就是说,三字是古今异体,而"蒙"是后起繁化通用字。证之历史材料,汉以前史籍中,"蒙覆"字即均写作"蒙"。但许慎在《说文》中说:"冡、覆也",又说:"蒙,王女也"。他只以"冡"为"蒙覆"本字,而定"蒙"为草类"王女"专名。这是不全面的,正反映了许慎的经古文学派成见。如按照《说文》的说解例,就应为:"蒙,覆也,从艹、冡声,一曰王女也。"而在《尔雅》一书中,《释言》篇说:"蒙,奄也。"郭璞注:"奄,奄覆也。"又在《释草》篇中说:"蒙,王女也。"这倒是尊重历史发展,具有历史主义观点的解释。所以后代"冡"字废而"蒙"字行,从常用字中淘汰了"冡",这是字数简化（减少）的一种好现象。而现在把"蒙"字声符削繁,简化为"艹"，那就是以它的初文为声符,构成了一个"从艹、冖声"的新形声字。这是汉字结构流变的一种常见现象,郭沫若同志曾探究字原,发明其例说:"后起字成为通用字,初字义失转化为声符者,其例多至不可胜举。"（见《殷周青铜器铭文研究》,人民出版社1954年版第77页。）所以,"蒙"简化为"艹",不仅符合汉字构成原则,而且简化率又高,形体又美,实在是一个很好的简化字。

"腾"字"从马、朕声","朕"的声符是"关"（音朕,原形作关,隶变为关,参看《形声字汇》第100页）。按声符削繁原则,即简化为"𬳿"。以此类推,"滕"简化为"𰯡"。又"藤"与"滕"同音合并,所以"藤"也简化为"𰯡"。不过严格来讲,"藤"应简化为"𦰿",其义较明。

"阔"字"从门、活声","活从氵,舌声"（舌是昏的变形,音guo,非舌头字,参看《形声字汇》第30页）。声符削繁,即简化为"𬮿"。这在原则上是可以的。但此字简化的结果,声符反由明而隐,形体也只减少了三画,所以似无需简化。

而《二简》把"割"字简化为"刈",矛盾就更突出。第二表的注说:"删刈、刈除等的刈仍读yi。"这就是说,"刈"字有两个音,两个义。字的形体虽然简化了,但异读的问题又产生了,这在实际使用中是会引起混乱的。所以不如声符削繁,简化为"𠛜"（割字从刂、害声;害的声符是丰,音gai,是草芥的古字。参看《形声字汇》第27页）。

"慨、溉、概"三字简化为"忾、沅、枍",其实也是声符削繁。《说文》:"既从皂、旡声。""旡"又是"既"的古字。所以声符削繁与类推简化的结果相同。循此类推,《二简》以外的次常用字"暨",也应简化为"旾"。

此外,在常用字中,如"挖"字,也可声符削繁简化。"挖从扌,穵声","穵"的声符是"乙"（音 yi，鳦的初文，是燕子高飞的远视形，非甲乙字，参看《形声字汇》第79页）。如果声符削繁，简化为"扎"，就从九画减为四画了。

第三类，从异体简化而来的字，《二简》列有"漆"（柒）简化为"汗"，"柒"（七）也简化为"汗"。这无疑是很好的简化字，简化的过程也是很有意思的。

按："柒"和"漆"的异体，也是"七"的大写标志字。据《说文》记载，"漆"本是河水名，并不是漆树的本字。而"漆"字的声符是"黍"，扌是本字，是一半成字（木），一半不成字。（氽象漆树皮裂滴漆形）的象形会意字。后来由篆变为隶楷，群众感到"黍"的形义不明，就借用"漆"字，等于给"黍"加了个意符"氵"（漆是液体，和水同类），"黍"只表声，本字废而借字行。再到后来，群众感到"漆"字的声符既复杂又难写，就干脆把"黍"的下半"氽"削掉，代换了个表声的"七"同时部件上下位移，左右调整，变成了"柒"，即所谓的"漆"的异体字。（参看易熙吾著《楷讹举例》引明代赵古则说，见《文字改革论集》第180页）。现在群众又把"柒"字结构中并不表声的部分"木"削去，简化为"汗"，变成一个和原字既有联系又有区别的新形声字，既是"漆"（柒）的简化字，又是"七"（柒）的大写标志字，越削简越精，真可谓"前修未密，后出转精"了。

下面的几个简化字，就需要商榷。

一是"榨"字简化为"乍"，属同音假借，原则上是可以的。但是"榨"是一个常用字，"乍"是一个罕用字；"榨"的词义比较具体，"乍"的词义比较抽象，所以用"乍"代"榨"，有些不妥。而"榨"的异体是"搾"，"从扌、窄声"，"窄"的声符是"乍"，省形存声，可简化为"拃"，形、音、义俱明。并且，在古代，"榨取"的"榨"，本来就写作"拃"。最早见于《唐书·摩揭陀传》，书成于宋代，可见宋以前即有其字。

二是"蜂"简化为"夆"，或声符削繁简化为"蚌"，均不妥当，理由在上面说过了。而"蜂"的异体写作"䗰"，削简声符，就简化为"蚩"。这样就和"河蚌"字有所区别，似可采用。不过也不算理想，或者就不简化。

三是"蔬"字简化为"朮"，代换了声符，原则上也是可以的。但是和药名"白术"（音 zhu）的本字"朮"（音 zhu）相混，一字两读，容易发生异读错误。这是一个矛盾。而"蔬"字的声符"疏"，异体是"疎"，"疎从疋、束声"，可保留"蔬"的意符"艹"为意符，保留"疎"的声符"束"为声符，合成一个新形声字"萊"，作为"蔬"的简化字，似比"朮"较优（字形参看陈光垚编著的《常用简字谱》，中华书局1954年版第112页，陈书朮，萊两存，今选用萊）。

四是"疆"简化为"畕"，《二简》说是特征字。其实"畕"是"疆"的古本字，

"畺"是"畺"的后起异体通用字。《说文》:"畺,界也,从畕(畺的初文,两田相连为界);三,其画界也。疆:畺或从彊土。"按"从彊土"的说法是错误的,应是"从土、彊(音强)声"。而"彊从弓,畺声",接声符削繁原则,就简化为"壃",即"疆"的异体字(见于《史记·晋世家》)。但"畺"是田界,已包含土地义,再"从土"作"壃",义有重复,所以应削"土"作"畺"。不过"畺"的结构,其义仍有重复。因为从实际来讲,一块田也是有疆界的。所以可再削去一半,只简化为"亙",结构就是:"从田;二,田界"。这与"畫"字简化为"画"同例。《说文》:"畫(畫)界也,象田四界,聿(笔)所以畫也。"后来群众削去重复,只留关要的一半"画",又连接左右和下方三条边界,即简化为"画"。而把"疆"简化为"亙","亙画"(疆畫)相配,其形相似,其义相同,是很好的。现在把削简过程写在下面,就是:疆→壃→畺→亙

此外,还有一个常用字"雇",如何简化,在《二简》中未涉及。但在社会上早已流行着它的一个简化字"伫",那简化的方法,也是它的异体"僱"的声符削繁(雇从隹,户声)。而"傭"已简化为"佣","伫佣"相配成对,形体很好,所以亟待采用。

以上分析讨论了主要的三类。如果进一步拓广,还可以有第四类。即用声符削繁的原则,简化那些由于隶楷变形,声符已经残缺不全,因而目前尚未简化,也难于简化的字。如《二简》所举"使用频率较高而急需简化的字"中的"骡"字,是个常用字,确实急需简化,而至今没有简化试用。但这个字在群众中已经流行着一个简化字"驲",推究它的简化方法,也属声符削繁。按"骡"字的声符"累",小篆写作"纍","纍从糸、畾声",隶书省形为"累"。按照声符削繁原则,"骡"即简化为"驲"。这犹如小篆的"靁"(从雨、畾声,参看《形声字汇》第155页),隶变省形为"雷",声符虽然看不出来了,但形体简化了。这是群众简化汉字的一种巧妙方法,是无数无名文字学家的创造。

又如常用字"隆",也急等简化,而《二简》未涉及。《说文》:"隆,从生,降声。"又说:"降,从阝,夅声。"《形声字汇》给"隆"字的声符"降"有两个注音,是 jiang 和 xiang,给"降"的声符"夅"的注音是 xiang。就是说,给"降"与"夅"只注了古韵阳部音。这是不全面的。其实"降"作"隆"的声符时,读音应在古韵冬部,古冬阳通韵。郭沫若同志在《大丰簋韵读》一文中就:"余敢相信'降'之一字在古时必有二读,一在冬部,一在阳部或东部也。"说得最为明确(见所著《殷周青铜器铭文研究》第29至32页)。证之先秦韵文,如屈原《离骚》:"帝高阳之苗裔兮,朕皇考曰伯庸;摄提贞于孟陬兮,惟庚寅吾以降。"谭介甫先生《屈赋新编》说:"按降,音洪";"庸,钟部;降,冬部,古韵通协"。说得甚为具体。隶书为了内部结构平衡,省形为"隆",声符早已看不出来了。不如再动个手术,按声符削繁原则,削简为

"坌",保留原字的主要特征,既简化,又规范。

这一类例子还可以举些,因本文意在举例,故不赘述。

三、声符削繁的局限性

声符削繁是简化汉字的一种好方法。但是,在占汉字总数百分之八十以上的形声字中,真正具备声符削繁(省声)简化条件的,却只是一部分。这就从根本上局限了这一方法的广泛应用,不可能简化很多的字。这是一方面。另一方面,由于汉字所固有的缺点:结构繁难,声读转化,形体杂沓。所以在实际应用中,也往往是行不通的。

首先,有些形声字虽然可声符削繁,但由于声符本身的结构就比较繁难,削简后的笔画,仍超过通用汉字繁体的平均笔画(约十二画),简化的意义不大,所以只好用其他方法简化。如"籍"字,可削简为"箈",但还有十四画,仍比较繁难。而《二简》中采用同音近义字"笈"来代替,形、音、义俱佳。又如"薄"字,可削简为"莆",但仍有十三画,而且声读不够谐和。《二简》代换声符,简化为"芾",笔数减少了八画,声符更明显了,比"莆"为优。又如《二简》未简化的常用字"露",可能简为"雺",即为"露"字的古异体字(按:清代庄有可在《春秋小学》卷二中说"此露本字,许氏(慎)以为雨零,非也。"吴大澂《说文古籀补》说同)。但是还有十四画,而且声读也不谐和,不宜采用。如果采用古通用字"路"来代替,从形体与声读上看是可以的,但词义会产生歧义。如"雨路",其义是"雨水露水",还是"下着雨的路"?就难确指。所以也难于通行,故暂不议定。

其次,有些字声符削繁后,既不谐声,形体也不见得简化。如"霸"字,古音读"伯","伯"也是本字(如春秋五霸,即五伯)。按"霸"字"从月、霹声","霹从雨、革声"(从朱骏声说)。如削简为"靼",声符"革"和"霸"(伯)的古音是相谐的,但和今音相去较远,而且还有十三画。因此以采用《二简》新拟的形声字"弜"为宜。

又如"翻"字,"从羽,番声","番从田、采(音辩)声",可削简为"翃"。这样,声符就是个死字,结构还有十三画,所以不能采用。可是《二简》新拟的简化字"扠",形体变化太大,也觉不妥。不如采用同音近义的古通用字"反"来代替。如古汉语拼音法"反切",也写作"翻切"。直至清代人著书,如江永的《音学辨微》,周春的《十三经音略》等,"反切"均写作"翻切",可见古代通用已久。就是今人著述,也有写作"翻切"的,更说明今天要用"反"来代替"翻",通行是不成问题的(字形选用参看《常用简字普》第108页)。

又如"繁"字,"从系、敏声","敏从攵、每声",如削简声符,就变为它的异体字"緐"(緐)(按:其实是繁的古本字,《说文》有緐无繁)。这样既未简化,又不谐声。

所以《第一批异体字整理表》去"緐"留"繁"，以减少字数，首先解决了异体并行的矛盾，而把形体简化作为第二步考虑的问题。但现在《二简》虽然新拟了个"繁"的简化字"纨"，却等于重造了个新字，也觉不妥。不如采用同音近义字"凡"来代替。《说文》："凡，取（聚）括也。"是概括的意思，概括和繁多义近。这就要在使用上有所区别，如"繁华""繁荣""繁殖"等，就写作"凡"。而贬义的"繁琐"，因一般写作"烦琐"，所以就只写作"烦"（字形选用参看《常用简字普》第107页）。

再次，有些字削简声符的结果，往往和其它字的形体相重，因此难于采用。如"薄"字前简为"莆"，就和"莆田县"的"莆"字相重；"膻"字削简为"胆"，就和"肝胆"的"胆"字相重，"擅"字削简为"担"，就和"挑担"的"担"字相重。这样的例子还有许多，都是行不通的。而《二简》另拟新字，把以上三字分别简化为"苿、抌、扗"。这三个简化字好不好，都有商榷的余地。因尚无定见，这里就不论及了。

总之，我们应当看到，简化汉字是有规律可循的；但同时也应当看到这种规律往往被汉字本身的缺点所局限。

说明：此文原载《甘肃师大学报》1979年第2期，收入人民日报社选编出版的《盛世中华·理论动态篇》一书。

略论《桃花源记》与系诗的关系

雒江生*

今传本《陶渊明集》的《桃花源记》一文后,系有一首三十二句的五言诗。对于这篇记与这首诗的关系,历来有不同的说法。较早的一种说法认为,记与诗是并列的关系,前文后诗,诗是全篇的一个组成部分。如北宋学者洪迈在《容斋随笔·三笔》中说:"陶渊明作桃源记,……系之以诗。"洪氏这样论断,大概根据的是宋代流传的陶集本子。陶集在隋唐以前的本子,已经看不到。现在能看到的最早的本子是南宋刻本,如绍熙三年(1192 年)的曾集刻本等,在《桃花源记》下均题有"并诗"二字。洪氏看到的本子可能已经是这样编写的,所以据以断诗为系诗。洪氏以后持这种说法的虽然比较少,但是这种说法没有把记断为诗的序,所以是有代表性的。另一种说法认为,《桃花源记》是诗的序。这种说法以清代的《四库全书总目提要》为代表,该书一百四十二卷《搜神后记》条中说:陶潜《搜神后记》"记桃花源事一条,全录本集所载诗序。"这是毫不含糊地把记看成诗序的。清代道光年间陶澍编注《靖节先生集》从此说,也断记为诗序。属于这一类说法的,还有清代王士禛的《古诗选》,沈德潜的《古诗源》等,均在《桃花源诗》前引了记的全文,且题"并记"二字,认为记是记诗的,即序诗的。现代研究陶渊明作品的学者,持前说的,以逯钦立先生为代表,认为记与诗是并列的两个部分。逯先生在《关于陶渊明》一文中说,《桃花源记》"由两个有机部分构成一个艺术整体:用散文进行描写,用诗歌进行歌赞,有说有唱地完成整个故事"(见所著《陶渊明集》校注的附录一)。持后说的有王瑶先生等,如王先生编注的《陶渊明集》,不从陶澍以前各家把记与系诗编入文类"记传赞述"的传统的编排法,而从文类移入诗类,降记为诗序。

《桃花源记》是一篇脍炙人口的古代散文佳作,但是由于受系诗的影响,就有如此不同的说法,连它是自成一篇或者是诗的序都不成肯定。而我们感到,记与

---

* 作者简介:雒江生(1938—   ),男,甘肃省秦安县人。中文系教授。曾任系主任,西北师大中文系兼职教授与音韵训诂硕士研究生导师。全国优秀教师。

诗的关系不能肯定,从向来学术界评论《桃花源记》的文学价值的实践看,把记与诗放在一起评价,矛盾很多,意见很难一致。所以二者的关系,是值得研究的一个问题。

就一般写作体例来说,单篇诗文前的序,是说明作意的;如果不需要说明作意,就不写,这是古今写作通例。按照这个通例,如果《桃花源记》是诗的序,记里就应该说明作诗的意旨,或者起码要点明记是给诗作的序。但奇怪的是,《桃花源记》里没有一个字提到要作诗,连一个与诗相衔接的关联词语都没有。这种情况在陶渊明的其它作品中有没有呢?检查现存的陶集诗文,其中有序的,诗十三首,辞赋三篇,散文一篇,序中都明白地写有作意。这说明,陶渊明在写其它诗文前的序时,没有违背这个写作通例,唯独在《桃花源记》中出现了连一个关联词语都不用,就在文后缀了一首长诗的写法。试想想,这样违反常识性的体例来写作,像陶渊明那样的大作家,有可能吗?这是疑点一。疑点二,陶渊明写了《桃花源记》,可以说把自己的幽思寄寓,风情逸趣,已经用巧妙的笔法表现无余了。难道他是怕别人看不懂他的文章的意旨,又要缀上一首复述主题的长诗吗?如果真是这样的,那《桃花源记》这篇"妙文",也就显得尾大不掉,有些不那么"妙"了。难怪历代选编古文选本的,都只选了《桃花源记》,而不在记的后边缀上那首不割而断的诗。

就写作的具体内容来说,如果《桃花源记》是给诗作的序,或二者是并列的关系,是一篇作品的两个部分,那么所写的事实就应该是一致的,不应该有互相矛盾的地方。但是把《桃花源记》与诗作比较,就会发现几处明显的矛盾。

一、记与诗在写历史年代时,采用了两种不同的写法,所写的年数相差了一百年

关于《桃花源记》与诗里所写年代的矛盾,从宋代以来是文史学家经常提到的问题,但是并未因此怀疑到记与诗的关系。其实所写年代的矛盾,是跟记与诗的关系有关系的。记的开头就说明事情发生在"晋太元中"。结尾又说:"南阳刘子骥,高尚士也。闻之,欣然规往。未果,寻病终。后遂无问津者。"按刘子骥即刘驎之,字子骥,《晋书·隐逸传》有传,是晋太元中知名的人,这是历史事实。记中又说桃花源里的人"自云先世避秦时乱,率妻子邑人来此绝境,不复出焉,遂与外人间隔。问今是何世,乃不知有汉,无论魏晋"。这说明桃花源人的历史是从"秦时乱"开始的。那么从"秦时乱"至晋太元中是多少年呢?宋代学者洪兴祖在注释韩愈的《桃源图》诗时计算过,是六百年。洪氏说:"自始皇三十三年筑长城,明年燔诗书,又明年坑儒生,三十七年胡亥立,三年而灭于汉,二汉四百二十五年而为魏,魏四十五年而为晋,至孝武宁康三年,通五百八十八年。明年改元太元,至太元十二年,乃及六百年。"(按晋太元共二十一年,洪氏取十二年是中间年数,与记中所写"太元中"相符合。)但是诗中却说:"奇踪隐五百,一朝敞神界。"五百年与六百年相比,年数相差了一百年。或者认为文学作品可以写大概年数,尤其象《桃花源记》这样的寓言性作品。但是文学作品总不能编造历史年代,闹出笑话。像陶渊明那样的大作家,如果在同一篇作品中写年代,能不考虑相差一百年的矛盾吗?那么这个矛盾是怎样造成的呢?只能说记与诗在写历史年代时,采用了两种不同的写法,即记用写实的笔法,不仅写了上限"秦时乱",而且写了下限"晋太元中",通计是六百年。而诗中虽然也写了上限"嬴氏乱天纪"时,却没有具体写明下限是何年,只写"奇踪隐五百",笼统地点出是晋代,采用了半实半虚的写法。如果按照诗中所写的年数向下推算,五百年就只能到晋初的武帝"太康"年间,至记中所写的晋孝武帝"太元中",还要一百年时间。虽然有的学者也因此认为记中的"太元"可能是"太康"的传抄错讹,但是刘子骥确是晋太元中人,"太康"年间没有个刘子骥,所以说"太元"是"太康"之误也是没有道理的。

二、记与诗所描写的历史环境与时代特点不相同,有些情景是相反的

记中描写桃花源说:"土地平旷,屋舍俨然。有良田美池桑竹之属。阡陌交通,鸡犬相闻。其中往来种作,男女衣着,悉如外人。"可见记里的桃花源,是一个被开垦得田园美丽,道路四通的安乐文明天地。男男女女都穿着同外界现实社会一个式样的衣裳,说明桃花源这个世外人间,也在和现实社会一起向前发展。而诗中却说:"荒路暧交通,鸡犬互鸣吠;俎豆犹古法,衣裳无新制。"很清楚,诗里所写的桃花源,是一个停滞不前的古老人间:道路荒芜,看不清那里可以通行;祭祀仍用古器,人们穿的还是先秦社会的古装,没有新制的时装。这些情景说明,五百年后的桃花源,还和桃花源人的历史开始时的先秦社会一样落后。至于造成这种落后状态的根源,虽然没有明写,但在诗中也有反映。诗中说:"草荣识节和,木衰知风厉;虽无纪历志,四时自成岁。怡然有余乐,于何劳智慧。"试想那样一个不用智慧,听命于自然,放弃一切创造的社会,还会向前发展吗?由记里与诗里这些不同的描写,我们会很自然地提出这样一个问题:如果记与诗是一篇作品的两个组成部分,不论是并列的,前文后诗,或者记是诗的序,那么作者为什么要在记里这样写,在诗里又要那样写,写出两种不同的,甚至相反的情景呢?

三、记与诗的写作旨趣不完全相同

总的来说,陶渊明在《桃花源记》里与诗里,是用写同一个题材来否定战乱频

仍,田园荒芜,受剥削受压迫的劳动人民流离失所的现实社会的。这是作者写作意图的主要方面,在当时有一定的进步意义,应该肯定。但另一方面,作者写记与诗的写作旨趣又不完全相同。这主要表现在:在记里,作者想把桃花源和现实社会融合起来;而在诗里,又想把桃花源写成神仙世界,与现实社会完全隔绝。如记的结尾说:"太守即遣人随其往,寻向所志,遂迷不复得路。"这是说桃花源在人类社会中是存在的,只是由于人们迷失了路径才没有找到;如果不是迷失了路径,而像渔人开始去时那样沿着路径去找,也可能就找到了。为了证明真有其事,又写了历史真人刘子骥的事迹,说:刘子骥也是兴致勃勃地打算要去的,只是因为疾病不久就死了,才没有去成。作者这样写,是想把桃花源写成现实社会的一部分,写成理想的现实社会的缩影。这反映了陶渊明的古代"乌托邦"思想。虽然陶渊明描绘的那个桃花源,在他那个时代实际上是没有的,是不可能找到的,但由于他成功地描绘了一幅没有剥削、没有压迫的世外乐园图,所以他的创作动机与效果,给当时灾难深重的劳动人民带来的,毕竟是美好的希望,而不是绝望。《桃花源记》的积极意义也正在这里。而陶渊明在诗里却把桃花源描写成了一个与世隔绝的"一朝敞神界"的神仙世界。并且说:"淳薄既异源,旋复还幽蔽。"说明这个"神界"所以和现实社会不同,是由于一个是"淳厚"的仙界,一个是"浇薄"的人世,来源是不同的,所以一旦"敞现"后就又很快地"幽蔽"起来了。为了强调桃花源是神仙世界,作者又用劝阻的口吻告诉那些想到桃花源去的人们说:"借问游方士,焉测尘嚣外?"意思是桃花源并不是不存在,而因为它是另一个世界,所以现实社会的人们不要异想天开了,是没有希望到达彼岸的;如果要想到达那个"尘嚣外"的"神界",就只有超尘脱俗,成仙成佛,才有可能。这些地方反映出诗里不仅有浓厚的复古主义色彩,而且还有一层宗教迷信的色彩。对于诗里与记里的这个矛盾,宋代的文学家苏轼似乎已经看出,他说:"世传桃源事,多过其实。考渊明所记,只言先世避秦乱来此,则渔人所见似是其子孙,非秦人不死者也。又云杀鸡作食,岂有仙而杀者乎?"(见《苏东坡全集·读渊明诗》)这得说是对的,他不同意从唐代以来许多人把记里所描写的桃花源看成是仙家世界的错误观点。当然,苏轼对诗里实际上存在的仙佛迷信思想,没有区别指出,是不足之处。总之,现在我们可以肯定地说,文学界向来所批评的《桃花源记》的复古主义和宗教迷信思想,其实主要表现在诗里。正因为这样,我们在评价《桃花源记》时,应该把它与后边的系诗区别开来,分别评论;不应该把记与诗等同,放在一起评价,而降低了记的文学价值。

　　归结起来说,《桃花源记》与系诗的不同,说明了一个问题,记与诗本来不是一篇作品,而是陶渊明在不同的时期,不完全相同的写作旨趣下,所写的各自成篇的两篇诗文。由于写的是同一个题材,篇题又相重,记叫《桃花源记》,诗叫《桃花源》(按古诗选本多题作《桃花源诗》,"诗"字是编者加上的),后代编录《陶渊明集》的,误认为记与诗是一篇,就合并在一起了。虽然合并了,但是把记与诗细心作比较,各自成篇的痕迹还是清楚的。至于把记与诗合并成一篇的年代,可能在北齐阳休之编录《陶渊明集》时或此以前。阳休之在《陶渊明集·序录》中说:"其集先有两本行于世。一本八卷,无序;一本六卷,并序目,编比颠乱,兼复缺少。萧统所撰八卷,合序目诔传,而少《五孝传》及《四八目》,然编录有体,次第可寻。余颇赏潜文,以为三本不同,恐终致亡失。今录统所缺并序目等,合为一帙,十卷,以遗好事君子。"这段话说得很清楚,后代流传的《陶渊明集》,是经过阳休之重新整理编定的。在阳休之重编以前,陶集的传本"编比颠乱,兼复缺少",很不一致,当时已经看不清原来的面目。经过他的一番匠心,才算编定了后代流传的《陶渊明集》。所以合《桃花源记》与《桃花源》诗为一篇的最可能的人是阳休之,或者在阳休之以前的三家编录陶集时已经合并了,而阳休之在重编时沿袭了他们编排上的错误,后代未加改正,就一直流传下来了。

秦国名考

雒江生 *

公元前 221 年,秦始皇兼并六国,建立了统一的中央集权的封建国家,是中国历史上最强大的封建专制王朝之一。由于关中地区是嬴秦创业图强的根据地,后代出于纪念心理,就一直称作"秦"。而东方邻国和西方国家,又称中国人为"秦人",称中国为"支那","支那"即"秦"音之变,也足见嬴秦立国称雄,历史影响是深远的。这都是常识,无用多说。现在要说的是,"秦"字的本义究竟是什么,秦人为什么要用"秦"字称国名,因为探讨说明这些问题,有助于认识嬴秦王国是怎样由一个弱小的游牧部族而崛起的立国历史的。

现在先说"秦"字的本意是什麼。《说文·禾部》中说:"秦,伯益之后所封国,地宜禾,从禾,春省。一曰:秦,禾名。䅳,籀文秦。"段玉裁在《说文解字注》中注"秦"字说:"此字不以春禾会意为本义,以地名为本义者,通人所传如是也。"

大概到了秦汉时期,由于"秦"是嬴秦发祥之地的历史概念已经十分明确,而"秦"是"禾名"的说法又不见于文献,所以知识界就认为"秦"的本义是历史地名字,而不以"禾名"为本义。许慎作《说文解字》,就根据这种看法,也以"秦"是地名为本义,列为第一义,然后引"一曰禾名"作为民间相传的一种说法,列为另一义。当然,许慎在释第一义时说"地宜禾",是无可非义的。历史上所谓"伯益之后所封国"的地名"秦",就是"秦谷"或"秦亭",指的是今甘肃省清水县的"秦亭"地方。《说文·禾部》中说:"禾,嘉谷也。段注:嘉谷之连稿者曰禾,实曰粟, 粟之人曰米,今俗云小米是也。"

"嘉谷"就是后代所叫的"谷子",是一种喜欢黄土与阳光的农作物。"秦谷"地区本来在西北黄土高原上,这里又处于大陇山西侧的东北坡,阳光很充足,所以是种谷子的好地方。一直到现在,这一带地方仍然宜于种谷子,还保持著三千年

---

* 作者简介:雒江生(1938—),甘肃省秦安县人。中文系教授。曾任系主任,西北师大中文系兼职教授与音韵训诂硕士研究生导师。全国优秀教师。

以前的这一种植特点,说明秦地"宜禾"的说法是对的。但是许慎在《说文》中对"秦"字词义的解释,真正值得注意的是另一义,因为"秦"字既然用"禾"作意符,说明"禾名"应该是本义,《说文》所引"一曰禾名"的说法,才真正是"秦"字的本义。但由于许慎在引这一说法时写得太简略了,所以往往被人忽略过去了。虽然有的学者也相信"秦"字的本义是"禾名"而不是地名或国名,如朱骏声在《说文通训定声》中,就直改许氏《说文》原意为:"秦,禾名,从禾,从舂省,会意。籀文从秝。[假借]托名标识字。《说文》:秦,伯益之后所封国,地宜禾。"日本学者高田中周在《古籀篇》中也说:"以禾名为古训是,秦为禾名,必当在秦主立国之前,此非为国名而作造之字可识矣。"但是"秦"字本义是"禾名"的说法并不为知识界普遍所承认,这种情形,至今还反映在一些辞书的编纂中,如新修订出版的《辞源》《辞海》等,连"秦"是"禾名"的词义项也都不列入。

今按"秦"字甲骨文写作𥤋,金文写作𥤋,《说文》所引古籀文字写作𥤊,小篆省形写作𥡭。从这些写法看,在甲骨文和金文里,"秦"字的结构基本上是相同的。古籀的写法,虽然下部未变本形,但上部已有变异。而小篆由于下部省形太甚,已失初字特征。所以要认识"秦"字的本义,应以甲骨文和金文为依据。依据甲骨文和金文分析"秦"字结构和本义的研究著作,有郭沫若的《殷契粹编》和林义光的《文源》等多种。《殷契粹编》释"秦"字说:"疑秦以束禾为其本义,字不从舂省也。"(本书一五七六片释文)《文源》释"秦"字说:"秦,获禾也,获禾可以入舂,故从二禾在舂下。秦从二禾,故有眾义。"

郭说认定"秦"字的结构"不从舂省",纠正了许慎分析字形上的错误,但"疑秦以束禾为其本义",则释义似仍未确。林说提出"秦从二禾,故有眾义"的说法,对于认识"秦"字的词源与本义,很有启发,但分析字形,仍有不周。其实从字形分析,甲骨文、金文和古籀文的"秦"字都从"秝","秝"像禾苗密植丛生的样子。"秝"上𥞹有与𥞹,均像朝天生长的谷穗,许慎以来多释为"舂杵"之形,非是。𦥑是双手,表示用手收获的意思。"秦"字的结构特征说明,"秦"是一种密植丛生的谷子,它与一般谷子的区别,只在于种植方式是密植丛生的。

对于"秦"字本义的这个认识,可先用分析"语根"的方法来证明。我们知道,在上古汉语里,形声字的声符常有表意作用。根据上古汉语词源学的这个规律,可以分析许多从"秦"得声字的本义,这些字的本义,就可能与"秦"字的本义有同源派生的关系。也就是说,如果这些从"秦"得声的字的本义,与"密植丛生"的意义相近或相通,就证明我们上面对"秦"字的分析认识是对的。举例来说,如"榛"字"从木秦声",本义是树木丛生。《说文·木部》:"榛,木也,从木秦声;一曰:丛也。"《集韵》:"木丛生曰榛。"《淮南子·主术训》:"入榛薄险阻。"高诱注:"聚木为榛。"按"聚本"犹"丛木"。《文选·魏都赋》李注引《汉书》服虔注:"榛,木丛生也。""蓁"字"从草秦声",本义为"众聚""积聚"。《玉篇·草部》:"蓁,众也。"《楚辞·招魂》:"蝮蛇蓁蓁。"王逸注:"蓁蓁,积聚之貌。""溱"字"从水秦声",本意为"众多"。《诗·小雅·无羊》:"室家溱溱。"毛传:"溱溱,众多也。"郑笺:"溱溱,子孙众多也。"解诗者或以为"溱"是"蓁"的借字,则失声近义同,文字孳乳之旨。毛传、郑笺都不说"溱"读为"蓁",就明没有把"溱"字看成假借字。"臻"字"从至秦声",本义是"众聚"。《玉篇·至部》:"臻,聚也,众也。"《盐铁论·力耕》:"商贾之所臻。"按此"臻"字用"众聚"义。"轃"字"从车秦声",本义是竹木所编的大车"重席",即车中坐人的重叠之席垫。《说文·车部》:"轃",大车箦也,从车秦声。"段氏注:"箦者,牀栈也,大车之借似之。小车谓之茵,车重席也,以虎皮者谓之文茵,大车谓之轃,竹木为之。"按"重席"与"积聚"之义相通。"搸"字"从手秦声",也为"积聚"之义。《广韵》:"搸,聚也。""觠"字"从角秦声",是动物头角整齐众聚的样子。《广韵》:"觠,角齐多也。"《广韵》所载多古音古义,所以也引此二例为证。

由上可见,"榛、蓁、溱、臻、轃、搸、觠"这些得声于"秦"的同源字,它们的本义"丛生""积聚""众聚""众多"等,都与"密植丛生"的意义相通,也就是说,都与"秦"字的本义相通。这种词源关系说明,"秦"字的本义确是"密植丛生的谷子",前面我们对"秦"字本义的分析认识是对的。

现在我们要特别说明一下,"秦"是一种"禾名"的说法所以能够流传下来,这要归功于做学问认真细心的许慎。学识渊博,时人誉为"五经无双"的许慎,他写《说文解字》的态度是非常严肃认真的。他的态度是:"博采通人,至于小大,信而有征,其于所不知,盖阙如也。"(《说文解字叙》)他当时写《说文解字》一书,凡遇有难解的地方,不仅向那些知识渊博的通人请教,而且还不耻下问,也向普通老百姓请教。他对"秦"字的解释,说"伯益之后所封国",这就是采用通人的说法,所以写在前面。又说"一曰禾名",这大概就是他从老百姓那里听来的,所以写在后面。但无论如何,他都要做到"信而有征",如果没有根据,宁肯"阙如"不写,也不凭空臆造。所以我们说,"秦"是"禾名"的说法,许慎一定是根据民间相傅的"秦"字词义写上的,而这个民间相传的说法,却正是"秦"字的古义,即本义。而通人所传授的说法,实际上是"秦"字的后起义,是秦人立国以后才有的。总之,如果不是许慎的勤学好问,留心记载,对"秦"字的本义,后人可能就无从去考究了。

现在我们要问,这种古代叫做"秦"的密植丛生的谷子,后代叫做什么呢?现在还能不能看到这种谷子呢?从我们所知道的情况看,要说明这个问题,单靠历史文献材料是不够的,还需要做一些实际的考察,用实物作参证,才有可能察明"秦"这种谷子在后代的真相。根据我们考察,现在有一种民间叫做"草谷"的谷子,应该就是古代所叫的"秦"。这种谷子,在西北地区还有小量种植的。种植的方式与用途是,撒谷子下种,不间苗,也不锄草,让其密植丛生,到了秋天成熟后,不摘掉谷穗,连同谷草一起收割回来,铡成草节喂养耕畜。或者晒干储存到冬季,耕畜吃不上青草的时候,再铡碎饲养耕畜过冬。由于这种谷子是专为饲草而种的,所以叫"草谷"。或者叫"毛谷","毛谷"也就是"草谷","毛"与"草"同义(《广雅·释草》:"毛,草也")。又因为它的谷穗长得细长,有些像貓尾,而"貓"与"毛"谐音,所以也叫"貓尾谷"。虽然叫法不同,但从生长特征来说,都是名符其实的。说到这里,我们又要问,谷穗一般是下垂生长的,而我们上面分析"秦"字的字形说,它的谷穗是朝天向上生长的,这到底是什麼原因呢? 现在我们可以回答说,如果观察"草谷"的生长特征,就会发现,这正是由于"秦"(草谷)的禾苗丛生密挤,谷穗细长而轻的缘故。

上面通过分析"秦"字的形义及验证实物,说明"秦"的本义是"密植丛生的谷子",它的形像,就是后代民间种植的"草谷"。下面我们要进一步联系赢秦立国的历史,来说明"秦"这种密植丛生的谷子,在秦人立国史上起了什么作用,秦人为什么要用"秦"字称国名。

"秦"(草谷)这种密植丛生的谷子,在今天看来,它不过是一种普通的饲料作物,是微不足道的。但是在三千年以前,秦人的祖先非子种植它的时代,问题就不那么简单。在那个时代,"秦(草谷)也曾经是一种了不起的谷类饲料作物,它的大量种植,可以说是秦人从漫长的游牧部族时代向文明发达的民族之林过渡的里程碑,不过它在赢秦创业立国史上所起的作用,被后来秦人赫赫的国威声名掩盖了。

《史记·秦本纪》中说:"非子居犬丘,好马及畜,善养息之。犬丘人言之周孝王,孝王召使主马于汧渭之间,马大蕃息。于是孝王曰:'昔伯翳为舜主畜,畜多息,故有土,赐姓赢。今其后亦为朕息马,朕其封土为附庸。'邑之'秦',使复续赢氏祀,号曰'秦赢'。"

按"伯翳"即"伯益",是傅说中的秦人祖先。他的名字,虽然屡见于古代文献,但他的事蹟,由于记载得太简略了,所以我们只能知道个大概。其实秦人真正有记载的历史,是从非子开始的,应该说,非子才真正是秦人立国史上一位开创性的人物。在非子以前,秦人本来是"西垂"(大陇山以西地区)的游牧部族,非子邑"秦",做了周王朝的附庸,才奠定了以后向大陇山以东的关中地区发展的基础。(关于赢秦一族的来源,近代以来有西来说与东来说,王国维、蒙文通主西来说,王氏在《秦都邑考》中说:"秦之祖先,起于戎狄。当殷之末,有中潏者,已居西垂。大骆、非子以后,始有世系可记,事蹟亦较有据。"王氏不以传说为信史,与秦人发展之水准相比照,较为符合事实,故从之。)《史记·秦本纪》中说得很明白,非子是因给周王朝养马,马大蕃殖有功被封于"秦"的。那么在当时的生产条件下,非子能使马大蕃殖的原因,除了有"善养息之"的饲养技术外,还有什么奥妙呢?应该实事求是地说,恐怕主要是饲料问题解决得好。而说到饲料问题,又得从秦人的家世渊源说起。上面说,据传说,秦人的祖先是"伯益",那么"伯益"到底是个什麽人物呢?根据史书记载相传的说法,他是上古时期一位从事草木畜牧研究与管理的专门家。《尚书·舜典》中说:"帝(舜)曰:'咨!益,汝作朕虞。'孔颖达疏:此官以"虞'为名,帝言作我'虞'耳,'朕'非官名也。"《史记·秦本纪》中说:"秦之先,帝颛顼之苗裔,孙曰女修。女修织,玄鸟陨卵,女修吞之,生子大业。大业娶少典之子,曰女华。女华生大费。……大费佐舜调训鸟兽,鸟兽多驯服,是为柏翳。舜赐姓嬴氏。"《汉书·地理志》中也说:"秦之先曰柏益,出自帝颛顼。尧时助禹治水,为舜朕虞,养育草木鸟兽,赐姓嬴氏。"

这几处记载虽然对秦人与"伯益"的关系都写得郑重其事,而我们仍不敢相信"伯益"就是秦人的直系祖先,因为他生活的时代,距秦人有世系可记的历史太遥远了。但是话又该说回来,秦人认"伯益"为本部族的祖先,却不是没有缘故的,质言之,"伯益"是上古传说中的一位草木畜牧专家,做过帝舜的"虞"官——林牧业部大臣(按照后代的叫法)。由于他的业绩与地位,在历史上,他就成了从事畜牧业者崇拜的精神偶像。秦人起初虽然只是"西垂"的游牧部族,但由于事业心的激励,他们也甘愿把"伯益"作为本部族崇拜的精神偶像,并逐渐演化为他们传说中的祖先。而到了非子的时候,秦人虽然已在"秦谷"地区定居下来,开始进入农牧结合的时代,但培育牧草以从事放收,仍是他们的主要事业,所以"伯益"仍未失去精神偶像的作用。而且在这时,由于他们占有"秦谷"地区得天独厚的自然地理条件,所以在定居"秦谷"地区以后,就利用那里宜于种植谷子的自然条件,大量种植"秦"(草谷)来养马了,加上他们有祖传的优良饲养技术,所以使养马业得到了大发展,秦人也因此受到了周王朝的嘉赏,始封号为"秦"。可以肯定地说,如果不是饲料问题解决得好,即使非子们有超人的饲养技术,而要使马匹得到大繁殖,恐怕也是很难办到的。

由上面所述嬴秦创业立国的史实看,我们现在可以这样说,秦人的祖先是靠种植"秦"(草谷)养马而受封立国的,为了标志立国根本,因而把国名就叫做"秦",把被封之地叫"秦"邑。

我们所以这样认为秦人是用"禾"类字的"秦"称国名的,除了根据上面所述的史实,还根据此前一些国家用"禾"类字称国名的成例。也就是说,我们在分析认定这个问题时,没有把秦人用"禾"类字称国名看成是历史上出现的一个孤立现象或偶然现象。其实从当时的社会思想意识和其他一些国家立国称名的情形看,用"禾"类字称国名,在秦人立国以前已成风气,秦人只不过是受其遗风影响而已。而要具体说明这个问题,还得从古代中国的国情说起。大家知道,中国是一个农业发展很早的国家,尤其周人自始祖后稷以来,就是一个重农的民族。经过殷周之际的大变革时代,到了西周,中国就已进入了农业社会。由于尚农思想的兴起以至占统治地位,在周人建族立国时至西周初期,曾经出现过一种用"禾"类字称国名的社会风尚。而开其历史风气的,首先是周人,后来还有受周王朝分封的一些诸侯国和附庸国。下面先说周人为什麼要用"周"字称族名和国名。

按"周"字在甲骨文中的写法可分为两种:第一种为▦(《殷虚文字甲编》三五三六),▦(同上四一九),▦(《铁云藏龟》三六·一),▦(《殷虚文字乙编》八八九六),简体作▦(同上二一七零)。第二种写法为▦(《殷虚文字乙编》七一六一),▦(同上七三一二)。学者对这两种写法均释为像田中种禾之形,但核其本形,后者固为田中种禾之形,而前者田缘伸展不束,当写田野种禾之形。所以"周"字的本义当为"田野种禾",也为"田间种禾",表示"田野"的写法是正体,表示"田间"的写法为别体,构形虽异,义实相成,是一个字的两种写法。

"周"字的金文写法也可分为两种:第一种为▦(兔簋),▦(周𣂤旁尊),简体作▦(莢鼎),田(成周戈)。第二种为▦(献侯鼎),▦(何尊),▦(兔簋),简体分别作▦(延盘),▦(盂鼎),▦(𪓐盘),▦(元年师兑簋)。前者与甲骨文相同,像田野、田间种禾之形。后者加"口"为孳乳字,是田野、田间种禾养口之意,仍未失本义。而由种禾养口之义引伸,"周"又有"賙给"之义,字也写作"賙","周""賙"为古今字。如《诗·大雅·云汉》:"靡人不周。《傅》:周,救也。《笺》:周,当作賙,人人賙给之。"《尚书·武成傅》:"救乏賙无。《释文》:本亦作周。"《礼记·月令》:"周天下。注:周,谓给不足也。"由"賙给"之义再远引伸,则"周"又有"周密""周遍""周匝"等义,如《说文·口部》:"周,密也。"《广雅·释诂》:"周,遍也。"《小尔雅·广言》:"周,匝也。"

虽然词义一再引伸,则渐失本义,但稽考史事,本义仍可证明。现代学者经过研究,就已认为,由于周人是重农的民族,所以用本义是象田中种禾的"周"字称族名和国名。如郭沫若《卜辞通纂》七五一片考释说:"周字多作▦,象田中有种植之形,足证周人以农业之发达为其特征。(周人传说以农神后稷为祖,即其旁证。)周人富强即基因于此矣。"周法高在《金文诂林》卷二中说:"▦盖即《诗经·大雅·绵》"周原膴膴"之本字,因周为农业与周族的迁徙及社会,以后稷为祖,故造字象田中有种植之物以表之,纵横者,阡陌之象也。"谭戒甫《先周族与周族的迁徙及其社会发展》一文中说:"周的始祖最初住在杜的地方,并无所谓周族,到周原占居后,才开始有周族。""周是一个天然黄土农业区,金文亦写作田,象田中有禾形。"(中华书局《文史》第六辑)

推究以上各说,则周人发祥地"周原"的初义,也可作一新解。《诗·大雅·绵》:周原膴膴,堇荼如饴。《传》:周原,沮漆之间也。膴膴,美也。堇,菜也。荼,苦菜也。《笺》:广平曰原。周之原地,在岐山之南,膴膴然肥美,其所生菜虽有性苦者,皆甘如饴也。"

既然"周"字本义为"田野种禾",那麽"周原"初义自当为"田野之原",即宜于种植禾稼之原。周人由豳迁岐,定居于"周原",在如此肥沃的田原上从事农垦种植,奠定了王业的基础,所以就用"周"字称族名及国名,以标志重农之特征,这样"周原"也就成了周人的发祥地。

以上是周人立国称名的情形。到了周克殷以后,周王朝分封诸侯国和附庸国,有些仍沿用宗主国"周"的立国称名成例,而用"禾"类字称国名,这除了稍后的附庸国"秦",主要还有"齐""晋"等那些大诸侯国。

辅佐周文王和周武王父子灭殷的姜太公吕尚封于"齐"(今山东北部)。"齐"字是什么意思呢?《说文·齐部》中说:"齐,禾麦吐穗上平也,象形。"可见"齐"字的本义是麦苗丰茂,吐穗齐平的意思。从自然地理条件来说,"齐"地以棕壤为主,有些地方虽然鹻卤地薄,不如周王畿与"晋"国等的黄土层土壤那样鬆软肥沃,宜于农业种植(参看李亚农《西周与东周》第二章《周初诸民族的分布》及转载藤田元春《大陆支那之现实》一书的附图《黄土层被覆地》),但是根据考古学证明,在三千年以前的殷周时期,地处黄河下游地区的"齐"地,气候要比现在温暖潮湿(参看竺可桢《中国近五千年来气候变迁的初步研究》,《考古学报》一九七二年第一期),所以从土壤与气候条件来说,种"麦"还是适宜的。战国时期生长在"齐"地的孟子,与人谈哲理,也用"麦"的生长情形作比喻,如《孟子·告子上》:"今夫麰麦,播种而耰之,其地同,树之时又同,浡然而生,至于日至(夏至)之时,皆熟矣。虽有不同,则地有肥硗,雨露之养,人事之不齐也。"把"麦"的播种和生长情形能说得如此具体生动,说明"麦"是"齐"地常见之物,所以信手拈来,作为比喻的对象。

大概到了殷周之际,由于农业种植的进一步发展,"麦"在农作物中的地位越来越重要,成为仅次于"禾谷"的主要粮食作物,所以周人重"麦"的历史传说屡见于载籍,而且带有神秘色彩。《说文·来部》中说:"来,周所受瑞麦来麰也,二麦一夆(锋),象其芒束之形。天所来也,故为行来之来。段注:夆者,束也,二麦一夆为瑞麦,如二米一稃为瑞黍。二麦一稃,亦犹异亩同颖之类。"《说文·来部》又说:

"麦,芒谷,秋种厚薶,故谓之麦。麦,金也,金王而生,火王而死,从来,有穗者也,从夂。段注:有芒束之谷也。稻亦有芒束,不称芒谷者,麦以周初二麦一锋箸也。郑注:《大誓》引礼说曰:武王赤乌,芒谷应。许本礼说。薶麦叠韵。"

依照上说,"来"是"麦"之嘉美者。把"麦"看成是上天赐来之物,反映了周人的重"麦"观念。而"来"是"禾"类,所以字又作"秾"。《说文·禾部》中说:"秾,齐谓麦,秾也,从禾,来声。段注:盖齐字也。据《广韵》则《埤苍》来秾字作秾。"段氏根据《说文》的说解,认为"秾"即"来"字异体,是"齐"地方言用字。"齐"地称"麦"为"秾"(来),保存了"麦"的上古美名,也说明"齐"地种"麦"历史的悠久。

今按历史相传"来"(麦)为"周所受瑞麦"的一些说法,大概都演化自《诗经·周颂》。《周颂·思文》篇说:"思文后稷,克配彼天。立我烝民,莫非尔极。诒我来牟,帝命率育。无此疆尔界,陈常于时夏。"《傅》:"极,中也。牟,麦;率,用也。"《笺》:"克,能也。立,当作粒。烝,众。周公思先祖有文德者后稷之功能配天。昔尧遭洪水,黎民阻饥,后稷播种百谷,烝民乃粒,万邦作乂,天下之人无不于女时得其中者,言反其性。诒,遗;率,循;育,养也。武王渡孟津,白鱼跃入于舟,出涘以燎。后五日,火流为乌,五至,以谷俱来,此谓遗我来牟。天命以是循存后稷养天下之功,而广大其子孙之国。无此封竟于女今之经界,乃大有天下也。用是故陈其久常之功于是夏而歌之,夏之属有九。《书说》:乌以谷俱来。云谷,纪后稷之德。"《周颂·臣工》篇也说:"于皇来牟,将受厥明。明昭上帝,迄用康年。"《笺》:"将,大;迄,至也。于美乎!赤乌以牟来俱来,故我周家大受其光明,谓为珍瑞,天下所休庆也。此瑞乃明见于天,至今用之有乐岁,五谷丰熟。"

《思文》《臣工》这些《毛诗序》所谓"美盛德之形容"的诗篇,都是西周初年的作品。周王朝春夏祈谷,就用来作为祭歌,歌颂先祖重农的功德。"麦"的种植当然不一定始于后稷,而周人根据传说,把"麦"的最初种植也归功于后稷,无非是为了宣耀重农的民族传统。又把"麦"的大丰收景象点缀在武王伐纣克殷之时,也正反映了周王朝初立,仍以农立国,而尤重"麦"的农业经济思想。

周人为什么尤其重视种"麦"呢?程瑶田在《九谷考》中说:"《月令》:仲秋之月,乃勤种麦,毋或失期,其有失期,行罪无疑。郑注:麦者,接绝续乏之谷,犹重之。"按孔颖达《礼记·月令疏》说:"尤重之者,以黍稷百谷不云劝种,于麦独劝之,是尤重故也。"周人在从事农业种植的实践中认识到,"麦"的成熟期在夏至前后,正是青黄不接的季节,种"麦"可以解决一年中接大秋作物收割前的缺粮困难,所以"麦"是"接绝续乏之谷"。这样从一年的成熟期来通盘考虑,合理安排不同谷物种类种植的认织,在中国农业发展史上也是一个进步。

由上所述,可见在西周初年,周人重"麦"是有其特殊的历史意义的。而"齐"

地宜于种"麦",所以周王朝在封吕尚于"齐"地时,就用本义是"麦苗丰茂,吐穗齐平"的"齐"字称国名,以表示重"麦"也重"齐"国的双重意义。《思文》诗说:"诒我来牟,帝命率育;无此疆尔界,陈常于时夏。""夏"当谓"中夏",即"中国",谓周受上帝之命,要把"麦"的种植不分疆界地在全中国推广开来,以养育人民。而"齐"地既然宜"麦",又是王朝重臣封国,国名为"齐",自然是希望"齐"国要率先推广种"麦"。吕尚受封于"齐",正是承受这种历史使命的。况且,从发展手工业与商业来说,"齐"地临海,可通鱼盐之利,条件要比其他许多诸侯国还优越些。所以从这几方面来看,把吕尚封于东方沿海之地,不论在实际上怎麽样,如是否因为吕尚非周人同族,所以没有被封在由"镐京"到"成周"这一带黄土层的中心地区,而被封到土地比较瘠薄的"齐"地去了,但是在周人的主观愿望上,似也没有把佐文王、武王父子的姜太公另眼看待的意思。

至于诸侯国的"晋",我们认为,也是用"禾"类字称国名的。但是"晋"字的本义,自东汉许慎以来,各家的说解颇为分歧。许氏《说文·日都》说:"晋,进也,日出万物进,从日从臸。"林义光《文源》说:"晋者臻之古文,至也,典至双声对转,实与至同字。"杨树达《积微居小学金石论丛·释晋》说:"晋者,箭之古文也。"

以上诸说似均非确诂,今以周初社会用"禾"类字称国名的成例去推究,似也可得一解,特献疑于此。

按"晋"字甲骨文写作(《殷契佚存》六〇〇),(《铁云藏龟拾遗》一三·一);金文写作(晋姬簋),(晋公䵼)。

详审甲骨文与金文字形,上从"秝",象禾苗并生丰茂,禾穗交互;下从曰或〇,日形,即"日"字,许说不误。中有横,是田垄之形。字的形象特征说明,"晋"字的本义是"谷子生长丰茂"的意思。把"晋"字与"秦"字作比较,"秦"字的特征主要在下部的"秝",所以本义是"密植丛生的谷子"。"晋"字结体,其主要特征不仅是上部的"秝",象并生丰茂的谷子,而且还有下部的曰或〇,象禾苗借以丰茂的阳光,所以"晋"字的本义是"田间谷子生长丰茂",而引伸义为"长进",为"晋升",《说文》释为"进也",其实是"晋"字的引伸义,而非本义。可见"秦""晋"两个字的构造是各有涵义的。

从自然地理来说,"晋"地在黄河北岸,是华北黄土层的中心地带,盛产小米,所以用"晋"字称国名,意谓"晋"是宜于种植"禾谷"(小米)之国,种谷是立国根本。而要用史实来说明这个意思,还得从"晋"的先祖受封立国时的情形说起。

《史记·晋世家》说:"晋唐叔虞者,周武王子,而成王弟。初武王与叔虞母会时,梦天谓武王曰:'馀命女生子名虞。'及生子,文在其手曰'虞',故遂因命之曰'虞'。武王崩,成王立,唐有乱,周公谋灭唐。成王与叔虞戏,削桐业为珪,以舆叔虞曰：'以此封若。'史佚因请择日立叔虞。成王曰：'吾与之戏耳!'史佚曰：'天子无戏言，言则史书之，礼成之，乐歌之。'于是遂封叔虞于唐。姓姬氏，字子于。唐叔子燮，是为晋侯。"

《史记》的这一段记载，虽然有些是传说，且带神秘色彩，但究其实质，仍可从中了解"晋"的立国缘起。那叔虞未生，其父武王即梦上天命名为"虞"；及生，手掌纹印又确象"虞"字，因名为"虞"。而这"虞"字的意义，我们在上面已经说过，"虞"在三代是朝廷中主管草木畜牧之官，所以唐叔名为"虞"，是武王希望此子将来能助己发展草木畜牧事业，这与帝舜要秦人的传说祖先"伯益"做自己的"虞"官是同一个意思。到了成王当国，成王又以剪桐叶为珪形授封叔虞相戏，也暗示了一个希望，叔虞要以草木为宝，将来在朝廷成为重视发展草木畜牧之人。而封采地于"唐"，"唐"相傅为帝尧都邑之地，农业种植自有基础，其地又靠近北方草木茂盛的少数民族游牧地区，畜牧也颇便利。以如是农牧重地封叔虞，正体现了两代天子的意志。但唐叔以公卿身份在朝廷参与执政，实未到唐就国。后采地扩大，封其子燮为"晋侯"，才有"晋"国。这与周公旦封于"鲁"，而未就国，由其子伯禽就国为"鲁公"的情形是相同的。（从中井积德说，泷川资言《史记会注考证》引。）

那麼现在要问，叔虞封于"唐"，世称"唐叔"，为什麼其子却为"晋侯"，而国名为"晋"呢？这虽然在先秦古史中并无明文，但在秦汉以来的古代文献，如《史记》《尚书序》等中，却记载有一个"嘉谷""嘉禾"及与唐叔关系的历史传说，可从中窥见唐叔虞国名为"晋"的真谛。《史记·周本纪》中说此事："晋唐叔得嘉谷，献之成王，成王以归周公于兵所。周公受禾东土，鲁天子之命。初管叔畔周，周公讨之，三年而毕定，故初作《大诰》，次作《微子之命》，次《归禾》，次《嘉禾》，次《康诰》《酒诰》《梓材》。"又《史记·鲁周公世家》说此事："唐叔得禾，异母同颖，献之成王，成王命唐叔以馈周公于东土，作《馈禾》。周公既受命禾，嘉天子命，作《嘉禾》。"裴骃《史记集解》注释此文说："郑玄曰，'二苗同为一穗'。徐广曰：'颖即穗也。归，一作馈。鲁，今《书序》作旅。'"（引者按：《尔雅·释诂》："旅，陈也。"）又孙星衍《尚书今古文注疏》卷三十释"异母同颖"之"母"字说："母与拇通，异母，如枝指也，其上合颖。"

令按《尚书》中《归禾》《嘉禾》两篇汉时已亡，伪《尚书序》所说与《史记》略同，盖抄袭《史记》而成。《史记》所载"唐叔得嘉谷"，"唐叔得禾"，"禾"即"嘉谷"）（《说文》："禾，嘉谷也。"）。获得"嘉谷"，即生长嘉美之禾谷，以见丰收，是应有之事。问题是自汉代以来，把"异母同颖"解释为"二苗同为一穗"，或"其上合颖"，这就奇怪了，二苗上头怎能合结一穗？今推其事理，所谓"异母同颖"，"异母"当从孙氏释为"枝指",谓"禾谷"之苗分蘖有数枝,犹如歧生之手指。在谷类作物中,"稻"与"麦"等是分蘖的,一棵可分蘖数枝,每枝都可结穗。而小米之"禾谷"一般是不分蘖的,一棵一枝,只结一穗,如见其有分蘖数枝,即所谓"异母的,当然是奇异之事,但这种变态是有可能的。而"同"是"皆"的意思,"同颖"谓分蘖的各枝皆结一穗。那麼"异母同颖",本谓一棵"禾谷"出现了分蘖数枝的现象,且每枝都结了一个谷穗。这当然是一棵生长得奇特嘉美的"嘉谷",自有特记其事的必要。所以《史记》说"唐叔得禾,异母同颖",实际上说的应该是这样一个故事:唐叔采地"禾谷"丰收,拣拔到一棵分蘖数枝,每枝皆结一穗的"嘉谷",以为奇异,报喜成王,成王又让唐叔馈报驻守东方兵所的周公旦,因作一篇《馈禾》以记其事。周公又为赞美成王赏赐"嘉谷"之命,就又作了一篇《嘉禾》。这也就是《尚书》中《归禾》与《嘉禾》两篇的来历。至于秦博士伏生的《尚书大传》,汉韩婴的《韩诗外传》等,把"嘉禾"说得神乎其神,说合结的一穗"其大盈车,长几充箱",那是别有其意的说教,故不引证。

辩明了"唐叔得禾,异母同颖"传说的历史真情,唐叔之子就国为"晋侯",国名为"晋"的缘由也就清楚了,那就是:唐叔因在宜于种植"禾谷"的封地得"嘉谷",受到周成王与周公的嘉美,而"晋"字的本义是"谷子生长丰茂"的意思,与"嘉谷"之义相应,所以当其子代已就国时,为标志得"嘉谷"是立国根本,就称国名为"晋",其子燮为"晋侯"。"晋"的国名就是这样来的。

通过上面对"周""齐""晋"等立国时用"禾"类字称国名的探讨,可以确信,在殷周之际,由于农业的进一步发展,尚农思想的占统治地位,是曾出现过一种用"禾"类字称国名,把国名与农业生产直接联系起来的社会思想风尚的。"秦"国虽然立国比较晚些,但它是在由牧业向农业发展过渡时期立国的,所以一旦和以种谷饲养(当然也供食用)的农业种植接触,就产生了极大兴趣,于是也沿用"周""齐""晋"等立国称名的成例,用"禾"类字的"秦"称国名了。

到了春秋战国以后,由于用"禾"类字称国名的思想风气已经过去,所以立国称名,一般就转而用由地理位置,山川土形所形成的地名字称国名了。这种情形,东汉的刘熙在写《释名》一书时,于《释州国》篇中就说过。他说:"至秦改诸侯置郡县,随其山川土形而立其名,汉就而因之也。"刘氏所说的,确是秦汉时期置郡封国称名的情形。而这种称国法的改变,也反映在"秦"字的写法上。如先秦的玺印文字中,把"秦"字经常写作从"邑"从"秦省"的𨟻。这样把本来从"禾"改写成从"邑",就是把本义是"禾名",改成了本义是地名。这说明,战国时期,由于用地名字称国名代替了用"禾"类字称国名,秦人也顺应了当时的历史思想风气,所以首先在玺印文字中把"秦"字改写成了从"邑"的地名字。这样一来,就把当时一般认为"秦"字的本义是古地名——嬴秦立国发祥之地的历史观念,从字形与字义都概念化了。但是从另一方面看,他们这样写"秦"字,实在有些"数典而忘其祖"的嫌疑,似乎忘记了自己祖先立国的根本。当然这是有其历史原因的。因为从周孝王时非子邑"秦",建立了周王朝的附庸国"秦"算起,到战国时期称霸列国,已有六七百年的历史;在这六七百年中,总的来说,秦人一直走着向前发展的道路。所以到了这个时候,由于国力的不断强大,秦人对自己祖先种"秦"(草谷)养马的历史,在思想观念中已经很淡漠了,甚或还会有意隐讳其祖先出身的微贱,因而就把"秦"字写成了从"邑"的地名字,而掩饰了"秦"本来是"禾"类的"草谷"与其祖先因种植它发迹的历史真相。所以我们说,把"秦"字改写成从"邑"的地名字,是在特定的历史时代背景下出现的一种特殊写法。正因为如此,所以到了嬴秦亡国以后,由于改朝换代,秦人失势,汉代以后,"秦"字就不再那样写了。关于"秦"字的这个特殊写法所反映的历史时代界限,我们只要看一看罗福颐编著的两部玺印文字专书,情形就会清楚的。一部是一九三零年出版的汇编先秦玺印文字的《古玺文字征》,以及在此基础上,由他主编增订,于一九八一年出版的《古玺文编》中,收有许多从"邑"写法的"秦"字。而在另一部一九三零年与《古玺文字征》合印出版,又经过他长期补充增订,与一九七九年出版的汇集汉魏玺印文字的《汉印文字征》(及一九八二年出版的《补遗》)中,却连一个从"邑"写法的"秦"字都没有。这种历史时代界限判然分明的情形,说明把"秦"字写成从"邑"的地名字,确是有其历史背景和社会思想根源的。

　　说明:此文原载 1994 年中华书局出版的《文史》第三十八辑。

杜甫在秦州的生活及其对创作的影响

李济阻[*]

李济阻[*]

唐肃宗乾元二载(759 年)立秋后不久,杜甫弃官寓居秦州,至十月底复离秦州南下同谷就食。在不到四个月的时间里写下了九十多首诗,不仅数量之多在杜甫创作的各个时期是罕见的,而且这些诗篇几乎全部是精心结撰的力作,其中的一些名篇甚至标志着杜诗艺术的最高峰。如此淳美的境界的实现,原因自然是多方面的,但作者当时的生活以及受生活影响而形成的心理状态无疑是重要的影响因素。本文拟先从衣食、交游、行止三方面略述杜甫在秦州的生活情形,然后探讨它们和本时期创作之间的关系。

一、衣食

杜甫一生坎坷潦倒,比较起来在秦州的生活似乎不算太艰难,所以在这一时期的诗作中提及衣食的地方并不多。就现存作品看,杜甫在秦州的衣食来源主要有三:

一是靠亲友接济。诗人的从侄杜佐住家秦州东柯谷,自然是杜公物质生活的主要接济者。《佐还山后寄三首》是唯一记录了这种关系的作品:

> 山晚黄云合,归时恐路迷。涧寒人欲到,林黑鸟应栖。野客茅茨小,田家树木低。旧谙疏懒叔,须汝故相携。

> 白露黄粱熟,分张素有期。已应春得细,颇觉寄来迟。味岂同金菊,香宜配绿葵。老人他日爱,正想滑流匙。

> 几道泉浇圃,交横慢落坡。葳蕤秋叶少,隐映野云多。隔沼连香芰,通林

---

* 作者简介:李济阻(1941—   ),男,甘肃省岷县人,天水师范学院文学与文化传播学院教授,主要从事中国古代文学研究。

带女萝。甚闻霜薤白,重惠意如何?

《杜臆》说第一首"'须汝相携',欲与偕隐也。"①二人偕隐,不存在谁提携谁的问题,王氏的推理是靠不住的。浦二田以三诗为一个整体,讲得很有道理:"首篇结联引动下二首。疏懒则拙于生计,故须汝提携,即所云'生事'、'因人'者也。""次章,望寄'黄粱'。'黄粱'其必需者也,故通首详述,作淳复之词。""三章,望寄'霜薤''。'霜薤'其兼有者也,故通首旁衬,作婉商之词。二诗俱足首章'须汝相携'意。"②细读三诗,我们还可以得出如下结论:第一,作者当时好象还没到断炊的地步,诗中的薤不过是佐餐之菜,而写到黄粱,也只是说:"老人他日爱,正想滑流匙。"第二,杜甫因为生活不能完全自给,已先有从侄提携的约定。次章中"分张素有期"一句,《杜臆》释曰:"黄粱稻之美者,熟则分饷亲族,有此俗例,故云'分张有期'。"③《读杜心解》另立他解:"曾有分饷之期约。"④仅仅是民间有分饷"俗例",杜公当不该郑重为诗反复催寄,必是与杜佐有分张之期约,且诗题云"佐还山",恐是杜佐出山探视其叔,二人言语间有此约定。

接济杜公食物的除了杜佐以外还有阮昉,《秋日阮隐居致薤三十束》录记其事:

隐者柴门内,畦蔬绕舍秋。盈筐承露薤,不待致书求。束比青刍色,圆齐玉箸头。衰年关鬲冷,味暖复无忧。

旧注多引《本草》:"陶隐居曰:薤性温补,仙方及服食家皆须之。"薤,天水人今称"小蒜",形如蒜,唯叶片极细,块茎及小,味辛辣。现在的"小蒜"都是野生的,本地人只在烹作地方风味菜食"浆水酸菜"时偶取少量同炒增味,唐时此物不光在园中栽培,而且阮隐居一次就赠作者三十束,可见用量之大,或为重要菜蔬。

杜甫秦州衣食的第二个来源是采药晒卖。《太平寺泉眼》云:"何当宅下流,余润通药圃。三春湿黄精,一食生毛羽。"当然这还只是幻想。秦州诗中具体写到晒药的是《秦州杂诗二十首》末章:"晒药能无妇?应门亦有儿。"杜甫在秦州寓居不足四个月,不可能买地种药,诗中所晒之药大约是从山上采回的野生药材。有人设想杜甫晒药是为了卖钱,此说有理。《秦州杂诗三十首》末章是写给旧交告知自己在秦州的生活状况,假如仅仅为给自己治病晒药其数量必不会多,费时必不长久,不当作为生活的主要内容描述。且"晒药能无妇"者不能没有妻子的帮助,知

①　王嗣奭.杜臆[M].上海:上海古籍出版社,1983:104.
②　浦起龙.读杜心解[M].北京:中华书局,1961:390.
③　王嗣奭.杜臆[M].上海:上海古籍出版社,1983:104.
④　浦起龙.读杜心解[M].北京:中华书局,1961:390.

此事工作量很大。采药晒卖之说如能成立,也许是杜甫秦州衣食最主要的来源。

杜甫赴秦之初想必多少有点积蓄,这是维持秦州生活的后盾。我们不可能从诗中找到作者关于积蓄的自述,但从情理推想诗人很难一文钱不带地冒然西行。即使居秦期间生活日渐艰难,然读《发秦州》以下各诗,好象也还不至于一文不名。况且,《西枝村寻置草堂地夜宿赞公土室二首》分明记录着作者购置土地屋舍的计划和行动,稍后于这两首的《寄赞上人》诗中也说:

> 一昨陪锡杖,卜邻南山幽。年侵腰脚衰,未便阴崖秋。重冈北面起,竟日阳光留。茅屋买兼土,斯焉心所求。近闻西枝西,有谷杉漆稠。亭午颇和暖,石田又足收。当期塞雨干,宿昔齿疾瘳。徘徊虎丘上,面势龙泓头。柴荆具茶茗,径路通林丘。与子成二老,来往亦风流。

假若否定诗人手中有钱,这些诗是很难讲得通的。

总之,杜甫在秦州的生活虽说清苦,但正常情况下尚可求得温饱。只是住到后期,带来的钱渐近用完,亲友的资助和卖药所得都很有限,生活便越来越困难。《空囊》就是这种生活的写照:

> 翠柏苦犹食,明霞高可餐。世人共卤莽,吾道属艰难。不爨井晨冻,无衣床夜寒。囊空恐羞涩,留得一钱看。

可以肯定诗人居秦后期曾有饥寒之苦,然而这大约仅仅是南下前夕的短期现象,且与《同谷七歌》对读,也还不算完全进入生活的绝境。

二、交游

杜甫秦州交游中有姓名可考者仅有三人:赞公、杜佐和阮昉。

赞公是诗人旧日知己,原为京都大云寺主,作者在长安时曾过访并宿于寺,将别赞公还以"细软青丝履,光明白氎巾"相赠;杜甫为那次会面写下了《大云寺赞公房》四首。[①] 杜甫秦州诗中有关赞公的共四题五首,其中写到赞公品格德行以及同作者交情的诗句有:

> 放逐宁违性,虚空不离神。相逢成夜宿,陇月向人圆。

——《宿赞公房》

> 赞公汤休徒,好静心迹素。跻攀倦日短,语乐寄夜永。…… 大师京国旧,

---

① 关于《大云寺赞公房》四首旧注多以为至德中陷贼时作,唯《杜臆》说:"观'奉辞还杖策'与'明朝在沃野',当是公为拾遗,奉墨敕许还鄜州省视家室时作。"细读四诗,当以王说近是。

德业天机秉。从来支许游,兴趣江湖迥。数奇谪关塞,道广存箕颍。何知戎马间,复接尘事屏。

——《西枝村寻置草堂地夜宿赞公土室二首》

徘徊虎丘上,面势龙泓头。柴荆具茶茗,径路通林丘。与子成二老,来往亦风流。

——《寄赞上人》

赞公释门老,放逐来上国。还为世尘婴,颇带憔悴色。杨枝晨在手,豆子雨已熟。是身如浮云,安可限南北?异县逢旧友,初欣写胸臆。

——《别赞上人》

赞公德高道广,虚空好静,与杜甫本来就有很好的交谊,如今一是"数奇谪关塞",一是弃官西度陇,相会在塞上秦州,自然有更多相互近似的心理基础,因此往来便分外亲密。

杜佐是诗人从侄,乃襄阳系杜睇之子,官终大理正,是时居秦州东柯谷。诗人素来十分器重这位本家侄子:"嗣宗诸子侄,早觉仲容贤。"(《示侄佐》)杜甫《佐还山后寄三首》(见"衣食"部分引文)催寄黄粱、霜薤,语气直率明确,丝毫不见客套间隔的痕迹。尤其是第一首前六句的描写更显叔侄亲情:杜佐住家东柯谷,即使山路再崎岖隐晦,也不至于归途迷路。这种近乎多余的担忧以及对行人途中情景的设想,是长辈无限惦念子侄时所特有的心态。此外,当杜甫居秦后期生活日渐困厄时,还到东柯谷住了将近两月。① 东柯共处的这些时间里,杜佐给予诗人物质上的援助和精神上的安慰都是不可低估的。

阮昉,秦州人,是一位避俗高士。杜甫有《贻阮隐居》一首:

陈留风俗衰,人物世不数。塞上得阮生,迥继先父祖。贫知静者性,白益毛发古。车马入邻家,蓬蒿翳环堵。清诗近道要,识子用心苦。寻我草径微,褰裳踏寒雨。更议居远村,避喧甘猛虎。足明箕颍客,荣贵如粪土。

杜甫并非以诗谀人者流,诗中的描定应当说是阮昉人品的真实写照。观诗末四句知其不仅与杜甫往来甚勤,而且有着安贫避喧的一致追求。此外,阮昉对杜甫生活也有过帮助,《秋日阮隐居致薤三十束》记其是。

杜甫秦州诗中可以窥见与人交往端倪的还有《赤谷西崦人家》《送远》《送人从军》《从人觅小胡孙许寄》等诗,《佳人》的原型也可能是作者在秦州遇见的一个真实人物,这些人物的进一步情况虽不可考,但他们那淳朴自然的生活,为国从军

---

① 参见下文"行止"部分中的有关内容。

的精神,高尚坚贞的节操,无不在作者心中产生强烈共鸣,或者说在他们身上正反射出作者的影子。

三、行止

杜甫在华州写的最后一首诗是《立秋后题》,内有"罢官亦由人"句;《秦州杂诗》第九首又有"高柳半天青"景象,非秦州深秋以后所能见者。两诗合读,知其西行必在立秋后不久。秦州诗中作者自述西行路线云:"迟迥度陇怯"(《秦州杂诗二十首》之一),"昨忆逾陇坂"(《青阳峡》),可见诗人是翻过现在陕西省陇县和甘肃省张家川回族自治县中间的陇山到秦州来的。

《秦州杂诗二十首》历来认为是编次井然的组诗,笔者钩稽其中述写气象风光的诗句,也得出这组诗是严格按照时间顺序排列的结论。在这组诗中,第二首咏隗嚣宫,第九首咏驿亭,第十二首咏南郭寺,都是秦州城近郊景点;①又第六首有"城上胡笳奏"句,第七首有"孤城山谷间"句,由此证明杜甫初至陇上是住在秦州城内的。到了第十三首才说:"传道东柯谷,深藏数十家。……船人近相报,但恐失桃花。"乃是初至东柯谷途中思绪的反映。《示侄佐》云:"多病秋风落,君来慰眼前。自闻茅屋趣,只想竹林眠。"写此诗时显然作者尚未到过杜佐住家的东柯谷。《杜诗详注》引师氏注"七月秋风起,八月风高,九月风落",②证明杜甫之赴东柯是在进入九月以后,这种推理同《秦州杂诗》内描写东柯谷各诗的时间节令特征也是符合的。以《杜诗详注》为代表的旧日注家均采用宋栗亭令王知彰的说法:"工部弃官寓东柯侄佐之居。"冯至先生《杜甫传》也说:"杜甫最初在城东南五十里东柯谷杜佐家中作过短期的寄居,但他此后大部的时间还是住在秦州城里。"③虽然指出了杜甫曾住家秦州城内这一事实,但仍坚持"先居东柯"的观点,都是与杜诗愿意相违背的。《秦州杂诗》第十五首以"东柯遂疏懒,休镊鬓毛斑"作结,第十六首用"东柯好崖谷"开头,无疑都是在东柯谷所作。而其第十七、十八首则云:

> 边秋阴易夕,不复辨晨光。檐雨乱淋慢,山云低度墙。鸧鹒窥浅井,蚯蚓上深堂。车马何萧索,门前百草长。

---

① 李济阻.秦州踪迹[C]//天水师专中文系.杜甫陇右诗研究论文集.兰州:甘肃人民出版社,1995.

② 仇兆鳌.杜诗详注·卷八[M].北京:中华书局,1978.本文所引《杜诗详注》文字均出自该书第七、第八卷,下不另注。

③ 冯至.杜甫传[M].北京:人民文学出版社,1980:75.

地僻秋将尽，山高客未归。塞云多断续，边日少光辉。警急烽常报，传闻檄屡飞。西戎外甥国，何得忤天威。

诗中所写显然是高山深谷间风光。考杜甫居秦州时足迹所至，唯东柯谷可以当此。另外，对第二十首中"鸰鶹在一枝"句《读杜心解》解曰："'一枝'谓东柯谷。"①综上所述，杜甫在秦州的最后一段时光似乎基本上是在东柯谷度过的。②需要一提的是，杜甫赴同谷前夕是住在秦州城内的，因为《发秦州》中有"日色隐孤戍，乌啼满城头。中宵驱车去，饮马寒塘流"，很可能杜甫是先回到城内，然后再从这里出发南下的。

杜甫在东柯谷到底住了多长时间？这跟他究竟何时离开秦州有关。《发秦州》首言："汉源十月交，天气凉如秋。草木未黄落，况闻山水幽。"末言："中宵驱车去，饮马寒塘流。"历来注家都认定这些描写是十月初离开秦州的明证。可是诗人赴同谷途中写的《寒峡》诗中却说："况当仲冬交，溯沿增波澜。"《石龛》中也说："仲冬见虹蜺。"寒峡在秦州城西南七八十公里处，正常情况下不过两三天的路程。假如杜甫真是十月初告别秦州，怎么会进入十一月才到寒峡呢？笔者数次沿杜公足迹考察，秦州至寒峡间除赤谷和铁堂峡两段外，其余路程并不难走。所以《发秦州》中的"汉源十月交"之"十月"或者并非离开秦州的时间，那几句不过是说：同谷县在交上十月后仍然凉爽如秋，这也许正如下文"栗亭名更嘉"等句是根据别人的叙述想象栗亭风物一样，在记写言传文述的汉源十月间盛景。设若此说成立，杜甫之离开秦州应该是在十月下旬，因此九、十两个月的大部分时间是在东柯谷度过的。

在秦州期间，杜甫除了上面提到的游览过隗嚣宫、驿亭、南郭寺，走访过赤谷西崦人家之外，还亲到麦积山、太平寺、东楼观光遣兴，留有《山寺》《太平寺泉眼》《东楼》三诗。《宿赞公房》《西枝村寻置草堂地夜宿赞公土室二首》表明他不仅在东柯谷西十里左右的西枝村赞公土室至少有两度借宿，而且在那里认真寻置草堂地作长久住下来的打算。总之，杜公在秦州期间曾先后于州城和东柯谷住家，就传世诗篇考索，能够表明作者足迹的除三首与西枝村寻置草堂地有关外，其余全为游览之作，因此这段时间内诗人并无太多的奔波之累，生活基本上是安定的。

---

① 浦起龙.读杜心解[M].中华书局,1961:388.
② 李济阻.秦州踪迹[C]//天水师专中文系.杜甫陇右诗研究论文集.兰州:甘肃人民出版社,1995.

四、创作

杜甫一生好诗,身后留下一千四百余首作品,被尊为诗圣。但他在世时颠沛坎坷,难得有坐下来静心钻研创作的机会。青少年时代他昼夜苦读以期达到"读书破万卷"的境地,所以没有诗篇传世;成年后漫游齐赵,目的是饱览山川风物,结交名士、同好,遍访各地藏书,写诗也并不多;长安十年,孜孜仕进,辛苦奔走,还是没有更多空闲的时间让他推敲技艺;后来做了官,可是安史之乱也就在此时爆发,前有陷贼之危,后有房琯之难,寄家异县,幼子饿卒,虽有《北征》《自京赴奉先县咏怀五百字》、"三吏""三别"等名篇,可是其时作者越发不能从容创作;秦州之后到达同谷,一月左右仅留诗十余首;蜀中五年因故有过数次迁徙,但生活大体还算温饱安定。然而五年间存诗也只有四百余首;最后辗转湖湘,老病困苦,自然不是着意为诗的理想境遇——比较起来,唯有在秦州的四个月是诗人一生中最佳的创作时机,这主要表现在:

第一,读书、仕进的紧张阶段已经过去,一方面平生头一次遇到一百多天空闲时间,另一方面"致君尧舜上"的理想破灭,心理也需要寄托,写诗自然成了他生活的主要内容。

第二,古人曾有"诗穷而后工"之说,单就生活贫穷而言,困苦促人思考,易于接近事物的真谛,也易于品尝艺术的三昧。但绝对贫苦也不是艺术家的温床。鲁迅先生就说过:"我们且想想:在生活困乏中,一面拉车,一面'之乎者也',到底不大便当。古人虽有种田做诗的,那一定不是自己在种田,雇了几个人替他种田,他才能吟他的诗;真要种田,就没有功夫做诗。"①杜甫在秦州的生活清贫中时显困顿,然衣食尚得温饱,这无疑给他潜心写诗提供了方便。

第三,此前的读书和阅历为创作打下了坚实的基础。特别是十年的求宦经历和四年的陷贼、为官生涯,使他对社会与人生都有了极深的体验,诗作也从此出现了一个质的飞跃。

第四,杜甫在秦州的交游多清雅之士,不仅往来投宿有诗,互通消息时以诗代柬,而且催黄粱、谢赠蕹、觅胡孙等也用诗,可见身处一个良好的作诗环境。

正因为秦州的生活有利创作,所以杜甫这一时期的诗歌也就出现了不同的态势,这主要表现为以下几个方面:

第一,秦州近四个月作诗九十余首,按时间平均的作诗数量在诗人各个时期中是首屈一指的,并且其中的《秦州杂诗二十首》《月夜忆舍弟》《天末怀李白》《梦

---

① 鲁迅.集外集:文艺与政治的歧途[M].北京:人民文学出版社,1973:98.

李白二首)、《佳人》等诗还标志着杜诗的最高成就。冯至先生《杜甫传》曾说:"在杜甫的一生,七五九年是他最艰苦的一年,可是他这一年的创作,尤其是'三吏''三别',以及陇右的一部分诗,却达到最高的成就。"①

第二,杜甫秦州诗九十余首,无一例外地全系五言,其中五古三十三首,五律五十六首,五排五首。《秦州杂诗》和全部咏物诗均为五律,寄远诗五首全系五排,《遣兴》诗和纪行诗都是五古(杜甫自秦州赴同谷,自同谷赴成都各有纪行诗十二首,写在秦州境内的有三首)。

第三,就内容讲,《秦州杂诗二十首》从度陇起到"鹡鸰在一枝"结,究其命意,②"二十首大概只是悲世、藏身两意。其前数首悲世语居多,其后数首藏身语居多。排列又依时间先后,是一组首尾完整、脉络分明、层次清晰的组诗。二十首之外,《遣兴》诗五题十八首,咏物诗十八首,怀人、寄远诗九题十首,可见秦州诗的内容也是非常集中的。

综上所述,我们是否能这样设想:杜甫赴秦之初鉴于生活安定心情疏淡,事先对这一时期的创作就有一个完整的构想,有意识地在某些特定领域里做深入的探索。中国古代文人写诗,历来是随遇成篇,根据预先拟好的框架从事四个来月的创作,这在杜甫的一生是绝无仅有的,在我国古诗的长河中也是罕见的。这种有计划的写作方法,对提高作者的艺术水准无疑会大有裨益。

注:本文曾发表在《杜甫研究学刊》1997 年第 3 期。

---

① 冯至.杜甫传[M].2 版.北京:人民文学出版社,1980:82.
② 浦起龙.读杜心解[M].北京:中华书局,1961:381.

"南使"考

李济阻*

杜甫《秦州杂诗二十首》之五：

> 南使宜天马,由来万匹强。浮云连阵没,秋草遍山长。闻说真龙种,仍残老骕骦。哀鸣思战斗,迥立向苍茫。

首句的"南使",向来被解释为"汉使"。《杜诗镜铨》说："南使犹言汉使,《汉书》张骞使西域还,得乌孙天马。"①至于"南使"何以可训为"汉使",《杜诗镜铨》没有讲。《读杜心解》却说："张骞通西南夷,可言西,亦可言南。"②出使西域的张骞,向无"南使"之称。老杜作诗,不一定"无一字无来处",但绝不生造典实。《读杜心解》的作者改"西域"为"西南夷",进而引出个"南使"来,是很难叫人信服的。

前贤中也有人看出了这一矛盾,比如张远以为"南使"不通,遂改"南"为"西"。③《杜诗详注》依之,所以原诗首联成了："西使宜天马,由来万匹强。"不过,仇兆鳌还算慎重,特地在"西"字下加了个"张远作西,旧作'南'"的注脚。④

妄改原作,乃校注家之大忌。可是不改,又如何能讲通? 前人于是又从别的途径上探求。比如蔡梦弼以"南使"为沙苑别名。朱鹤龄引《寰宇记》中"秦州清水县有马池"来解说杜甫此诗,似乎都想从地理方面寻找答案。可惜的是他们刚刚迈出了脚步便停止了探寻。

其实,"南使"是唐代掌管陇右养牧工作的官员的称谓。如所周知,古秦州一带是水草丰茂的放牧宝地,秦人的祖先非子即在此替周室养马。此风延续,汉唐

---

* 作者简介:李济阻(1941—　　),男,甘肃省岷县人,天水师范学院文学与文化传播学院教授,主要从事中国古代文学研究。

① 杨伦.杜诗镜铨·卷六[M].上海:上海古籍出版社,1998.
② 浦起龙.读杜心解·卷三[M].北京:中华书局,1961.
③ 仇兆鳌.杜诗详注·卷七[M].北京:中华书局,1978.
④ 仇兆鳌.杜诗详注·卷七[M].北京:中华书局,1978.

不衰。《后汉书》卷三六载：

> ……又有收师施，皆令官主养马，分在河西六郡界中。中兴皆省。唯汉阳有流马苑，但以羽林郎监领。

汉代的汉阳郡，即为原天水郡改置。引文中的"牧师苑""流马苑"是养牧的基层机构，而云"以羽林郎监领"，则说明"苑"上有统一的监领之官。

到了唐代，马匹繁孳愈盛。《通志》就说唐时"天下监牧置八使五十六监"。按语云：

> 唐贞观初仅有牧牝三千匹，从赤岸泽徙之陇右，十五年始令太仆卿张万岁千群牧，至麟德，四十年间马至七十万六千匹，置八使，领六监，初置四十八监，跨兰、渭、秦、原四州之地，犹为隘狭，更增八监，布于河曲……仪凤三年，少卿李思文检校陇右，诸牧监方称使。

同《后汉书》相比便知：汉代以河西六郡为主要养牧之地，唐代则以陇右四郡为主；养牧机构，汉人称"苑"，唐人称"监"，且有五十六监之数；统领之官，汉以羽林郎监领，唐至仪凤三年（678年）以后则有"使"之专称。这个"使"便是"南使"之"使"的本义。

关于唐代掌管监牧的"使"的具体情况，除上引《通志》有"八使"之说外，其他史籍亦间有记述。《旧唐书》卷四三说：

> 殿中太仆所管闲厩马，两都皆五百里内供其蒭藁，其关内陇右西使、南使诸牧监马、牛、驼、羊皆贮藁及菱草……

这是笔者所见"南使"一词的最早出处。同书卷四四还有：

> 凡诸牧监分南、北、东、西四使以统之……

《新唐书》卷四八里还记载了各使的官员和品级：

> 南使、西使丞各三人，从七品下；录事各一人，从九品下。北使、盐州使丞各二人，从七品下。掌群牧孳课。

这几句之后更有如下说明：

> 秦、兰、原、渭四州及河曲之地凡监四十有八：南使有监十五，西使有监十六，北使监七，盐州使有监八，岚州使有监二。

现在我们就可以认定：第一，唐代掌管孳牧的"使"是领"监"的官职，"使"的设置量，各时期似有不同；第二，"南使"和"西使"是各使中掌监最多者，其所领地域也应该是最适宜养马者。

剩下的问题是:"南使"的具体地点。《元和郡县图志》卷三云:

> 监牧。贞观中自京师东赤岸泽移马牧于秦、渭二州之北,会州之南,兰州狄道县之西,置监牧使以掌其事。仍以原州刺史为监牧使,以管四使。南使在原州西南一百八十里,西使在临洮军西二百二十里,北使寄理原州城内,东宫使寄理原州城内。天宝中,诸使共有五十监:

> 南使管十八监,西使管十六监,北使管七监,东使管九监。

这里好像又有一个问题:前引《通志》及《新唐书》都说"四使"跨有秦州之地,但《元和郡县图志》却说是在秦州之北,且南使就近在原州西南一百八十里处,而同书卷三九又说秦州远在原州西南四百六十里(卷三也说是四百六十里),只是将"西南"误成了"西")。这种说法同《通志》《新唐书》有无矛盾?南使是否距秦州甚远?我们认为,《元和郡县图志》所记的原州与秦州的距离乃是两州州城间的距离,比如同书卷三九又记秦州州境南北宽为五百五十五里,也就是说,秦州之北界去原州州城并非很远。又,《元和郡县图志》所载的四使位置,显系使丞驻地,其所统领地域定然相当宽广。南使管有十八监(此数与《新唐书》略异,可能反映了监数发展变化的实际),其南方各监,应当是跨有秦州北方诸如清水、陇城各县之地的,说不定秦州州治上邽县的北部,就有南使的养牧地。

证明了"南使"是唐代掌牧监最多的官员,而且其统领区域正好北近秦州州城,那么杜甫"南使宜天马"一诗的含义就不难理解了。乾元二年(759年)秋,正当安史之乱的战火弥漫着中原大地的时候,杜甫放弃华州司功参军之职,携家西入秦州。此举虽说有避开战乱的动机,可是诗人心中却未曾一刻忘怀祖国的忧患。这年三月,九节度使溃败邺城,两京一度面临再次失陷的危机。这次战斗中,唐军参战健马万匹,围溃后仅余三千。如今,杜甫身临"天马"养孳地——南使的近旁,怎能压抑住心中不尽的感慨呢?《读杜心解》说此诗是"见秦州牧马,而动殄寇之思",[1]若将上句改为"感南使牧马",应该说是道着了创作动机。此外,"宜天马"的"宜"字,注家多因对"南使"的误解而训为"得",也不切当。其实"宜"就是"适宜"的意思。

注:本文曾发表在《杜甫研究学刊》1993年第1期。

---

① 浦起龙.读杜心解·卷三[M].北京:中华书局,1961.

两篇现代散文使用语言情况的比较考察

李济阻*

一九二三年八月某日晚上,朱自清、俞平伯相约同游秦淮河。事后,两人又以《桨声灯影里的秦淮河》为题,各写游记文一篇。同时、同地、同样的见闻,但是作者不同,文章的风貌也就大不一样。这件事一直是现代文学史上的佳话,两篇散文也因此成为风格学著述中不断引用的例证。现将这两篇散文(以下分别称朱文、俞文)使用语言的有关情况统计、比较于后。

一、用词

(一)两篇散文词汇的语法分类如表1(每类中,上行为朱文,下行为俞文)。

表1　两篇散文词汇的语法分类统计

项目 词类	共出现 词数①	占次数的 百分之几	共出现词 数②	占次数的 百分之几	每词平均 出现次数	共计词数	备注
名词	348	28.9%	826	22.9%	2.374	1322	包括 "方位 词"
	295	27.5%	488	19%	1.654	807	
动词	356	29.5%	784	21.7%	2.200	974	包括三 个"附 类"
	295	27.5%	603	23.5%	2.004		

＊ 作者简介:李济阻(1941—),男,甘肃省岷县人,天水师范学院文学与文化传播学院教授,主要从事中国古代文学研究。

① 这里说的"词数"指文中出现的不同词的数量,"词次数"指每一个词(或每一类词)出总次数。如代词"我"在朱文中共出现53次,词数为1,词次数为53。下同。

② 这里说的"词数"指文中出现的不同词的数量,"词次数"指每一个词(或每一类词)出总次数。如代词"我"在朱文中共出现53次,词数为1,词次数为53。下同。

续表

项目 词类	共出现 词数	占次数的 百分之几	共出现词 词数	占次数的 百分之几	每词平均 出现次数	共计词数	备注
形容词	222	18.4%	303	8.4%	1.365	507	
	180	16.8%	238	9.3%	1.322	385	
数词	12	0.99%	88	2.4%	7.33	96	
	17	1.5%	62	2.4%	3.647	73	
量词	40	3.3%	82	2.2%	2.05	87	
	34	3.1%	68	2.6%	2	73	
代词	33	2.7%	281	7.7%	8.515	397	
	43	4%	231	9%	5.372	346	
副词	115	9.5%	406	11.2%	3.53	507	
	127	11.%	324	12.6%	2.551	401	
介词	25	2%	118	3.2%	4.72	124	
	20	1.8%	78	3%	3.9	81	
连词	24	1.9%	97	2.6%	4.042	148	
	28	2.6%	68	2.6%	2.429	97	
助词	25	2%	615	17%	24.6	632	
	19	1.7%	383	14.9	20.158	388	
叹词	1	0.083%	1	0.028%	1	1	
	2	0.19%	2	0.08%	1	2	
象声词	2	0.16%	3	0.083%	1.5	6	
	11	1%	11	0.43	1	20	
合计	1203	3604		2.996		4801	
	1071		2556		2.387	3418	

从表1可以看出,各类词在两文中出现的数量和使用的词次,比例是大致相当的。比如名词和动词的词数,都占总词数的28%左右;名词的词次数,在总词次数的19%到23%之间。

(二)词的音节数

两文中各词汇的音节如表2所示。

表2　两文中各词汇的音节统计

词类	文别 音节　项目	朱文				俞文			
		词数	所占 比例	词次数	所占 比例	词 数	所占 比例	词次数	所占 比例
名词①	单音节	97	29.7%	291	48.5%	80	27.1%	202	41.4%
	双音节	222		237		191		254	
	三音节	26		68		23		31	
	四音节	2		2		1		1	
	五音节	1		1					
动词②	单音节	214	60.1%	595	75.9%	175	59.3%	462	76.6%
	双音节③	141		188		119		140	
	三音节	1		1		1		1	
形容词	单音节	64	28.2%	116	38.3%	61	33.9%	105	44.1%
	双音节④	147		175		109		122	
	三音节⑤	7		7		7		8	
	四音节⑥	4		5		3		3	
数词	单音节⑦	7	58.3%	82	93.2%	11	64.7%	54	87.1%
	双音节	3		4		5		7	
	三音节	2		2					
	五音节					1		1	
量词	单音节⑧	35	87.5%	77	93.9%	30	88.2%	63	92.6%
	双音节⑨	5		5		4		5	

---

① 名词包括方位词。
② 动词包括三个"附类"。
③ 单音动词、形容词"AA"式重迭以后,均归入双音节。
④ 单音动词、形容词"AA"式重迭以后,均归入双音节。
⑤ 单音节形容词"AA"式重迭后儿化构成的"AA 儿"及"ABB"式生动形式,均归入三音
⑥ 形容词"AABB"重迭式计入四音节。
⑦ 单音节数词与单音节量词结合以后重迭使用,如"一缕一缕",仍按单音节统计。
⑧ 单音节数词与单音节量词结合以后重迭使用,如"一缕一缕",仍按单音节统计。
⑨ 单音节量词"AA"式重迭后计入双音节。

续表

词类	文别 音节　项目	朱文				俞文			
		词数	所占 比例	词次数	所占 比例	词 数	所占 比例	词次数	所占 比例
代词	单音节	17	51.5%	165	58.7%	17	39.5%	120	51.9%
	双音节	16		116		25		107	
	三音节					1		4	
副词	单音节	60	52.2%	306	75.4%	70	55.1%	249	76.9%
	双音节	54		99		55		73	
	三音节	1		1		2		2	
介词	单音节	23	92%	112	94.9%	19	95%	75	92.6%
	双音节	2		6		1		3	
连词	单音节	10	41.7%	48	49.5%	13	46.4%	41	70.7%
	双音节	13		47		13		25	
	三音节	1		2		2			
助词	单音节	22		598	97.2%	18	94.7%	387	98.8%
	双音节	3		17		1		5	
叹词	单音节	1	100%	1	100%	2	100%	2	100%
	双音节								
象声词	单音节					2	81.8%	2	18.2%
	双音节	2		3		9		9	
合计	单音节	550	47.5%	2391	72.7%	498	48.3%	1753	70%
	双音节	608		897		532		750	

　　统计表明,两文中的双音词比单音词稍占优势。不过,双音词在使用中的这种优势,主要体现在名词、形容词、象声词上,而动词、数词、量词、副词、助词、叹词则都是单音节多于双音节。

　　值得注意的是,两文的词次都是单音词占绝对优势。这与"基本词汇是词汇中最主要的部分,而根词又是基本词汇的基础……现代汉语的根词多为单音节"①是一致的。

———————

① 黄伯荣,廖序东．现代汉语[M].上册．兰州:甘肃人民出版社,1981:237.

还须一提的是:俞文不断变换使用各种词,朱文则反复使用一些常用词。这从表1所列词次栏可以看到:除叹词外,其他11类词的每词平均出现次数都是朱文高于俞文。

(三)不常见词语统计

这里所谓"不常见词语",包括(1)现代汉语普通话中不常用的词及某些词组(有时还以现在常用与否为标准),(2)常用词语的罕用义项和罕见用法。

按我们的统计,朱文不常见词语共53个,俞文却有119个。

二 造句

(一)句子统计

从表3可以看出,朱文复句是单句的3.08倍,俞文复句只是单句的2.52倍;朱文每个复句所含分句数也高于俞文。另外,朱文每句(包括单句和复句)平均字数是25.5个,俞文24.2个。俞文句子之所以较短,除了较多地借助文言词和文言句法外,还常常舍弃上下文之间"应有"的关联,采取"突接"形式。且举两例:

(1)可是,夺口早理! —来了,竟向我们来了! 不但是近,且拢着了。船头傍着,船尾也傍着;这不但是拢着,且并着了。厮并着倒还不要紧,且有人扑冬地跨上我们的船头了。这岂不大吃一惊! 幸而来的不是姑娘们,还好。

(2)穿花蝴蝶样的小艇子多倒不和我们相干。货郎担式的船,曾以一瓶汽水之故而拢近来,这是真的。至于她们呢,即使偶然灯影相俔而切掠过去,也无非瞧见我们微红的脸罢了,不见得有什么别的。

表3 单句复句数量统计表

项目 数量 文别	句数			分句数	平均每个复句合分句数	备注
	单名	复句	合计			
朱文	46	142	188	414	2.915	
俞文	40	101	141	279	2.762	

(二)句中停顿

这里的"句",不同于一般所说的"句子",而是包括单句和复句中的分句。"停顿",指用标点符号表示出来的较大的停顿;象声词内部用以表示延长的破折号不计为停顿符号。

统计结果是:朱文有停顿的句子共98个,其中停顿一处的72个,停顿二处的17个,停顿三处的5个,停顿四处的4个。俞文有停顿的句子共73个,其中停顿一处的42个,停顿二处的19个,停顿三处的9个,停顿四处的1个,停顿五处的1个,停顿七处的1个。

句中用标点符号(主要是逗号)标出停顿,自然可以把长句划整为散,这对于读者理解较长、较复杂的句子是有帮助的。就这两篇散文讲,朱文停顿的"句子",占单句、复句总数的21%,俞文占23%。不同的是,朱文一处停顿的就占全部有停顿句子的73%,而且句中停顿以四处为限俞文一处停顿的只占57%,并且句中停顿有多达五处、七处的。

三 修辞手段的使用

对于修辞格,语言学界尚无完全一致的看法,有些修辞格也不便用数字统计。这里以十种比较常见的修辞格为对象,将统计结果列成表4。

表4 两文中心修辞格统计

文别 \ 辞格	比喻	借代	比拟	夸张	排比	设问	反问	连环	示现	引用
朱文	30	5	13	2	5	1	3	1	2	2
俞文	22	1	11	2	15	2	4	3	3	3

从上表看,朱文比喻、借代较多,俞文排比多至朱文的三倍。与排比相似的,是两文各有不少所谓"整齐结构"—排比句和句子内部的各种相似结比如:

……在夕阳已去,皎月方来的时候,便下了船。(朱文)

……在大船缝里挤着,挨着,抹着走。(俞文)

组整齐结构中,相似的语言单位有两个的,也有三个、四个的,我们分别称之为"二合整构""三合整齐结构""四合整齐结构"。两文中整齐结构如表5。

表5 两文中整齐结构统计

文别 \ 项目	二合整齐结构	三合整齐结构	四合整齐结构	合计
朱文	21	4	1	26
俞文	37	8	3	48

俞文这类结构多,因而显出较深的雕琢,朱文则显得平易、通畅。

注:本文曾发表在《语文研究》(季刊)1983年第4期。

"修辞"考源

王廷贤

把"修"和"辞"二字连起来说，以致后世成为一门学科的名称，就现有文献的记载，最早见于《周易》一书的《文言》："子曰：君子进德修业。忠信所以进德也，修辞立其诚，所以居业也"[1](P15)。

《周易》有"经""传"之别，《文言》属于解说"经"的"十传"之一。因此，有人就认为"《文言》的成书年代接近于西汉中叶，与成书于西周的《周易》相去甚远"[2](P47)，从而否认作为学科名称"修辞"的源头。然而"十传"旧称"十翼"，据说是孔子所为。司马迁就在《史记·孔子世家》中说："孔子晚而喜《易》，序《彖》、《?》、《象》、《说卦》、《文言》。读《易》，韦编三绝。曰：假我数年，若是我于《易》则彬彬矣。"[3](P1937)

班固在《汉书·艺文志》里说："孔氏为之《彖》、《象》、《?辞》、《文言》、《序卦》之属十篇。"[4](P1704)

司马迁作史，坚持信史原则，不说无根据的话，再从孔子删《诗》，修订《春秋》来看，其解说《周易》也不是不可能的。即使《文言》不是孔子所为，依郭沫若先生所说，则出于荀子门徒之手。郭氏在《青铜时代》一书中考证了《周易》"经"的作者是战国初年的楚国人馯臂子弓所为，而《周易》"传"的部分则多出自荀门："大抵《彖》、《系辞》、《文言》三种是荀子的门徒在秦的统治期间所写出来的东西。"[5](P391)

近人李镜池认为《易传》里的《系辞》和《文言》是"汇集前人解经的残篇、断简并加以新著的材料。年代当在史迁之后，昭宣之前。"[6](P118)而高亨先生则认"十翼"成书于战国时代。说《文言》成书于西汉中叶是一家之言。再说，即使《文言》出于西汉中叶，但《文言》以前的文献中还未发现有"修""辞"二字连用者，直至南梁刘勰的《文心雕龙》才有了"修辞"一语。所以，《易传》的《文言》，无论它是孔子，还是荀子门人，还是西汉人所为，它仍然是最早使用"修辞"一语的可靠证据。

然而,对前文所引《文言》关于"修辞"的几句话,唐代孔颖达在《周易正义》里却是这样解释的:"推忠于人,以信待物,人则亲而尊之,其德日进,是进德也。修辞立其诚,所以居业者,'辞'谓文教,'诚'谓诚实也。外则修理文教,内则立其诚实,则有功业可居,故云居业也。"[1](P15)

依孔氏疏解,"辞谓文教",则《文言》里的"修辞"二字,一般人也就自然理解为"修理文教"了,而"文教"在古代是指"礼乐法度之类可以化民者",并非"言辞话语",这与我们今天所说的"修辞"则大相径庭,全然不同了。后世学者正是囿于孔疏,而对《文言》里"修辞立其诚"这句话见仁见智,所说纷纭,莫衷一是。其可称者有以下数端。

1. 否定说,即不认为"修辞立其诚"可作为学科名称"修辞"一语的源头地位。如郑子瑜先生在《中国修辞学史稿》里就认为①,孔氏以"修理文教"释"修辞",《易经》里的"修辞"就和我们今天所说的"修辞"不同。并指出有人为着适合于今义,将"修辞立其诚"解作"整理其言说以确定其所欲达之意"有点牵强附会。郑先生肯定了孔颖达"修理文教"的说法,自然也就否定了《文言》里的"修辞"是我们今天所说的修辞。其余如余一平《"修辞"词源质疑》,倪景熙《"修辞立其诚"辨》[2],均对"修辞立其诚"作为"修辞"源头提出质疑。

2. 包括说,周振甫先生在《中国修辞学史》一书里也认同孔颖达的解说,以为"修辞"的"辞"是"文教"。但他同时又认为"文教"的内容包括了"言语文辞",因而也就肯定了"修辞立其诚"的"修辞"是"修辞学"、"修辞"的源头。[7](P25)

3. 引申说,张文治先生《古书修辞例》一书里说"孔氏以'修理文教'释'修辞',虽与后世解作'修饰言或文辞'者不同"。但同时张书又认为"后世修辞之义,实自此引申。"[8](P1)在引用《文言》后,肯定"修辞",肯定"修辞"二字连称祖出于此,只是为何引申,语焉未详。

4. 肯定说,即明确肯定"修辞立其诚"里的"修辞"二字含义为修饰语言文辞,也是学科名称"修辞"之源。陈望道先生在《修辞学发凡》的开头就说:"修辞本来是一个极熟的熟语,自从《易经》上有了'修辞立其诚'一句话以后,便常常连着用的。连用久了,自然提起了辞字,便会想起了修字,两字连结,简直分拆不开。"[9](P1)

陈先生说"修辞"是一个"极熟的熟语"这个"熟语"自然是我们现在所说的

---

① 郑子瑜《编写〈中国修辞学史稿〉的体会》一文说:"直到现在为止,还没有人发现比《文心》更早的著作有'修辞'二字连用,而它又确是指修辞这一学科的名称而说的。我们就姑且以梁代刘勰所著《文心雕龙》的《宗经》篇和《才略》篇中的"修辞"二字连用是修辞这门学科的名称的源头吧。"郑子瑜. 郑子瑜修辞学论文集[M]. 香港:中华书局香港分局,1988:13.

"修饰语言文辞"，而不会是其他什么，陈先生还指出这个"熟语"的来源就是《易经》的"修辞立其诚"。还有陈光磊先生所撰《中国修辞学通史·先秦西汉魏晋南北朝卷》两次引用了《易传》关于"修辞"的一段话，并说"这是中国古代文献中第一次出现'修辞'这个用语，也可以说是孔子在中国修辞学史上第一次提出了修辞学的学名术语。"[10](P31) 然而，两位陈先生在肯定《易传》"修辞立其诚"为"修辞"之源的时候，均未涉及孔疏，也就没有说明孔颖达以"修理文教"释"修辞"的问题。

那么，孔疏的"辞谓文教"以及"修理文教"究竟作何理解？怎样解释？我们还有没有必要去探讨这个问题？

如果一方面囿于孔疏成说，认为"辞"就是文教，以"修理文教"释"修辞"；一方面又要肯定"修辞立其诚"这句话是后世所谓"修辞"之源，这实在是两难之事。因此用"包括"或"引申"之说恐怕也难讲通。但是，如果置孔疏于不顾，抛开"辞谓文教""修理文教"这样的问题不加分辨，不作解说，就硬要认定"修辞立其诚"的"修辞"，是"第一次提出了修辞学的学名术语"，这也未免简单和片面了。因为探讨孔颖达所谓"辞谓文教""修理文教"并非没有意义，它实际关涉到一个重要问题：即古人关于"修辞"的概念到底产生于何时？先秦还是魏晋南北朝？

首先，"修辞立其诚"的"辞"不能解释为"文教"，查古今辞书文献"辞"字未有作"文教"可讲通者。《说文解字》第十四篇下《辛部》："辞，讼也，从辛；辛，犹理辜也"。段玉裁注："辞，说也，今本说讹讼。"《广韵》七"之"所引不误。"[11](P742) 朱骏声《说文通训定声·颐部》："辞，讼也，从辛，会意，犹理罪也。理也，按，分争辩讼谓之辞。"[12](P170) "辞"的本义，《说文》的一般本子都训释为"讼"，而段氏以为"讼"字是"说"字的错文，应为"说"。"说"即说明解释，"讼"是争辩是非。"说"和"讼"都与言语文辞有关，而与"文教"之义相去甚远。《辞源》把"辞"的本义解释为"讼辞，口供"[13](P3042)，以下七个义项都是从本义引申来的，未见有哪一项是"文教"的说法。《辞海》、《康熙字典》亦然。另外，这个"辞"出自《易传》"修辞立其诚"，而《易传》的成书年代是秦汉之际。这就要看秦汉，以至秦汉以前的语言实际里边，"辞"字究竟是否作"文教"讲，有无"文教"的用例。现就先秦几部主要文献关于"辞"字用例统计看，《尚书》二十三例，《诗经》二例，《左传》一百三十二例，《礼记》五十四例，《论语》五例，《孟子》二十八例，《荀子》三十八例，《庄子》四十一例，举三百二十三个用例，无一例"辞"字可作"文教"之义讲。"辞"在《尚书》的常用义是"讼辞"或"言辞"，在其他文献的常用义也是指"言辞""责让"或"推辞"之义。如《礼记·表记》："子曰情欲信，辞欲巧。""辞"字即指常用义"言辞"，姚鼐

《与管异之书》:"《表记》'辞欲巧',即《易传》所云'修辞'耳。"[8](P3)

其次,既然"辞"在先秦尚无"文教"之义,那么孔颖达为什么要把"修辞立其诚"的"辞"疏解为"辞谓文教"呢? 原来这是受郑玄影响而蹈袭了《诗笺》的话。《诗经》使用"辞"字共有两例,见于《大雅·板》一篇:"辞之辑矣,民之洽矣。辞之怿矣,民之莫矣。"

郑《笺》云:"辞,辞气,谓政教也。王者政教合,说顺于民,则民心合定。此戒语时之大臣。"[1](P549)郑玄以"辞气"释"辞"。刘宝楠《论语正义》:"辞气者,辞谓语言,气谓鼻息出入,若声容静气容肃是也。"[14](P521)"气"是气息,但这气息与语词言说有关。所谓"辞气",现在看来是指说话时的言语气度或语气。"政教"是政治教化,《礼记王制》注:"教谓礼仪,政谓刑禁。"[1](P1338)郑玄既以"辞气"训"辞",为什么又说"谓政教也",这不是自相矛盾吗? 其实这是汉代经学家注释古籍的一种方法,第一句解释上位概念,第二句解释下位概念,"谓"是一个术语,用"谓"时,一般是用具体解释抽象,用形象解释笼统,用特指解释一般,所以叫"指而言之"。这里郑玄先用"辞气"解"辞",是"辞"的一般的、笼统的概念。"谓政教也"是说"这里指的是政教的辞气",说话时的语言气度或语气,可以用在种种场合,这里是指政治教化上的语言气度或语气。政治教化中的语言气度和谐悦顺,则民心安定。故马瑞辰《毛诗传笺通释》曰:"下文辞辑、辞怿专以言词言。"[15](P763)马氏指出这两句的"辞"都是指"言词",而不是"政教"。孔颖达的"五经正义"疏解古书古注的原则是"疏不破注",即墨守汉人旧注原义,只作阐释,而绝不越雷池一步。孔颖达因为郑玄把《诗·大雅·板》"辞之辑矣""辞之怿矣"的"辞"释作"谓政教也",于是就照搬过来解释《易·文言》的"辞",只是把"政教"说成"文教"而疏解为"谓文教也"。尽管孔氏在《毛诗正义》里解释郑笺"辞,辞气"这个注释时引用了《论语·泰伯》"出辞气,斯远鄙倍矣"这句话,而《论语》的"辞气"确实是指说话的气度语气的。可是当他解释郑笺"谓政教也"这个注释时,他却又说"此辞加于下民,故知谓政教也",再从他《周易正义》"外则修理文教,内则立其诚实"的话看来,他还是把"辞"理解成文教而不是语言了。可见孔颖达不仅对先秦两汉"辞"的词义里根本不存在"文教"之义这一语言事实不甚明了,就是对汉人以具体释抽象的训诂方法、对"谓"这个"指而言之"的训诂术语也未能注意。难怪孔颖达会既误解郑笺,又照搬郑笺,以致把"辞"训释为"辞谓文教"。

既然孔疏错误已明,那么对孔疏不加辨析,援以为据,从而否定孔疏很早以前的《易传》里的"修辞",说"和我们今天所说的'修辞'不同",这不是本末倒置,不足为据吗?

其实对《易传》里的"修辞"之争,只不过是"名词"之争,"来源"之争而已。问题的实质还在于,古人的头脑里究竟有没有关于"修辞"的概念、意识？如有,在什么时代？

在我国先秦典籍中,《尚书》是被认为较早出现的文献。《尚书·周书·毕命》云:"政贵有恒,辞尚体要。"[1](P763)"辞尚体要"这句话就是古人有修辞概念的最早明证,后来刘勰在《文心雕龙·志》里引用了:"盖《周书》论辞,贵乎体要"。孔安国训释这句话时说:"辞以体实为要,故贵尚之。"蔡沈《书集传》说:"趣完具而已之谓体,众体所会之谓要。"集说引用夏的话:"体则具于理而无不足,要则简于辞而亦不至于有余,谓辞理足而简约也。"又引王樵的解说:"趣谓辞之旨趣,趣不完具则未能达意,而理未明;趣完具而已,则为枝辞衍说,皆不可谓之体。"[16](P1913)"辞"是言辞,"体"是指"理足",旨趣完备,"要"是简约。言辞既要达意,又要简约。

再如,《论语·宪问》:"子曰:为命,裨谌草创之,世叔讨论之,行人子羽修饰之,东里子产润色之。"[17](P147)

孔子认为,一篇外交辞令的创制,要经过起草、研究、修饰和润色的加工过程。尽管这段话里边没有"修辞"二字,但这个加工过程不正是指书面语言的修辞过程吗？从这里,我们清楚地认识到孔子关于"修辞"的"概念"和"思想"。其中"润色"一词流传下来,沿用至今,指的就是对书面语言的修饰加工。据上所论,就其本源,《易传》"修辞立其诚"的"修辞"即为"修饰言辞"。《易传》时代不仅有"修辞"其名,且有"修辞"其实,而援"孔疏"之非,否定、妄疑《易传》为"修辞"源头,则为失之。

参考文献

[1]阮元.十三经注疏[M].北京:中华书局,1980.

[2]余一平."修辞"词源质疑[J].修辞学习,1985(1):47.

[3]司马迁.史记[M].北京:中华书局,1982.

[4]班固.汉书[M].北京:中华书局,1962.

[5]郭沫若.郭沫若全集[M].北京:人民出版社,1982.

[6]顾颉刚.古史辨[M].上海:古籍出版社,1982.

[7]周振甫.中国修辞学史[M].北京:商务印书馆,1991.

[8]张文治.古书修辞例[M].北京:中华书局,1996.

[9]陈望道.修辞学发凡[M].上海:教育出版社,1976.

[10]陈光磊.中国修辞学通史·先秦两汉魏晋南北朝卷[M].长春:吉林教育出版社,1988.

[11]段玉裁.说文解字注[M].上海:古籍出版社,1981.

[12]朱骏声.说文通训定声[M].北京:中华书局,1984.

[13]辞源[M].北京:商务印书馆,1983.

[14]程树德.论语集释[M].北京:中华书局,1990.

[15]雒江生.诗经通诂[M].西安:三秦出版社,1998.

[16]詹锳.文心雕龙义证[M].上海:古籍出版社,1989.

[17]杨伯峻.论语译注[M].北京:中华书局,1980.

权德舆与《权载之集》

王廷贤

　　权德舆(759～818年)，字载之，《旧唐书·权德舆传》谓"天水略阳人"。[1]韩愈《唐故相权公墓碑》云："其本出自殷帝武丁"，"入楚为权氏。楚灭，徙秦而居天水略阳。"[2]自六世祖权翼至父权皋，累为陇上名族。权德舆为其叔父权隼和再从叔权达、权有方，为从故母柳君权氏所撰《墓志铭》均称"天水略阳人"[3]198～230为其从祖父权自挹所撰《墓志铭》称"天水人"。为其女独孤郁妻所为《墓志铭》称"天水权氏"。为再从叔母清河张氏所撰《墓志铭》称从叔权达为"天水权公"。唐人好称郡望，后魏、前秦时天水郡为略阳郡，故"天水略阳"是权氏郡望。元和年唐宪宗赐权德舆爵"成纪县伯"也是因郡望所赐。权德舆称郡望"天水略阳"还有一个原因，是其六世祖权翼曾是前秦苻坚的谋主，后为右仆射，封安丘公，德高位重，权德舆颇引以为荣。《晋书》"苻坚载记"称之为"略阳权翼"[4]不过，于右仁先生在《略阳滞雨咏权德舆》一诗中以为"略阳"即今陕西略阳县之"略阳"[5]，则是失之于察。因为今陕西之略阳至少在唐以前无"略阳"之名。《读史方舆纪要》卷五十九"秦安县"下谓"略阳城在县东北六十里。汉曰略阳道属天水郡。"又曰"后魏置陇城县为略阳郡治，后周改县为略阳。"[6]《晋书·地理志》谓"晋泰始中改广魏郡为略阳郡"。《水经注》卷十七"渭水"下曰"川水又西经略阳道故城北"。[7]然而据蒋寅《大历诗人研究》，权德舆出生、成长和生活的地方并不是"天水略阳"而是扬州丹阳。权德舆在建中元年为柳载表试秘书省校书郎之前，一直生活在丹阳。即就是出仕后因其母居丹阳亦以丹阳为家。与崔造女结缡、居母丧亦在丹阳。德舆先后在杜佑、包佶幕府为从事，朝衔为试右金吾卫兵曹参军、试大理评事摄监察御史。贞元八年德宗以诏书征为太常博士，次年离开丹阳，抵京赴任。从此开始了二十余年的掖垣生涯。贞元历仕左补阙、起居舍人、知制诰，驾部员外郎、司勋郎中，中书舍人、礼部侍郎。贞元十七年冬，知礼部贡举。元和年，历仕吏部侍郎、兵部侍郎、太子宾客、太常卿、吏部尚书、刑部尚书。元和五年冬，拜礼部尚书、同平章事。十一年以检校吏部尚书山南西道节度使，十三年卒，享年六十。[8]

德舆自贞元至元和三十年间入直禁垣,在朝廷做官,历仕德宗、宪宗,行为方正,性直亮而宽恕。上疏论裴延龄姿行巧佞,致非分之得,以"剩利"为己功"固而似守,刻而少通";河中节度王锷以钱数千万贿赂权贵,求为宰相,德舆上奏,据理坚据。[1]不过,德舆之勋业最为人称道者,在于得人才,叙官业。贞元十七年冬知礼部贡举,凡三岁掌贡士,实司文衡,第甲者七十有二,号为得人。贞元十八年以中书舍人知贡举,放进士二十三人登第,如尉迟汾、侯云长、韦纾、沈杞、李翊等;贞元以礼部侍郎知贡举,放进士二十人及第,如曹景伯、侯喜、李础、胡直均、郑式方等,博学宏词科有吕炅、王起,拔萃科有白居易、李复礼吕颖、哥舒恒、元稹。唐顺宗永贞元年放进士二十九人,有沈传师、刘述古、韦珩、李宗闵、牛僧孺、杨嗣复、冯审、罗立言、陈鸿等。[8]因而柳宗元曾经"温卷"[9],刘禹锡恭为门客[10],元微之以新词供赉。[11]而权德舆所取进士或为韩愈所荐"十士",或为文坛名臣;或盛鸣于诗歌,或彪炳于文学;或创一时之体,或开一代文风;灿若星汉,蔚为大观。权德舆主文之盟诚如韩愈所言:"昨闻诏书下,权公作邦桢。丈人得其职,文道当大行。"[9]文道大行是与科举取士分不开的,科举取士是与权德舆当时知贡举推扬贬抑分不开的。权集中贞元、元和间"进士策问"设置的"《左氏传》问"、"《礼记》"、"《尚书》问"、"《毛诗》问"、"《论语》问"、"《周易》问",等就是要引导士子为文为人要以"经""史"为根基。

一

据《旧唐书》"本传"称,德舆有文集五十卷行于世。又杨嗣复《权德舆文集序》谓此集为德舆之孙权宪整理编次,"奉文集延求鄙文以冠篇首,其五十卷次第具在集目。"宋王尧臣《崇文总目》、尤袤《遂初堂书目》、晁公武《郡斋读书志》、陈振孙《直斋书录解题》、元马端临《文献通考》、明杨士奇《文渊阁书目》、清钱曾述《古堂藏书目》、以及清杨绍和《楹书偶录》,以及近人傅增湘《藏园群书经眼录》、《藏园群书题记》、郑振铎《西谛书目》均有著录。世传权集刊刻之本有三:其一,傅增湘所见宋残刻本,傅氏谓宋本权集曾"假观数日,并校勘一过,原书半叶十二行,行二十一字,白口,左右双栏。存一至五,卷四十三至五十,共十三卷,字劲而行密,所谓蜀刻本也。"[3]673傅氏所见,实为王渔洋《居易录》所言,无锡顾宸所藏,刘体仁之子所写,而赠与渔洋之五十卷全本。有诗集十卷,文集碑铭至祭文四十卷,此本已佚。其二,清嘉庆十一年丙寅刻本。据朱珪《权载之集序》此本即为朱竹君、彭元瑞、陶书贾、朱锡庚几经搜求,辗转借抄,海内仅存之四本。因权集多以抄本行世,故流传"不绝如线",人各以之为奇,互相矜秘,权集之珍贵,由此可见。此集虽经朱氏刊刻,然今亦不传。其三,清嘉庆二十年刻本。据刘大谟《权文公集序》云,胡缵宗以权公为乡先达,"思欲诵其诗,读其书,皇皇焉求之网置"[12]曾与杨升庵论及,后升庵得权集于滇南士人,仅存诗赋十卷及目录,托刘转胡,刘氏恐湮没,遂付梓刊刻。后为《四库全书》所收,即《权文公集》十卷,得以流传。权德舆文集五十卷全本,大约在清嘉庆后亡佚,然权德舆之文幸赖《文苑英华》、《全唐文》及《唐文粹》得以保全。其诗则存于《四库全书》集部别集《权文公集》十卷。

二

权德舆诗现存三百五十一首,蒋寅《大历诗人研究》"作品系年"考定了其中二百二十一首。不过把权德舆算在"大历诗人"似有未妥。因为权诗在大历年间一共只有四首,而大多作于唐德宗建中、兴元、贞元和唐宪宗元和的三十余年间,在中晚唐之交的诗坛上占有一定的位置。据《旧唐书》"本传"谓"德舆生四岁,能属诗"。[1]权德舆四岁所为诗,今莫能见。然而,十五岁所作《奉送十四叔赴任渝州录事》绝句,则是权集中最早的一首:

> 随牒忽离南北巷,解巾都吏有清风。
> 巴城锁印六联静,尽日闲谣廨署中。[12]26

这首诗写得很老练,很难相信是十五岁之人所为。把十四叔出仕之欣喜,赴任之匆忽,离异之寂寥只用七字道来,次句赞十四叔出仕伊始,即有清廉之风。然而三句一转,却道出渝州幽闭、官府寂寞,十四叔只好在官署唱歌消闲,以无奈的讥讽结句。再如二十岁所作《杂言和常州李员外十首》包括了七言绝句,五言绝句,三言诗,六言诗,杂言古诗、五言古诗、五律、七律。从这组诗可看出权德舆当时已具备多方面的诗歌创作能力。不仅各体皆能,而且技艺娴熟,不仅深通声律,而且用词雅正,章法紧严。胡缵宗《权载之诗序》谓"读太白诗,当求其豪俊;读长吉诗,当求其奇拔;读载之诗,当求其雅淡。"胡缵宗对唐代称"天水郡望"的三大诗人的评鉴概括是很确当中肯的。读权德舆的诗,你的确会感觉到是在着力追求陶渊明自然平淡,质朴轻简而渊泳精密的风格的。《沧浪诗话》谓"权德舆有似韦苏州刘长卿处。"[13]其实,韦应物正是自觉向陶渊明学习的,被称为唐人有陶韵者独一人。权诗风格,也正是学习陶渊明的"淡泊宁静"的。如《暮春闲居》:

> 避喧非傲世,幽兴乐郊园。好古每开卷,居贫常闭门。曙钟来古寺,旭日上西轩。稍与清境会,暂无尘事烦。静看云起灭,闲望鸟飞反。乍问山僧偈,时听渔人言。羸体谙药性,事简见心源。冠带惊年长,诗书喜道存。小池泉脉凑,危栋燕雏喧。风入松荫静,花添竹影繁。灌园输井税,学稼奉晨昏。此外知何有,怡然向一樽。[12]10

这首诗写一种恬澹心境,内心与外界相适协,无论望云之起落,鸟之飞还,问山僧之偈,听渔人之言,均是无意为之而为之。因体羸,则熟知药性;因事少,则心思可见,一切都是自然而然。再如《湖上晚眺》:

湖上烟景好,飞鸟云自还。幸因居止近,日觉性情闲。独酌乍临水,请机常见山。此时何所忆,净侣话玄关。[12]24

用王国维的话说,这就是"以物观物""无我之境",与高雅的伙伴谈论佛理也并非主观上想要那样,都是由"临水""见山"引起的。其余如《闲望》、《郊居岁暮闲书所怀》、《田家即事》等诗,读来颇觉处心闲逸,情真语真,事真意真,大有陶渊明《归田园居》、《饮酒》诗的风味。以朴素的语言和白描的手法,对生活的艰辛,对田园风光的向往,淡淡写来,似在不经意之间,而其特色是以功力造平淡,于精炼处见自然。

权诗于五、七言古诗,乐府诗,近体诗诸体兼善,而以五古见长,洗尽铅华,自然淡雅,格调清新。如《早春南亭即事》:

虚斋坐清昼,梅圻柳条鲜。节侯开新历,筋骨减故年。振衣惭艾绶,窥镜叹华颠。独有开怀处,孙孩戏目前。[12]9

此诗由早春所见,欣喜物候之新,梅柳之鲜,然由筋骨减退,年华易逝,又有迟暮之感,愧俸之惭。这是感寓诗老一套的手法。然此诗的妙处在于尾联从眼前孩童的嬉戏逐闹中有所感悟,引为开怀,诗中情调又转悲为喜,遂使全诗顿生无穷意味,一波三折。前三联并非闲笔,原来是在铺垫衬砌尾联,物候纵新,未若人新,从孩童看到了未来,感到了希望。委婉而有思致,如大匠运斤,无斧凿痕。又如《待漏假寐梦归江东旧居》:

十年江浦卧郊园,闲夜分明结梦魂。

舍下烟萝通古寺,湖中云雨到前轩。

南宗长老知心法,东郭先生识化源。

觉后忽闻清漏晓,又随簪佩入君门。[12]23

这首诗是借"梦"写"忆",权德舆入直禁掖,而念怀江东旧居,故于将朝待漏,借假寐之梦而为之,"舍下烟萝""湖中云雨"尽写水滨故居之凄迷恍惚,隐曲深邃,典故的使用又有禅思道法之寄托,尾联转入现实,梦觉之际,但闻清漏报晓之声,又得簪佩入朝。委婉含蓄地表达了对在朝做官的厌倦,对隐退故居入禅乐道的向往。

由于生活经历和社会地位的缘故,权诗寄赠送别,奉和酬答之作,约一百八十余首,将近占现存诗的三分之二。从这些诗中,我们可以看到权德舆纷繁错综的人际交往，但更看到的是与同僚、朋友、同志之间广泛多样的诗歌创作艺术的交流，对生活人生的追求和向往、感受和情趣。从宰相尚书到布衣处士，从上人练师到边帅节使，从故旧同好到地方官员，都有赠答唱和。这些题材在他的笔下成为内容更加广泛，手法更为灵活自由的诗歌形式。比如送别诗，自盛唐以来往往被局限在离情别绪的表达技巧上，但在权诗里大大突破了这种局限，扩充增加了送别诗的容量。或写景，或抒情，或论边地兵事；或议朝中政务；或言地方风物；或称诗赋文章；或叙朋友情怀，或贺科举登第；或羡道山渺渺，梵宫清净，处士隐居，或赞政绩功德，无所不包，无所不至。《送李城门罢官》谓："归去尘寰外，春山桂树丛。"《送宇文赴官》则谓："切安黄绶屈，莫羡白鸥闲。"《送裴秀才贡举》谓："宾贡年犹，少篇章艺已成。"《送殷亲罢举》则谓："志业常叹绝编义，风尘虚作弃儒生。"《送山人归隐》称"世人荣燕颔，志士恋渔竿"。《送张将军》则称"白草辞边骑，青门别故侯"。

《大历诗人研究》把权德舆打入"新台阁诗人集团"，给权德舆贴上"新台阁诗人"的标签，恐怕未必确当。[8]是否存在这样一个文学"集团"？是否有过"台阁诗风"的"再兴"？权诗能不能算得上是所谓的"新台阁诗"？这一切要靠史实和作品说话。简单地把入朝阁寮的名单列在一起说明不了什么问题。且这个名单中，王绍、崔从质、蒋义、徐岱、王仲舒在《全唐诗》上无名，说明不曾作诗。其余杨于陵收三首、仲子陵一首、崔玢二首、冯伉三首、张荐三首、陈京一首、许孟容三首，最多的韦渠牟也只有二十一首。请问这还能算作是一个"台阁诗人集团"吗？恐怕这个"文学集团"纯属子虚乌有。名单中的人入阁为官是真，算作诗人为假。其实，入阁者并不一定要写"新台阁诗"，而不入阁者也许写的就是"新台阁诗"。作为一个文学"集团"，应有文学活动，应有相近类似的文学主张和创作风格。现在我们还看不到这些入朝阁寮有多少唱和或宴集的活动材料，也没有人给我们分析比较这些入朝阁寮诗作的题材、风格和创作特征。总之，我们还看不到这个文学"集团"形成的证据。不过权德舆的诗歌创作追求和诗作风格在创作前期即已形成并定型。前期作品约有二分之一题材贴近现实，即事即景抒情，均为有感而发。可以看出权德舆的"生活本质"并不是什么"单调"，也并不是什么"具有非诗的倾向"。权德舆对生活有着多方面的情趣、爱好和追求。食田家鸡黍可以有诗，行在新安江路上也可以有诗，夜宿水中可以有诗，经过"细柳"古驿也可以有诗，与朋友宴集会有诗，面对南齐名妓苏小小的坟墓也会有诗，观花可以有感，看人家埋葬死者也会有自己的思考。在诗歌创作上可以明显看出权德舆是在"学陶"，其风格是在着力追求平淡自然，这种诗风表现在他各体体裁的诗作中。我们这样评价是基于以下五个理由：其一，权诗的思想感情没有过分的激昂慷慨，没有淋漓尽致的悲摧狂喜,看不出旗帜鲜明的好恶,看不到情绪的波澜、心思的向背。有的只是近乎无动于衷的淡定、恬静和闲适。然而在权诗中,无论早期还是中晚期都有一种虽算不上主调但也是挥之不去的情结,就是向往归隐,追求世外桃源的生活。这种情怀在《桃源篇》、《题邵端公林亭》、《晓发武阳馆书情》、《严陵钓台》、《送李城门归嵩阳》、《途次淮口因书所怀》、《待漏假寐梦归江东》、《田家即事》、《暮春闲居示同志》等诗中都有表现。其二,权诗的布局谋篇,构想设境是四平八稳的雅正,不用回环曲折、开阖跌宕的结构模式。绝句不象其他诗人过分追求新奇构思、别趣韵味或弦外之音,而是一种水到渠成的自然流畅。其三,权诗的语言不堆砌词藻,不刻意使用典故而以雅正圆顺、平淡自然见长,显然受到陶诗语言的影响。其四,权诗较少叙事而擅长抒情,即使叙事也很少使用白描,往往用象征抒情创造意境,气格高古,在艺术上达到返璞归真的境界,这与陶诗很像。其五,权德舆虽然众体兼善,但写得最多,成就最大的是"五古",这也是"学陶"的必然结果。当然,权德舆"学陶"并不一定就能学得上,首先,陶渊明的经历他就比不上。陶渊明应征入仕,但不久就难以忍受仕途的污浊,辞官归去,成为隐士,过着贫穷的生活。权德舆虽然心向归隐,但他一直在顺境中升迁,做到了宰相,既富且贵。他既没有贬抑的悲愤,也没有衣食的忧虑,更不可能认识仕途的黑暗而产生辞官的愿望。他的归隐之心只是对仕途的厌倦和疲劳而已。其次,陶诗的"平淡"与权诗的"平淡"就不一样。当着我们为陶渊明愤慨不已,鸣不平而鄙弃这个社会现实的时候,陶渊明自己在诗里却是从容淡定。正是这种下层生活的现实与诗作之间的矛盾形成了陶诗"平淡"的震撼力。而权德舆养尊处优之余在诗作中的"平淡"就不可能有这种震撼力。

三

权文现存三百九十一篇,见于《全唐文》卷四百九十三,有赋三篇,策问十一篇,各类表、状、疏、议一百二十九篇,书八篇,序八十四篇,记十四篇,论、赞、铭十一篇,各种碑铭墓志八十一篇,传、行状、册文七篇,祭文三十三篇,其他杂文十篇。[14]权德舆虽致力于经邦致国,辅翼勋业,然积思儒术,无不贯综,自始学至终老未尝一日去书。故其为文如杨嗣复所评:"千名百状,随意所属,牢笼今古,穷极细微;周流于亲爱之理,磅礴于久大之业。"我们仅就权德舆的几百篇文章,大体归为奏疏表议应制之文、碑志行状传记之文、祭祀哀告抒情之文和书序论赞议论之文,略加评论。

1. 奏疏应制之文

由于权德舆的官场经历和四任九年的知制诰职务,这类文章占了相当数量,虽属例行应制公文,上报下告之官样写法,缺少文采;但因权德舆明于政情兵务,精于吏治,洞察民隐;所奏往往事关朝政军事要害,切中弊端;有理有据,可信可行。文章则气势充沛,义正辞严,说理缜密,大有贾谊陆贽之风。如《上陈阙政》于大旱年为民请命,以为"消天灾者修政术,感人心者流泽惠。"[3]610请粜太仓之粮,蠲免租税,以种贷民。《淮西招讨事宜状》则指出朝廷"以兵多而败","师老财废,劳而无功"的症结在于"征命太广,命将太轻",一语中的。建言朝廷应急速临阵易帅,精择"武略威重""为群情所伏者"统兵。[3]604《恒州招讨事宜状》、《山东行营事宜状》力奏王承宗未享朝命,则朝廷轻率征伐,费用五百余万贯之害。[3]610余如《论度支疏》、《论江淮水灾上疏》、《论裴廷龄不应复判度支疏》、《奏于董所犯当明刑正罪》均是此类。

2. 碑志行状传纪之文

是权集中较精彩的一部分,好象某个时代人物的画卷。权德舆碑志行状、传记之文,传墓主多为官场仕途人物,很少平民百姓。有些是名不见正史,而于考核中国古代文学史必不可少者。这些文章最大的特点是材料翔实,事实确凿,籍贯乡里,读书治学,仕履升降,政绩功过,人物品评,均严谨持正,委实细密,大有补《唐书》传记之功。如戴叔伦,郡望称谯国人,而里籍则为丹阳。与权德舆同里而居,故为交好。罗向、杜佑、崔述、吴筠、韩洄、韦皋等人志传均是。或证两《唐书》之史实,或补两《唐书》之缺。另有一大批人物两《唐书》无传,如王定、王光谦、王崇术、武元衡之父武就、崔犹、王端、裴希先、尹炎、吴善经、周渭、韦聿、徐申、裴会、崔适、陆参、仲子陵、权自挹、李条、李雍、萧惟明、权隼等为之作《墓志铭》是补史之阙,弥足珍贵。权德舆写这类文章,往往还考证传墓主谱系。如《仲子陵墓志铭》考证了仲子陵为樊仲甫之后,子路、叔圉亦为其系。《权自挹墓志铭》考及天水权氏,其先为殷王武丁之后;《张茂昭墓志铭》考张氏九代祖张奇为北齐右北平太守,故权氏此类文章大有谱书之用,颇具史料价值。

3. 祭吊哀告抒情之文

权德舆此类文写得感情深挚而又遣词雅正。如《祭外孙女文》、《祭孙男法延师文》,不用韵,不雕琢,以平常之笔,寥寥数语,刻画孙男,外孙女神用精明,文字嬉戏不离砚席,精明敏悟。而"信宿之间,幽明已隔,痛伤之情又倍于常"[3]655-656,以及自己,如狂如痴,痛彻肺腑的心情,自然感人。《祭杜歧公文》,以"常日""今兹"对比,"常日宾榻,今兹灵位;常日欢言,今兹声泪;常日精爽,今兹魂气,常日鸣驺,今兹骑吹",杜佑"常日"声容物用如宛在,但"今兹"在权公视来,则具化为悲怆,慨叹人生巨变,性命无常,以排比句,形成反差,产生强烈感情。

4. 书序论赞议论之文

权德舆往往在文序诗序类文章中发表对为文为诗的见解,评论文学现象。故这类文章具有文论价值。在《张登集序》曾言:"体物导志,其为文之本与?"又于《权若纳集序》曰:"文之为也,上以端教化,下以通讽喻,其大则扬鸿烈而章缉熙,其细则咏性情以舒愤懑。"[3]330-322 显然,权氏看重为文的社会功用,视为人重于为文。所以他论为文往往与论为人相结合,如陆贽《翰苑集序》简直是一篇《陆贽传》。权氏于文,推崇贾谊、杨雄、司马迁、司马相如,谓之"郁然复兴有古风",在《崔元翰文集序》对《诗经》以来的文风,议论批评甚为中肯。《两汉辩亡论》言亡两汉者非莽卓,是为张禹胡广,力辩此二人以儒术获致尊荣,而于王莽梁冀浸盛之势,暴恣之威,贪恋位禄,首鼠畏懦,不能开陈切劘,面折廷辩,或陷时君,附凶谄而结祸胎。从而认为国之存亡,系乎臣之直谏,春秋褒贬之法不可不兴。此文于吏治政事,世多称之。至于送序,则大体与"送别诗"相类。唐人创造的这种"临别赠言"的文体,在权氏笔下更是灵活多变,运用自如,往往就写序对象,因人因地因事,各有所言。如《送浑沦先生序》,浑沦先生即张九垓,因有《庄子指要》遂评郭象注《庄子》"使后学者懵然不知所奉"而称张著"佳言精理,时出古人之右"[3]410,切中肯綮。《送马典设序》则论仕进"尤病苟进","战胜无闷,官闲更适"。[3]422《送陈秀才序》言文章取士之道,持论方正,识见卓别。权德舆这类送序体文章最大的特点是言简意赅,文朴质深,一序一义,精炼确当。如《徐谘议东归序》,先赞徐生以经术得太常太学二博士,又称其以疾告归,称赏"其进也量力,其退也修性"[3]398,而成为一篇颇有见地的仕途进退论。《送建州赵使君序》[3]367则盛赞赵侯在京下十余年,"禄甚薄而心甚泰","操利权熏灼可以颐指变化者,赵侯顾不游其津,退然自得",对赵侯这种避退权势,淡泊名利的为人大加褒扬,称其"可以为君子矣"。因为权德舆交游甚广,故这类送序又是研究唐贞元、元和仕林文人的珍贵材料。如《送刘秀才登科后赴东京侍从觐省序》,从文题可知刘禹锡登第后随其父赴洛阳,从文中"彭城刘禹锡实首是科"知刘禹锡是贞元九年顾少连知贡举登进士第。从权德舆称刘禹锡父刘绪为"侍御兄",知权德舆与刘氏渊源不浅,权德舆为刘禹锡父辈。从"去奉严训,归承慈欢"知此时刘禹锡祖母尚在。诚如瞿蜕园所言"禹锡早年情事,幸赖此序获以窥其涯略;不只为自传补遗,是尤可贵也"。[15]

参考文献

[1]刘昫,等.旧唐书[M].北京:中华书局,1975:4001,400.

[2]韩愈.韩昌黎全集[M].北京:中国书店,1991:388.

[3]权德舆.权德舆文集[M].兰州:甘肃人民出版社,1999.

[4]二十五史[M].上海:上海古籍出版社,1986:1581,1293.

［5］杨中州.于右任诗选［M］.郑州:河南人民出版社,2007:119.

［6］顾祖禹.读史方舆纪要［M］.上海:上海古籍出版社,1998:416.

［7］郦道元.水经注［M］.长沙:岳麓书社,1995:262.

［8］蒋寅.大历诗人研究［M］.北京:北京大学出版社,2007:605 - 662,574 - 557,371 - 385.

［9］柳宗元.柳河东集［M］.上海:上海古籍出版社,1993:317.

［1o］刘禹锡.刘宾客文集 M］上海:上海古籍出版社,1993:64.

［11］元稹集［M］.北京:中华书局,1982:647.

［12］权德舆.权文公集［M］.上海:上海古籍出版社,1993:2,4,23,10,24,9,23,2.

［13］严羽.沧浪诗话校释［M］.北京:人民文学出版社,1961:160.

［14］董诰,等.全唐文［M］.上海:上海古籍出版社,1990.

［15］刘禹锡.刘禹锡集笺证［M］.上海:上海古籍出版社1989 - 1605

从陇右诗看杜甫审视世界的目光

李宇林*

肃宗乾元二年(759)秋,杜甫离开了华州司功参军的职位,携眷西行,来到了秦州(今甘肃省天水市)。在秦州生活了三个月左右,后为生活所迫,加之朋友的邀请,又移居同谷(今甘肃省成县)。到了同谷以后,那位邀请他的朋友并没有给他什么实际帮助,在人地生疏的情况下,生活更加艰难,几乎到了冻饿而死的边缘。在同谷住了不到一个月,便不得不奔赴成都。在流寓陇右的近四个月里,杜甫共写下117首诗。这些诗内容丰富,艺术精湛,有很高的审美价值。我们吟诵杜甫陇右诗,仿佛看到了诗人审视世界的种种目光,这其中有悲愤的目光,有忧虑的目光,亦有温和的目光。探析这种种目光的由来,可以帮助我们深入了解杜甫此期的生活与思想及其对创作的影响。

一、"满目悲生事,因人作远游"
——悲愤的目光

759年是杜甫生活中最艰难困苦的一年。这年春天,他回到河南老家去探望亲人,路途中亲眼目睹了战乱中穷苦百姓遭受的种种苦难,写下了著名的组诗"三吏"、"三别"。秋天,又因政治、生活、人际关系及健康等原因,不得不离开华州司功参军的职位,携妻带子,远赴几百里外的秦州,去投亲靠友。初冬再移居同谷,不久又踏上了艰难的蜀道,于年底到达了成都。"一岁四行役"(《发同谷县》)的飘泊流离生活,使杜甫及其家人饱尝了居无定所之苦,也深深地感受到了人情之冷暖。他在《秦州杂诗二十首》其一中写道:

---

* 作者简介:李宇林(1947—),男,籍贯,河南鲁山人,天水师范学院文传学院教授,主要从事中国古代文学研究。

满目悲生事,因人作远游。迟回度陇怯,浩荡及关愁。水落鱼龙夜,山空鸟鼠秋。西征问烽火,心折此淹留。

这是组诗的第一首,有总领全组诗的作用。开篇两句先交代了他离开华州的原因及西赴秦州的缘由。《杜诗言志》评云:"此二十首,则自明其游秦之由。看他开口便说'满目悲生事',是其所可悲之事,不一而足。半生期许,至此尽蠲,一可悲也。遍历艰辛,都付流水,二可悲也。进既莫容,退又无归,三可悲也。干戈未息,骨肉远离,四可悲也。君国多难,忠孝莫解,五可悲也。边塞凄凉,惊心鼓角,六可悲也。风雨凄其,秋阴短小,七可悲也。老骥伏枥,壮志难忘,八可悲也。羁栖异地,送老何时,九可悲也。回忆鸳行,寒云愁对,十可悲也。夫抱此多般愁苦,难以缕析,故以'满目'二字概之。"此论对杜甫的"满目悲生事"一句条分缕析,评述得详细得当,可谓知杜之言。由此,我们仿佛看到了诗人在吟咏此句时的那种悲愤的目光。那目光中悲与愤交织在一起,足以给人留下深刻的难忘的印象。而尾联"西征"两句又将这种悲愤推进一步,因为当时秦州一带正受到吐蕃的威胁,因而在西征途中老杜不断地打听着前面有无战事,现在虽然暂时留居于此,而内心的伤痛却已到了极点,其悲愤之情溢于言表。悲己是杜甫陇右诗的主调,因而此类悲愤的情绪在诗篇中屡见,又如《同谷七歌》其七:

男儿生不成名身已老,三年饥走荒山道。长安卿相多少年,富贵应须致身早。山中儒生旧相识,但话宿昔伤怀抱。呜呼七歌兮悄终曲,仰视皇天白日速。

这首诗是《同谷七歌》的最后一首,抒发了身世感慨。杜甫素有报国之志,许身稷契是其崇高的政治理想,"致君尧舜上,再使风俗淳"是其执着的追求,"穷年忧黎元"是其思想的核心。他深信自己是一个得儒术之人,具有治国才能,应报效于社会。但现实却将他的理想击得粉碎,如今年近半百,功名未成,身已老去,四处飘泊,饥肠辘辘地奔走在荒山道上。与"山中儒生"谈起往事,心生伤感。此时,诗人仰望苍天,只见白日飞驰,一种迟暮之感蓦然涌上心头。由此可以想象老杜"仰视"的目光中满是悲愤。其他如"俯仰悲身世,溪风为飒然"(《秦州杂诗二十首》其十二)的身世之悲,"万方声一概,吾道竟何之"(同前其四)的走投无路的愤慨,"夜来归鸟尽,啼杀后栖鸦"(《遣怀》)的无处栖身的悲哀,"大哉霜雪干,岁久为枯林"(《遣兴五首》其一)的怀才不遇的慨叹等等,无一不充满着悲愤之情。杜甫以悲愤的目光审视着周围的一切,将身世之悲、仕途坎坷、生活穷困,通过诗篇一一展现出来,其悲愤的情绪贯穿在陇右诗的创作始终。悲己虽是此期作品的主调,但抒发悲愤之情的伤时的诗句亦有不少,如:

邺中事反覆,死人积如丘。诸将已茅土,载躯谁与谋?

（《遣兴三首》其二）

胡为倾国至，出入暗金阙。

（《留花门》）

群凶犹索战，回首意多违。

（《即事》）

照秦通警急，过陇自艰难。闻道蓬莱殿，千门立马看。

（《夕烽》）

属国归何晚？楼兰斩未还。烟尘独长望，衰飒正摧颜。

（《秦州杂诗》其七）

烟尘阻长河，树羽成皋间。回首载酒地，岂无一日还。

（《遣兴三首》其三）

警急烽常报，传闻檄屡飞。西戎外甥国，何得迕天威。

（《秦州杂诗》其十八）

这些伤时的诗句中亦饱含着悲愤之情，诗人以悲愤的目光关注着国事，他期盼早日平息战乱，使饱受战乱之苦的军民能过上和平安宁的日子。

总之，杜甫流寓陇右期间，因处于战乱之中，巅沛流离，生活艰难，加上理想的破灭，追求的落空，因而满腹的悲愤需要宣泄。于是，他以悲愤的目光审视着周围的一切，并将这种悲愤之情融入到作品创作之中了。

二、"自伤迟暮眼，丧乱饱经过"

——忧虑的目光

乾元二年是安史之乱爆发的第五年，虽然两京已经收复，肃宗回到了长安，但战乱并未彻底平息，战火还在蔓延。以忧国忧民为己任的杜甫，以忧虑的目光关注着国事的变化，与人民一道经受着磨难。他将自己远赴秦州、漂泊流离、艰苦备尝的生活与国家的安危、人民的苦难紧紧联系起来，写下了不少忧国忧民的作品。《秦州杂诗二十首》其六：

城上胡笳奏，山边汉节归。防河赴沧海，奉诏发金微。士苦形骸黑，旌疏鸟兽稀。那堪往来戍，恨解邺城围。

这是有感于邺城兵溃、士卒劳苦而写下的一首诗。开头两句写当时被调拨的唐军来到了秦州，听到城头上不断响起胡笳声，也看到山边唐军的旌节在移动。

一个"归"字,点明了唐军由西北边塞经秦州向内地行进的方向。三、四句是诗人打听到的这次调防的原因。五、六句写军容,因为长期戍边和长途跋涉,士兵们一个个又黑又瘦,旌旗也是稀疏零乱。末两句抒发感慨,并点明征兵之由。是说士卒们哪里经受得住如此跑来跑去地戍守,只恨安史叛军解围溃逃。字里行间充满了忧虑,这其中既有对国事的忧虑,也有对"往来戍"士卒的担心。浦起龙注:"结句点清征兵之由。'围'不曰溃而曰'解',讳之也。"[1]又如其八:

闻道寻源使,从天此路回。牵牛去几许,宛马至今来。一望幽燕隔,何时郡国开?东征健儿尽,羌笛暮吹哀。

这也是一首忧愁战乱、渴望太平之作。前四句用汉代寻源使张骞出使西域的典故以怀古。仇注引赵汸注云:"因秦州为西域驿道,叹汉以一使穷河源,且通大宛,如此其易。今以天下之力,不能勘定幽燕,至今壮士几尽,一何难耶。是可哀也。"[2]后四句伤今,诗人以忧虑的目光远望幽州、蓟州一带被安史叛军占据,不知郡国之间的道路何时才能够打通。而连年派去"东征"的"健儿"几乎伤亡殆尽,此时那一声声的羌笛声更令人闻之悲哀。再读《寓目》诗:

一县葡萄熟,秋山苜蓿多,关云常带雨,塞水不成河。羌女轻烽燧,胡儿掣骆驼。自伤迟暮眼,丧乱饱经过。

这首诗是杜甫忧虑边患再起而写下的。杨伦引朱鹤龄曰:"关塞无阻,羌胡杂居,乃世变深可虑者,公故感而叹之。未几秦陇果为吐蕃所陷。"[3]前六句写秋日塞上所见,最后两句是就所见而抒发感慨,以"丧乱饱经过"作结,抒发了不堪战乱的忧伤之情。而"自伤迟暮眼"的"眼"字,则点明了"寓目"之题,仇注:"末点眼字以醒题。"[4]在秦州代笺诗中,杜甫亦往往将忧国之叹与思友之情融为一体,如"亲故行稀少,兵戈动接连。他乡绕梦寐,失侣自迍邅。"(《寄岳州贾司马六丈、巴州严八使君两阁老五十韵》)老杜既忧虑亲朋故旧日益稀少,更忧虑烽烟战火接连不断。既有"他乡绕梦寐"的思念故人之情,亦有伤时忧乱之意,二者相互交融。又如"济世宜工等,安贫亦士常。蚩尤终戮辱,胡羯漫猖狂?会待妖氛静,论文暂裹粮。"(《寄彭州高三十五使君适、虢州岑二十七长史参三十韵》)在对诗友高适、岑参深致怀念之情的同时,仍忧虑着国事,关注着平叛战争。他正告胡羯逆贼且莫猖狂,并期待着彻底扫平叛军之后,将背着干粮与两位诗友共同切磋文章。此类例句不少,不再赘述。[5]可见诗人无时无刻不在忧国忧民。杜甫在忧念国事的同时,也不能不对自己的艰难处境和难以预测的前途有所忧虑,如在《赤谷》诗中写道:"常恐死道路,永为高人嗤。"诗人担心因冻饿、劳累而死于途中,那将会被高人所讥笑。王嗣奭云:"公弃官而去,意欲寻一隐居,如庞德公之鹿门以终其身,而竟不可得,恐死道路,为高人所嗤。"[6]这种忧虑不安并非杞人忧天,而是诗人已经意识到死亡之神会随时来到自己身边。这样直白的表达,也从一个侧面显示出老杜敦厚的天性,确令人难以卒读。《遣兴三首》其二写道:"怅望但烽火,戎车满关东。生涯能几时,常在羁旅中。"以忧虑的目光"怅望"家乡一带的烽火,似看到安史叛军正在函谷关以东向官军发起进攻。遥望故乡,归家无期。而自己年近半百,老大无成,却常年居无定所,四处漂泊。于是发出了"生涯能几时,常在羁旅中"的浩叹。其忧虑之情充溢于字里行间。《遣兴三首》其一写道:"我今日夜忧,诸弟各异方。不知死与生,何况道路长。"杜甫对远在河南、山东一带的几个弟弟十分怀念,日夜忧虑着他们的安全。这种手足之情在战乱年代尤显得难能可贵。

总之,杜甫在流寓陇右期间,时时以忧虑的目光关注着国家安危,尽管已无官职,但仍以"兼济天下"为己任,充分表现出诗人忧国忧民的赤子之心。同时对自己生死难卜的处境和亲人的安全也不能不以忧虑的目光加以审视,将国家的命运与自己及亲人的命运紧紧地联系在了一起。

三、"今日明人眼,临池好驿亭"

——温和的目光

杜甫出身于一个"奉儒守官"的家庭,长期受儒家思想的熏陶。仁民爱物的情怀使其总以温和的目光,去观察周围美好的事物,去看待亲情、友情。这种情怀在流寓陇右颠沛流离的生活里不仅未曾衰退,反而更加强烈了。《秦州杂诗二十首》其九写道:

今日明人眼,临池好驿亭。丛篁低地碧,高柳半天青。稠迭多幽事,喧呼阅使星。老夫如有此,不异在郊垌。

这是一首描写秦州驿亭的诗。此驿亭的故址在今天水市西的天水郡,以前这里曾有一湖泊,名曰"天水湖",诗中"临池"的"池"即指此湖。首句先声夺人,正所谓"使人眼前一亮"之意。第二句便将这赏心悦目之景呈现在读者眼前,原来是"临池好驿亭"。三、四句描绘此处的美景:丛丛绿竹把地面映得一片碧绿,高高的古柳掩映得半天苍翠。可见此处植被良好,是一片绿色的世界,读之令人神往。第五句写传闻,写"幽事"之多。第六句写人事,即从喧呼声中可以看到不少过往的使节。尾联表达了卜居于此地之意。诗人一直用温和的目光审视和品味着这片令人流连忘返的美景,可以说是兴致盎然,目不转睛。此类以温和的目光观察动、植物的诗句还有许多,例如:

麝香眠石竹,鹦鹉啄金桃。(《山寺》)

鸱鹠窥浅井,蚯蚓上深堂,(《秦州杂诗》其十七)

不独避霜雪,其如俦侣稀。四时无失序,八月自知归。(《归燕》)

促织甚细微,哀音何动人。草根吟不稳,床下意相亲。(《促织》)

乘尔亦已久,天寒关塞深。尘中老尽力,岁晚病伤心。(《病马》)

密竹复冬笋,清池可方舟。(《发秦州》)

塞柳行疏翠,山梨结小红。(《雨晴》)

对门藤盖瓦,映竹水穿沙。(《秦州杂诗》其十三)

诗人抓住动、植物的特点,从细微之处落笔,描绘细致,刻画具体,逼真传神,由此也能够看出老杜的爱物之心。这里需把上面举到的《病马》这首咏物诗专门作一分析,诗人以温和的目光观察这匹与自己长期患难与共的病马,它在寒冷的天气里奔走在险阻的关塞之中。马儿老了,况且有病,却还在风尘中为我效力,所以特别令人伤心。"毛骨岂殊众,驯良犹至今"两句,更写出了马的难能可贵。尾联"物微意不浅,感动一沉吟"抒发感慨,是说病马虽是微物,但对人情深意长,令人感动,为之沉吟。仇注引申涵光曰:"杜公每遇废弃之物,便说得性情相关,如'病马'、'除架'是也。"[7]充分表现了杜甫的爱怜之情。而对于亲友,杜甫更是以温和的目光去关注他们,与他们休戚与共。如他在《梦李白二首》其一中写道:"故人入我梦,明我长相忆。"表现了诗人对李白的长久思念,也表现了梦中乍见故人的喜悦和欣慰。在其二中又写道:"三夜频梦君,情亲见君意。"与其一的两句相照应,体现了二人的深厚情谊。日有所思夜有所梦,正是杜甫对李白的深深思念,才使其在梦中多次梦到李白。对于老朋友赞公,杜甫亦是以温和的目光与其多次交流。"相看俱衰年,出处各努力。"(《别赞上人》)既勉励赞公,也激励自己。"相逢成夜宿,陇月向人圆。"(《宿赞公房》)与老朋友促膝交谈,庆贺两位好友竟在陇地团圆。"怡然共携手,恣意同远步。"(《西枝村寻置草堂地夜宿赞公土室二首》其一)与赞公携手远游,其乐融融;"跻攀倦日短,语乐寄夜永。"(其二)白天与赞公攀登山岭,夜晚则高兴地彻夜交谈。"与子成二老,来往亦风流。"(《寄赞上人》)设想定居于西枝村以后,将与赞公为邻,来往将更加方便,传达出老杜渴盼与赞公为邻的心愿和亲切感情。在《示侄佐》中,杜甫写道:"嗣宗诸子侄,早觉仲容贤。"借魏晋南北朝时期著名文学家阮籍、阮咸的故事,表达了诗人对从侄杜佐的赞赏。在《佐还山后寄三首》其一中写道:"山晚黄云合,归时恐路迷。"表达了长辈对晚辈的殷殷关切之情。其二写道:"白露黄粱熟,分张素有期。已应春得细,颇觉寄来迟。"是向从侄催寄小米,表现出叔侄间亲密无间的关系。其三写道:"甚闻露薤白,重惠意如何?"是向杜佐索要薤菜,前要黄粱,又要薤菜,正说明叔侄间感情的真挚,无需讲什么客套。在《秦州杂诗》其十六中写道:"采药吾将老,儿童未遣闻。"杜甫打算在东柯谷长住下去,终老其身,并准备重操旧业,以采药卖药为生。而这一想法不宜告诉自己的儿女,免得他们为自己操心,可见杜甫感情细腻,对子女关怀备至,体贴入微。

总之,深受儒家思想影响的杜甫,忠厚善良,总是以温和的目光,去观察周围一切美好的事物。他对亲人和朋友更是怀着一片深情。因而,杜甫被誉为"情圣",是当之无愧的。

综上所述,杜甫流寓陇右期间,深受战乱之苦,他与家人四处漂泊,无处安身,濒于冻饿而死的边缘。在这一背景下,诗人感时伤世,或以悲愤的目光,或以忧虑的目光,忧国忧民,倾诉着自己的悲愤和忧虑。同时,也以温和的目光,观察着身边美好的事物,感受着亲情、友情等等,并将这些一一写入诗篇,成为久传不衰的陇右诗,在杜诗中留下了精彩的一页,亦在中国文学史上留下了一份宝贵的文学遗产。

参考文献

[1]浦起龙.读杜心解[M].北京:中华书局,1961.

[2][4][7]仇兆鳌.杜诗详注[M].北京:中华书局,1978.

[3]杨伦.杜诗镜铨[M].上海:上海古籍出版社,1998.

[5]李宇林.试论杜甫秦州代笺诗的艺术特征[J].杜甫研究学刊,2000(1).

[6]王嗣奭.杜臆[M].上海:上海古籍出版社,1983.

论杜甫陇右诗的叙事特征

李宇林*

肃宗乾元二年（759）秋，杜甫离开了华州，携眷来到了秦州（今甘肃省天水市）。尽管政治失意，生活穷困，但诗人的创作热情不减，在流寓陇右的近四个月中，共写下了117首诗，差不多每天一首。这些诗内容丰富，艺术精湛，在杜诗中占有重要地位。杜甫陇右诗体裁多样，既有叙事诗，亦有抒情诗、咏物诗、纪行诗、代笺诗等。叙事诗自然以叙事为主，而抒情诗、咏物诗、纪行诗、代笺诗等体裁亦不乏叙事的内容，因而研究陇右诗的叙事特征在陇右诗研究中则具有普遍意义。杜甫陇右诗在叙事方面颇具个性化特征，归纳起来有三点：一是叙事有条不紊，井然有序；二是叙事中注重细节描写；三是叙事与抒情的完美结合。

一

杜甫陇右诗的叙事，往往以事情的发生、发展为序，有条不紊地叙述事情的来龙去脉，能给人以清晰的印象。例如在叙事诗《西枝村寻置草堂地夜宿赞公土室二首》其一中，诗人先从秦州城出发写起："出郭眺细岑，披榛得微路。溪行一流水，曲折方屡渡。"接着写见到赞公后，与其共寻草堂地的过程："怡然共携手，恣意同远步。扪萝涩先登，陟巘眩反顾。"最后写卜居未果后的归程："卜居意未展，杖策回且暮。层巅余落日，草蔓已多露。"从出发写到卜居，再写到归程，有头有尾，层次井然。再读其二：

天寒鸟已归，月出山更静。土室延白光，松门耿疏影。跻攀倦日短，语乐寄夜永。明燃林中薪，暗汲石底井。大师京国旧，德业天机秉。从来支许游，兴趣江湖迥。数奇谪关塞，道广存箕颍。何知戎马间，复接尘事屏。幽寻岂一路，远色有诸岭。尘光稍朦胧，更越西南顶。

---

* 作者简介：李宇林（1947—　　），男，河南鲁山人，天水师范学院文传学院教授，主要从事中国古代文学研究。

前一首叙述在西枝村寻置草堂地的过程,此首则叙写夜宿赞公土室的情形。开头四句写景,天寒鸟归,月出山静,皎洁的月光照进了土室,当门的松树投下了疏影。接下来四句写人,叙述白天爬山的疲劳和夜晚聊天的乐趣,他们点燃薪柴照明,"暗汲石底井"煮茶。在饮茶聊天之余,诗人称颂赞公"德业天机秉",并盛赞他与赞公的友情。最后写他第二天再去寻找草堂地的打算:"晨光稍朦胧,更越西南顶。"将夜宿的过程交待得清清楚楚,读之,如临其境,如见其人。由此可见,杜甫叙事诗的叙事,头绪清楚,条理分明,衔接紧密,前后照应。除了叙事诗之外,他的代笺诗中的叙事也很有特点。作者周密思考,精心安排,把背景材料交待得十分明白,试读《寄张十二山人彪三十韵》开头的一段:

独卧嵩阳客,三违颍水春。艰难随老母,惨淡向时人。谢氏寻山屐,陶公漉酒巾。群凶弥宇宙,此物在风尘。历下辞姜被,关西得孟邻。早通交契密,晚接道流新。

此诗当是乾元二年秋在秦州作。张彪,行十二,《唐诗纪事》说他是"颍洛间静者"。山人,指隐者。早年杜甫与张彪在历下(今山东历城县东)初交,后又在关西(指华州)与其相逢。杜甫敬仰张彪谨奉孝道,才艺超人,气质高雅,与其建立了深厚的友谊。此时流寓秦州的诗人,追思往事,忧念朋友的安危,便以诗代笺,写下了这首记事抒怀的五言排律寄给张彪。开头一段先交待张彪的住地和他乡作客的艰辛,并称赞他"艰难随老母,惨淡向时人"的孝亲之心。接着,借谢灵运的"寻山屐"和陶渊明的"漉酒巾"之典,来赞颂张彪在"群凶弥宇宙"的时候,仍不忘隐逸高趣。然后叙述了他与张彪交往的始末,具体述说了两次交遇的过程。最后以"早通交契密,晚接道流新"收束全段,是说早年就与您结成亲密的朋友,晚年重逢您已成了全新的道人。十二句诗,将张彪的住地、处境、为人、志趣及他与张彪的交遇和友谊,都交待得清清楚楚。又如代笺诗《寄岳州贾司马六丈、巴州严八使君两阁老五十韵》中写安史乱起及初平战乱的一段:

忆昨趋行殿,殷忧捧御筵。讨胡愁李广,奉使待张骞。无复云台仗,虚修水战船。苍茫城七十,流落剑三千。画角吹秦晋,旄头俯涧瀍。小儒轻董卓,有识笑苻坚。浪作禽填海,那将血射天。万方思助顺,一鼓气无前。阴散陈仓北,晴熏太白巅。乱麻尸积卫,破竹势临燕。

诗题中的岳州贾司马六丈,指贾至。乾元元年春,贾至由中书舍人贬为汝州刺史;乾元二年春,再贬为岳州司马。巴州严八使君,指严武。乾元元年五月,严武贬巴州刺史。诗中对贾、严二人的被贬表示愤懑和不平,对其生活处境表示深切的关注。作者还回顾了安史乱起和初平战乱的情形,即上面摘录的一段文字。诗人在这里先回忆自己前年奔赴凤翔行在,怀着忧心侍奉在御前。接着写安史乱起,朝中缺乏良将贤臣,长安失守,明皇出奔。河北城池完全落入敌手,唐军节节溃败,秦晋大地战角频传,旄头凶星俯照洛川。"小儒"四句,借用事典对安史叛军表示蔑视。然后,以喜悦的心情写初平战乱。通过这段概括的叙述,读者可以较清楚地了解当时的一些真实情况,杜诗以诗证史之特点,于此亦可见一斑。杜甫寓居秦州期间,回忆往昔之事,有感于人世沧桑,先后写下了五组十八首《遣兴》诗。唐汝询《唐诗解》说:"《遣兴》诗,章法简净,属词平直,不露才情,有建安风骨。"而遣兴抒怀中亦多有叙事的内容,试读《遣兴五首》其一、其二、其五:

朔风飘胡雁,惨淡带沙砾。长林何萧萧,秋草萋更碧。北里富熏天,高楼夜吹笛。焉知南邻客,九月犹絺绤。

长陵锐头儿,出猎待明发。骍马金瓜镝,白马蹴微雪。未知所驰逐,但见暮光灭。归来悬两狼,门户有旌节。

朝逢富家葬,前后皆辉光。共指亲戚大,缌麻百夫行。送者各有死,不须羡其强。君看束缚去,亦得归山岗。

第一首通过几个具体事件的叙述,展示了安史乱后的生活情景和诗人的感受。前四句写塞外秋景,是实写眼前所见。后四句言事,是回顾当年的长安生活,以此抒发对贫富悬殊的愤慨。第二首回忆长安旧事,讽刺权贵子弟的放纵习气。全诗详细地叙写了"长安锐头儿"出猎前的坐待及所持弓箭和所骑白马,而对于一天的打猎过程则以"未知所驰逐,但见暮光灭"一笔带过。最后二句写带猎物而归。叙事有头有尾,前呼后应,有详有略,巧于安排,由此可见杜甫擅长叙事的工力。第五首讽刺富家大户的送葬场面。前四句写作者所见,先点明时间、事件,再写送葬场面的排场:"共指亲戚大,缌麻百夫行"。后四句是作者的所感,他认为富贵与贫贱最后都难免一死,因而富贵不足羡,贫贱不足悲。感触由所见而发,颇具说服力。他的咏物诗中的叙事也很有特色,试读《病马》:

乘尔亦已久,天寒关塞深。尘中老尽力,岁晚病伤心。毛骨岂殊众?驯良犹至今。物微意不浅,感动一沉吟。

此诗吟诵一匹骑乘已久的驯良老马,表达了作者的爱物之心。前六句直接写马,第一句写骑乘时间之久,第二句以"天寒关塞深"的恶劣环境来衬托老马的吃苦耐劳精神。第三句说马在风尘之中已变得衰老,但仍在尽力。第四句写岁末之际马又患病,诗人为此而"伤心"。五、六句称颂此马的毛骨筋力并未超过一般的马,却"驯良犹至今"。将这匹老马温顺、坚韧、卖力的种种表现,分别从不同的侧面刻画得相当显明,致使诗人在篇末由衷地发出了"物微意不浅,感动一沉吟"的赞叹。一匹老马,被诗人描绘得如此形神兼备、栩栩如生,给读者留下了美好的印象,这也正是巧于叙事所产生的艺术效果。又如《铜瓶》:

乱后碧井废,时清瑶店深。铜瓶未失水,百丈有哀音。侧想美人意,应悲寒甃沉。蛟龙半缺落,犹得折黄金。

此诗写宫中汲水的铜瓶流落民间,抒发世事沧桑之叹。首句写战乱之后宫井荒废,第二句却不接着写乱后,而转写乱前"时清瑶殿深"的景况,正如仇注所云:"突起一句,随手撇开,至结尾方挽合,乃古文遥呼徐应之法。"[1]三、四句揣想当年这个铜瓶未曾失水,系以百丈的井绳,辘轳发出清细的声音。"侧想"二句是推想那汲水宫女的心情,想她该为手腕无力而抱怨寒井太深。最后二句是说铜瓶上刻铸的蛟龙纹已经剥落,但其价值仍能"折黄金"。诗人因见乱后落于民间的宫中铜瓶,追想宫中情景,写得宛转动人。宋洪迈说:"此篇盖见故宫井内汲者得铜瓶而作,然首句便说废井,则下文翻覆铺叙为难,而曲折宛转如是,他人毕一生模写不能到也。"(《容斋三笔》)此言甚是。至于自秦州至同谷和自同谷至成都的两组各十二首纪行诗,更是按照行程顺序,一一写来,有条不紊。而《秦州杂诗二十首》或描写秦州风物,或记叙游踪,或写边警,或描客居苦情,或抒发忧国议论,内容丰富,富有鲜明的时代色彩和地域特色。其中记叙游踪的作品有其二"秦州城北寺"、其九"今日明人眼"、其十二"山头南郭寺"、其十三"传道东柯谷"、其十五"未暇泛沧海"、其十六"东柯好崖谷"、其十七"边秋阴易夕"等数篇,完全是按照诗人游览或探寻的先后顺序写成,次序分明,很有条理。诚如浦起龙所云:"初谓杂诗无伦次。及仔细寻绎,煞有条理。"[2]

总之,杜甫陇右诗各类体裁的叙事均条理清楚,层次井然,详略得当,曲折宛转,由此足以见出诗人擅长叙事、巧于安排的灵心妙技。

二

杜甫陇右诗叙事的第二个特征是叙事中注重细节描写。杜甫陇右诗叙事,既叙事情经过,又着力于细节描写。这些细节描写,或写人或状物,都能做到精心刻画,反复吟咏,于细微之处落笔,逐步展开情节,把读者引入到某种氛围和境界中去,以与诗人同悲同喜,产生共鸣。例如《乾元中寓居同谷县作歌七首》其一、其二:

有客有客字子美,白头乱发垂过耳。岁拾橡栗随狙公,天寒日暮山谷里。中原无书归不得,手脚冻皲皮肉死。呜呼一歌兮歌已哀,悲风为我从天来。

长镵长镵白木柄,我生托子以为命。黄独无苗山雪盛,短衣数挽不掩胫。此时与子空归来,男呻女吟四壁静。呜呼二歌兮歌始放,闾里为我色惆怅。

杜甫在秦州生活了三个月左右,为生计所迫和拙于繁杂的人事应酬,他决定离开秦州。正在这个时候,同谷(今甘肃成县)县宰来信热情邀请他们一家去同谷居住。老杜见信后喜出望外，于十月的一个深夜，携妻带子，坐着一辆马车，冒着寒冷踏上了赴同谷的路程。然而，到了同谷以后，那位"来书语绝妙"的"佳主人"（《积草岭》）同谷县宰，并没有给杜甫一家什么实际帮助，致使其一家很快陷入了绝粮断炊的困境之中。这两首诗就是写杜甫为了一家人的生活而去拾橡栗、挖黄独的情形。其中有不少细节描写。第一首总说穷老作客、流离冻馁之苦。开篇先自报身份，以"有客有客"的重叠句式，强调自己四处漂泊的艰难处境，其中已蕴含着穷老作客的辛酸与痛苦。第二句便是作者的自画像："白头乱发垂过耳"。这幅自画像是诗人的精雕细刻，透过这幅于细微处落笔的自画像，我们可以想象艰难困苦的岁月是如何催人衰老和身处困境而无暇顾及仪表。三、四句具体写自己为生计奔波："岁拾橡栗随狙公，天寒日暮山谷里"，仍然是细节描写。通过这个细节，我们仿佛看到在日暮天寒的山谷里，曾做过朝廷命官的堂堂大诗人，跟随着狙公拾取橡栗充饥的情景，其穷愁潦倒的身影，如在眼前，使人惨不忍睹。极度困窘的诗人，自然想回到家乡去，但是"中原无书归不得"，因与家人音讯断绝，故有家难归。此时在天寒地冻中奔波的杜甫已是"手脚冻皴皮肉死"，这一细部描写，更写出了杜甫为求生存而拼搏的顽强精神，读此催人泪下。第二首叙述大雪天寻挖黄独的情形，也多用细节描写。开头二句写挖掘黄独的工具白柄长镵维系着一家人的生命，诗人扛着白柄长镵上山后才发现"黄独无苗山雪盛"，无处寻挖。而自己在大雪纷飞中穿着"数挽不掩胫"的"短衣"，其衣不蔽体的狼狈境况由这一细节描写凸现了出来。此时，老杜顶着霜雪，忍着饥饿，无可奈何地空手而归。回到家中，看到的是"男呻女吟四壁静"的惨象。这又是一处细节描写，只见腹中空空的儿女们在痛苦地呻吟着，室内死一般的寂静。此以"四壁静"反衬"男呻女吟"，以无声衬有声，更觉呻吟之声的悲切、惊心。诚如王嗣奭所评："《七歌》创作，原不仿《离骚》，而哀实过之；读《骚》未必堕泪，而读此不能终篇，则节短而声促也。"[3] 又如《寄彭州高三十五使君适、虢州岑二十七长史参三十韵》中写身患疟疾的一段：

三年犹疟疾，一鬼不销亡。隔日搜脂髓，增寒抱雪霜。徒然潜隙地，有腼屡鲜妆。何太龙钟极，于今出处妨。

这段文字详细刻画了自己疾病缠身的痛苦情状。先说自己已患疟疾三年，疟鬼缠身不肯离去。再具体诉说自己发病时的症状："隔日搜脂髓，增寒抱雪霜。"每隔一日便发作一次，发病时如搜刮脂髓，五内增寒如同怀抱雪霜。然后交待采取的治疗办法："徒然潜隙地，有腼屡鲜妆。"是说躲入幽隙之处以避虐鬼，还得浓妆艳抹变个模样。老杜明明知道这样做是徒劳无益的，但又无可奈何，因而羞愧难当。最后总说自己的身体状况和处境："何太龙钟极，于今出处妨。"是说自己的身体变得如此病态龙钟，如今出仕与归隐均不便当。这一细节描写，不仅写出了作者深受疟疾折磨的万般痛苦与无奈,更透露出一个重要信息,即他弃官华州的原因确与身患重病有关:"于今出处妨"。这是杜甫亲口说出的,自然是最具权威性。而此前,论者多谈及杜甫弃官的生活原因、政治原因和人际关系原因,很少有人论及杜甫因健康原因而弃官。李白与杜甫是中国诗歌史上雄视古今的"双子星座",二人的友谊深厚持久。秦州代笺诗《寄李十二白二十韵》中就有一段回忆他与李白相识交往的细节描写,其诗云:

乞归优诏许,遇我宿心亲。未负幽栖志,兼全宠辱身。剧谈怜野逸,嗜酒见天真。醉舞梁园夜,行歌泗水春。

杜甫寓居秦州的三个月中,先后写下了四首怀念李白的诗,这是其中的一首。诗中回顾了李白一生的荣辱和二人的交游生活,赞颂了李白卓绝的诗才,并为其受诬蒙冤鸣不平。此节引文就是写李白乞求归山后与杜甫相遇的一段。先说李白"乞归",皇上恩准,再写与自己相遇,一展同游的宿心。接着,称赞李白"未负幽栖志,兼全宠辱身"。然后,具体写与李白的交游。二人倾心畅谈,都喜爱这闲适的生活。他们一起饮酒,酒中自有"天真"。喝醉后,夜晚在梁园起舞,并在春意盎然的泗水河畔漫步歌吟。这段细节描写,把李杜的相识交往过程描绘得形象逼真,生动有趣。而杜甫的陇右纪行诗中亦不乏细节描写,兹选录几节:

栗亭名更佳,下有良田畴。充肠多薯蓣,崖蜜亦易求。密竹复冬笋,清池可方舟。虽伤旅寓远,庶遂平生游。(《发秦州》)

白马为铁骊,小儿成老翁。哀猿透却坠,死鹿力所穷。寄语北来人,后来莫匆匆。(《泥功山》)

再闻虎豹斗,屡蹭风水昏。高有废阁道,摧折如断辕。下有冬青林,石上走长根。西崖特秀发,焕若灵芝繁。润聚金碧气,清无沙土痕。(《木皮岭》)

第一节是作者想象栗亭(今属甘肃徽县)的美好。这里土地肥沃,有许多山药可以充饥,山崖间的石蜜也容易搜求,茂密的竹林里还有冬笋,清澈的池塘里可以泛舟。诗人驰骋想象,非常具体地描绘了栗亭的物产丰富、环境优美。然后总写一笔:"虽伤旅寓远,庶遂平生游。"是说虽说此行路途遥远,行走辛苦,却可以满足平生之游的愿望。第二节叙写杜甫一家翻越泥功山时的艰难。诗人抓住白马、小儿、猿猴和野鹿在泥泞中滚爬挣扎的惨状,极其生动形象地写出了泥功山的泥泞难行。由此可见,杜甫笔下的"陇道难",大有李白《蜀道难》中的"黄鹤之飞尚不得过,猿猱欲度愁攀援"的同等艰难,二者可谓异曲同工。第三节写木皮岭的险峻和奇秀。先写所闻:"再闻虎豹斗"。再写所见,这里有废弃的栈道,"摧折如断辕"。山谷里有冬青树林,巨石上爬着树根。西崖的景色特别秀美,"焕若灵芝繁"。其润泽如聚金碧之气,其洁净似无沙土之痕。将木皮岭的险峻和奇秀描绘得十分生动,有声有色,颇具个性化特征。

总之,杜甫在陇右诗中的叙事,很注重细节描写,于细微之处落笔,精雕细刻,反复吟咏,写得有声有色,引人入胜,能给读者留下深刻的印象。

三

杜甫陇右诗叙事的第三个特征是叙事与抒情的完美结合。或先叙事写景,然后抒情,情因事因景而发;或在叙事写景中融入强烈的感情,将二者融为一体,达到情与事与景的水乳交融。试读大型五律组诗《秦州杂诗二十首》其二、其十二:

秦州城北寺,胜迹隗嚣宫。苔藓山门古,丹青野殿空。月明垂叶露,云逐渡溪风。清渭无情极,愁时独向东。

山头南郭寺,水号北流泉。老树空庭得,清渠一邑传。秋花危石底,晚景卧钟边。俯仰悲身世,溪风为飒然。

第一首写游秦州隗嚣故宫崇宁寺,仇注引《杜臆》:"《地志》:'州东北山上有崇宁寺,乃隗嚣故宫。'"[4]前四句记叙秦州古迹隗嚣宫,五、六句写晚景,景中含情,仇注云:"露方垂叶,月照则明。云之度溪,随风而逐。明字、逐字,眼在腰中。步月看云,有感异地羁孤。五六便含愁字意。"[5]最后二句对景伤怀,是说清清的渭水无情极了,它在我忧愁的时候偏偏独自流向东方。因杜甫的家乡在秦州之东的洛阳,故作者借此抒发了羁旅异地的孤独之感和深挚的思乡之情。第二首写秦州名胜南郭寺。南郭寺与隗嚣宫在唐代是秦州南北二山上相映成趣的两处古迹。此诗先写南郭寺中的"北流泉",然后点出寺中一景"老树"之后,又回到了"北流泉"上来,是说清清的渠水流遍了全城。五、六句写景,景中含情。作者通过景物环境的烘托,创造出一种悲凉的意境,做到主观感情与客观景物的交融。诚如王嗣奭所说:"'秋花'、'晚景'一联,自况身世之穷,故承以'俯仰悲身世'。"[6]最后一联触景生情,抒发了身世之慨。这两首诗的结构基本相同,均是前面叙事、写景,最后抒情。诸如此类先叙事、写景,然后结合身世抒情的作品还有不少,且看同组诗作的部分结句,如其四的"万方声一概,吾道竟何之",其七的"烟尘一长望,衰飒正摧颜",其十一的"不意书生耳,临衰厌鼓鼙",其二十的"为报鸳行旧,鹡鸰在一枝",等等。由此可以看出杜甫陇右诗的两个突出特点:一是内容的转变,即此前杜诗的内容主要是伤时,而此期的作品,尽管还不乏忧国忧民的内容,但与此前的作品相比,则以悲己为主调。究其原因,主要是杜甫弃官华州,流寓秦州,远离了政治中心使然。二是在叙事方面,诗人此前所写的"三吏"、"三别"等"新题乐府"诗,往往寓主观感情于客观叙事之中,处处让事实说话,很少直接抒情、议论,而此时的诗则多在叙事之后直接抒情。究其原因,"一岁四行役"(《发同谷县》)的诗人,经历了太多的苦难与艰辛,政治失意,生活穷困,价值取向悲剧、生存悲剧和隐逸悲剧叠加在一起,像三座大山压在老杜的身上,使其喘不过气来。[7]因而抒发身世之悲便成为此期作品的主调。而叙事写景之后直接抒情,更是触景伤怀的结果,正所谓痛苦、忧愁、愤懑,郁结于心,憋得难受,只有一吐为快了。再读他的陇右纪行诗《赤谷》:

天寒霜雪繁,游子有所之。岂但岁月暮,重来未有期。晨发赤谷亭,险艰方自兹。乱石无改辙,我车已载脂。山深苦多风,落日童稚饥。悄然村墟迥,烟火何由追。贫病转零落,故乡不可思。常恐死道路,永为高人嗤。

此诗是自秦州赴同谷纪行组诗十二首的第二首,叙写作者驱车赶路途经赤谷时的情景。开头先写天气寒冷霜雪厚重,再写自己将要奔赴前程。岁末赶路已令人忧伤,而当想到"重来未有期"时则更加伤心。景中含情,情景交融。接下来写清晨出发后的道路难行和途中的饥寒,在叙事中蕴含着诗人的悲哀之情。最后四句写对前途的忧惧,抒发了"常恐死道路,永为高人嗤"的忐忑不安。将叙事写景与抒情完美地结合在一起。此类纪行诗在记叙行程后,于篇末抒发居无定所、四处漂泊的焦虑和忧伤的诗句还有:

大哉乾坤内,吾道长悠悠。(《发秦州》)

飘蓬逾三年,回首肝肺热。(《铁堂峡》)

去住与愿违,仰惭林间翮。(《发同谷县》)

临风独回首,揽辔复三叹。(《白沙渡》)

远游令人瘦,衰疾渐加餐。(《水会渡》)

总之,诗人善于将叙事与抒情完美地结合起来,事中含情,情为事发。或将客观的真实的叙述与主观的强烈的抒情融为一体;或在叙事后,用耐人寻味的诗句抒发情怀,堪称画龙点睛之笔。两种表现方法各具特色,共臻其妙。

综观上述,杜甫陇右诗的叙事颇具个性化特征。叙事有条不紊,井然有序,叙事中注重细节描写和叙事与抒情的完美结合,是其叙事艺术在陇右诗中的集中表现。由此能够看出诗人叙事技巧的高妙,而这种高妙的叙事技巧是很值得学习取法的。

参考文献

[1][4][5]仇兆鳌.杜诗详注[M].北京:中华书局,1979.

[2]浦起龙.读杜心解[M].北京:中华书局,1983.

[3][6]王嗣奭.杜臆[M].上海:上海古籍出版社,1983.

[7]李宇林.从陇右诗看杜甫的人生悲剧[J].杜甫研究学刊,2007(1).

"竟陵八友"文学集团的形成及其特点

聂大受*

魏晋南北朝文学史上，有一个值得注意的现象，就是文学集团的不断涌现。活跃于南朝齐梁之际的"竟陵八友"文学集团，作为齐代文学的中心，对促进齐代乃至梁代文学的繁荣，推动南朝及北朝文学的发展起了重要作用。本文拟对它的形成及其特点做一粗略的探讨。

一

"八友"之名始见于《梁书·武帝本纪》："竟陵王子良开西邸，招文学，高祖（萧衍）与沈约、谢朓、王融、萧琛、范云、任昉、陆倕等并游焉，号曰八友。"《南齐书·竟陵王萧子良传》云："子良少有清尚，礼才好士，居不疑之地，倾意宾客，天下才学皆游集焉。"从以上记载可知，南齐初年，大批文士集于竟陵王萧子良西邸，其中最著名的是上述八人，故时人称之为"八友"。以上记载也清楚地表明，"竟陵八友"是以文友相会，他们因"才学"结合在一起，是一个真正的文人集团。

那么，这个文学集团是怎样形成的呢？"八友"结合的具体经过，今天已难以详考，但参照他们的一些事迹及作品，可粗略看到他们的结合大约经历了这么一个过程：

第一，刘宋元徽四年，沈约与范云相识结交。《梁书·范云传》："（云）父抗，为郢府参军，云随父在府，时吴兴沈约、新野庾杲之与抗同府，见而友之。"第二，宋齐易代之际，范云、任昉俱事之于萧子良，二人关系甚笃。且深为子良所亲赏。《梁书·范云传》："齐建元初，竟陵王子良为会稽太守，云始随王，王未之知也。会

* 作者简介：聂大受，男，甘肃天水人，天水师范学院文史学院教授，中国杜甫研究会常务理事，《杜甫研究学刊》编委，甘肃省古代文学学会常务理事，甘肃省唐代文学学会常务理事，天水杜甫研究会会长。

游秦望,使人视刻石文,时莫能识,云独诵之,王悦,自是宠冠府朝。王为丹阳尹(建元二年),召为主簿,深相亲任。"《南齐书·竟陵王萧子良传》:"昇明三年,为使持节、都督会稽、东阳、临海、永嘉、新安五郡、辅国将军,会稽太守。任昉随同萧子良渡浙江、践会稽,曾写有《严陵濑》《济浙江》《为竟陵世子临会稽郡教》等诗文,深为萧子良所爱。永明元年,被拔为征北行参军(见《梁书·任昉传》)。天监二年任昉所作《出郡传舍哭范仆射》"结欢三十载,生死一交情",可为范、任二人早在齐永明以前就已结交之明证。第三,齐建元四年,沈约为萧子良所识,曾作《竟陵王造释迦像记》,永明元年,又作《为齐竟陵王发讲疏》,可见来往甚密。第四,萧子良永明二年"入为护军将军,兼司徒",永明"五年,正位司徒"(《南齐书·竟陵王萧子良传》)他以相王之尊招延学士,陆倕、王融、谢朓、萧衍、萧琛皆预。《梁书·陆倕传》:"竟陵王子良开西邸延英俊,倕亦预焉。"《南齐书·王融传》:"融文辞辩捷,尤善仓卒属缀,有所造作,援笔可待。子良特相友好,情分殊常。"《梁书·萧琛传》:"高祖(萧衍)在西邸,早与琛狎。"《梁书·沈约传》:"时竟陵王亦招士,约与兰陵萧琛、琅琊王融、陈郡谢朓、南乡范云、乐安任昉等皆游,当世号为得人。"至此,"八友"在竟陵王萧子良西邸聚齐,"竟陵八友"文学集团正式形成。

从以上引述可以看出:第一,早在竟陵王萧子良开西邸之前,"八友"中的沈约、范云、任昉就已相识结交,且过往从密。范云、任昉早在齐初即为萧子良幕僚,深得器重。沈约亦早为萧子良所赏识。可以说,他们三人构成了"竟陵八友"文学集团的基础,对这个文学集团的形成产生了较大的影响。萧子良也正是在此基础上,进一步"招文学""延英俊"的。第二,这个文学集团,其组织者是司徒竟陵王萧子良,成员亦均为齐室官员.因此带有一定的官属性,但这个组织是为文学创作而建立起来的,所从事的完全是文学、学术活动,故是一个纯粹的文学集团。

二

"竟陵八友"文学集团的形成有多方面的原因。既有外部环境的影响,又有自身条件的促成。

第一,稳定的政治经济,重文的风气时尚为集团的形成创造了良好的社会环境。

南齐武帝时期,社会矛盾趋于缓和,经济得到进一步发展。《南史·循吏传序》说,永明"十许年中,百姓无犬吠之惊,都邑之盛,士女昌逸,歌声舞节,弦服华妆。桃花绿水之间,秋月春风之下,无往非适"。政局的安定,经济的繁荣,为文士们提供了相对稳定的栖身之所,同时也提供了相对优裕的创作环境,使他们有条件在技巧上切磋争胜,在理论上探索总结。

重文成为时尚是南朝的一个社会特点。刘宋以后,皇族专制逐渐代替了世族专政,但世族在文化上仍占有相当优势。他们借此继续维持其门第。庶族出身的皇室帝王,为了维护其统治,需要高门世族这一层重要的社会基础的支持,于是不得不从文化上向世族学习,给他们以充分的礼遇。《梁书·江淹任昉传论》说:"观夫二汉求贤,率先经术,近世取人,多由文史。"文学才能在当时成了衡量社会价值的重要标准和仕进的基本条件。另外,刘宋王朝建立后,加强了对文化的建设。《宋书·雷次宗传》记元嘉十五年立儒、玄、文、史四馆。《南史·宋本纪》记明帝泰始六年,立总明观,分设儒、道、文、史、阴阳五部。这是中国文化史上第一次将"文学"别立于经史之外而独树一帜。文学被特立为一科,因而受到普遍重视。"高门世族对文化的兴趣更多地集中于文学,品藻人物的重要标准也从风度、语言转移到文学才能方面。"[1]

在这样一个重文风气的熏染之下,世族子弟为之呕心沥血:"今之士俗,斯风炽矣。才能胜衣,甫就小学,必甘心而驰骛焉。于是庸音杂体,各各为容。至使膏腴子弟耻文不逮,终朝点缀,分夜呻吟。"(《诗品序》)戎士武夫亦赋诗吟句:"每有祯祥,辄陈诗展义,且以命朝臣。其武夫戎士,则托请不暇,困于课限,或买以应诏。于是天下向风,人自藻饰,雕虫之艺,盛于时矣。"(裴子野《雕虫论》)帝王皇子则身体力行。南齐皇族,多能习文。高帝、武帝都有诗文存世,萧子良之辈,研习愈甚,著述更丰。如:文惠太子萧长懋"善立名尚,解声律"(《南史·文惠太子萧长懋传》);竟陵王萧子良"所著内外文笔数十卷"(《南齐书·竟陵王萧子良传》);晋安王萧子懋"诸子中最为清恬,有意思,廉让好学","(永明)八年,撰《春秋例苑》三十卷,奏之,武帝敕付秘阁"(《南史·晋安王萧子懋传》);随郡王萧子隆"性和美,有文才","武帝以子隆能属文,谓俭曰:'我家东阿也。'子隆"文集行于世"(《南史·随郡王萧子隆传》)。

重文风气为"竟陵八友"文学集团的形成提供了良好的外部环境,成为其得以产生的土壤和温床。

第二,相近的政治地位,良好的文化素养,强烈的表现欲和进取心为集团的形成奠立了充实的联谊基础。

"八友"之中,有七人在齐初任主簿、行参军、记室一类的官职。他们的政治见解虽然不完全相同,但政治态度则是比较一致的。他们对萧齐政权是坚决拥护的,对竟陵王萧子良是忠心拥戴的。王融"生逢永明乐.死曰生之年"(《永明乐十

---

① 曹道衡,沈玉成.南朝文学三题[J].文学评论,1990(1).

首》)所表现出的心态就很有代表性。任昉在萧子良死后所写《齐竟陵文宣王行状》及建武中为范云所写《求为太宰立碑表》也都鲜明地反映了这种态度及感情。比较一致的政治态度使他们能够聚集于萧子良的门下。

"竟陵八友"的生活经历虽各不相同,但追求事功的进取心则又是比较一致的。如王融"以父官不通,弱年便欲绍兴家业,启世祖求自试"。"自恃人地,三十内望为公辅。直中书省,夜叹曰:'邓禹笑人。'行逢大航开,喧湫不得进。又叹曰:'车前无八驺卒,何得称为丈夫。'"(《南齐书·王融传》)表现出强烈的进取愿望。此时世族在政治上已失去优势,他们要得到仕进,势必依附于皇室,聚集在皇室周围。故早在西邸文会之前,"八友"中的大多数人就已分别事之于文惠太子萧长懋、竟陵王萧子良、晋安王萧子懋、随郡王萧子隆。到了永明二年至五年,他们中的大部分人被担任司徒的萧子良提拔重用,成了萧子良的幕僚。共同的仕进之心成为他们聚合的一个契机,为竟陵王萧子良的招揽提供了这样一个机遇。

"八友"俱有良好的文化索养,又有表现自己文学才能的强烈欲望。他们虽然出身有区别,个性有差异,但聪颖好学却是一个共同特点。王融"少而神敏警惠,博涉有文才"(《南齐书·王融传》);谢朓"少好学,有美名,文章清丽"(《南齐书·谢朓传》);范云"少机警.有识具,善属文,便尺牍,下笔辄成,未尝定藁,时人每疑其宿构"(《梁书·范云传》);任昉"幼而聪敏,早称神悟。四岁诵诗数十篇,八岁能属文,自制《日仪》,辞义甚美"(《南史·任昉传》);陆倕"少勤学,善属文。于宅内起两间矛屋,杜绝往来,昼夜读书,如此者数载。所读一遍,必诵于口。尝借人《汉书》,失《五行志》四卷,乃暗写之,略无遗脱"(《梁书·陆倕传》);萧琛"少而朗悟,有纵横才辩"(《梁书·萧琛传》);沈约"十三而遭家难,潜窜,会赦免。既而流寓孤贫,笃志好学,昼夜不释卷。母恐其以劳生疾,常遗减油灭火。而昼之所读,夜辄诵之,遂博通群籍,善属文"(《南史·沈约传》);萧衍"博学多通,好筹略,有文武才干,时流名辈咸推许焉"(《梁书·武帝纪》)从以上记述可以看出,"八友"俱以"博学多通""神敏警惠"而"早知名"于当时,为世人所瞩目。而他们也对自己的才能颇为自负,渴望得到一个能够充分施展和表现的机会及场所,得到更多的赏识和承认。如萧琛负才求识之事就很有名:"时王俭当朝,琛年少,未为俭所识,负其才气,欲候俭。时俭宴于游苑,琛乃著虎皮靴,策桃枝杖,直造俭座,俭与语,大悦。"(《梁书·萧琛传》)。沈约也"常以晋氏一代,竟无全书,年二十许,便有撰述之意。"(《宋书·自序》)"八友"才华出众,又不甘寂寞,他们需要交流,渴求知音。相同的爱好使他们较容易聚在一起,广博的学识,良好的素养使"以文友会"具备了坚实的基础。

第三,较为平等的宾主关系为集团的形成提供了比较牢靠的结交纽带。

　　竟陵王萧子良利用自己"相王之尊"的地位招引、延纳文士。同时对文士以优厚的礼遇,创造了一种较为和谐、民主的气氛,使文士们的才华、特长得以充分的显露和伸展。这一方面是皇室优借世族的政治需要所致,另一方面是萧子良的个性、教养使然,同时也与前代文人集团的影响有关。

　　《南齐书·竟陵王萧子良传》云:"子良少有清尚,礼才好士,居不疑之地,倾意宾客,天下才学皆游集焉。善立胜事,夏月客至,为设瓜饮及甘果、著之文教。士子文章及朝贵辞翰.皆发教撰录。"任昉《齐竟陵文宣王行状》称萧子良"天才博瞻,掌综该明","贵而好礼,怡寄典坟。虽牵以物役,孜孜无怠。"这里对萧子良虽不免过誉,但从中可看出萧子良是有一定的文化素养和道德修养的。他爱好文学,喜结文士,而又亲自动手创作,这样就比较容易和文士们互通声气,进行交流。沈约《高松赋》云:"于时风急垄首,寒浮塞天;流蓬不息,明月孤悬。檀栾之竹可咏,邹、枚之客存焉。"(《全梁文》卷二十五)此赋与谢朓《高松赋奉竟陵王教作》都是同时应教之作,文中的"邹、枚之客"当指西汉梁孝王的宾客邹阳、枚乘。这里以喻西邸文士,言外之意是把萧子良比作梁园主人,以称美当时的主客相得。可见西邸主宾之间是比较融洽的。在齐代诸王中,萧子良算是比较开明的.在齐武帝众多子孙中最负声望。正因为他"礼才好士""倾意宾客",所以"天下才学皆游集焉","竟陵八友"最后在他的西邸聚集,显然是与此分不开的。同时,"子良敦义好古"(《南齐书·竟陵王萧子良传》)。建安曹氏父子与邺下文士"怜风月,狎池苑,述恩荣,叙酣宴"(《文心雕龙·明诗》),"傲雅觞豆之前,雍客衽席之上,洒笔以成酣歌,和墨以藉谈笑"(《文心雕龙·时序》)的文趣雅致也对齐皇族和"八友"们有所影响,成为他们仿效的傍样。刘勰说:"宋来美谈,亦以建安为口实。何也?岂非崇文学之盛世,招才之嘉会哉!"(《文心雕龙·才略》)"八友"集团对前代文学集团的一些传统是有所继承的。

三

　　在魏晋南北朝诸多文学集团中,"竟陵八友"是一个真正的文人群体,概括起来,主要有这么几个特点。

　　第一,规模大、时间长。

　　"竟陵八友"文学集团时跨齐梁两代。早在齐初于竟陵王萧子良西邸相聚时,就有一大批文士陆续参与,如宗夬、王僧儒、孔休源、范缜、江革、谢璟、张充、王思远、陆慧晓、柳恽、刘绘、虞义、王亮、丘国宾、萧文琰、丘令楷、江洪、刘孝标等。到了梁天监年间,又有刘孝绰、刘苞、刘孺、张率、殷芸、刘显、到溉、到洽等后进聚集周围。其人数之多,声势之大是前代文人集团所不能比的。

"竟陵八友"文学集团的活动从齐永明初开始,一直延续到梁代前期,至少达二十几年。而建安文人"真正云集邺下,'怜风月,狎池苑'应和酬唱,仅是建安十五年以后几年里的事"①。至于西晋"二十四友"集团,共同进行文学活动的时间更短,与"竟陵八友"相比,更是远远不及的。

第二,结合紧,关系笃。

"竟陵八友"关系紧密,友情诚笃,是真正的文学知己。《南齐书·陆厥传》:"永明末,盛为文章。吴兴沈约、陈郡谢朓、琅琊王融以气类相推毂。"《南史·谢朓传》:"朓与殷叡素与梁武以章相得。"《梁书·沈约传》:"高祖在西邸,与约游旧。"《梁书·任昉传》:"昉善属文,尤长载笔,才思无穷,当世王公表奏,莫不请焉。昉起草既成,不加点窜。沈约一代辞宗深所推挹。"《南史·范云传》:"初,梁武为司徒祭酒,与云俱在竟陵王西邸,情好欢甚。"《梁书·任昉传》:"始高祖与昉遇竟陵王西邸,从容谓昉曰:'我登三府,当以卿为记室。'"《梁书·陆倕传》:"倕与乐安任昉友善,为《感知己赋》以赠昉,昉因此名以报。""梁武雅爱倕才"。《梁书·萧琛传》:"高祖在西邸,早与琛狎。每朝宴,接以旧恩,呼为宗老。""八友"在诗文中也多次写到他们之间的友谊:"神交疲梦寐,路远隔思存"(沈约《酬谢宣城》);"结欢三十载,生死一交情"(任昉《出郡传舍哭范仆射》);"望望荆台下,旧梦相思夕"(谢朓《和沈右率诸君饯谢文学》);"依我径寸心,从君千里外"(沈约《饯谢文学离夜》)等等。这方面的作品还有很多,如谢朓《和别沈右率诸君》《在郡卧病呈沈尚书》《新亭渚别范零陵云》,王融、任昉《别萧咨议衍》,萧琛《别萧咨议前夜以醉乖倒今昼由醒敬应教》,范云《送沈记室夜别》,陆倕《感知己赋赠任昉》《赠任昉诗》,任昉《答陆倕感知己赋》,沈约《怀旧诗九首》("伤王融""伤谢朓"),萧衍《答萧琛》等等。

"八友"关系亲密,情同手足。尽管名位有高低,才学各不同,但彼此之间的友谊却始终如一,相从有的达三十年之久。他们相知相与,彼此敬重,互相推引。相比之下,"建安七子"的结合则比较松散,他们各以所长,相轻所短,故此曹丕提出力戒"文人相轻,自古而然"(曹丕《典论·论文》)的陋习。还有西晋"二十四友"集团,则带有较重的政治色彩,而不像"竟陵八友"那样,是以文会友。

第三,活动多,贡献大。

在长达二十多年的时间里,"竟陵八友"所进行的文学、学术活动之多,贡献之大也是非常突出的。

(一)同题共作,赠答酬和

---

① 曹道衡,沈玉成.南朝文学三题[J].文学评论,1990(1).

同题共作是一项有组织的创作活动。《南史·王僧儒传》:"竟陵王子良尝夜集学士,刻烛为诗,四韵者刻一寸,以此为率。"同题共作可分为应教受命之作和相约同咏之作两种情况。

1. 应教受命之作。王融有《应竟陵王教桐树赋》,沈约同作。谢朓有《拟风赋奉司徒教作》,王融、沈约同赋。谢朓有《高松赋奉竟陵王教作》,沈约同赋。《永明乐十首》,《南齐书·乐志》云:"永明乐歌者,竟陵王子良与诸文士造之,人为十曲。"现存王融、谢朓各十首,沈约一首。《奉和竟陵王郡县名诗》,王融、范云、沈约同作。《抄众书应司徒教诗》,王融、沈约同作。《和竟陵王游仙诗二首》,王融、范云同作。此外,萧子良有《登山望雷居士精舍同沈右卫过刘先生墓下作诗》,谢朓作《奉和竟陵王同沈右率过刘先生墓诗》,沈约同作《奉和竟陵王经刘瓛墓诗》。这类作品许多流于一般化的应酬,但也有一些艺术技巧较高,不可一概而论。

2. 相约同咏之作。王融、范云、沈约、萧琛同赋《饯谢文学离夜诗》,王融、谢朓、沈约、范云同赋《同沈右率诸公赋鼓吹曲二首》,王融、任昉同赋《萧咨议西上夜集诗》。咏物诗中的同咏之作就更多了。《同咏座上所见一物》:谢朓同咏《席》,王融同咏《幔》;《同咏座上玩器》:谢朓同咏《乌皮隐几》,沈约同咏《竹槟榔盘》;《同咏乐器》:谢朓同咏《琴》,王融同咏《琵琶》,沈约同咏《箎》。此外,谢朓有《咏竹火笼》《咏竹》,沈约同咏;范云有《咏寒松》《园橘》,沈约同咏;王融有《咏梧桐》,沈约同咏;范云有《四色诗》(四首),王融同咏(存一首)。

同题共作起于建安时期,其主要形式是赋,"竟陵八友"则不仅用于赋,而且大量引入诗,可见既有继承,又有发展。同题共作形成风气,与主宾相得较为平等的关系有关,也与文士们强烈的表现欲有关。这种方式最能显示他们的文才,而彼此间的争奇斗胜,切磋文义,又锻炼了他们的写作技巧。这对活跃文坛,促进文学的繁荣,推动文学创作的发展是起了一定的积极作用的。

赠答酬和也是"八友"的一项重要活动,从齐永明初一直延续到梁天监年间。齐时作品如王融《杂体报范通直》,谢朓《在郡卧病呈沈尚书》《和王著作八公山》《和萧中庶直石头》《和沈祭酒行园诗》《新亭渚别范零陵云》,范云《古意赠王中书》《赠沈左卫》《送沈记室夜别》,沈约《酬谢宣城朓》,谢朓、王融、沈约等还作有联句诗《阻雪连句遥赠和》。入梁以后,彼此的交流仍不断进行,或欢宴唱和,或互相赠答,其盛况不减当年。对此,史籍多有记载:梁武帝"每所御幸,辄命臣赋诗,其文善者,赐以金帛,诣阙庭而献赋颂者,或引见焉。其在位者,则沈约、江淹、任昉,并以文采,绝妙当时。"(《梁书·文学传序》)。陆倕"与乐安任昉友善,为《感知己赋》以赠昉,昉因此名以报。"(《梁书·陆倕传》)。梁武帝"御华光殿,诏洽及沆、萧琛、任昉侍宴,赋二十韵诗。"(《梁书·到洽传》)。"(梁)武帝每集文士策经史事,时范云、沈约之徒皆引短推长,帝乃悦,加其赏赉。"(《南史·刘峻传》)。唱和作品如:陆倕《感知己赋赠任昉》《赠任昉诗》,任昉《答陆倕感知己赋》《与沈约书》,萧衍《答萧琛诗》。此外,萧衍、陆倕等还有联句诗《清暑殿效柏梁体》。

(二)研究声律并运用于诗歌创作之中

《南齐书,陆厥传》云:"永明末盛为文章,吴兴沈约、陈郡谢朓、琅琊王融以气类相推毂,汝南周颙善识声韵,约等文皆用宫商,以平、上、去、入为四声,以此制韵,不可增减,世呼为永明体。""永明体"是我国古典格律诗的发端,在中国文学史上有不可低估的意义,它的产生正是"竟陵八友"等西邸文士研习声律的结果。陈寅恪先生认为四声的发明同当时转读佛经有关。《高僧传》卷十三说:"天竺方俗,凡是歌咏法言皆称为呗,至于此土,咏经则称为转读,歌赞则号为梵呗。"作为西邸文人集团盟主的萧子良不仅爱好文学,而且笃信佛教,他在西邸"招致名僧,讲语佛法,造经呗新声。"(《南齐书·齐陵王萧子良传》)成为当时考文审音的一件大事。文人们"依据及模拟当时转读佛经三声,分别定为平上去之三声,合入声共计之适成四声,于是创为四声之说"①。唐封演《闻见录》说:"沈约文辞精拔,盛解音律,遂撰《四声谱》。时王融、刘绘、范云之徒,慕而扇之,由是远近文学转相祖述.而声律之道大行。"《梁书·萧琛传》记萧琛"常言少壮三好,音律、诗、酒"。萧琛少壮三好,第一好便是音律。从以上记载可以看出,"竟陵八友"中,除了沈约、谢朓、王融,范云和萧琛也都是参与者和积极鼓吹者。四声说正是在他们的深入研讨和大力倡导下而产生并风行的。

除了在理论上进行探索、总结之外,"八友"还在自己的创作中努力实践。《南史·庾肩吾传》云:"齐永明中,王融、谢朓、沈约文章始用四声.以为新变。"清末王闿运《八代诗选》二十卷中,有三卷《齐以后新体诗》。其中南齐共三十八首,王融就有五首,谢朓则占了大半;梁二百八十三首,沈约占十四首,范云、萧琛也都有一些,在梁前期作家中,他们占的比例也是比较大的。

(三)奖掖文学后进

"八友"虽然名位不尽相同,才学也有所差异,但致力于"滋兰九畹",推动文学的发展却始终如一,他们齐心协力,做了大量的有益的工作。如:王籍"七岁能属文,及长好学,博涉有才气,乐安任昉见而称之。尝于沈约坐赋得《咏烛》,甚为约赏"(《梁书·王籍传》)。刘孝绰"七岁能属文,王融深赏异之,任昉尤相赏,梁武览其文,篇篇称赏,由是朝野改观"(《梁书·刘孝绰传》)。吴均"好学有俊才,

---

① 曹道衡,沈玉成.南朝文学三题[J].文学评论,1990(1).

沈约尝见均文,颇相称赏"(《梁书·吴均传》)。刘勰《文心雕龙》"既成,未为时流所称。勰欲取定于沈约,无由自达,乃负书候约于车前,状若货鬻者。约取读,大重之,谓深得文理,常陈诸几案"(《梁书·刘勰传》)。范云"与(周)颙素善,重(周)舍才器,言之于高祖,召拜尚书祠部郎"(《梁书·周舍传》)。裴子野"少而学,善属文","天监初,尚书仆射范云嘉其行,将表奏之"(《梁书·裴子野传》)。任昉"好结交,奖进士友,得其延誉者,率多引擢","类田文之爱客,同郑庄之好贤,见一善则盱衡扼腕,遇一才则扬眉抵掌"(《梁书·任昉传》)。"时吏部陆倕与仆射徐勉书荐(沈)峻"(《梁书·沈峻传》)。诸葛璩"博涉经史","天监初,太守萧琛,刺史安成王秀,鄱阳王恢并礼异焉(《梁书·诸葛璩传》)。

　　奖掖文学后进是"八友"的一个突出特点,从齐到梁,坚持如一。由于他们不懈地努力。影响和带动了一大批后进文士,其中许多人后来成为萧统京师文人集团的骨干,为梁代文学的繁荣发挥了积极的作用。

　　(四)组织新的文学集会

　　这一活动是与奖掖后进相随而行的,比较著名的有任昉、陆倕组织的"兰台聚""龙门之游",有萧琛与本族弟兄的"文酒赏会"。

　　《南史·到溉传》:"梁天监初,(任)昉出守义兴,要溉、洽之郡,为山泽之游。昉还为御史中丞,后进皆宗之。时有彭城刘孝绰、刘苞、刘孺、吴郡、陆倕、张率,陈郡殷芸,沛国刘显及溉、洽,车轨日至,号曰兰台聚。"《南史·陆倕传》:"(陆倕)梁天监初,为右军安成王主簿,与乐安任昉友,为《感知己赋》赠昉,昉因此名以报之。及昉为中丞,簪裾辐凑,预其宴者,段芸、到溉、刘苞、刘孺、刘显、刘孝绰及倕而已,号曰'龙门之游'。虽贵公子孙不得预也。"这可以说是纯粹的民间性的文学集会。任昉、陆倕作为后进领袖,在其周围聚集了一大批文学新人,唱和赠答,其盛况有如当年"八友"西邸文会。

　　"八友"的另一位成员萧琛也进行过类似的集会活动。《梁书·萧介传》云:"介性高简,少交游,惟与族兄琛、从兄际素及洽、从弟,淑等文酒赏会,时人以比之谢氏乌衣之游。"萧介、萧际素、萧洽弟兄都有一定的文化素养,他们和萧琛一起"文酒赏会",游宴赋诗,成为一时佳话。家族文学集会重又出现,从一个侧面反映了梁初文学的兴盛,而这又是和"八友"成员萧琛的作用分不开的。

　　"八友"把西邸文会之风传至梁代,使永明文风得以延续和发展,影响深远,功绩卓著。

　　(五)评论、叹赏同人及后进作家

　　评谢朓:

　　沈约:"(谢朓)长五言诗。沈约常云:'二百年来无此诗也'。"《南齐书·谢朓传》）;"吏部信才杰,文锋振奇响。调与金石谐,思逐风云上。"（沈约《怀旧诗·伤谢朓》）。

萧衍:"三日不诵玄晖之诗,即觉口臭。"（《太平广记》卷一百九十八引《谈薮》）。

评何逊:

范云、沈约:"逊八岁能赋诗,弱冠州举秀才,南乡范云见其对策,大相称赏,因结忘年交好。自是一文一咏,云辄嗟赏,谓所亲曰:'顷观文人,质则过儒,丽则伤俗,其能含清浊,中古今,见之何生矣。'沈约亦爱其文,尝谓逊曰:'吾每读卿诗,一日三复,犹不能已。'其为名流所称如此。"（《梁书·何逊传》）

这些评论反映了他们的一个共同的文学主张,即诗歌要圆美流转、平易自然,这也正是永明新体诗的一个重要特征。"八友"通过理论和实践的探索与总结,为六朝诗歌向唐音的转变铺平了道路。

（六）抄集、编纂图书

永明时期,各体文章骈偶化相习成风,用事见义,引辞明理,发展得非常普遍。文坛风气追求工丽,用事征典便成为必不可少的手段,与此相随,便出现了类书的编纂。在这方面,"八友"也做了大量的工作。《南齐书·竟陵王萧子良传》载,萧子良永明五年"移居鸡笼山邸,集学士抄《五经》、百家,依《皇览》例为《四部要略》千卷"。这是我国较早地由学术团体集体编纂的书籍。在此之后,沈约又撰有《袖中记》二卷,《袖中略集》一卷,《珠丛》一卷（《隋书·经籍志》）;萧琛又撰有《皇揽抄》二十卷（《唐书·艺文志》）。这些书籍,为作者们选取古事古辞提供了极大的方便。

除了类书,还进行丛书的编纂。《隋书·经籍志》云:"齐时,陆澄聚一百六十家之说,依其前后远近,编而为部,谓之《地理书》。任昉又增陆澄之书八十四家谓之《地记》。"《梁书·任昉传》:"昉撰《地记二百五十二卷》。"任昉的《地记》可以说是我国最早的丛书之一。

以上是"八友"集团的主要活动。从共时性、群体性的角度考察,"竟陵八友"所进行的文学、学术活动之多,贡献之大,与前代文学集团相比,是比较突出的。他们的活动,大都是同时共同所为。而建安文人"足以代表建安风骨'慷慨以任气,磊落以使才'的作品,恰恰又大多不是聚居邺下时期写作的"①。"竟陵八友"不仅以自己的才学丰富了文学的园地,而且共同倡导,奖掖后进,使文学事业兴盛发展。"邺下七子"则主要是以各自的才能对建安文学兴盛作出成就的。至于西晋"二十四友"集团,只有游宴赋诗、讲史等为数极少的活动,根本无法与"竟陵八友"相比。

注:本文曾发表在《山东大学学报（哲社版）》1998年第2期上。

---

① 曹道衡,沈玉成.南朝文学三题[J].文学评论,1990(1).

杜甫与陇右地域文化

聂大受 *

陇右时期在杜甫一生的生活和诗歌创作生涯中有着不同寻常的意义。这一时期的诗作具有与其他时期不同的显明的个性。其成就的取得有诸多的因素，其中陇右地域文化的影响是一个不应忽略的重要方面。主要表现在陇右的独特自然风貌、胡汉民族浑融、文化多元情境及不时出现的边烽紧急情势对杜甫这一时期的思想和创作所产生的多方面的影响：激发了杜甫的诗兴；影响了杜甫山水诗的创作；陶冶了杜甫的心灵，升华了杜甫的境界。

杜甫流寓陇右的经历和诗作具有显明的地域文化色彩，对陇右文化产生了多方面的影响，主要表现在：记写了陇右社会生活的多个方面，具有证史、补史的作用；使历史上无人专门咏写过的陇右山川风物得到了全景式的描绘；为陇右文化艺术的拓展延伸提供了一个"武库"；对陇右地区的文化建设、经济发展起了积极的促进作用。其意义是重大而深远的。

杜甫的一生充满着坎坷与悲辛，尤其是晚年的飘泊流寓生涯，是他生活的极大不幸，然而他此时的诗歌创作却取得了巨大的收获，究其缘由，得益于地域文化的影响不能不说是重要的因素之一，而他的经历与诗作又对流寓之地的文化发展产生了积极的影响。其中，乾元二年的陇右之行及诗歌创作就是一个显明的例证。

---

* 作者简介：聂大受，男，甘肃天水人，天水师范学院文史学院教授，中国杜甫研究会常务理事，《杜甫研究学刊》编委，甘肃省古代文学学会常务理事，甘肃省唐代文学学会常务理事，天水杜甫研究会会长。

陇右地域文化对杜甫诗歌创作的影响

　　唐肃宗乾元二年(759年)立秋过后,杜甫携眷西行,先后来到秦州、同谷,岁末又转徙成都。陇右半年,在杜甫的一生中有着不同寻常的意义。冯至先生说:"在杜甫的一生,759年是他最艰苦的一年,可是他这一年的创作,尤其是'三吏'、'三别'以及陇右的一部分诗却达到最高的成就。"[1]对此,论者多以"诗穷而后工"概之。这固当是一个重要原因,但陇右独特的地域文化对杜甫此时创作的影响,也是一个不应忽略的方面。

一

　　首先我们看到,陇右地域文化对杜甫心态的变化,诗兴的勃发产生了积极的影响。

　　陇右半年,是杜甫一生创作中最为旺盛的一个时期,五个多月作诗117首,超过了他困守长安十年诗量的总和(约110首)。尤其是寓居秦州的三个月,写诗95首,平均每日一首,这在他的创作经历中是绝无仅有的。同时我们注意到,这一时期的诗作有一半以上是以组诗形式写的。117首诗中,明确标为组诗的就有10组52首,其规模、数量是其它时期所没有的。这些变化,自然与诗人的经历、思想有关,但陇右的地理形势,诗人新处的与以前不同的自然环境也是一个重要因素。

　　秦州位于陇山的西面。陇山是六盘山的支脉,为渭河平原与陇西高原的分界,高近三千米,山势险峻,自古为艰险难越之地。《三秦记》载:"陇坂九回,不知高几里,欲上者七日乃得越。"杜甫在《秦州杂诗二十首》中首先记写的就是陇山给他的感受,"迟回度陇怯,浩荡及关愁",紧接着看到的秦州则是"莽莽万重山,孤城山谷间"。这一"愁"、一"孤",便是陇右的地理环境给他造成的心理反应。来到秦州后,他又一再写到这里的山川形势,自然环境:

> 清秋望不极,迢递起层阴。远水兼天净,孤城隐雾深。(《野望》)
> 愁眼看霜露,寒城菊自花。天风随断柳,客泪堕清笳。(《遣怀》)
> 下马古战场,四顾但茫然。风悲浮云去,黄叶坠我前。
>
> (《遣兴三首》其二)

　　本来,仕途的蹭蹬,生计的暗淡已经使他陷入愁苦的情境之中,而与关中迥然不同的秦州的地理环境又使他多了一层孤独之感。显然,作为地域文化空间依托的自然环境的改变,深深地影响了他的心理,愁苦、孤独构成了他陇右时期的基本心态。然而,"孤独心态是一种通向精神自由的心态,它有助于作家进入创作的自由天地"[2],有助于诗人把写诗作为一种精神寄托。此时的杜甫,把"诗是吾家诗"提升到更为重要的位置之上。陇右时期诗歌创作的空前旺盛,超常丰产与此是不无关系的。"故人何寂寞?今我独凄凉。老去才难尽,秋来兴甚长。"即是诗人自己的清楚表白。

同时,高峻的陇坂将秦州、同谷置于一个避远、抑塞的境域,使杜甫远离了中原的战乱和关中的喧嚣,而处于一个相对清闲、平静的环境之中。这样,就使他有充裕的时间和精力去关注个人的际遇,反省自己的经历,思考社会人生的方方面面。地僻关塞,信息不通使他格外思念亲友。采药晒药的乡居生活,置身于山野之中的流徙生涯使他靠近了自然,甚至完全融入了自然。陇右独特的地域物质文化,民风习俗,山水风光,一方面使他感到新奇、惊异,激发了他的诗兴;一方面又给他提供了丰富的诗材。如:麦积山、太平寺、隗器宫、南郭寺、秦州驿亭、禹穴、仇池山、法镜寺、凤凰台、万丈潭等名胜古迹;飞将军李广、寻源的张骞、陇右的监牧、赴边的使节等各类人物;西出流沙的驿道,兵戈不息的凤林关等通接西域的路隘;"无风云出塞,不夜月临关"的天象;"胡舞白题斜""羌女轻烽燧"的民风习俗以及本土及外来的动物、植物、器物等,琳琅满目,千汇万状。"秋来兴盛长"的杜甫把它们一一熔铸于笔端,记写在纸上,构成了一幅幅多采的画卷。忧时伤世,遣兴抒怀,思亲怀友,登临观览,咏物寓意,求田问舍,山水纪行,无所不有。"山川城郭之异,土地风气所宜,开卷一览,尽在是矣。"[3]这在此前是所没有的。那些被认为是标志着杜诗最高成就之一的《秦州杂诗二十首》《月夜忆舍弟》《天末怀李白》《梦李白二首》,以及《发秦州》《发同谷》两组纪行诗,无不渗透着陇右地域文化的痕迹,呈现出陇右地域文化的鲜明色彩。

二

陇右地处边塞,秦州一带自古胡汉杂居,处于中原文明的边缘地带。唐王朝在文化上采取的兼容开放政策,使这里成了胡汉文化交流融汇的大舞台,但同时也成为西北少数民族伺机窥探中原、争夺疆土的前沿。独特的地理环境所造就的民族浑融和文化多元的情境与不时出现的边烽警急的情势让第一次走进陇右的杜甫感到新奇和惊异,同时也新增了一层忧虑。这样的社会氛围无疑影响了杜甫的思想,也影响了他的创作。他把在中原地区难以见到的文化景观一一写进了诗篇之中,有居民之杂"降虏兼千帐,居人有万家"(《秦州杂诗二十首》其三);有物产之异"一县葡萄熟,秋山苜蓿多"(《寓目》);有风俗之奇"马骄朱汗落,胡舞白题斜"(《秦州杂诗二十首》其三);有人性之悍"羌女轻烽燧,胡儿掣骆驼"(《寓目》);有地气之殊"关云常带雨,塞水不成河"(《寓目》)。

与此同时,边郡秦州所面临的吐蕃威胁的形势,则使杜甫十分忧虑。他在诗中多次写到了这种危急,表达了他的深切关注和担忧:

> 万里流沙道,西行过此门,但添新战骨,不返旧征魂。(《东楼》)
>
> 清商欲尽奏,奏苦血沾衣。他日伤心极,征人白骨归。(《秋笛》)
>
> 羌妇语还笑,胡儿行且歌。将军别换马,夜出拥雕戈。(《日暮》)
>
> 城上胡笳奏,山边汉节归。防河赴沧海,奉诏发金微。
>
> (《秦州杂诗》其六)
>
> 地僻秋将尽,山高客未归。塞云多断续,边日少光辉。警急烽常报,传闻檄屡飞。西域外甥国,何得迕天威。 (《秦州杂诗》其十八)
>
> 花门天骄子,饮肉气勇决,高秋马肥健,挟矢射汉月。自古以为患,诗人厌薄伐。……花门既须留,原野转萧疏。 (《留花门》)
>
> 华夷相混合,宇宙一膻腥。(《秦州见敕目,薛三璩授司议郎,毕四曜除监察,与二子有故,远喜迁官,兼述索居,凡三十韵》)

同样的内容在《秦州杂诗》其七、其十九,《遣兴三首》其一,《蕃剑》,《捣衣》等许多篇章中,也都屡屡出现,它们构成了陇右诗的又一华章。就"穷年忧黎元"这个主题来说,这些诗和"三吏""三别"等入秦前的诗作是一脉相承的,都表现了人民的深重苦难,但这些诗的题材内容则是全新的。"忧虑边烽"的集中表现是此前不曾有的,这给杜甫忧国忧民的诗史又增添了新的一页。还值得注意的是,此时的杜甫把目光不止投向战乱给人民带来的具体痛苦,而且对"封疆不常全"的国家民族的整体命运予以了极大的关注,反复地表达他的忧虑之情。显示出杜甫思想的发展、境界的升华达到了一个新的高度。其所以能如此,是与他一以贯之的赤子心和极其敏锐的洞察力分不开的,但陇右地理形势所造就的胡汉交浑的独特文化环境则提供了感发的基础,产生了直接的引导作用。

三

山水诗是杜甫的歌创作取得卓越成果的一个领域,陇右时期是他山水诗创作的一个高峰。半年所作 117 首诗中,写山川风物的就有一半以上,超过了他入秦前(48 岁以前)山水诗的总量,而且有不少创新。其中从秦州到成都的两组纪行诗标志着杜甫山水诗的最高成就,历来为人称道。韩子苍说:"子美秦州纪行诸诗,笔力变化,当与太史公诸赞方驾,学者宜常讽诵之。"[4]陆时雍说:"老杜《发秦州》诸诗,首首可诵。凡好高好奇,便与物情相远。人到历练既深,事理物情入手,知向高奇者一无所用。"[4] 两组诗共 24 首,写陇右的有 16 首:《发秦州》《赤谷》《铁堂峡》《盐井》《寒峡》《法镜寺》《青阳峡》《龙门镇》《石龛》《积草岭》《泥功山》《凤凰台》《发同谷县》《木皮岭》《白沙渡》《水会渡》。这两组纪行诗的一个突出特点就是它的实录性。各组除第一首外,均以行程地名为题,突出了时空的连续性。所写的是只有在当地才能见到的山川、风土、人情,完全是实地、实景、实情的抒写,而不是像谢灵运和盛唐山水诗那种理想之境和共有之景的表述。它们的"与众不同"之处,就是写出了山水的"个性"。所写峡谷、山岭、石台、古镇、崖寺、渡口,各具神态,如:

> 硖形藏堂隍,壁色立精铁。径摩穹苍蟠,石与厚地裂。　　　(《铁堂峡》)
> 行迈日悄悄,山谷势多端。云门转绝岸,积阴霾天寒。　　　(《寒峡》)
> 天寒昏无日,山远道路迷。驱车石龛下,仲冬见虹霓。(《石龛》)

它们无一不显示出各自特有的景致,独具的风貌。它们只属于陇右。这两组纪行诗可以说是对南朝山水诗的超越,对盛唐山水诗的发展。苏轼说:"老杜自秦州越成都,所历辄作一诗,数千里山川在人心目中,古今诗人殆无可拟者。"[5] 予以了极高的评价。其之所以能"殆无可拟者",除了老杜非凡的观察力、雄健的创造力及独特的审美情趣以外,"数千里山川"也是一个极为重要的因素,因为"只有秦陇、夔巫那样雄奇伟丽的高山巨川才能真正拨动杜甫的心弦","只有秦陇、夔巫那样奇雄伟丽的高山巨川才能与诗人的才思笔力相称"[6]。杜甫的成功,无疑是得到了陇右的"江山之助"。正如江盈科所说:"少陵秦州以后诗,突兀宏肆,迥异昔作,非有意换格,蜀中山水自是奇崛,独能象景传神,如春蚕结茧,随物肖形,乃为真诗人,真手笔也。"[7]

同时,陇右独特的地理环境对杜甫的创作风格也产生了一定的影响。杜甫早年的山水诗大多写得雄浑、豪迈,如"岱宗夫如何?齐鲁青未了"(《望岳》),"浮云连海岱,平原入青徐"(《登兖州城楼》)。入秦以后,则出现了与此前不同的情形。秦州诗作中,出现了一些清新精丽的小诗,如《雨晴》就是其中的典型之作:

> 天际秋云薄,从西万里风。今朝好晴景,久雨不妨农。塞柳行疏翠,山梨结小红。胡笳楼上发,一雁入高空。

这首诗与这一时期的大部分诗作的情调明显不同,色泽亮丽,笔调明快,使人真切地感受到久雨初晴的秦州秋景的艳丽夺目给诗人带来的欣喜愉悦之情。再看《赤谷西崦人家》:"跻险不自安,出郊已清目。溪回日气暖,径转山田熟。鸟雀依茅茨,藩篱带松菊。如行武陵暮,欲问桃源宿。"写景清新阔远,写人欣然自得。

杨伦说它有"王、孟之清幽,在公集中亦为变调"[7]。

杜甫还善于"以丽句写荒凉"。《山寺》一诗写道:

> 野寺残僧少,山园细路高。麝香眠石竹,鹦鹉啄金桃。乱水通人过,悬崖置屋牢。上方重阁晚,百里见秋毫。

赵汸说:"'鹦鹉'二句,本状寺之荒芜,以秦陇所产禽兽花木言之,语反精丽。"[7]何义门说:"麝以香焚,逃窜无所;鹦以言累,囚闭不放。非此山高峻,人迹不至,安得适性如此。三四以奇丽写幽寂,真开府之嗣音。"[7]在由秦州往同谷途中所作的《法镜寺》轻快明畅然又变幻多姿,也是为人称道的别致诗作:

> 身危适他州,勉强终劳苦。神伤山行深,愁破崖寺古。婵娟碧鲜净,萧槭寒箨聚。回回山根水,冉冉松上雨。泱云蒙清晨,初日翳复吐。朱甍半光炯,户牖粲可数。柱策忘前期,出萝已亭午。冥冥子规叫,微径不复取。

此外,还有一些诗作则呈现出一种峭拔奇崛的风格,《秦州杂诗二十首》中写边戍的诗及两组纪行诗比较突出。如:

> 地僻秋将尽,山高客未归。塞云多断续,边日少光辉。警急烽常报,传闻檄屡飞。西戎外甥国,何得迕天威。　　　　（《秦州杂诗二十首》其十八）

> 山风吹游子,缥缈乘险绝。硖形藏堂隍,壁色立精铁。径摩穹苍蟠,石与厚地裂。修纤无垠竹,嵌空太始雪。威迟哀壑底,徒旅惨不悦。水寒长冰横,我马骨正折。生涯抵弧矢,盗贼殊未灭。飘蓬逾三年。回首肝肺热。

> 　　　　　　　　　　　　　　　　　　　　　　　　　（《铁堂峡》）

> 塞外苦厌山,南行道弥恶。冈峦相经亘,云水气参错。林迥硖角来,天窄壁面削。硖西五里石,奋怒向我落。仰看日车侧,俯恐坤轴弱。魑魅啸有风,霜霰浩漠漠。昨忆逾陇坂,高秋视吴岳。东笑莲花卑,北知崆峒薄。超然侔壮观,已谓殷寥廓。突兀犹趁人,及兹叹冥寞。　　　（《青阳峡》）

杜甫陇右时期诗作中呈现出来的这种奇险峭拔的风格是此前所没有的。它的出现,自然与杜甫独特的艺术感受和高超的艺术与法有关,但秦陇独特的山川地理形势也是一个重要的因素。

四

陇右独特的地域文化对杜甫心灵的陶冶,境界的升华也产生了一定的影响。

仁民爱物是杜甫的一贯思想,这是他最伟大的精神,由此而生发的平等意识、和谐思想在陇右诗中比比皆是,体现得非常充分。概括说来,主要有这么两个方面：一是对人与自然和谐的赞美，一是对人与人和谐的祈愿。

秦州地处秦岭东麓，气候温和，林木茂盛，自然风光十分优美。身心疲惫的杜甫来到秦州后，被陇上景致殊异的山川所吸引，为边地纯真质朴的民风所感染，用大量的笔墨记写了他的见闻感怀。如《秦州诗二十首》：

> 传道东柯谷，深藏数十家，对门藤盖瓦，映竹水穿沙。瘦地翻宜粟，阳坡可种瓜。船人近相报，但恐失桃花。　　　　　　　　　　　　　　（其十三）
> 东柯好崖谷，不与众峰群。落日邀双鸟，晴天卷片云。野人矜绝险，水竹会平分。　　　　　　　　　　　　　　　　　　　　　　　　　　（其十六）
> 边秋阴易夕，不复辨晨光，檐雨乱淋幔，山谷低度墙，鸬鹚窥浅井，蚯蚓上深堂，车马何萧索，门前百草长。　　　　　　　　　　　　　　（其十七）
> 云气接昆仑，涔涔塞雨繁，羌童看渭水，使节向河源。烟火军中幕，牛羊岭上村，所居秋草静，正闭小蓬门。　　　　　　　　　　　　　　（其十）

所记之景，疏淡恬静；所写之人，恬然自得。诗人笔下的东柯谷是如此的美好：户户人家，都在藤萝苍翠之中；处处溪沙，皆有丛竹掩映之趣。土地虽然脊薄，但偏宜种植谷子；山坡温暖向阳，尽可栽培甜瓜。这里，有幽雅的环境可以怡养天年，有山地阳坡可以栽谷种瓜，有农夫村妇可以开怀畅叙，有新鲜空气可以自由呼吸。虽然粗茶淡饭，但也乐趣无边。一切是那么自然、那么随意、那么融洽。诗人在这里将人与自然置于平等的位置，彼此容纳、相互适应，没有侵夺、没有伤害，处于一种完美的和谐之中，它如："麝香眠石竹，鹦鹉啄金桃"（《山寺》）；"鸟雀依茅茨，藩篱带松菊"（《赤谷西崦人家》）；"野人寻烟语，行子傍水餐"（《寒峡》）；"山头到山下，凿井不尽土，取供十方僧，香美胜牛乳"（《太平寺泉眼》）。麝香、鹦鹉各取所需，鸟雀、松菊各得其所，野人、行子随心所意。一幅自然图景，一派和谐气象。《雨晴》《遣怀》《寓目》《西枝村寻置草堂地夜宿赞公土室二首》《秦州杂诗二十首》其九、其十等许多诗中也都从不同的角度作了抒写。这些诗表现了作者对自然的认识、抒发了对自然的赞美，表达了对人与自然和谐的追求。在对自然长时间的直接体验中，杜甫体味到了人与自然的同形同构，感悟到了人生的哲理，宇宙的真谛。"始知五岳外，别有它山尊"（《木皮岭》），即是陇右山川赐予他的珍贵礼物。从"会当陵绝顶，一览众山小"（《望岳》）到"始知五岳外，别有它山尊"，可以说是杜甫思想的发展，境界的升华。陇右再一次给了他"江山之助"。杜甫的心灵与陇右山水的融通，鸣奏出了一曲美妙的和弦。

与此同时，杜甫还表达了人与人之间应当建立平等和谐关系的思想和主张。杜甫寓居秦州后，脱开了皇朝政治的漩涡和安史之乱的战火，环境的变化使他得以对社会人生重新认识审视,一连写下了五组十八首以"遣兴"为题的诗作。在这些诗篇中,他对当时社会不平等不和谐的情状表示了不平和忧虑、愤慨和批评:"北里富熏天,高楼夜吹笛。焉知南邻客,九月犹缔绤"(《遣兴五首》其一),通过对比,揭露贫富之悬殊。在另一组诗中,他借古喻今,对当政者的不公表示了不平,进行了指斥:"昔时贤俊人,未遇犹视今。嵇康不得死,孔明有知音。"(《遣兴五首》其二)"昔者庞德公,未曾入州府,襄阳耆旧间,处士节独苦。岂无济时策?终竟畏罗罟。"(《遣兴五首》其三)

陇右地处边塞,杜甫来到秦州后,亲身感受到了吐蕃威胁的战争气氛。他对当时的严重局势无比忧虑,十分关切,多次表达了他反战爱民的思想与民族和谐的主张。

> 下马古战场,四顾但茫然。风悲浮云去,黄叶坠我前。朽骨穴蝼蚁,又为蔓草缠。故老行叹息,今人尚开边。汉虏互胜负,封疆不常全,安得廉颇将,三军同晏眠。（《遣兴三首》其一）

杜甫反对吐蕃对唐王朝的侵犯,"此邦今尚武,何处且依仁?"(《寄张十二山人彪三十韵》)。但他也不赞成天子恣意开边。因为双方争战,势必封疆不全。因此他主张"修德使其来,羁縻固不绝"(《留花门》),双方和平共处,平等往来。杜甫对吐蕃觊觎蚕食唐王朝边土是坚决反对的,但他对归附的夷民被征东调迎击叛军造成的"健壮尽不留""死人积为丘"(《遣兴三首》其三)的结果则深感不安,大声疾呼"老弱哭道路,愿闻甲兵休"。这种同情心、怜爱心是极其难能可贵的,它突破了狭隘的民族心理,体现了平等博爱的伟大精神。杜甫胸襟之宽阔,境界之高远,由此亦可一见。这是他的平等意识、和谐思想无比生动、无比真实的体现。

冯至先生说:"秦州就用这座山(指陇山——笔者)来迎接杜甫,杜甫也以这座山起始他另一个段落的别开生面的新诗。"[1]陇右地域文化对杜甫诗歌创作的影响是深厚而广远的。

杜甫陇右之行及诗歌创作的文化意义

朱东润先生说:"乾元二年是一座大关,在这年以前杜甫的诗还没有超过唐代其他的诗人,在这年以后,唐代的诗人便很少有超过杜甫的了。"[8]杜甫的陇右之行及诗作在他一生的经历与诗歌创作中有着特殊的意义。他的陇右诗能取得极高的成就,与陇右地域文化的影响有着直接的关系。同时我们也看到,他的陇右之行及诗作,具有鲜明的地域色彩,对流寓之地的文学和文化也产生了重要的影响。

一

首先我们看到,作为"诗圣",世界文化名人,杜甫的影响相当广远。他的经历,成为人们认识历史、了解祖国河山的一条独特途径,在这方面,他的陇右诗尤为突出。

唐代陇右的历史资料散布于《新唐书》《旧唐书》《元和郡县志》等几部史志中,一鳞半爪,很不完备,所记只是战事、灾荒等内容,而杜甫陇右诗的大部分篇章,则直接记写了秦州的政治、军事、经济、文化、民族等多方面的状况:

州图领同谷,驿道出流沙。
降虏兼千帐,居人有万家。
马骄朱汉落,胡舞白题斜。
年少临洮子,西来亦自夸。　　　　　　　　　　　(《秦州杂诗二十首》其三)
城上胡笳奏,山边汉节归。
防河赴沧海,奉诏发金微。　　　　　　　　　　　(《秦州杂诗二十首》其六)
闻道寻源使,从天此路迥。
牵牛去几许,宛马至今来。　　　　　　　　　　　(《秦州杂诗二十首》其八)
一县葡萄熟,秋山苜蓿多。
关云常带雨,塞水不成河。
羌女轻烽燧,胡儿掣骆驼。

(《寓目》)

此邦今尚武,何处且依仁。
鼓角凌天籁,关山倚月轮。
官壕罗镇碛,贼火近洮岷。　　　　　　　　　　　(《寄张十二山人彪三十韵》)
云气接昆仑,涔涔塞雨繁。
羌童看渭水,使客向河源。　　　　　　　　　　　(《秦州杂诗二十首》其十)

陇右地处边塞,秦州一代胡汉杂居,处于中原文明的边缘地带,唐王朝在文化上采取的兼容开放政策,使这里成了胡汉文化交流融汇的大舞台,独特的地理环境所造就的民族浑融和文化多元的环境与不时出现的边烽紧急情势,杜甫在诗中都有形象的描绘。居民之杂、物产之异、风俗之奇、地气之殊,一一可览;驿道关隘、烽燧军檄、使节边将、胡人胡物,历历在目。

相关的内容在《秦州杂诗二十首》其四、其八、其十三、其十八以及《东楼》《日暮》《赤谷西崦人家》《盐井》《龙门镇》《石龛》等诗中也都作了记写。这些诗对了解和研究唐代秦州的历史面貌、民族关系、地理交通、气候状况、社会生活及文化特征等,有着弥足珍贵的价值,具有证史、补史的作用。同时也构成了他"诗史"的重要组成部分。

二

杜甫在寓居陇右期间,还用大量的诗篇描绘了独特的陇右自然风貌,记述了特定历史时代的人文景观,呈现出了显明的地域文化色彩。

如写自然风光:

> 莽莽万重山,孤城山谷间。
> 无风云出塞,不夜月临关。　　　　　　　　　　　（《秦州杂诗二十首》其七）
> 塞柳行疏翠,山梨结小红。
> 胡笳楼上发,一雁入高空。　　　　　　　　　　　　　　　　　（《雨晴》）
> 落日邀双鸟,晴天卷片云。
> 野人矜绝险,水竹会平分。　　　　　　　　　　（《秦州杂诗二十首》其十六）
> 边秋阴易夕,不复辨晨光。
> 檐雨乱淋漫,山云低度墙。
> 鸬鹚窥浅井,蚯蚓上深堂。　　　　　　　　　　（《秦州杂诗二十首》其十七）

秦州地处长江流域与黄河流域的交汇地带,特殊的地理位置赋予了它独特的自然风貌。山城云月的奇观,边塞秋日的异景,许多与中原地区迥然不同的景致在杜甫的笔下得到了充分的展示。"塞云""塞柳""山梨""胡笳""边秋"等作为中心意象,展开的是一幅幅陇上秋日图。在这里,写景已然亦是记事,透过杜甫的诗句,我们窥见了秦州昔日的风貌。

再如写名胜古迹:

> 秦州城北寺,胜迹隗嚣宫。
> 苔藓山门古,丹青野殿空。
> 月明垂叶露,云逐度溪风。　　　　　　　　　　　（《秦州杂诗二十首》其二）
> 山头南郭寺,水号北流泉。
> 老树空庭得,清渠一邑传。
> 秋花危石底,晚景卧钟边。　　　　　　　　　　（《秦州杂诗二十首》其十二）
> 野寺残僧少,山园细路高。

麝香眠石竹,鹦鹉啄金桃。

乱水通人过,悬崖置屋牢。

上方重阁晚,百里见秋毫。 (《山寺》)

秦州历史悠久,文化底蕴深厚,名胜古迹众多。隗嚣宫、南郭寺、麦积山都是秦州著名的胜地。在唐代,隗嚣宫与南郭寺同为秦州南北二山相映成趣的名胜。如今隗嚣宫已荡然无存,南郭寺则风姿犹在。借助杜甫的妙笔,我们方知现在只能看到残痕瓦砾的隗嚣宫曾有过昔日的辉煌,而南郭寺则因杜甫的诗作而名声大振,至今不衰。麦积山是我国四大石窟之一,被称为"东方雕塑馆",闻名遐迩。而对它最早进行咏写的我国古代著名诗人的诗篇就是杜甫的这首《山寺》。这里所写,虽然是当时的震后情状,但我们依然强烈地感受到它的殊胜之景。除此之外,秦州驿亭,东楼,太平寺等古迹的信息也都靠杜甫的诗篇保存了下来。

又如写山川奇景:

硖形藏堂隍,壁色立精铁。

径摩穹苍蟠,石与厚地裂。

修纤无垠竹,嵌空太始雪。 (《铁堂峡》)

林迥硖角来,天窄壁面削。

石奚西五里石,奋怒向我落。

仰看日车侧,俯恐坤轴弱。 (《青阳峡》)

天寒昏无日,山远道路迷。

驱车石龛下,仲冬见虹霓。 (《石龛》)

朝行青泥上,暮在青泥中。

泥泞非一时,版筑劳人功……

白马为铁骊,小儿成老翁。

哀猿透却坠,死鹿力所穷。 (《泥功山》)

乾元二年十月,杜甫离开秦州前往同谷(今甘肃成县),同年十二月一日又由同谷南下成都,前后历时三个月,这期间写了两组共二十四首纪行诗,其中陇右一段有十六首:《发秦州》《赤谷》《铁堂峡》《盐井》《寒峡》《法镜寺》《青阳峡》《龙门镇》《石龕》《积草岭》《泥功山》《凤凰台》《发同谷县》《木皮岭》《白沙渡》《水会渡》。这两组纪行诗的一个突出特点就是它的实录性。各组除第一首外,均以行程地名为题,突出了时空的连续性。所写的是只有在当地才能见到的山川、风土、人情,完全是实地、实景、实情的抒写,而不是像谢灵运和盛唐山水诗那种理想之境和共有之景的表述。他们的"与众不同"之处,就是写出了山水的"个性"。所写峡谷、山岭、石台、古镇、崖寺、渡口,各具神态。它们无一不显示出各自特有的景致,独具的风貌,它们只属于陇右。朱熹说杜甫"秦州入蜀诸诗分明如画"(《朱子语类》卷一四〇)。杜甫将陇右山川的奇崛险丽、异姿独态做了全方位的展示,让人震撼、令人惊叹。

杜甫的诗作描绘山区的自然景致,记写边城的人文景观,或清新明丽、或萧瑟疏凉、或壮阔幽远、或奇险峻峭,展现了不同于平原地区的边塞风光。让人惊心动魄,又赏心悦目,既感神奇莫测,又觉自然舒展。这类诗在陇右诗作中比比皆是。宋人刘克庄说:"唐人游边之作,数十篇中间有三数篇,一篇中间有一、二联可采。若此二十篇(指《秦州杂诗二十首》——笔者),山川城郭之异,土地风气所宜,开卷一览,尽在是矣。网山《送蕲师》云'杜陵诗卷是图经',岂不信然。"[3]对一个地方进行如此全面而集中的记述,这是前所未有的。杜甫的诗作使历史上无人专门咏写过的陇右山川风物得到了全景式的描绘,把陇右神奇独特的风貌展示在了世人面前,具有开创性的意义。清初诗人宋琬《题杜子美秦州流寓诗石刻后》云:"夫陇山以西,天下之僻壤也。山川荒陋,冠盖罕臻,荐绅之士,自非官于其地者,莫不信宿而去,驱其车惟恐不速。自先生客秦以来,而后风俗景物,每每见称于篇什。"[9]精辟地指出了杜甫的流寓及诗作对陇右扬名于世的独特贡献和重要作用。即如《山寺》一诗,是古代诗人中最早咏写麦积山的诗作,秦州胜景南郭寺则借助杜甫的诗作名扬四方,不少人就是吟诵着"山头南郭寺,水号北流泉。老树空庭得,清渠一邑传"等杜甫陇右诗句了解秦州,走进陇右的。

三

同时,我们看到,杜甫的陇右诗对陇右文化艺术的拓展、延伸提供了一个充盈丰富的"武库"。书法、绘画、音乐等诸多领域都从杜甫陇右诗中"猎宝",创造出了许多新的艺术价值非凡的珍品,为陇右文化增添了新的光彩。

清初宋琬在秦州主持刊刻"二妙轩碑",以"诗圣"陇右之诗,集"书圣"之字,使二圣之妙品联璧合珠,韵辉墨映,给人们提供了一种新的艺术享受,一种高品位的文化熏陶。在杜甫流寓之地,这是绝无仅有的,也是迄今唯一所见的"诗圣"与"书圣"联袂之妙品。"二妙轩碑"由有"南施北宋"称誉的清初大诗人宋琬任分巡陇右道备金事,驻节秦州时主持所建。原碑已不存,现有拓帖流世。碑帖长1516厘米,高24厘米,集王羲之诸书法名家之字,刊杜甫《秦州杂诗二十首》《山寺》《初月》《乾元中寓居同谷县作歌七首》等陇右诗作60首而成。书体以行书为主,正楷、行草、章草、草书兼备,丰富华采,艺术价值极高。诗书二妙,堪称一绝。"二妙轩碑"的刻立,使杜甫的诗歌在书法领域里大放异彩,为文学艺术的发展开辟了新路,为陇右的文化艺术增添了一道新的风景。1998 年,"二妙轩碑"重新刻立于南郭寺杜公祠东南的"北流泉"前,碑廊全长 35.6 米,高 4.36 米,气势宏伟,庄重典雅,已成为现今南郭寺的一个标志性文化景观,而重印的《二妙轩碑帖》也成了对外宣传、进行文化交流的特殊"使者"。

杜甫诗意画历来为画坛名家所看重,研习摹绘,源远流长。国画大师徐悲鸿在所绘的诗意画中,精心挑选了杜甫陇右诗中的《佳人》和《秦州杂诗二十首》的第五首予以描摹,对诗意画的创作产生了很大影响,其传达的神韵,其意义甚至超出了绘画本身。被徐悲鸿题为《立马》的这幅画作,取材于《秦州杂诗二十首》其五,原诗为:"南使宜天马,由来万匹强。浮云连阵没,秋草遍山长。闻说真龙种,仍残老骕骦。哀鸣思战斗,迥立向苍苍。"画中一匹骏马昂首挺立,威风凛凛,势不可挡。这幅画是 1943 年徐悲鸿写赠少帅张学良的,其时徐悲鸿居贵阳,张学良因"西安事变"被禁闭在贵州桐梓。款识中徐悲鸿摘录了杜甫这首诗的末二句"哀鸣思战斗,迥立向苍苍",落"汉卿先生教之。壬午岁尽。悲鸿贵阳客中写少陵诗。"这幅作于抗战期间的《立马》,寓意深远,耐人寻味。秦州宝马"哀鸣思战斗,迥立向苍苍"的英勇气概体现了强烈的民族精神,感召力至今不衰。

杜甫的陇右诗还登上了音乐殿堂,而且走出了国门。1980—1984 年,原苏联作曲家捷尔尼科夫选取杜甫诗 19 首,谱成了两部大型合唱套曲,并于 1986 年由原苏联国立室内乐合唱团隆重上演。在这 19 首诗中,《梦李白》《促织》等陇右诗作入列其内。透过这些诗作,异国他邦的人们也领略了杜甫的陇右情思和陇右文化的绵远意蕴,这是杜甫对陇右文学和文化的又一贡献。

四

还值得注意的是,杜甫的陇右遗迹和诗作已成为一种独特的文化,对陇右地区的社会生活产生了积极的影响,对文化建设、经济发展起了直接或间接的促进作用。

杜甫在陇右的足迹所涉与诗作所记,遍及陇右的胜地殊境,俗风异情。麦积山、南郭寺、太平寺、同谷草堂等一直是人们旅游观光、陶冶情操的胜地,"南山古柏""东柯草堂""麦积烟雨"很早就被列入了秦州八景之中。因杜诗而声名大振的南郭寺现已成为秦州的一张文化名片,一个标志性的旅游景点和重要的文化场所。杜甫寓居东柯的传闻、民谣流传广远,妇孺能诵。《秦州杂诗》则很早就被用作秦州学童的启蒙课本内容,一代又一代人受到感染熏陶,对秦州城乡重文重教风气的形成及扩展起了重要作用。天水素以文化底蕴丰厚而为人称道,被列为国家级历史文化名城,杜甫及其诗作起了重要的支撑和充实作用,长期积淀所形成的杜甫陇右诗文化已成为陇右文化的一个重要组成部分。对这一特定文化的开发利用方兴未艾,杜甫纪念馆的筹建,以杜诗文化为特色的自然风光与人文内涵相融合的文化旅游格局的开创,杜诗文化产业的兴起等等,将对陇右文化的发展带来新的生机和亮点,获得社会与经济双重效益。

杜甫的陇右之行是不寻常的,他的陇右诗作也是不寻常的。陇右成就了杜甫,杜甫也成就了陇右。即如霍松林先生所说:"治中华诗歌者,无不注目唐诗;攻唐诗者,无不倾心杜甫;而读杜诗者,又无不向往秦州也。老杜倘无秦州之山川胜迹以发其才藻,固无以激扬创作之高潮;秦州倘无老杜之名章隽句以传其神韵,又安能震荡海内外豪俊之心灵,不远千里万里,来游兹土,以促进经济文化交流乎?"(霍松林《天水诗圣碑林序》,1997 年,见天水南郭寺东院西壁。)杜甫流寓陇右的经历及其诗作,构成了陇右文化中一道庄严、瑰丽、永久的光彩。

参考文献

[1]冯至.杜甫传[M].北京:人民文学出版社,1980.

[2]周晓琳,刘玉平.中国古代作家的文化心态[M].成都:巴蜀书社,2004.

[3]刘克庄.后村诗话[M].北京:中华书局,1983.

[4]仇兆鳌.杜诗详注[M].北京:中华书局,1979.

[5]朱弁.风月堂诗话[M].北京:中华书局,1991.

[6]程千帆,莫砺锋.崎岖的道路与伟丽的山川[J].社会科学战线,1987(2).

[7]杨伦.杜诗镜铨[M].上海:上海古籍出版社,1980.

[8]朱东润.杜甫叙论[M].北京:人民文学出版社,1981.

[9]辛鸿义点校.重刻安雅堂文集卷二:宋琬全集[M].济南:齐鲁书社,2003.

注:本文曾发表在《杜甫研究学刊》2006 年第 2 期上。

民国时期天水图书文化事业的发展及其影响述论

聂大受*

民国时期尤其是抗战期间，天水图书文化事业异常繁荣，为全省乃至西北所注目。其原因既有文风的传承，更有乡贤的努力，亦有时局的影响。其作用与影响遍及社会教育、学术研究、文学活动、对外交流诸多方面。

素以陇上文化重镇著称的天水，文化教育历来比较发达。作为其重要组成部分的图书文化事业，在民国时期尤其是抗战期间，异常繁荣，为当时天水的人文教育、学术研究作出了积极的贡献，在甘肃乃至西北都产生了广泛的影响。

一

民国时期的天水社会教育，经历了一个从无到有，由小到大的渐进过程，其发展大致经历了两个阶段。据《天水县志》记载，清末时秦州就设有宣讲所一处。进入民国后，先后兴办了天足会、第一通俗讲演所和第二通俗演讲所。1916 年，天足会在西关设立天水县第一阅报社，在大城设立第二阅报社（内附设公立图书馆）。1919 年将第二阅报社内附设的公立图书馆单独分置，成立了天水第一个公立图书馆，馆址位于今秦州区孔庙内。1920 年，天水教育会会长胡心如以教育会所藏经、史、子、集各类图书为基础筹建天水县图书馆，馆址设于西关会福寺内（今秦州区解一小学）。1923 年，教育会将馆址移至孔庙尊经阁，与天水公立图书馆合并。1928 年在大城又建立中山图书馆，并增设了民众阅报社和民众识字处。后中山图书馆改建为儿童图书馆。1935 年，天水县教育局将天水图书馆、通俗阅报社、儿童

---

* 作者简介：聂大受，男，甘肃天水人，天水师范学院文史学院教授，中国杜甫研究会常务理事，《杜甫研究学刊》编委，甘肃省古代文学学会常务理事，甘肃省唐代文学学会常务理事，天水杜甫研究会会长。

图书馆合并,称天水县立民众教育馆,馆址设于城隍庙(今天水市群艺馆)。至此,可以说是初创阶段。这一时期的发展态势基本上是随着整体形势平稳推进,但在许多方面也都有不少特色。其创设时间、机构规模、藏书数量、经费投入等均居全省各县前列,而所建的儿童图书馆则为当时全省惟一的一所儿童图书馆。

抗战开始后,天水图书文化事业在原有基础上迅猛发展,出现了前所未有的辉煌与繁盛。其最突出的是藏书的品位极大提高和数量的快速增长,以及图书文化机构的健全完善。

1937年,前陕西省主席邵力子先生将自己私人收藏的一大批珍贵书籍慷慨捐赠天水。这批图书,数量极大,据他本人所记:"凡五千二百四十种,一万六千六百一十六册,合碑帖拓片等,略得五万卷以上。"[1]其种类也很繁富,涉及西北政治、文化、历史、地理诸多方面。刘耀藜1940年撰文记云:"核其质要,除为泛同性或世界性之大部图书颇足供览外,什之七八为关于陕西及甘宁青新等省文物。其中罕本及抄本,亦多为国内书籍之所不及见。"[2]这里需要特别提出的是,现在陕西各州各县志书约五千余册,完好无缺的全国共有两套,一套藏于陕西省图书馆,一套藏在天水市图书馆,藏于天水的这套即是邵力子先生赠书之一。

邵力子先生捐赠的这批珍贵图书,为天水县图书馆的重新成立提供了充分的条件。1938年,天水县政府拨出专款配备专人,筹建新的天水县图书馆。1939年7月,甘肃省天水县图书馆正式成立,由汪剑平任馆长,聂幼莳兼任主任。藏书以邵力子先生的赠书为主要基础,被民众教育馆合并的原图书馆藏书也一并收藏,馆址选定在城南水月寺西侧的王公祠(今秦州区公园小学)。新馆一进三院,门庭是两层木楼,前院花木繁盛,后院新建的大厅为书库和阅览室,宽畅明亮,中院东房辟为邵力子先生纪念馆,匾额为于右任先生题写。此处荷池溪水,花簇树荫,幽雅恬适,诚为读书怡情的绝佳之所,其自然环境是全省其他各县图书馆远远不及的。

天水县图书馆成立后,呈现出强劲的发展势头,据《甘肃省统计年鉴》记载:民国廿七年天水县图书馆职员5人,经费1200元。廿八年职员6人,经费1360元。廿九年职员6人,经费1703元。在全省23个县级图书馆中,居于首位,其规模和品位为世所瞩目。1940年,留学生刘耀藜发表了题为《西北的文化宝藏——天水县图书馆》的专文,文章说:"愚自丁丑出亡,流离西北,回首书城,在平在并在籍所有,已荡然不存。上年友人中英庚款董事戴乐仁、西北科学教育馆长梅贻宝两先生,曾招以馆书假我参考,嗣因天水县图书馆已开,乃留天水先此参考,即此所有,颇可供一时部分之应用。当此东南各省文物燹余之会,应认为抗战救国上西北方面仅有之藏贮。"[2]给予了新成立的天水县图书馆极高的评价。其在甘肃乃至整个西北地区的影响,由此亦可见一斑。

1941 年,聂幼莳先生接任馆长后,增设了两个儿童阅览室,添置了一大批新书,充实了各种设备,进一步扩大了新馆的规模。同时,加强了与各中小学协订定期阅览的措施,配合、促进了全县的学校教育。1943 年,甘肃省的县立图书馆全部并入民众教育馆,唯独天水县图书馆得以保留,成了全省唯一的一个县级图书馆,也成为当时全省仅有的两个公立图书馆之一(另一个是甘肃省立图书馆)。而此时,"每日到馆阅览人数,与省立兰州图书馆不相上下"[3]。这种繁盛之势一直持续到了抗战胜利。

二

民国时期尤其是抗战期间,天水的图书文化事业能出现前所未有的繁盛有着多方面的原因。素以陇上文化名城著称的天水,历史悠久,人文汇萃,有着优良的文化传统。仅以近世而言,晚清秦州文风炽盛,至光绪年代尤为风光,进士及第及中举者就有八九十人之多。创立于光绪二年的陇南书院闻名暇迩,不仅培育出了一大批优秀人才,而且推动了重文重教的社会风气的形成与盛行,正是这种文风的影响,进入民国后,天水的社会教育很快开展了起来。这种乡风传习,正是后来图书文化繁荣的根基。

与此相随,一大批情系西北、造福桑梓的志士仁人的无私奉献与竭诚效力则起了直接的至为重要的作用。

这里,首先应该提出的是与大西北有着深厚情结的"和平老人"邵力子先生。邵力子是我国近代史上一位有影响的人物,早年任教于陕西高等学堂、复旦大学(任中文系主任)。1931 年至 1936 年先后任甘肃、陕西两省主席,公余之暇,常到旧书摊书铺搜购书籍,往往花去工资收入的一大半,收购了大量的有关西北文化、教育、历史、地理等方面的书籍,其中不少是古本、孤本。邵力子先生学识渊博,涉猎广泛,对天水的风土人情、历史地理早有闻知,曾说:"天水自昔为西北名邑,人文称盛,故家流风,至今尚存,而时代苗新,作育英彦,方在雷雨甲坼际。"[1]在他主持甘肃政务后,又"谂知其俗重风义,尚文学,因获交其邑之贤士学人"[1]。由此可见天水的文风给他的印象之深,同时也可看到他对天水的称赏和看重,而与天水士人的交游又加深了他对天水的感情。1937 年,抗战烽起,在天水学人冯国瑞的力谏下,他毅然将自己私人收藏的一万六千余册图书全部捐赠天水。他说:"余深感西北为国防重地,文化事业,诸待提倡,图书馆之设备,尤为重要,而天水且付阙如,今创为此举,余甚韪之。"[2]邵力子先生捐赠的这批珍贵图书,为天水县图书馆的重新成立奠定了基础,使天水县图书馆的规模和品位一跃而成为仅次于甘肃省立图书馆的全省县级图书馆之首,极大地提高了天水县图书馆在全省文化教育界的地位。经历了半个多世纪以后,今日的天水市图书馆的古籍书库,其主要藏书依然为当年邵力子的赠书。

同时,天水学人冯国瑞、汪剑平、聂幼莳及胡心如诸先生殚精竭虑、披肝沥胆也是一个重要的方面。冯国瑞是陇上著名学者,早在1932年邵力子先生任甘肃省主席时就往来频繁,过从甚密。邵力子任陕西省主席后,冯国瑞即被聘为省府顾问,在得知邵力子准备将其图书"还藏甘陕"时,他多次陈说,希望"以之捐赠天水,建馆而公诸世"[1],并给于右任、吴稚晖等人去信,请其旁说,终于促成了邵力子捐书天水之举。而另一位天水学者聂幼莳则为这批图书的搬运历尽了艰辛。1938年10月,天水县长黄炘和地方人士商议,委托时任天水县教育局长的聂幼莳去凤翔接续冯国瑞搬运邵力子先生的赠书。当时,聂幼莳大病初愈,但为了使这批书籍能尽快运回,便毅然前往。他先后两次,几经波折,冒着敌机轰炸的危险,亲自随护,终于将这批珍贵图书安全运抵天水。1941年他接任馆长后,搬住馆里,夜以继日,为新馆的建设倾注了大量的心血。当时参与新馆筹建,书册整理的冯国瑞、汪剑平、王新令、聂幼莳诸先生都是才学素养甚高,颇有声望影响的社会知名人士,他们的直接参与,对当时天水图书文化事业的发展起了重要的作用,产生了很大的影响。

另外,时任地方官员的重视支持也是一个不应忽略的方面。1937年抗战爆发,黄炘由清水调任天水县长。黄炘出身于书香门第,毕业于武汉大学,在清水任县长期间,兴教办学,颇有政声。在闻知邵力子先生赠书意向后,一方面积极配合有关人士,努力促成赠书善事,一方面多方筹集资金,调配人员,筹建新馆,使天水县图书馆得以很快成立,并颇具规模。

民国初期天水社会的相对稳定,抗战时期政治文化中心的西移则是天水图书文化事业繁盛的外部原因。

民国初期,政局动荡,战乱不息,而地处西北腹地的边城天水则相对安定,经济发展较快,这就为文化的发展提供了条件,使天水的图书文化事业得以稳步推进。抗日战争开始后,大批中原文化人士和青年学生流亡天水。他们的到来,给相对僻远的古城天水带来了新的文化学术气息,同时这些"士人"又企望文化方面的一些需求得到满足。他们对天水县图书馆的成立寄予了厚望,给予了很大的关切。1940年天水县图书馆成立不久,他们就在所办刊物《教育部战区中小学第七服务团团刊》上登载了留学生刘耀黎的专稿《西北的文化宝藏——天水县图书馆》,大力宣传,积极促进,起了很好的推动作用。

总之,天水图书文化繁盛的原因是多方面的,既有文风传承的影响,又有仁人乡贤的竭诚奉献,也有时势环境的客观机缘。可以说是天时、地利、人和的集合。

三

民国时期尤其是抗战期间天水图书文化事业的繁盛对当时天水的社会发展产生了广泛的影响,特别是新的天水县图书馆的成立与运作,为天水乃至西北地区的学术研究提供了"利器",为战时天水文化教育的发展发挥了积极的作用。

重新成立的天水县图书馆开馆后,汪剑平、聂幼荪、苏万卿、冯国瑛、骆毅斋等人即开始有计划有步骤的工作,他们一面继续整理赠书,分类编目,造册登记;一面与各学校订立定期阅览的协定,积极开展图书教育,有力地配合了学校教育,收到了很好的效果。与此同时,他们还充分利用馆藏资料,组织人员编印了《天水指南》一书,对介绍宣传天水、促进对外交流,竭诚服务社会起了很好的作用,而为时人及后人所称道。

1938年,华北许多地方沦陷,教育部战区教师第七服务团流亡到达天水,其中大、中、小学各种人才都有,时任天水县教育局局长的聂幼荪先生对他们一一做了妥善安置,为天水教育输入了新的血液。这些"中原士人"对西北、对天水了解甚少,所幸的是,刚刚成立的天水县图书馆为他们提供了丰富的资料,使他们的工作和生活得到了极大的便利。后来他们中的不少人为宣传天水、宣传西北做了许多有益的工作。

天水自古人文称盛,故家流风,传习不断。进入20世纪三四十年代,文学创作与学术研究繁盛一时。当时天水诗人汪剑平、冯国瑞、陈颂洛、胡恕轩、聂幼荪、胡楚白、张澄之、赵尧臣等二十余人,结社吟咏,音响不绝。比较大的活动先后有1939年夏五月的话雨轩雅集,1943年重阳节官泉毛织厂褉集,1945年春雍社的大同银行前楼之聚等。并编有唱和集《偕梅集》(上、下)一册。这些活动常是以天水县图书馆为依托的。1940年春,冯国瑞与古典文学专家杜学知等筹集资金,成立了陇南丛书编印社。流寓天水的大学教授蒲坚石、天水学者汪剑平、胡楚白等都参与编撰。六年间出版发行地方学者的著述多达二十余种,涉及方志、考古、著述、、诗词创作等许多方面。比如冯国瑞的重要著作《秦州记》《麦积山石窟志》《天水出土秦器汇考》就是该社成立之初印行的。这些地方学人的著作之编写撰述也多是"依资于斯馆"[1]的。

闻名遐迩的麦积山石窟是冯国瑞与朋友赵尧臣、胡楚白、聂幼荪等人于1941年农历四月初八"拿'对证古本'的方式去找古迹"[4]调查核实的,而有关麦积山的材料则是冯国瑞与他的这几位朋友在这一年春天"整理家乡文献,从书本上搜集"[4]来的。这是天水学人对麦积山石窟的首次考察,在麦积山石窟的勘察史上具有开创性的意义。新成立的天水县图书馆则为之提供了宝贵的原始资料。

同时，这一时期的繁盛，还为新中国成立后天水图书文化事业的迅速发展奠立了基础。今天，天水市图书馆能被列为国家二级图书馆，以邵力子先生赠书及民国初期藏书为基础的高品位的典籍是其重要因素之一。当今方兴未艾的志书、地方文史研究、旅游指南等，其资料皆可就近取之。历年来为天水图书文化事业的发展竭诚奉献的乡贤先辈们所造就的福荫是浓密而广远的。

民国时期的天水图书文化事业经历了一个由平稳渐进到迅猛发展的过程，具有鲜明的个性特点。以作为其主体的图书馆建设来说，一是创设时间早，二是规模大，三是品位高，四是机构全。在当时为全省各县之首，仅次于省立兰州图书馆，而阅览人数则已与省馆不相上下。这可以说是其繁荣辉煌的一个突出体现。同时，它已不是仅仅局限于被动提供阅览这样一个单一的职能、狭小的空间，而是延伸到了其他诸多领域。它作为社会教育的一个重要组成部分，为当时的学校教育、民众教育发挥了直接的辅助或主导作用，促进了全民教育的蓬勃发展，产生了较大的社会影响。这也是其辉煌繁荣的一个反映。再有，它成为文学结社、学术研究、著作撰编等文化学术活动得以开展进行的一个依托，并对其繁盛起了引发、促成的作用，这是一个很大的贡献。还有，在它的发展过程中，汇集了当时众多的文化名人，他们的直接参与，使图书文化一直以主流文化活跃于当时的天水社会生活之中，为人们所瞩目，且显耀于一时。

从以上述论中可以看出，图书文化在民国时期尤其是抗战时期显居于天水文化的中心地位，它为天水各种文化事业的开展起到了依托和辐射的作用，促进了其他文化的繁荣，所产生的社会效益远远超出了一般图书文化的功能，这在当时的甘肃乃至西北地区都是甚为突出的。而在这个过程中，又造就了它自身的不断辉煌，其影响至今犹存。它对天水图书文化事业持续发展所起的奠基作用，弥足珍贵，值得称颂传扬。它从一个方面增添了天水历史文化的充盈丰厚，它的发展经历及所显现的巨大社会功用，在当今依然具有积极的借鉴意义。

参考文献

[1]邵力子.天水图书馆记[N].中央日报,1943 – 04 – 23.

[2]刘耀黎.西北的文化宝藏——天水县图书馆[N].教育部战区中小学教师第七服务团团刊,1940 – 06 – 15.

[3]郑西谷.甘肃省社会教育概况[J].社会教育季刊(第一卷),1943 – 12 – 31.

[4]冯国瑞.麦积山石窟志.

注:本文曾发表在《天水师范学院学报》2005 年6 月第25 卷第3 期上。

论贾政的恶子情结

温宝麟[*]

    贾政幼时诗酒放诞养成了他迂腐谙弱的性格,该性格又制约着他进退维谷于官场,疏懒游离于家政。当诗酒放诞基因被宝玉遗传下来并被创造性地放大,欲从儿子身上得到人生补偿的希望火苗旋遭熄灭,悔恨、痛楚、绝望便转化为反感和敌对式的惩戒,惩戒劣子的反方向结果又加剧了他的焦虑,酿成了恶子情结,这是贾政省察失败人生的应激反应。

    贾政以端方正直、风声清肃的君子形象出现在他的环境。他勤于王事、循礼事亲、垂范身教的做人准则,颇得书内人好评。书外论者亦多以此为切入点为其评点定位,视之为被礼教雕刻得工工整整的典型。但有一点读者实难理解:这位大有祖风谦恭重礼的贵族道德楷模,为什么会厌恶亲生儿子宝玉到了有违伦常天性的地步? 鉴于此,笔者有意跳出"封建卫道者与叛逆者阶级对垒"的解读误区,从人性和心理层面径直逼视其人精神内质,可望透过被礼教雕刻工整的外表,解清贾政反常的恶子情结。

    笔者认为贾政不近情理的恶子情结,是他反悔自己失败人生的心理应激反应。发生于他希冀从宝玉的成功中得到光宗耀祖的补偿却又落空的威胁加剧之时。心理表现为挫折感、痛悔、焦虑、愤怒等负面性情绪;行为表现为逃避琐务、行动刻板,情绪激动、敌对性攻击等。这种应激反应源自他潜意识中对自己性格谙弱、窝囊被动尴尬处境的反悔;而尴尬处境的深层原因则是幼时诗酒放诞、任性尚气的艺术秉性。当他否定自己一事无成人生状态的同时,又觉察到诗酒放诞这种秉性业已自觉遗传到宝玉的骨子里,偏执地预感到劣子将来杀父弑君的威胁已经铸成,遂操朴教严厉惩戒,又有贾母庇护娇惯在前,几个回合下来,儿子万难更弦,

    * 作者简介:温宝麟(1953—),男,甘肃天水人,天水师范学院文学与文化传播学院教授,主要从事中国戏曲史和红楼梦研究。

自己失败人生的憾恨万难在儿子身上得到补偿,终究到底是"诗酒放诞"毁了父子两代。这种积藏在潜意识深层的焦虑不仅无法言传疏导,且随着离自己的设计渐行渐远的宝玉成长步履,焦虑加剧,转化为类似变态的敌对性攻击。情绪性的发泄与宝玉的离经叛道二者在冲撞中相互反作用,愈演愈悖谬,这便酿成了贾政不近情理甚至有违父子天性的恶子情结。

教子不成的事实是贾政恶子情结的直接诱因,诗酒放诞的幼时情趣是贾政恶子情结的隐性缘由。

一　蹭蹬仕途的原因是孱弱低能

按常理推论,一个成功的人,对自己的行为方式与工作业绩有足够的自信,那他必然非常满意于自己儿子的行为方式"酷肖自己",非常在意他这成功者的基因在后代身上能够悉数遗传;反之,一个老在否定、自责、追悔自身之人,儿子越是"酷肖自己",他便越是不满,甚至反感、厌恶,因为自己一事无成的终生遗憾将在儿子身上重演。贾政即属于后者。依那个时代的价值观论,他不是一个成功人士:入仕蒙赖祖上庇荫;仕途蹭蹬难进。

"(贾)代善临终时遗本一上,皇上因恤先臣,即时令长子袭官外,问还有几子,立刻引见,遂额外赐了这政老爹一个主事之衔,如今现已升了员外郎了。"对于欲以科甲出身光彩入仕的贾政来说,这种"恩泽"未必就是幸事,这是他不成功的外在原因;内在原因则在于他的刻板秉性根本就难以适应阿谀权变的官场文化。我们且看他的入仕履历:

23 岁以后　任工部主事　正六品(第 2、第 3 回)

44 岁左右　升任工部员外郎　从五品(第 2、第 3 回)①

50 岁钦点学政　带原衔品级(第 37 回)

52 岁升任工部郎中　正五品(第 85 回)

53 岁放江西粮道　应为正四品(第 99 回)

53 岁被参回　着降三级　工部员外郎　从五品(第 102 回)

53 岁抄家后仍在工部员外郎行走　从五品(第 106 回)

---

①　程本脂本均未曾明言贾代善临终题本贾政承受"恩泽"时的具体年龄,依常理推测,应不小于弱冠,那么再入部习学三年,正式到"主事"之任,应为 23 岁以后。"升了员外郎"应是 44 岁左右,根据是 33 回王夫人说"我如今已将五十岁的人",此时距冷子兴演说"(贾政)如今现已升了员外郎",和林如海"托内兄"有 6 年之久——黛玉进府已 6 年,50 岁往后倒推 6 年即得 44 岁。另,冷子兴演说时 20 岁的贾珠已死亦可旁证其父 44 岁年龄。

正六品的主事到从五品的员外郎，①这位政老爹花费了漫漫20余年才完成了一阶的升迁；从员外郎到郎中一阶的升迁又熬了8年；这还是在祖上显赫的功名庇荫之下，足见贾政蹭蹬仕途的窘迫情境！

什么原因使得二老爷混迹官场如此蹭蹬难进？

依当时位居八公之首，又有元妃内宫策应、主上亲睐关照等强大优越的政治背景而论，贾政具有腾达飞升的先决优势，如此优越的家世背景下，依然蹭蹬难进的原因只能有一个，那就是他孱弱古板谦恭退让的秉性造成的被动挨打束手待毙的官场行状。

关于这一点，只需看看第33回面对忠顺王府长史官突然造访寻衅时的低能卑劣应对即可明了。贾政先是狐疑，后是惶惑，再是对儿子惹祸的恼怒，旋即是对"祸及于我"的惊恐，一事当前丧失理性慌神乱阵，能做的只是打死勒死宝玉以求推移灾祸脱开干系，情绪泛滥的失态作派全不像官场历练20余年之人所应有。这个过程暴露的是贾政面对棘手事态孱弱畏缩推祸求安的惰性。由此即可窥测贾政沉浮宦海时迂腐无能之一斑。

第99回出任江西粮道，集中暴露了贾政身处官场的古执迂腐和昏聩无能。他不谙吏治沉疴，不谙世理民情，下车伊始，即发文告严禁积弊，绝对性地禁止内外胥吏钻营牟利。很快引来衙役罢工、衙外舆论迭起——告示越凶，榨取钱财越狠！哗变恶果骤现！此举看似清正廉明，实则属脱离社会现实的书呆子做派，古执迂腐，将社会人情理想化、极端化、绝对化，丝毫不知变通，仕途中自然寸步难行甚至自蹈杀机。贾政根本不明就里，惶惑间钻入李十儿编制的圈套，听凭该李与江西贪官蠹虫并网合围，里外勾连鲸吞国库钱粮，致祸于己却一无辖制之策，只能听之任之以致束手待毙被参回京。贾政爬攀官场的心无主见孱弱无能，由此可以看到全景。

由此可推及古板孱弱的性情、不通世道勉为其难式的官场行状，是他蹭蹬官场的直接原因。

那么，他这古板孱弱的性情又是从何而来呢？

二　古板孱弱源于诗酒放诞

"诗酒放诞"是指流连诗酒、放纵逸乐、任性尚情、脾气古怪、不拘礼俗，追求逍遥惬意的一种人生态度。贾雨村正邪两赋高论中列出的那一串偶秉邪气而生的逸士高人、奇优名娼即是此类人的代表。如魏晋的阮籍、嵇康、刘伶等，他们或放

---

① 冯其庸.红楼梦大辞典[M].北京:文化艺术出版社,1991:314,315,333.

诞傲世任性不羁,或越名教任自然、远迈不群,或五斗解醒、鹿车荷锸……均以负才尚气诗酒自适而名世,①宋元以来"忍把浮名,换了浅斟低唱"的柳耆卿、②"漫赢得青楼薄幸名存"的秦少游,③以及不曾被贾雨村列入秉邪而生的"诗酒风流"的元好问,④"诗酒乐天真"的白朴⑤等,此类诗酒放诞之人大都负才尚气,爱好虚远,不流世俗,淡泊功名,诗酒自娱,不善经纶世务,却喜独步园林。用今天的话讲,"诗酒放诞"者是一群尽情尽兴地追求生活情趣、沉醉于生命自由感中的人,他们的行为方式是一种带有消极谐谑的人生态度。

众所周知,"为长者讳"的《红楼梦》文情,使得文面上的贾政总是端方正直谦恭好礼,并欲以科甲出身自创前程,完成自我实现,从而成为贾府的一面道德旗帜。这样,贾政给人的外在形象必然与"诗酒放诞"毫无关涉。细将文脉,并对其一路成长过程作一动态分析,方明贾政幼年正是个诗酒放诞之人,且这幼时的诗酒放诞左右着他今后迁腐孱弱的个性,宝玉有天没日、诗酒放诞的违俗做派应与乃父幼时的诗酒放诞同脉同源。

文本对此或直接或间接多有提示。

第78回作者站出来直接评说贾政"起初天性也是个诗酒放诞之人,因在子侄辈中,少不得规以正路。"可知贾政诗酒放诞的真性情是被君子风范的人格面具遮掩了起来,平常家居在后辈儿孙面前严肃刻板有余,真情真性难见,以训诫引导子孙入规入正。这是他的环境要求他必须戴起面具行使长者身教的贵族文化使然。第84回贾母又将其"诗酒放诞"秉性作了进一步补叙——"想他那年轻的时候,那一种古怪脾气,比宝玉还加一倍呢。直等娶了媳妇,才略略的懂了些人事儿,如今只怨宝玉,这会子我看宝玉比他还略体些人情儿呢。"因了"诗酒放诞"这类术语不属于贾母日常的语言体系,因之,贾政钟情诗酒、放诞任气、浪漫不羁的儿时情状,在贾母口中只能绘以"古怪脾气"、不懂人事、不体人情。

再联系冷子兴"次子贾政,自幼酷喜读书,祖父最疼"的演说,联系赖嬷嬷"不怕你嫌我,如今老爷不过这么管你一管,老太太护在头里。当日老爷小时挨你爷爷的打,谁没看见的。老爷小时,何曾像你这么天不怕地不怕的了? 还有那大老

① 二十五史精华:第二册[M].长沙:岳麓书社,1991:67-73.
② 赵齐平,袁行霈. 中国文学史纲要:三[M].北京:北京大学出版社,1984:42.
③ 唐圭璋笺注.宋词三百首笺注[M].上海:上海古籍出版社,1979:67.
④ 元好问《鹧鸪天》"身外虚名一羽轻,封侯何必胜躬耕。田园活计浑闲在,诗酒风流属老成。"唐圭璋. 全金元词[M].北京:中华书局,2000:121.
⑤ 白朴《中吕·阳春曲 · 知己》"四时风月一身闲,无用人,诗酒乐天真"吴庚舜,吕薇芬. 金元散曲:上[M].沈阳:辽宁人民出版社,2000:98.

爷,虽然淘气,也没像你这扎窝子的样儿,也是天天打"的讲述,可以推测:"祖父最疼"是贾政滋生诗酒放诞秉性的天然屏障,犹如"当今"贾母之于宝玉。且当年酷喜之书未尝就不是今日宝玉钟情的"杂书",若不,如何引来贾代善"那个打"!却又有祖父贾演从中护着,贾政诗酒放诞的天性在这"打"与"护"的夹缝中潜滋暗长。需要说明的是,作为贾府几代人成长的见证者,赖嬷嬷的追述与贾母的回忆应是求证贾政幼时行径的最具权威性的证词,只不过,各自身份不同,讲述时的语境目的有别,故尔将同一个事实说成了现象上的两路对峙:贾母偏袒溺爱宝玉,借机将儿子的"古怪脾气"、不懂人事不体人情的行为做派放大,夸张了严重程度,用对照的力量反证宝玉的乖张谲怪秉性与乃父相比仍属小巫,很是正常。赖嬷嬷作为贾府年龄最长、身份特殊的家奴长者,公众场合自然要为尊者讳,意在借机规引宝玉入正,所以,便将宝玉的"天不怕地不怕""扎窝子的样儿"夸张放大,强调其严重程度,而对老爷当日挨打的自身原因却做了得体的隐讳掩饰。这是贾府文化环境制约下的不同角色不同语体的生活艺术。若将贾母、赖嬷嬷对贾政、宝玉评价时各自修饰放大与各自隐讳缩小的成分分别约减还原,则会自然得出贾政幼时"诗酒放诞"的古怪生性,与今日之宝玉如出一辙的明确结论!此处须不要忘了贾政与宝玉父子都有"打"与"护"的夹缝分别滋长"诗酒放诞"天性的相似的成长环境!

贾政幼时"诗酒放诞"的古怪生性既明,那么成年后其"诗酒放诞"之性是否就一无踪影呢?细读文本可知,他这"诗酒放诞"任性追求自我情趣满足之根性,并未因其入仕、成人、肩负教诲引导子孙的使命而完全泯灭。诗酒超逸的情致细节零零总总、若隐若现,文本多有表露。

第17—18回大观园落成后的第一个柳暗花明之际,贾政引领众清客赏园题咏,是多么富有诗意情调的一幕!人生一世,功名利禄荣华富贵,有什么比听儿子题额联诗更舒心快意!这是希望的幼芽在探苗拔节。父子二人相似的天性情趣,在题咏中屡屡相互激发映显出来。尽管贾政自言"于花鸟山水题咏上平平",但策划题咏本身即显示了他的诗情雅趣,而对山水园林的适时评点,依稀可见当年怡情悦性的个性因子。

特别是清客们众口赏赞娇羞绰约的西府海棠,却并不得其要时,独贾政懂得"这叫作'女儿棠',乃是外国之种。俗传系出'女儿国'中,云彼国此种最盛,亦荒唐不经之说罢了"。宝玉旋即为其父的"女儿棠"之说补上了绝妙的诠释:"大约骚人咏士,以此花之色红晕若施脂,轻弱似扶病,大近乎闺阁风度,所以以'女儿'命名。想因被世间俗恶听了,他便以野史纂入为证,以俗传俗,以讹传讹,都认真了。"贾政超乎常态的高见与宝玉的绝妙诠释相互映射互为表里,父子二人解悟物理过程中一反世俗的才情思路,卓荦不群的逸情雅兴,此处完全合辙合韵,同脉同源! 父子二人精神内质的一致性,关键处到底超脱庸常,浮出水面! 而第78回贾政感喟于林四娘"风流隽逸,忠义慷慨",嗟叹赏赞之余,力倡以《姽婳词》为千古佳谈的林四娘作挽纪念,担心以八股之法写姽婳将军,势必拘板庸涩,有碍于抒情对象的光华绽放,故尔特意做了提示。因看好宝玉空灵隽逸的资质与能引发"四座春风"的诗情魅力,遂讨笔在手,逐一录下了宝玉的即兴吟咏"……眼前不见尘沙起,将军俏影红灯里。叱咤时闻口舌香,霜矛雪剑娇难举……绣鞍有泪春愁重,铁甲无声夜气凉……魂依城郭家乡近,马践胭脂骨髓香……"。《姽婳词》贾政出思想,宝玉献才华,是父子二人合力创造的成果。它所展露出的"不得压倒的这一种风流",乃是贾政父子情志契合携手共创的又一成果。单就贾政起始的策划创意论,为一个女子血洒疆场作赋唱和大动干戈,犹嫌不足,务要将其精神发扬光大。这里难道没有对男权社会意识的颠覆! 其立意与宝玉惯常喊叫的"女清男浊"论,惯常使用的褒女贬男的行为方式何其一致。如此问世的《姽婳词》与宝玉随后的力作《芙蓉女儿诔》在命意旨趣上,共构了一诗一赋作为该回抒情载体的宾主回应。再联系平日公务之余,贾政唯同清客在张挂数张焦尾琴的书房,酒棋自娱,清谈自适,不以俗务为要,洒脱飘逸的雅人深致,与经济道学者自属两类人。而第75回那个惧内之人为老婆舔脚恶心呕吐招致打罚的笑话,个中深嵌喜剧性的自嘲机趣,更具本真个性谐谑的真实性,尽管是应景的笑话,仍不乏生活情调与艺术因素,且又不避忌子孙满座,绘声道来,收到了笑话应有的现场效果,大异于平日端方正直的外在形象。若不是当日"诗酒放诞"之人,哪会有如此接二连三的不顾忌身份角色的"出格"举止! 非诗酒性情之人,也难得以有如此浪漫招笑的题材与情致。

由此可见,贾政幼年"诗酒放诞"之情志意趣,并未因其成人后肩负了教诲儿孙的使命而完全消失。而是将其沉积于意识深层,平日以端方正直的人格面具掩盖之,向世人展示的是环境所期望的角色外部形象——清正廉洁、端方正直的君子风范。偶有机会,总会显现出与宝玉情致大体相同的诗酒逸兴来。正是这种"诗酒放诞"的主体意识,造就了他孱弱退让性格,决定了他惬意闲适消极谐谑的人生态度,制约着他戴起端方正直的面具,在外不善经纶世务,未曾融入弱肉强食的社会现实,在内疏懒家务,酒棋自娱,清谈自适,成为名副其实的甩手掌柜。在很大程度上他是社会与家庭的局外人。

三 "诗酒放诞"毁了父子两代前程

贾政幼年的诗酒放诞为其引来了两个结果。其一为荒疏制艺学业,其二为为其根植了与社会角色保持距离的雅人情致——诗酒自娱不乐仕宦。前者决定了他难以跨越严酷的科考筛选门槛，后者则决定了他潜意识中追求惬意诗酒流年的消极谐谑的人生态度以及孱弱迂腐的性格特征，这便制约决定了他平生庸碌无为束手待毙的人生困境。从这个角度讲，薛海燕博士为宝玉定性的行为准则完全适用于乃父生命的前半段——"不以现实价值和意义要求生活，而是寻求有韵味和独得之乐的生活方式。"面对严酷的现实环境，往往"放弃强势而选择弱势，放弃攻势而选择守势，放弃功利而选择审美"①。平心论之，贾代善临终题本，应是因为统共一个荣国公之职贾赦袭了，眼看贾政科考无望，入仕进爵将要落空，不得而已而作的最后祈求，皇上赐以"主事之衔"，实是给了他们一个体面的台阶。拾阶入仕、身为人父后的贾政，面对承继祖业，使翰墨诗书家族不至于在贵族社会落潮的趋势中搁浅，教育子孙读书上进，显身扬名的客观责任，使他调整了人生态度，自觉承担了家族责任与为人之父的天职。平日端方正直迂腐古板，君子标本式地行走于工部，勤于王事；处家则循礼事亲，板起面孔教子。

　　然而他诗酒自娱，不以俗务为要的内在基因，使他与他严酷的现实环境始终保持有一段距离。表现为清旷的情致不见容于权变诡诈的官场；不屑权术应变、不善运筹谋进的处世方式与弱肉强食的官场倾轧大相悖谬；一事当前自觉"放弃强势而选择弱势，放弃攻势而选择守势，放弃功利而选择审美"的价值观，沉醉于生命自由感中的意志，必然导致贾政在宦海仕途中进退维谷，终生自卑。至此，他反省自察，追溯这一切的根源当是幼时诗酒放诞的惰性。诗酒放诞为其根植了诗酒自娱不乐仕宦的清旷情致；清旷情致决定了不屑权术应变、不善运筹谋进的处世方式。其因果关系如下图示：

　　诗酒放诞——→清旷情致——→不屑权术 ——→进退维谷

　　我们还可从心理个性角度分析个中关系：诗酒放诞的潜在因素是享乐娱情的心理需求，带有贵族没落特性的逸兴惰性，这种逸兴惰性很自然造地就了迂弱古板的个性，迂腐谄弱的个性必然使其在权变诡诈的官场举步维艰，时时身处两难境地。

　　总之，贾政幼时的诗酒放诞养成了他迂腐谄弱的性格，该性格又制约着他进退维谷于官场，疏懒游离于家政。诗酒放诞毁了终生，贾政在自省与自我扬弃中煎熬，受挫折感、焦虑等负性情绪的支配；试图将"科甲出身"的毕生愿望，移植在儿子身上，期盼着宝玉能登科及第光宗耀祖，以补偿他终生遗憾。为此他耗心费力对宝玉施予严酷的仕途经济教育：喝骂、冷眼、督促习学、督查功课乃至亲自筛

────────────

① 薛海燕.红楼梦 一个诗性的文本[M].北京：中国社会科学出版社，2003：57.

选儒家经典教材、陪送入学、逼迫其陪客应对,终而至于到气吞山河地笞挞不肖种种……目的是强迫宝玉远离诗酒放诞习性归入经济仕途,最终却被贾母的庇护娇惯一一抵消。他只能以守势逃避于酒棋自娱。当他觉察到宝玉"精致的淘气"在创造性地放大诗酒放诞这种"遗传"基因,"诗酒放诞"的根性毁蚀了父子两代人生! 由悔恨、痛楚、失望引发的对宝玉的心理嫌弃,伺机转化为敌对的愤怒朝着宝玉倾泄而来。这种负性情绪的发泄与宝玉的离经叛道二者在现实冲撞中魔道竞高,愈演愈烈,遂又加剧了对宝玉的敌对愤怒,这便构成了贯穿全书的关于贾政不近情理甚至有违父子天性的恶子情结。

刊于《宁波大学学报》2011 年第 2 期

原始本能制约下的反向行为

——论元春改额的心理动因

温宝麟*

　　元妃省亲时,曾亲搦湘管,为自己"相爱"的四大处书匾、赐名,并命"妹辈"及宝玉为大观园诸景拟匾题诗,为此行添上了文采风流的一页。搦管书匾时,他处依宝玉旧题,未做改动。独改怡红院匾额"红香绿玉"为"怡红快绿"。若从文面看,这一改动,在保留了该院蕉棠两植,"红""绿"相映的特色标识的前提下,剔去"香""玉"等酥词软语,代之以明快悦人的"怡""快",顿显见蕉棠而神清气爽,精神为之振奋的气象,颇与长姊元妃的身份、心性相合。然微观实情,似别有隐情难言。宝钗曾推测了个中原委:"他因不喜'红香绿玉'四字,改了'怡红快绿';你这会子偏用'绿玉'二字,岂不是有意和他争驰了? 况且写蕉叶之说也颇多,再想一个字改了吧。"宝钗之论,应当说准确地道出了元妃改额是因不喜"红香绿玉"。其中"红香"拟兑海棠,俗而艳,缺乏新鲜美感,改它自在文质欠雅之属。而不喜状摹芭蕉的"绿玉",才是元妃改额真正的心理动因。

一

　　那么,元妃因何不喜"绿玉"呢?

　　护花主人曾释之为:"香玉乃黛玉寓言","红香绿玉乃黛玉也,贵人不喜……"此说似将木石悲剧的主题意向,先入为主地渗入前期情节之中,扣个帽子便是"先验论"的产物,于文法文理均难说通。从文法上看"红香"与"绿玉"暗蓄棠蕉二物,若要硬绾人事,亦当指代阴阳双向二人才对,不应单指黛玉一人(此命意后文将论及)。再从文理看,黛玉之于元妃,系其亲姑妈的唯一遗孤,老祖宗"此时"的"心肝肉"(贾母只以此呼宝、黛二人),血缘关系较他姊妹要亲要近。且依

---

　　* 作者简介:温宝麟(1953—　),男,甘肃天水人,天水师范学院文学与文化传播学院教授,主要从事中国戏曲史和红楼梦研究。

黛玉乖觉警灵之天性,刚进府就博得上下一片疼怜呵护论,元妃初见这样的表妹,除留下人品"娇花软玉"一般、诗才"非愚姊妹可同列者"的嘉赞激赏之外,断无乍一见面就引发"贵人不喜"、务要借改匾额而剔除"黛玉"的指代物,以昭示黛玉兆始就失却"天心"的道理。何况元妃后面将业已赐了名的"浣葛山庄"改为"稻香村",还是受了黛诗"一畦春韭绿,十里稻花香"的意向灵感启示所为。对此,我很钦赏李劼《历史文化的全息图像·论红楼梦》的观点:元妃系女娲在尘世的现身形象,她以贵妃的身份给投胎后的顽石提供特殊的教养环境——女儿世界大观园,使之完成爱情历劫,她赞赏黛玉其人其才,一如她钟爱宝玉。这种赞赏并不落实到世俗层面的理喻上,因为宝黛之才之情,只系天上有,无法在人间得以兑现。既然无法兑现,那么只有成全贾薛联姻,让情种诗魂、宝二奶奶各得其所。此论确能导引我们穿越王希廉等人附会评点的迷障,从而登上一个通盘把握红楼人物体系的制高点。排除了护花主人关于元妃删改"红香绿玉"系指不喜黛玉的可能性后,我们再回到本题,如宝钗所推论,无妃到底因何不喜状摹芭蕉的"绿玉"呢?

笔者认为,元妃不喜"绿玉"务要删改的心理动因有三:1. 古代雅称生殖器为玉的通例,使其对"玉"格外敏感;2. "绿玉"的状摹本体——"蕉芯"形似男性生殖器;3. 禁宫中私传偷用的性器,或有玉质的,甚或就呼为"绿玉"。这三条潜意识中窜出的内容,显然不能被元妃自己的理智和她所处的环境所接受,只能压抑它们,使之潜伏于无意识中去,不能被他人觉察,亦不能被自己所觉察。被压抑的这些内容仍具有强大的动机作用,适时会改头换面,通过激烈表达相反的动机来掩饰自己潜意识的冲动,这种典型的"反作用造型"的心理防御机制,致使元妃见"绿玉"而想入非非,旋即又以"不喜"的形式将它删除。这种心理防御,尽管含有一定的自我欺骗成分,但却有效地保护她既对抗了焦虑,又避免了难堪,从而适应了环境。承认这种原始的本能力量,正视这种"人"的自然本性内容,从某种意义讲,无疑是在捍卫人的自然权力,进而真正从"人"的角度解释她的一切难以理喻的社会行为。

二

先说"玉"。

就《红楼梦》而言,玉与石两种精神导向的纠葛,即此书的旨向。石性本真无为,是出世精神的指兆。贾宝玉的本真是那青埂峰的顽石,是真石假玉,故名"贾宝玉";玉性体现着世俗欲求,是入世精神的指兆。甄宝玉的本真体现着玉性,故名"甄宝玉"。世俗社会认同玉而弃置石,太虚神界则呼唤石而鄙弃玉。大虚幻境的使者——癞头和尚和跛足道人每每警示,点化贾宝玉,欲拂去蒙于"石"上的"声色货利"俗垢,唤动自然无为的石性,于是便有贾宝玉身披大红猩猩毡,赤足光头冒雪吟唱"我所居兮,青埂之峰……"去寻求石性本真的结局;而甄宝玉的玉性使其迷途知返,乡榜入仕,终为世俗社会所拢回。故曰:玉性与石性的纠葛,乃一本之旨向所在。

就贾府而言,那块玉是宝二爷的命根子,是整个贵族家庭的命根子。宝玉动辄砸玉、摔玉,实为冲破俗网,在追求石性本真。这便引来合府上下的慌神、震恐、乱了方寸。直至恫吓、诱哄、笼络各种法子用尽,目的总是阻挠宝玉的返朴归真。这种重玉性而无视石性的情状,越到后来越加剧,直至演出"佳人双护玉"的闹剧,引发宝、钗、黛的人生大悲剧,乃至贵族社会的大悲剧……

玉既为贾府的命根子,整个世俗社会所企慕的宠物,元妃不应不喜才合情理,那么此处元妃心里不喜"绿玉",就"玉"而言,绝非"玉""石"的这个玉,似别有指征。

古人屡以"玉"拟兑生殖器官,玉茎、玉笋、玉策、玉泉、玉户……等雅称频见于野史、医籍、笔记之中。元妃长年幽闭禁宫,在极度的性饥渴中被剥夺了人的自然权力,虐杀了人的自然本性。从内宫女史而入主凤藻宫,这条世人看来荣耀风光已极的道路上,她失去了人生的欢笑、世俗的欢娱、情爱的甘美。被剥蚀了作为一个健全的、正值华年的人最起码的"食色"要求,她年轻的生命活力在这金翠辉煌的宫殿中被渐次耗磨成灰。"能使妖魔胆尽摧,身如束帛气如雷。一声震得人方恐,回首相看已化灰。"她这个爆竹谜语,不正准确而生动地传达了她的后宫生活的切肤感受吗? 震雷也似的燃爆外相与生命活力化灰泯灭的实质内涵是同步演进的! 世人看到的、钦慕已极的是凤藻宫尚书、贤德妃的赫赫威仪,自己品尝的是年轻生命的自然活力销耗殆尽,作为健康人的生活意趣始终不存的切肤痛楚。而这后一层的内容,基于理性文化的控制压抑,一直被压于心理结构的底层,莫说他人最难接近,就连道德化了的本人,也难于认识、不愿承认、讳忌提及这些内容。而这些潜藏的心理内容所具有的强大的动机作用,却时时伺机冒头,企图将自己表征于明显的象征内容之中,这样便有了元妃这个传自禁宫深处的自我写照的爆竹灯谜。可以推想,制谜之初,可供选择的指代物品万万千千,为什么不选他物而选爆竹? 为什么不从其他方面为这枚爆竹点题绘睛而只目准了它那被锦帛束捆的身形、一刹那震雷也似的燃爆声势与随之化为灰烬的空幻泯灭? 为什么她所制的象征自己生平命运的灯谜是这样而非那样? ……这种种设疑,只能从逐步展示的她那潜意识王国里的隐秘内容中找着合于人性逻辑的准确答案。不认识、把握这些时刻左右着她的言行举止的潜意识动力,就很难准确理解她改动匾额、以泪洗面等情节的真实内涵。

关于元妃后宫生活的具体画面,我们虽无法看到,但以《红楼梦》中诸多人物的颦笑举止所抵达的心理深度,与一百多年以后弗洛伊德才企图建构的人性内在精神结构,有着惊人契合处(诸如警幻遵循生命本身的展现逻辑予以宝玉起点颇高的性启蒙所引发的宝玉日后人格健康发展的心理轨迹;绛芸轩宝钗刺绣鸳鸯的作派有碍于贵族礼教文化却甚合利比多原始冲动的动态心理过程;黛玉于席间众目睽视下,脱口而出的"良辰美景奈何天"亦当视为潜意识中性冲动暂时未被"看管"住而无意冒出的结果;妙玉以"槛外人"自诩,高洁无为,尘埃不染,然白雪红梅的象征意义,与拿自己日常吃茶的绿玉斗斟茶给宝玉等举动,无非证明了她潜意识王国里的利比多非常活跃、非常调皮而已。最后终致因控制不住的利比多的突凸而入魔走火……)而论,我们对元春不喜"绿玉"之"玉",做一番弗洛伊德式的精神分析,也就不显得过分突兀或有趋时之嫌了。

性本能的冲动利比多(libido)直接和间接地影响着人们的一切行为,这种隶属于本我的能量象一匹野马,总是力图伺机奔突;而现实化了自我则象一位骑士,一方面对具有危险的野马冲动施行压抑,控制本我的非理性冲动,一方面又有选择地实现着本我的某些意图。而道德化理想化了的超我,则又依据理想原则指导"骑士"控制好"野马"的奔突。人的一切意识活动,说到底就是在这样一种三重组合的结构中进行的。

古来以"玉"雅称性器官的通例常识,引发了元春潜意识中阳物崇拜而不得的利比多精神专注,见"玉"字便敏感到"玉茎"之类。而特殊的文化教养又不允许这种敏感联想破门而出,公开亮相;特殊的身份与后宫"终无意趣"的处境,又总在这自然天性内容方面使其短精神,需处处强打精神,着力遮护掩饰这种不足。这有点像阿Q因头秃而在人前讳光、烛、太阳一样。这种由敏感联想的内容自然不能直截了当地表露于众,在当时文化背景下,只能以这种敏感"玉"字内容的反方向形态——"忌讳""不喜"来表征,这便是元妃不喜"绿玉"心理动因之一。

三

尽管如此,青春期后建立的男性生殖器的崇拜心理,占有阴茎的隐性愿望的女性情势,并没有因了在人前"忌讳""不喜"而泯灭。身处禁宫长年利比多未予满足的焦虑,致使其不得不把精神专注移位于代用品——性器,将"角先生"作为利比多的精神专注对象,以求留住丁点短暂的青春财富。这种违反人的自然天性的不得已而为之的举措,与构成她良知的道德价值观格格不入,于是罪过感、羞耻感时时吞噬着她年轻的心。如此,这种精神专注通过压抑加剧了焦虑,加剧了的焦虑转而又加重压抑。这种心理轨迹的描绘唯其无差错,于是才有从戌初到丑正,满打满算三个时辰的整个省亲过程,元妃娘娘是在"满眼垂泪""呜咽对泣""哽噎难言""哭泣""泪如雨下""满眼又滚下泪来""勉强堆笑"等一系列极力克制悲苦的压抑情态中完成的。

关于禁宫嫔妃长久受冷落的生活景况,我们可以援引一位外国友人参观完北京的故宫后发出的深深感叹来粗略感知一二:"偌大的皇宫却只能容纳两颗睾丸!"——这沉闷的历史是千万个太监、嫔妃以丧失人生最基本的性爱与尊严为代价而铸就的。禁宫嫔妃在此生存环境中,通过各种渠道私下传用性器应是相当普遍的。只不过由于传统文化观念的制约,后宫私下传用性器之史实,正史不便册铸罢了。但小说野史却对此津津乐道多有释泄。冯梦龙《醒世恒言·金海陵纵欲亡身》称:昭妃阿里虎失宠于金主海陵,身体雄壮有似男子的宫女名唤胜哥的,"知其欲火炽也,乃托宫竖市"角先生"一具以进。阿里虎使胜哥试之,情若不足,兴更有余……";《中国古代孤本小说集》收录的无名氏《谐佳丽》称:和尚净海假扮尼姑混入内帏,对暂守空房的桂姐道:"我那庵中,住着一个寡女,是朝内出来的一个宫人。他在宫中时,内宫中都用着一件东西来,名唤三十六宫都受春,比男子之物加倍之趣。各宫人每每更番上下,夜夜轮流,妙不可当……";醒世居士《八段锦》亦称此物为熬火的"角先生"……《金瓶梅》中西门庆常备的"淫器包儿",里面不仅有"闺艳声娇""封脐膏"等春药,还有硫磺圈、银托子等"淫器",后又据说是缅甸国进口的"勉铃",这些"淫器"亦当是辅助性的人工性器。

野史小说中这些有关性器的描写,可从历代出土的青铜、玉、镏金、骨、瓷、木、石……等各种资质不同形状的人造阴茎中得到印证,它们造型逼真,构思巧妙,比例适中,有些甚至可变化长短粗细,甚至还有中空的,可灌水加温。据中国科学院考古研究所和河北省文物工作队的《满城汉墓发掘报告》称:1968 年在河北满城发掘西汉中山靖王刘胜墓及王后窦绾墓,其中有一枚铜制双头阴茎,末端还有小疙瘩,当属此类文物中历史最为久远、造型最为奇特的。此物现存河北省博物馆。由此可推知,人造性具的使用与人类文明进程一样,具有悠久的历史,

几处引证如果生造穿凿的成分不很大的话,那么明清时所谓"角先生""三十六宫都受春"之类性器,无论在宫在野,均非罕见异物,寡居之人时或采用之,后宫嫔妃私传偷用,绝非绝无仅有之事。如此,便可进入如下推论:彼时内宫私传性器,或有玉质的,甚或宫闱避讳雅呼"×玉""绿玉"之类,亦未可知。若如此,则元妃幸园至怡红院,头顶悬一"红香绿玉"大匾,见此则窜出"角先生","三十六宫都受春"等潜意识中的诸多内容,"那不得见人的去处"的种种不堪,"终无意趣"的诸多无奈景况一一涌现,以虚掷青春,虐杀自然天性为代价,换取这令世人钦慕的威赫辉煌的全部难堪、狼狈,狂肆地吞噬着她的心。而理性的"自我"却又极力管

束着这狂奔的联想,不许它们面世。面对这种窘境,正常人都会根据各自情境,利用自我防卫的方式,把自己与现实环境相矛盾的关系转变为相适应的关系。元妃此刻就是以"反作用造型"的方式来进行自我防卫的:她对眼前刺目的"绿玉"表现出不喜与反感,决然剔除,更之以"快绿",以此来适应现实环境。这便是不喜"绿玉"的心理动因之二。

四

再说"绿玉"。"绿玉"拟兑芭蕉的"蕉芯",是一种男性意向。

如果撇开动物固有的雌雄不论,我们可以人为地将某些动物视为男性的象征,某些动物视为女性的象征。前者如鲨鱼、狮子、水牛等,后者如鹿、绵羊、蝴蝶等。心理学家荣格认为这种情形是人类心理上建立起的动物图象,是原始本性的反应。国外还有人将雄性视为"兽性",将雌性视为"鸟性"。基于这样的人类心理动物图象的启迪,我们亦可从海棠与芭蕉的不同长势形态中,建立起人类心理的植物图象。

举凡大观园的各苑馆院落,莫不由花草营建一种女性气韵。如稻香村舍旁篱畔喷火蒸霞般的杏花,潇湘馆千百竿竹子及后院的大株梨花,蘅芜苑牵藤引蔓的数十种奇株异草,秋爽斋大簇大簇水晶球一般的菊花,栊翠庵映着白雪的数十枝胭脂一般红梅……均以各自的特质,来张释一种香草美人、奇媛佳丽的风神韵致,并以此奠定了《红楼梦》阴柔诗境的审美趋向。

独怡红院,"一边种几本芭蕉,那一边一株西府海棠……"与他处不同,另显一种雌雄组合、阴阳互熔的生态气象,颇合于天道、人性。

海棠,以其色泽、形态,历来被赋于一种女儿意向。邓云乡先生《中国古代生活文化丛书·草木虫鱼》中说海棠"花色娇嫩,象少女之唇色,脸色,红中有白,白中有红,不胜娇羞"。又引李渔"春花肖美人之绰约可爱者,秋花肖美人之纤弱可怜者……"皆言海棠这种女儿意向。《红楼梦》文本中,连古板的贾政亦知"这叫'女儿棠'……俗传系出'女儿国'中……"宝玉为其父所加的注脚颇具神采:"……此花之色红晕如胭脂,轻弱如扶病,大近乎闺阁风度,所以以'女儿'命名……"其声调似在评说水做的骨肉的女儿们。野史、小说更喜欢将此意向点摹得更透更露,干脆以海棠直代妙女器官。如处子破瓜,以白绒帕试揩红迹被唤作"海棠枝上试新红","海棠醋透新红漾"等。程派京剧名作《锁麟囊》中薛湘灵因水灾落难卢府为仆,当年慷慨赠送锁麟囊之义举此时受到赵氏感恩报答,面对丈夫对身着华丽鲜服大受礼遇的猜忌误会时亦有"莽官人羞得我脸似海棠"等唱词,亦可旁证此说。

至于芭蕉，那掩藏于肥株阔叶中的"蕉芯"（见拙文《解悟"绿蜡"》），初探头时的这节绿棒儿，嫩稚无邪，头有小穗，如小儿牛牛然。既长，呈笔挺圆润的"绿玉"，直不楞噔挺立撑出，顶端开口欲绽，活脱脱就是一杆成人挺起的阳具，与那肥硕阔绰的大叶恣肆开阖的气度相掩映，造出一种极洒脱、没遮拦的男人气概。宝玉题咏中的"绿玉"，镜头对准的就是此物。岭南俚俗至今仍有"吃蕉"的粗言秽语，骂男人，谓其愚钝、冒傻气；骂女人，则纯为性挑逗。此方音秽语亦可为芭蕉树形、果形酷似男根，显示雄性意向充当佐证。

如此，怡红院蕉棠两植，便显示了一种雌雄组合，阴阳互熔的造化之道。如果说，进了其他苑馆其花草意向使人如入女儿国的话，那么，只有进了怡红院，才明显触到了男人与女人组合的生机，才有了合于天道、人性的自然生态情趣。唯其如此，这个院落才具有极强的诱惑力，吸引着宝钗、湘云、黛玉等女儿国的君主臣民们络绎而至。

宝玉题额时力驳清客"崇光泛彩"涉了棠而漏了蕉，拟以"红香绿玉"代之，就是为了保全这种有别于他馆苑的怡红生态情趣。自然，尚处孩提的宝玉不会涉连过多的男女意向，仅因自个儿的艺术灵性、文采良知而绝不允许"崇光泛彩"式的题咏落到此院眉头，这才执拗地驳倒"泛彩"而立起"绿玉"。殊不料题者无心，观者有意，在"隐藏的内容中被禁止的欲望总是以象征形式表现在明显的内容中"的作用下，过分的利比多精神专注中的元春眼中，"玉"也阳器，"蕉"也阳器，"绿玉"更是阳器、性器的嫌疑体。长期被压抑着的对男性生殖器的崇拜愿望，此刻无论从芭蕉本体的长相特征还是面对拟写蕉芯的"绿玉"字面都会骤然引发这种用象征形式表现在明显内容中的被禁止的欲望。于是蕉芯、"绿玉"都成了象征中的一杆阳具，一只性器。但良知与道德又不允许这些潜意识内容公然肆窜，只能以另一种不显山不露水的方式来替代，这就是拟改"绿玉"为"快绿"的心理动因之三。

五

此说还可以从宝钗眼中的冬日芭蕉引发的心理反映得到验证。

芭蕉在南方，摇曳多姿的阔大叶子四季浸绿，恣肆挺立的"绿玉"长年滋生，但在北方，入冬则叶片萎枯脱落。元妃省亲是在正月十五，此刻园内芭蕉充其量只是一杆秃溜溜的柱子，一株冲天而起的怪物，孕育生机的新叶尚紧卷深藏于秃株内心……宝钗年长于宝玉，青春期后建立起来的崇拜男性生殖器的女性情势，不管她情愿不情愿，汹猛的利比多精神专注对象，都要伺机冒头表现。又因礼教文化致使这位典范的闺阁少女有着极强的理性制约力，因而这种利比多精神专注就被看管得很严，平常是以潜藏的形式沉积在心理结构的底层的。这些平日隐藏起来的内容总要以象征的形式表现出来,眼下宝玉笔下"绿玉春犹卷"的"绿玉",室外园内冬日芭蕉——这冲天而起的一杆怪物,岂不都成了宝钗眼中的一具男器。

　　相比之下,宝玉一来年小,天真未褪,二来早有警幻等人导引的高层次的性启蒙体验,故尔,他潜意识中的利比多精神专注相对要弱一些,如此他才有可能腾出心力去专注于他那充满诗意的"意淫"创造,如今他再度拟题,面对怡红院自然物态,一味跟着天性感觉走,他不会想到太多的女性情势下的象征内容,仅仅是凭天性想把这芭蕉摹点得美一点,形象一点,这样,"绿玉春犹卷,红妆夜未眠","绿玉"将再次呈现于元妃眼底。且"卷"字易被误读解为"倦",若此,则"绿玉春犹倦"成了什么意向,就更其不堪了。善解人意的宝钗觑着宝玉笔端的"绿玉",由"绿玉"而联想到了"此刻"冲天而起的秃头蕉杆就象一具男性器官,甚是不雅,她以独到的灵慧测定了元妃不喜"绿玉"的心理反映后,担心元妃误解宝玉——爱弟小小年纪,状摹此物? 所以她才一反往日持重的本色,不避众目而趋前暗语宝玉以"蜡"置换"玉"。唯其如此,方有了"绿蜡春犹卷,红妆夜未眠"的句子,才有了元妃观后喜之不尽的结局。一场心理诱因即将引发的难堪局面,才得以扭转扼制。

　　面对"绿玉"改制的如许心理纠葛,我们似乎解开了有关元妃诸多的谜。如评诗时,元妃为什么独赞黛玉替宝玉所拟《杏帘在望》一首为诸诗之冠,并以其中"一畦春韭绿,十里稻花香"之命意,拟改业已赐名的"浣葛山庄"为"稻香村"的真正原因,当是身处贵妃威仪赫赫却"终无意趣"的大排场,虚热闹中,真切地向往清新恬淡,真诚地呼唤天性自然的心理趋动使然。再如年仅43岁的贵人,怎么会自选凤藻宫后"起居劳乏,时发痰疾","偶染寒气"之后,便"虎兔相逢大梦归"呢? 尽管红学家测拟了诸多的宫廷政治斗争的原因予以明释,但终觉难以真正从"人"的角度揭明病因死因。唯蒋和森先生关于元春悲剧的诗化了的名言论断意味深长,"这个把青春锁闭在满嵌着珠宝的囚笼里的少女的生命,是用黄金的斧头,在人们所不能看见的地方被慢慢剥掉的"。这柄黄金镶成的斧子,一下一下,慢慢剥戕的内涵,当是皇家后宫那辉煌的外表下笼罩着的窒息人生,摧残人的自然本性,戕害人心的孤苦凄清乃至种种难言不堪的生活内容……

　　注:本文曾发表在《明清小说研究》1999年第4期上

一个伪装成弱者的女杀手

——论《儒林外史》中的赵新娘

温宝麟[*]

　　赵新娘曾是受压迫的偏房，其争逐"扶正"的"反抗"并不因此而具有正义感。她明以弱者忠仆的假象泣血殉主，暗操软刀催命谋位，是王氏、严监生两条孱弱生命事实上的杀手，强烈的荣身诉求扭曲了她的人性，泯灭了残存的良知。她与匍匐在"荣身"路上的儒林群丑相互为表里，同属需要拯救灵魂的对象。

　　赵新娘，严监生致和的妾，一个不甘雌伏、能文能武的女光棍！能以精敏的谋划和出色的演技挣脱卑贱的"姨娘"身份，争逐"扶正"的名分地位。待夫死子亡，焦虑于恶狼般的大房侵夺家产、还原身份的生死争斗之时，亦能撕掉面具，力敌凶顽，与之对撕对咬，终又以官司胜出。在同情或庆幸赵氏斗争——胜利——再斗争——再胜利的同时，若从与之紧相关联的另外两人——王氏和严监生——的生命境况看，赵新娘不啻又是一个善以弱者忠仆的假象示人，实操软刀杀人致命的凶手！品读此段如若稍事疏忽，抑或以朴素的阶级同情先入为主的话，则极易被作者"无一贬词"的讽刺策略瞒过，视其为卑微劳作的道德良人，无法尽识庐山面目倒还事小，更会由此为参照而误读相关情节，误解相关人物，迷混个中的文化信息。所以，透过弱者乞求"荣身"的表象，察清其人性异化、铁腕冷心、身手不凡的内质，方能更客观地从世俗琐务家庭纠葛的层面窥破魑魅魍魉的卑鄙灵魂，进而精确把握"二严""二王"故事的文化内涵。

一、滴泪软磨 务逼死者开口

　　天下夫妇长相共和厮守，血脉碰撞，行为作派、思维模式默化整合，影响所及

---

　　* 作者简介：温宝麟（1953—　　），男，甘肃天水人，天水师范学院文学与文化传播学院教授，主要从事中国戏曲史和红楼梦研究。

性格渐趋相同,甚至面目亦趋一致。严监生、王氏夫妇正是如此。严监生善良孱弱,"压缩自己满足他人","完全像个偏房小妾"①似的活了一场;而嫡妻王氏一生无出,灰冷幻灭,萎缩愚钝,节俭自戕,实质上也像个偏房小妾。真真是天设地造的一对! 能文能武的赵新娘应运操持了这个十万巨资的家庭实权,这就形成"小老婆当家"的反常家庭格局。然而,以偏房小妾的名分当家理政终究名不正言不顺,觊觎主母席位的野心便在长期摸透严、王二人孱弱本性中滋生疯长。其资本是生有"他爷"的"这点骨血",这一点类同于《红楼梦》中被称作"跪着的造反派"的赵姨娘,而赵新娘以心机巧运拿定严二老官,运筹精当上阵表演出奇制胜的出色事功,又远非赵姨娘所能望其项背。

古代妻为正室,妾为侧室,俗谓偏房,妻子死了以后,续娶之妻谓之填房,以妾为妻谓之扶正,意即扶持小妾补正妻位。《释名》云:妾者,接也。以贱见接幸也,妾通买卖。用今天的话讲,妾就是低贱的性工具,可以随时卖出买进。由妾晋妻,为历代名教秩序所禁止,但现实生活中扶妾为正的现象亦未因此绝迹,这取决于当事者摆平体制的能耐,只要"人"有种,一切皆有可能! 社会存在为赵新娘的心里诉求提供了可能性。尽管这样,"妾"晋"妻"要成为事实,首先要叫王氏夫人赶快咽气,腾出妻位;尔后须逾越两道险恶关隘——妻党王族的不许可和夫族严门的不予认同。在常人看来其难度类同登天,赵新娘独有能耐解除来自方方面面的灭顶威胁,将"一切皆有可能"变成确凿事实。所采用的方略是软磨与鳄泪术,周林生先生所谓"软藤缚石的战术"②。

赵新娘本来有机会第五回出场"拜舅爷",却被"二王"挡了驾,隐见嫡妻一族对这个小妾的厌恶与防范。虽然未曾出场,而王德、王仁视觉中的妹子面黄肌瘦,怯生生走路不全,仍在装瓜子办围碟;和丫鬟抱着妾出的红服银饰乘机来认舅舅的小儿子,形成鲜明对照,一头孤寂自虐有名无实;一头娇养特宠,夫、妾、子三位一体——作者以此暗示了严二"小老婆当家"的家庭格局。

赵新娘正式出场在王氏的病榻旁,她含着眼泪,煨药煨粥,寸步不离。夜晚抱了孩子在床脚头哭泣说"我而今只求菩萨把我带了去,保佑大娘好了罢。"或摆个香桌在天井里,哭求天地,要顶替奶奶去死。"我死了值得甚么! 大娘若有些长短,他爷少不得又娶个大娘。他爷四十多岁只得这点骨血,再娶个大娘来,各养的各疼。自古说:'晚娘的拳头,云里的日头。'这孩子料想不能长大。我也是个死

---

①　周月亮.严监生《王德 王仁》[M]//儒林外史鉴赏辞典.北京:中国妇女出版社,1992:63,67.

②　周林生.析王秀才议立偏房[M]//儒林外史鉴赏辞典.北京:中国妇女出版社,1992:201.

数,不如早些替了大娘去,还保得这孩子一命。"

因了吴敬梓"无一贬词"的讽刺艺术,此段极易被解读为卑贱身份朴素的天性良善与虔诚主母的道德直白,这正是赵新娘杰出的表演所要达到的社会效果,作者本意却暗藏在情节的客观运行中。野心勃勃工于心计之人大都恁般乔装大忠大贤,擅长造假表演以骗取社会的信任。不仅如此,赵氏的精彩表演更在于以水磨功夫实施精神摧残,速致王氏的死命,为"扶正"制造先决条件。

按当时虚伪的名教规则,"扶正"的议题若由当事人赵新娘、严监生提出,须冒僭越名分之大不韪。独赵新娘有本事撬开王氏夫人的嘴,让这位空占名分的奶奶说出"扶正"的主张。她娴熟地运用最虔诚的效忠言语,用女人贯常总能制胜的泪珠,用对严门传宗接代负有的严正堂皇的使命,加上怜惜幼孤的善良天性仁慈母爱,软逼王氏开口。你不开口吗,我就只顾聒噪"晚娘的拳头,云里的日头"我反正是个死,不如早替奶奶死……世情人性、凄心哀泪,十足的理据全套的路数排齐了上。同时,又收服控制身边丫环,伺机进言,证明了赵氏的虔诚。人尚未死,十面埋伏早已布定。王氏起始并不相信,禁不住仕女一再旁证和赵新娘轮番不息的神经冲击和装神弄鬼式的精神折磨,终被摧垮了精神警戒线:"何不向你爷说,明日我若死了,就把你扶正做个填房?"赵家的"一天"的水磨功夫,就等着这句话,忙请爷进来告知此话,严致和紧紧配合赵氏的精心巧运,第二天清早就请二位舅爷来说定此事。天目山樵"兔起鹘落,更无装饰"[①]即是对赵新娘针穴点睛的评断。

"一切皆有可能"由此迈开了关键一步。

二、幕后操持稳操胜券

第二步,拿下妻党王姓一族,出场调停的是严监生,后台布阵的导演却是赵新娘。

严致和向"二位舅爷"知会了王氏夫人要扶正赵新娘做填房的主张,并当面问及已不能言语了的王氏夫人以证实,两位舅爷丧着脸,不则一声。用饭期间,亦一字不提"扶正"事。"二王"是故意冷场,待价而沽。严老二此时不急于用嘴说,待会儿让银钱疏通。饭后让至一间密室内,严致和挥泪先言王氏病沉,继说岳父、岳母的坟要修理,拿出两封银子,每位一百两,托言这是令妹的积蓄,"留与二位老舅,做个遗念"。又许愿:(王氏死后)二王要备的祭桌,都是我这里备齐,只请老舅来行礼。再许愿:令妹的首饰要送给两位舅奶奶留为遗念。

---

①　吴敬梓.儒林外史:第三回 卧评[M].李汉秋汇校汇评本.上海:上海古籍出版社,1999:67.

二百五十两银子外加王氏的首饰，就彻底扭转了局势。让"不则一声"的"二位舅爷"立马盛情陈词，代圣立言，义理论证，总之一句话，此时扶正赵新娘就是将纲常上做工夫落到了实处！并以"你"若不依就决裂亲戚关系"相威逼"！顺便听听他们的声口，也长长见识："舍妹"有"扶正"的提议，真是"女中丈夫"，"你"若再迟疑推辞，就枉为男子！"你这一位如夫人关系你家三代。舍妹没了，若另娶一人，磨害死了我的外甥，老伯、老伯母在天不安，就是先父母也不安了。""我们念书的人，全在纲常上做工夫，就是做文章，代孔子说话，也不过是这个理。你若不依，我们就不上门了！"……真正将"子曰行"欺世骗人的把戏演到了家。其贪图不义钱财的本质，类同于乘人之危落井下石式的打劫，却活活伪装成维护纲常伦理，顺乎天理强抑人欲（逼迫妹夫扶正赵新娘）主持道义的正人君子；而合伙图谋扶正急于抢占名分夺取内权的赵新娘、严监生却变成了安守妾位遵从礼法而被强夺心志被逼无奈接受拜堂的道德良人。

就这样，在赵新娘精敏运筹下，二百五十两白银，轻松拿下妻党王氏家族一道"关隘"之外，连本家严门宗族"天堑"，亦由"二王"承包似乎轻易跨越了——"谁人再敢放屁"！

依严监生平日针尖大一点事都须央及二王的毫无主见的本性论，在与两位高智商的廪生妻兄斗智周旋中，绝不会有如此一气呵成的战术方案；依其羸弱死板的行事方式论，亦不会有如此的灵动表演；依其吝啬小器的理财宗旨论，更不会一掷二百两如此的大气痛快！而赵氏既有办大事的战略心计，又有出手阔绰唯求事功的魄力，又善以心机巧运拿定严二老官，凡此等等决定了，迫于当时纲常礼仪，出面调停的只能是严监生，而后台操持运筹击窍点穴的却是赵新娘，如此周至细密行之有效的方案战略只能出自赵新娘的精敏运筹。

三、巧用演技迎合伦常

抢班夺位的疯狂残酷致使人们统统失却了起码的人性，所行事体悖逆人性荒谬绝伦。由二王策划捉持的"晋级荣身大典"如期开场：先闹腾到王氏床前立遗嘱，签字备案；对气息奄奄的王氏而言，这折腾无异于是再度实施逼杀。接着引领披红挂彩的严监生、赵氏一对新人吹吹打打拜天地，拜祖宗，念"言辞恳切"的告祖先文；再请出两位舅奶奶和新奶奶叙姊妹之礼；再叫众亲眷及管家、家人、媳妇、丫鬟、使女……几十人等都来磕了主人、主母的头，确认赵新娘晋级的身份。小妾于此刻荣升了正室主母，对名分财产的执着诉求在这一刻终于变成了现实，头戴赤金冠子的赵氏继续用冷峻的理性指导了一连串精彩表演：

一是吉服大妆进内室，作神弄鬼式地拜王氏做姐姐，叙姊妹之礼，致使王氏当场发昏过去,当是赵氏亲自出马对占有名分者实施的最后绞杀。

二是一听"奶奶断了气了!"正在彻夜庆贺的赵氏,一头撞向床沿,哭死过去。被众人撬开牙关,灌下开水,抢救灌醒后,还披头散发满地打滚,哭得个天昏地暗!

三是成服之日,执意披麻戴孝,要以妾的身份尽主仆之礼。

女主人操刀上马,三幕表演,透迤造势而来,这是对自己的主观现实进行夸张变形,以增加他人纠正主观现实中变形部分的难度,意在利用主观现实的能动性,来调整时空上的既定人际关系,以此骗取社会的认同与好感,继而巩固既得的身份。这一幕与二王的表演,里勾外连,互映互补,互惠互利,搭配成名教文化成体系的套路,为我们留下了名教表演珍贵的文化现场。如果套化周月亮先生名言①:赵新娘不去演戏,是她的不幸却是戏子们之大幸。寻死觅活执意披麻戴孝,目的还在于启发两位舅爷当众再行强调"你此刻是姊妹了,妹子替姐姐只带一年孝,穿细布孝衫,用白布孝箍",用以强化扶正当上奶奶的合理合法性。

披麻戴孝被劝阻,赵新娘大操大办了整个殡礼丧事,花了四五千两银子,闹了半年,可谓尽到了对"姐姐"的心。与此同时,赵氏感激两位舅爷入了骨髓,举凡田上收了新米、腌制冬菜、火腿等,每家两石、两石、四只如数奉上;鸡、鸭、小菜不算在内。此举一半是对二位舅爷的感恩报恩,另一半是对妻党要人可持续性的物质笼络,足见其处理善后的长远眼光。

四、入主正室小露峥嵘

赵新娘小露峥嵘一改当初面目是在扶正后的这年初夕。严二老官失悔当初扶正之举,已是无由修补了。

扶正后的赵氏主宰着"钱过北斗,米烂陈仓,僮仆成群,牛马成行"的产业,再不需做小伏低,难免装尊拿大,作威作福,锋芒初射,狰狞小露。严监生渐次察识了她面热气硬心冷的本性,大有"新人不如故"之慨,业已失去了的才倍觉可贵。懦弱善良之人,唯有用忧伤思念故人的方式自虐自戒。典铺按例送来"你王氏姐姐"的私房利银三百两,"可怜就没人接了!"物在人亡,悲凉之雾漫上心头,他垂泪叙说大娘往日的贤良,试图暗示二娘安分向善,赵新娘一改往日卑恭顺从,当即反唇回击:"你也莫要说大娘的银子没用处,我是看见的。想起一年到头,逢时遇节,庵里师姑送盒子,卖花婆换珠翠,弹三弦琵琶的女瞎子不离门,那一个不受他的恩惠? 况他又心慈,见那些穷亲戚,自己吃不成也要把人吃,穿不成的也要把人穿。

---

① 周月亮.严监生《王德 王仁》[M]//儒林外史鉴赏辞典.北京:中国妇女出版社,1992:63,67.

这些银子够做甚么！再有些也完了。"诋毁死者、否决生者,冷眼铁腕,毫不留情!
这是对再言大娘贤良者的当头棒喝!鲁迅云:"勇者愤怒,抽刃向更强者;怯者愤
怒,却抽刃向更弱者",①怯者严监生将对赵氏的一腔怨愤转移到那只倒霉的猫身
上,一靴头子踢去,不意却揭穿了事实真相:猫窜上床头,跳塌了床顶上的护板,吊
下一只竹篾篓子来,里头露出一封一封桑皮纸包着的银子,共五百两。严监生哭
着叹息不已:"我说他的银子,那里就肯用完了!像这,都是历年聚积的,恐怕我有
急事好拿出来用的。而今他往那里去了!"赵氏的诋毁污蔑即行败露,这正是作
者惯用的"无一贬词,而情伪毕露"②的讽刺策略,不动神色之中让事实证明!懦
弱的严监生面对铁腕强心、寸土必争的二娘,到底还是个小妾偏房角色。他于悔
恨煎熬中,忧伤思念故人,哽哽咽咽不时哭泣,精神颠倒,恍惚不宁,不啻是在自虐
自戕,由此种下病根,半月后又添心口疼,骨瘦如柴,饮食不进。拖延多半年,仍熬
夜算帐,操劳家资地租。期间赵新娘曾劝他把帐务家事丢开,严监生这回予以了
坚决否定:"我儿子又小,你叫我托哪一个!"口气一反平日懦弱善良息事宁人的常
态,识破了赵新娘权利欲望、名分追求,人性异化后的不信任,与其不交资产权柄
的真实心理,可见一斑。岂不是由赵新娘而起!

　　赵新娘被扶正后半年是除夕,严监生得病;再半年添心口疼,应是翌年夏季,
秋后死去。也就是说,严监生为赵新娘的扶正竭尽全力,换来的只是与狼相伴哀
莫大于心死的一年零三个月,就寿终正寝了。他那临死不肯断气,伸着两根枯指
的含义,众家解说纷纭,笔者以为这著名的两根僵指不倒饱含着对扶正二奶奶的
沉痛总结,是失察其人真相盲目认同表演的教训提示!潜台词应是"二房(赵新
娘)心恶"!在众人各怀鬼胎胡猜乱问的烦乱中,赵新娘应当明白真正的潜台词,
为了不露陷,她分开众人走上前,权威性地锁定了两茎灯草即是答案,严监生平生
软弱惧内,临了被这样一搅和,也便屈打成招,真正的心意登时撇在一边,点头,垂
手,咽了气。可怜严监生,小妾偏房式地活了那么一场,临了也还依惯性委屈绻缩
自己,息事宁人的软弱让真正的恶婆得以继续掩藏伪装,他还须为此生生背了几
个世纪的吝啬鬼、守财奴的骂名。

　　严监生从得病到病情加重到咽气,赵新娘角色的客观效果不啻是催命鬼,尽
管其主观愿望并不想让严监生这么早就蹬腿离去。

---

①　鲁迅.鲁迅全集:第三卷[M].人民文学出版社,1982:49.
②　鲁迅.鲁迅全集:第九卷[M].人民文学出版社,1982:223..

五、本色当行与狼对扯

严老大逃避官司在外，"时间差"使得"扶正"过程中的宗法一关轻易混过。如今严二老官死了，家中无主，面对恶猛生狼般的大伯子侄的觊觎，完全处于弱势防守的孤儿寡母，如何保住名分守住家产？赵新娘明白，必须依托家族势力讨好大房，可求无虞。数百两银子及锦缎衣物外加几份"别敬"，用身著重孝的哀告哭诉——"我们苦命。他爷半路里丢了去了，全靠大爷替我们做主！"，仿佛让严贡生认可了"二奶奶"名分。

呜呼，天不佐赵！赵氏当年在王氏病床前哭求菩萨带了自己去，菩萨如今却错带小儿郎去了，丧夫失子，继承产业的"正经主儿去了"，赵新娘面对现实，与其束手待毙，不如趁早筹谋立嗣，于被动之中抢先抓主动，以图死地再生。把大房十一二岁的五儿子过继来，年龄尚小可塑性较强，调教后可望能与自己一心一意厮守家业，维护既得名分。主意打定即托付两位舅爷商议立嗣，二王临阵耍滑缩头，写信去省里请来了大老爹。大老爹这次来者不善，以长房入主的宗法姿态坐镇二房，还原了赵新娘的身份，叫过管事家人安排查点家产，力逼赵氏腾出正屋。

面对凶残的侵夺，精敏一世的赵新娘完全懵了，误以为问题出在过继的是二相公而不是五相公，尚与舅爷论理，二王巧黠本领，借口与朋友作文会去了。家人、媳妇平日嫌赵氏装尊，作威作福，这时便墙倒众人推，乘机奚落，只认大老爹是正经主子。血淋淋的弱肉强食，盟军倒戈，亲属反叛，赵新娘单骑无助，可怜同情之余，亦可推见扶正后的赵新娘"奴才做了主人……他的摆架子，恐怕比他的主人还十足，还可笑"①的平日作派，唯"二王"马屁是瞻，余则六亲不认，及至在你死我活的紧要关头，众叛亲离不得人心，也就在事理逻辑之中了。

赵氏号天大哭大骂，继而到县衙喊冤告状，又备办酒席，请族长严振先处理。众人都害怕'老虎头上扑苍蝇'而不发一言，严贡生完全主宰了局面，二房原有的一定身份与相应财产的关系，即遭解体，代之以赵新娘将被还原为"妾"而靠边站的新秩序。

失去了所有外援被逼急了的赵新娘不畏劲敌赤膊上阵，隔着屏风哭喊叫骂，捶胸跌脚，号做一片。严贡生要揪着头发臭打一顿的喝骂威逼，哪里就能镇住赵氏，反倒哭喊得半天云里都听得见，还要奔出来揪他撕他。该出手时就出手！紧要关头与狼王对撕对咬，本色面目无须掩饰乔装，反倒通体透明雪亮，比起先前眼泪伪装讨得虚伪社会的认可要本真可爱得多。此处的赵新娘简直可用鲁迅"对手

---

① 鲁迅.鲁迅全集:第四卷[M].人民文学出版社,1982:239.

如凶兽时就如凶兽"①予以嘉赞激赏。

案情戏剧性的逆转取决于"太老爷"再次"天断"。

汤知县竟然也是妾生的儿子,潜意识中难免惺惺相惜,"律设大法,理顺人情""赵氏既扶过正,不应只管说是'妾'。如严贡生不愿将儿子承继,听赵氏自行拣择。立贤立爱可也"长长的批文让赵新娘从争夺家产的宗族血战中率先胜出。严贡生随即写呈告到府里,府尊也是有妾的,维持了高要县原判。严贡生又告到省按察司,又未准。这可真是"豌豆滚到屁眼里——投了缘",赵氏投缘一路绿灯。严贡生到京里求人,务必要正名分!官司最后的结局直到第18回由胡三公子叙出:过继的仍是二公子,家产按三七分割,赵新娘占了三成。此说有无严老大向胡三公子吹嘘的成分,无从证实。即便如此,在宗法势力占正统,法律最终倾斜于斯的情势下,寡妇人家能独自守住三成家产,非身手不凡之人实难办到。

赵新娘所占篇幅有限,"而其人之性情心术,一一活现纸上"②,颇具性格深度。她疯狂争逐权力与名分,追求自我实现与个中快感,其动机当属家庭"荣身"一类。追求荣华,攀进高升原本是人的共性,显示了人性的普遍弱点,世人都打这么过,亦无可指责。而她鸢飞戾天式的荣身欲求,无限放大了人性弱点,异化为恶性恶疾,大娘的存在成了必欲清除的障碍,丈夫儿子的存在也只是她晋级荣身的必要资本,明以弱者忠仆的假象泣血殉主,暗操软刀催命谋位,是王氏、严监生两条屠弱生命事实上的杀手。过分的荣身诉求扭曲了人性,泯灭了良知,虽曾处于妾的地位受过压迫,但其反抗并不因此而具有起码的正义感。如此活了一场的赵新娘,与匍匐在"荣身之路",被"荣华富贵"诱惑、捉弄、奴役得精神变态的儒林群丑们互补互映,同属于吴敬梓"通过说明局势的无出路来挽救他的人性"③的对象。

注:本文曾发表在《甘肃社会科学》2009年第1期上

① 鲁迅.鲁迅全集:第三卷[M].人民文学出版社,1982:61.

② 吴敬梓.儒林外史[M].李汉秋汇校汇评本.上海:上海古籍出版社,1999:687.

③ 周月亮.敢于绝望为个性和创造性而斗争的吴敬梓[J].文史知识,2001(11):13.

董仲舒的"天"与人

马建东*

  董仲舒是一位对汉代社会统治产生了深远影响的人,也是中国古代具有人格影响的政治人物和学者。他的"人"与"民",及其"顺命"的统治思想是中国古代统治者实施统治的重要依据和基础内容。认识董仲舒的统治思想,对认识中国传统政治观点意义非常。

  对于自今往前的 2500 年来的中国来说,董仲舒是一个不能忽视的人物,是他从思想上和认识上真正地构建了一个以孔孟之道为统治思想的、以君主集权为特征的、社会结构极其稳定的社会秩序。不能真正认识他的政治思想,就无法充分表达中国封建社会的根本要素及其优势。我们试图从这个影响中国数千年的人物身上,来寻找中国社会根本的思想要素。

  对人本身的认识,是一个阶级确定自己统治方式的重要根据。倒过来说,我们可以从一个统治者或统治阶级的统治学说和统治方式出发,来认识这个阶级或个人对人的观点。汉代是中国古代社会发展过程中的一个高峰,它对人的认识是中华民族思想形成和发展的一个重要内容,而董仲舒则是一个核心人物。那么董仲舒心里的人或民是什么呢?

  "天之生人也,使人生义与利。利以养其体,义以养其心"和"民无所好,君无以权也。民无所恶,君无 以畏也"[1]。——这里有两个含义:一是他告诉我们,人与民是有区别的,当他说"人"的时候,是脱离了统治与被统治的范畴,他把统治与被统治者统一当作一个物类来看待时的所指。这跟我们以前所谈到的"天大地大人亦大"中的人同类[4]。所以他这里的人,在义与利的问题上,不论是统治还是被

---

  * 作者简介:马建东(1963—),男,甘肃甘谷,天水师范学院文学与文化传播学院教授,主要从事从事古代汉语、古代文化、现代汉语的教学与研究。

统治,是共有的特点,即在这个问题上强调的是所有的人。二是民,"民无所好,君无以权也。君无所恶,君无以畏也",是说使民有欲望,才能治其国。与其说这是一种政治理论,不如说这是一种政治手段,他是要统治者有意识地引导民来接受其统治。这就再清楚不过地说明了董仲舒眼中的"民"就是指与统治者相对的被统治者。这样,如果我们用现代观点来看,董仲舒眼中的人,实际上由"人"与"民""君"所共同组成。"民"和"君"加起来还是不完整的"人",他说:"《春秋》之法,以人随君,以君随天。曰:缘民臣之心,不可一日无君。一日不可无君,而犹三年称子者,为君心之未当立也。此非以人随君耶?孝子之心,三年不当。三年不当之处而逾年即位者,与天数俱终始也。此非以君随天邪?故屈民而伸君,屈君而伸天,《春秋》之大义也。"[1]其中共有"人""君""民""臣",所以我们说是共同组成。

一、民和君

董仲舒认为:"天之生人也,使人生义与利。利以养其体,义以养其心。心不得义不能乐,体不得利不能安。义者,心之养也,利者体之养也。体莫贵于心,故养莫重于义,义之养生人大于利。"[1]这是从政治管理学的角度对管理对象所作的要素分析,如果说"义"还难以作为十分可确定的要素的话,"利"则是一个十分肯定的要素,因为人类要维持生存,维持延续,就必须有利存在。苏兴《义证》引《禹贡疏》云:"武帝时无义而有财者显于世,欺谩而善画者尊于朝,俗皆曰:'何以孝弟为?多财而光荣;何以礼义为?史书而仕宦。'谓居官而置富者为雄杰,处奸而得利者为壮士。兄劝其弟,父勉其子,俗之败坏,乃至于是。"表明义与利在当时的冲突十分严重。但事实上,如果从利益问题上来看这一现象,义其实更多的是"君"所需要的,而利更多的是"民"的需要。因为君要的是统治,民要的是生存。董仲舒就说得清楚:"夫皇皇求财利,常恐乏匮者,庶人之意也;皇皇求仁义,常恐不能化民者,大夫之意也。"[2]"今握枣与错金,以示婴儿,婴儿必取枣而不取金也。握一斤金与千万之珠,以示野人,野人必取金而不取珠也。故物之于人,小者易知也,其 于大者难见也。今利之于人小而义之于人大者,无怪民之皆趋利而不趋义也,固其所暗也。"[1]或者可以说,"君"通过义来获取更大的利,而"民"则通过已经被"君"控制了的"利"来实践"义"。在这中间最能反映出统治与被统治来,因为提倡义之重要性,是为了易于统治,统治即有大利;而老百姓之去实践义,更多的是一种被教育、受倡导,甚至被强制条件下的表现。作为一种管理体制,或者一种政治制度,管与被管、统治与被统治总是建筑在某个最重要的矛盾要素之上的,一般来说,是建立在物质需求与政治需求的矛盾冲突之上,为了管理或社会的稳定,于是就得有一个度来平衡和协调这一对矛盾。在管理者处于强势状态时,比如封建社会,"民"的物质需求总是处在极端的被控制之中,而统治者的政治需求则是处于绝对优先状态下(民主社会最大的进步,就在于其统治的基础矛盾有了变化,"民"的物质需求不再是与政治管理相矛盾的一方,而成为统治者首先要谋求的内容)。所以千百年来,封建统治者在如何处理这一对矛盾时费尽了心血。对此,董仲舒分析说:"奚以知之? 今人大有义而甚无利,虽贫与贱,尚荣其行,以自好乐生,原宪、曾、闵之属是也。人甚有利而大无义,虽甚富,则羞辱大恶。恶深,祸患重,非立死其罪者,即旋伤殃忧尔,莫能以乐生而终其身,刑戮夭折之民也。夫人有义者,虽贫能自乐也。而大无义者,虽富莫能自存。"[1]"说而化之以为俗。故不令而自行,不禁而自止,从上之意,不待使之,若自然矣。故曰:圣人天地动、四时化者,非有他也,其见义大故能动,动故能化,化故能大行,化大行故法不犯,法不犯故刑不用,刑不用,则尧舜之功德。此大治之道也,先圣传授而复也。故孔子曰:'谁能出不由户,何莫由斯道也。'今不示显德行,民暗于义,不能火召;迷于道不能解,因欲大严惨以必正之,直残贼天民而薄主德耳,其势不行。仲尼曰:'国有道,虽加刑,无刑也;国无道,虽杀之,不可胜也。'其所谓有道无道者,示之以显德行与不示耳。"[1]可以说,将统治者与被统治者的关系与需要分析得十分透彻,当然更多的是替统治者寻找出路。但仅此我们就能为他鼓掌,因为,在那样的年代,他能如此冷静地对待"民"的特性与需求,已经是很难得的了。至少他还能清楚地看到,如果剥削让"民"不能生存,"民"将"知而常反之,皆忘义而殉利,去理而走邪"[1]。只是他没有认清这是"民"之至低要求,逾此便只能铤而走险,并不是如他所说的"此非其自为计不忠也,则其知之所不能明也"而出现的主动行为。当然,对统治者来说,也不是他们的某种道德素质天生地高于别人,而实在是关乎他们的政治需要和统治安全。至于"圣人事明义,以照耀其所暗,故民不陷。《诗》云:'示我显德行。'此之谓也"[1],其实只是统治二字的隐讳说法而已。如果要给一个准确地说法的话,只是一个统治术更高明的统治而已。

但是在这样的理论里,我们却看到,他努力地要使君与民处于一个统一体中,要他们为了一个共同的统治来生活,我们自然该相信他首先是为了有利于统治而探寻,然而我们也看到,在这样的过程中,他在努力构建一种让君与民密切联系、命运相关的政治局面,这才是理想的统治。他在策问中说:"夫古之天下,亦今之天下,今之天下亦古之天下,共是天下,古以大治,上下和睦,习俗甚美,不令而行,不禁而止,吏无奸邪,民亡盗贼,囹圄空也虚,德润草木,泽被四海,凤凰来集,麒麟来游,以古准今,一何不相逮之远也!"[2]可是,要实现这样的政治局面,就必须使整个社会形成一个具备某种思想基础的人的共同体,这就是他要塑造的"人"。那么什么样的"人"才是这样一种政治局面的理想的社会基础呢？

二、人与民

人是什么样的？这关乎一个统治阶级统治术的确定。那么董仲舒的"人"是什么？

要说明董仲舒的"人"，就得认真考虑他的生活时代和思想内容。《前汉书·董仲舒传》说，"少治《春秋》。孝景时为博士，下帷讲诵，弟子传以久次相授业，或莫见其面。盖三年不窥园，其精如此。进退容止，非礼不行，学子皆师尊之"。这几行字内容不多，给我们的启示有这样几点：一是学问（礼学）深厚；二是深居简出，诚府甚深；三是容止庄严，深合礼学要求；四是为师尊严，"弟子以久次相授"，难见其面。这几点我们再概括一些，就可以看到，董仲舒在与人交往时，冷面酷容，循规蹈矩。我们再进一步推想，他这样的作为，除了人格上的内容，有没有对现实的畏惧和防范呢？如果其心中对现实有恐惧感，会不会影响到他对人的认识呢？余全介先生在他的《董仲舒的真实遭遇》一文中，就有过考证，认为董仲舒生活在一个"王国官吏"生存艰险、儒生与帝王冲突剧烈的时代，而董仲舒就是一个完全实践了这两样事情的儒生[5]。那么，这会不会与他对"人"的看法相关联呢？我们且看他的"人"。

首先，"人"，在董仲舒眼里是一种可以控制和利用的客体，有其个体和特性，但更有其共性。人是来自于"天命"的客体，其本性是不可以改造和变更的。《玉杯》篇说："人受命于天，有善善恶恶之性，可养而不可改，可豫而不可去，若形体之可肥臞，而不可得革也。是故虽有至贤，能为君亲含容其恶，不能为君亲令无恶。《书》曰：'厥辟去厥祗。'事亲亦然，皆忠孝之极也。非至贤安能如是？父不父则子不子，君不君则臣不臣耳。"[11]这是天性。但当其作为一种被管理的对象时，他却是另外一种客体，即可以被改造和培养的。但是，谁才能改变这些"人"，或者说才能培养这些"人"，并因此将他们统治好呢？只有"君"。他说："《春秋》之法，以人随君，以君随天。曰：缘民臣之心，不可一日无君。一日不可无君，而犹三年称子者，为君心之未当立也。此非以人随君耶？孝子之心，三年不当。三年不当之处而逾年即位者，与天数俱终始也。此非以君随天邪？故屈民而伸君，屈君而伸天，《春秋》之大义也。"[1]

这就有了非常重要的问题了："人有善善恶恶之性"，这是天命，是本性，是不能更改的——你们这些"人"如果不能善善恶恶，就直违背了天命，就是非人——天底下尽是善善恶恶之人，当然就便于也容易统治了。所以从根本命题上讲，董仲舒的"人"说，首先是一个天命说。"今善善恶恶，好荣憎辱，非人能自生，此天施之在人者也。君子以天施之在人者听之,则丑父弗忠也。天施之在人者,使人有廉耻。有廉耻者,不生于大辱。大辱莫甚于去南面之位而束获为虏也。曾子曰:'辱可避,避之而已。及其不可避,君子视死如归'。"[1]

有了这样的"人",相应地,其统治思想也就有了核心要素:"今善善恶恶,好荣憎辱,非人能自生,此天施之在人者也"。就是说,连人的荣辱感都是上天给的,而大辱之最大者就是丢了君位,成为"束获为虏"的人,更何况民!这就为其统治的权术做出了理解,即因势而利导之——统治者可因"人"之本性而驾驭之。同样,君也当因势而为君,不能逆天而行。对君的约束,应该是董仲舒显得更为进步的又一面(董仲舒常常对汉武帝有强力否定的一面,"以古准今,何不相逮之远也"[2]只是一种表达)。

其次,董仲舒的"人"还是一种"理想人"。董仲舒的"人",与性别男女不同,也不仅仅是社会中的现实人。既不是指男女,虽然也指君与民,君里其实隐隐约约还包含着士大夫一类,即我们现在所指的统治者阶层,民则更多的是指被统治者一层。所以《竹林》里说:"且《春秋》之法,凶年不修旧,意在无苦民尔。苦民尚恶之,况伤民乎?伤民尚痛之,况杀民乎?故曰:凶年修旧则讥,造邑则讳。是害民之小者,恶之小也;害民之大者,恶之大也。今战伐之于民,其为害几何?"[1]我们就能知道他的"民"只是指被统治者。当然这不是他的发明,自古就是这样,但因为我们要讨论他的"人"观就仍然得弄清他的"民"。在这里,董仲舒的"人"与"民"区别十分清楚,他的"人",则更多的是一种理想中的人,或者说,他的"人",不是当时社会的现实人,而是他理想中想要塑造或想要改造成的"目标"人,所以,他的"人"总是与他的政治理想相联系的。

三、顺命

现在,我们已经知道了董仲舒的人,也知道他所指的民,这样,为统治阶级计,考虑问题的重点便简单地归纳为如何对付好"民"了。这就是一要教育"民"了解自己,认识自己,即要他们认命;另一方面,统治阶级也要了解自己所面对的"民",他们是一群既容易统治也容易背叛的群体,要考虑他们的生存底线,否则也会出问题,这就是要顺命。总体来讲,也就是要相信天命。

天命说的最大特点在于认命,如果能让社会中的每一个人都能认清自己的本性来自于天命,而且本来应该是"善善恶恶"的,于是就从灵魂深处杜绝了作恶的欲望。《竹林》篇里明确说:"今善善恶恶,好荣憎辱,非人能自生,此天施之在人者也。"[1]

这样,问题的实质,就是怎样确定人的命,谁来确定人的命,确定为什么样的命等三个主要问题了。而这三个方面,就准确地表现出"统治"的意味。

怎样确定人的命? 既然是天命,那当然应该是上天来决定了。但是,历代统治者也都明白,这上天还得是人类去做,也就是,人的命,人的命的不同类别,是由统治需要所决定的。好在体制上已经有了天子这个上天的代表,怎么说也不会出逻辑上的问题。那么怎样确定?

首先是古人的说法。董仲舒认为,尧、舜、禹是必须重视并认真予以研究的典范。而可查之理则常在《春秋》。所以董仲舒三策,总是不离《春秋》,先序三王,从古人那里找依据,来说明人的社会位置,即寻找人的命。这样,就可以形成"是先人说的,你敢怀疑?"的效果。因为,虽然经过多年的教育,"民"已经基本相信天命的说法,但毕竟,确实很难找到天,因而就难以为天命真正定论。

其次是创造成套的理论体系。有了理论体系,就算你的说法是违心的,但一时间,很难推翻。难于推翻,那就是定论。

再次,不论什么人,要给他生存的希望与乐趣,否则,就算你的天命说再有体系,也会水大覆舟,促成叛反的。

那么,确定为什么样的命呢? 这关系到统治的需要。我们先看统治者在关心什么。武帝首先所关心的问题是:"夫五百年之间,守文之君,当途之士,欲则先王之法以戴其世者众矣,然犹不能反,日至仆灭,至后王而后止,岂其所操持或悖谬而失其统与? 固天降命不可复反,必推之于大衰而后息与? 呜呼! 凡所为屑屑,夙兴夜寐,务法上古者又将无补与? 三代受命,其符安在? 灾异之变,何缘而起? 性命之情,或夭或寿,或仁或鄙,习闻其号,未烛厥理,伊欲风流而令行,刑轻而奸改,百姓和乐,政事宣昭,何修何饰,而膏露降,百谷登,德润四海,泽臻草木,三光全,寒暑平,受天之佑,享鬼神之灵,德泽洋溢,施乎方外,延及群生,子大夫明先王之业,习俗化之变、终始之序,讲闻高义之日久矣。其明以喻朕。"[2] 这里,汉武帝所关心的问题有这样几个:一是古代的太平盛世为什么不能长久保持呢? 二是一个君王如何创造盛世呢? 三是灾异之祸由谁来定呢? 四是人的寿命由什么决定呢? 其实他还问到一个问题:君王的继承君位,合法性有什么证明呢? 即"三代受命,其符安在?"应该说这是一个有作为的君王所问的问题。关于这一点,周绍华先生在他的《董仲舒君主观念探源》一文中有较好的论述,我们在此不述。

其实,这些类似的问题由来已久,也是历代君王都在关心的问题。如果我们还记得《天问》的悲愤,也当然就记得屈原所疑惑的内容了。

应该说,汉武帝是一位想作为也有作为的君王,虽然司马迁很为他求仙问神的事不以为然,但其为政的主流是积极的。更何况,如果一位君主脱离了当时尊祖敬神的现实,他是无法进行统治的。所以,汉武帝的求仙问神,不仅仅是一种必然,甚至是一种正常选择,他脱离了这样的思想,他也就脱离了人民。他无法离开那个时代去思考。

那么,对这些问题,董仲舒是怎样看待的呢? 首先,他认为上天是仁的,他说:"国家将有失道之败,而天乃先出灾害以谴告之,不知自省,又出怪异以警惧之,尚不知变,而伤败乃至。以此见天心之仁爱人君而欲止其乱也。"[2]开宗明义地认为,天人相感,天有情感。然后,他指出上天有仁爱之心,但人(其实是"君")的自己努力也十分重要。他说:"自非大亡道之世者,天尽欲扶持而全安之,事在强勉而已。勉强学问,则闻见博而知益明;勉强行道,则德日起而大有功;此皆使还至而立有效者也。"[2]

对于保持长期的统治这个问题,他的看法是:"道者,所由适于治之路也,仁义礼乐皆其具也。故圣王已没,而子孙长久安宁数百岁,此皆礼乐教化之功也……故治乱废兴在于己,非天降命不可得反,其所操持悖谬失其统也。"[2]表达了他顺命与不甘命的态度。但是我们已经感觉到,他的顺命,不是消极的,而是积极主动的,即在思想上遵循天命,而在行为上却是积极应对,积极适应的。也就是说,他对人的命运的认识是唯心的,而他对待人的办法和途径是唯物的,是讲条件与实效的,因此他的政治理念是务实和积极的,正是这一点使他与汉武帝的需要相吻合,也正因为这样,汉武帝才接纳了他的基本思想(对于知识分子而言,这其实十分重要,我们曾在《推敲:贾岛本性的迷失》[7]一文中很为贾岛和韩愈的行事不以为然,因为他们常常以不谙世事自许,却积极地投身政事;他们十分在乎为官,却又常常表达一种对清高的赞美。这使得知识分子天然地与社会大众分离开来,成为一种异类,并进而使一个士阶层变成一个不能真正成为社会人的异人)。关于这一点,余全介先生在他的《董仲舒的真实遭遇》一文中有所怀疑,认为"我们不能因为东汉时期的班固为董仲舒单独做传、做赞,不能因为他对董仲舒进行褒扬,就跟着认为其人、其书乃至其学说思想得到了武帝的重视"[5],但我们认为,也不能因此就说不被重视,特别是由于汉武帝后来的一些思想明显接受了董仲舒的思想,所以总体上认为汉武帝接纳其思想总是事实。至于汉武帝对董仲舒本人怎样则是另外一个问题。

但是,即便如此,从思想深处看,董仲舒仍然是一个彻底的天命论者,因而他认为顺命也有统治者的任务。统治者是奉天命而理民的,自当为"天命"负责,所以也要顺命,所以董仲舒明确说:"天之生民,非为王也;天之立王,以为民也。"[2]在当时,这是非常有进步意义的思想了,而其核心,就在于"天之立民,以为民也,即确立了"王"的统治责任是"为民"。

但是,他为其统治思想的确立所做出的技巧性努力也是明显的,他将"民"归于"天生",则民先天地失去了对社会、对统治提出异议的权利,因为天生,即是"己"不属于自己,命运不能自己把握,这就为由统治阶级为主导的"化民""育民""理民"提供了依据,也就从思想上剥夺了"民"反抗的权利,因为反抗就是"逆天命"。因此他说:"夫上之化下,下之从上,犹泥之在钧,唯甄者之所为;犹金之在镕,唯冶者所铸;绥之斯徕,功之斯和,此之谓也。"[1] 为此他特别向统治者指出:"王者,民之所往;君者,不失其群者也。故能使天下往之而行天下之群者,无敌于天下。"[1] 他还说:"是故王者上谨承天意以顺命也,下务明教化民以成性也。"[1] 这说明了他"顺命"的主旨。

这样我们就看到,王者顺命,是承天意以理民,而民之顺命,乃在于认命:一方面上天安排了受治的命,另一方面,还得被教化——按统治者的需要去约束自己——所以民之认命,在于接受,在于服从,在于俯首称臣。

这样,董仲舒为了统治者所建立的统治理论,就有了坚不可摧的思想基础:所有的人都是由上天所控制的,这所有的人,即由君、民、臣、人所构成;人是董仲舒思想中被教育、被管理得十分理想的物类;民是人中贱者,是被统治又无权问自己是什么的理想的被统治者;君在古代是人中的圣者,当前则是上天的代表,是替天理民的人;臣是人中贵者,他们为天子理民,又受命于天子,不能与天直接联系,却又有别人民的人。其中最有特点的是"人",不仅仅是一个物类,像许慎那样认为是与天地相齐的一个物类,而是指董仲舒思想上的经过教化了的理想的人群,因此既是现实的,又高于现实。

因此,我们一再强调董仲舒的"人",就是想强调,他确立了这样一种理想的人,实际上也是为自己确立了一个奋斗目标,那就是教化的实施,从而也为"士"创造了一个施展才华的广阔天地——上之化下,舍士人其谁何? 正是在这样的思想背景下,这个世上的三个重要角色——民、君、臣——的任务分配才有了如上的规格。所以,我们最后以为,董仲舒在为统治者勾勒统治蓝图时,其实更是以自己这个角色为中心,为像自己一样的这批人构建了一个发展和奋斗的舞台,或者说勾画出一个权力划分的比重图来。甚至他积极提倡的无为而治,虽然有很多客观原因,骨子里却也很难说就没有这种目的在。"故为人君者,敬小慎微,志如死灰,形如委衣,安精养神,寂寞无为。休形无见影,掩声无出响,虚心下士,观来察往。谋于众贤,考求众人,得其心遍见其情,察其好恶,以参忠佞,考其往行,验之于今,计其蓄积,受于先贤。释其仇怨,视其所争,差其党族,所依为臬,据位治人,用何为名,累日积久,何功不成。可以内参外,可以小占大,必知其实,是谓开阖。君人者,国之本也。"[1] 只是,这只是一厢情愿,没乡久,他自己就为活命,"恐久获罪,病免"回家去了。

参考文献

[1]董仲舒.春秋繁露[M].北京:商务印书馆,1999.

[2]班固.汉书[M].北京:中华书局,1988.

[3]司马迁.史记[M].北京:中华书局,1988.

[4]马建东.说"天"与人[J].西北师范大学学报,1999(6).

[5]余全介.董仲舒的真实遭遇[J].江淮论坛,2006(3).

[6]周绍华.董仲舒君主观念探源[J].泰山学院学报,2006(1).

[7]马建东.推敲:贾岛本性的迷失[J].西北师范大学学报,2006(3).

注:本文曾发表在《甘肃社会科学》2007年第3期上。

人性的"天"与天理的"人"

马建东[*]

董仲舒对"人"的认识始终是建立在对"天"的认识基础之上的。"人"是天之子,是禀受"天理"的,"天"是人性的天;"天"虽然至高无上,但"人"却脱离了物的地位,成为董仲舒"天""人"二元统治思想的一端。天道、人道在他的理论体系中是融通一致的,人人皆需循天道循人道;天道的核心是阴阳,人道的核心是德刑;循道必须止于一中,中即是忠。是董仲舒真正使"人"成为"统治"的基本要素,实现了"人"与物的真正分离。

自从"人"所创造的财富有了剩余以来,直到汉代以前的很长时间里,"人"与"物"一样,都只是财富的元素,人还不是"人"。不论是分封,还是赐赠,或是战争,甚至殉葬,都能证明人(当然主要是奴隶或贱者)与物没有区别。例如. 胡厚宣先生主编的《甲骨文与殷商史》里收有寒峰先生《商代"臣"的身份缕析》一文,其中就有许多典型的材料说明当时人是怎样地被物化了的。寒峰先生利用甲骨文材料对"臣"的身份及其活动、特点、作用等进行了研究,论证了其身份有"奴隶""臣的一种集体""一般王室官员"(他们的职司很像汉代"吏"的职责)等的不同。但是,更加让人意想不到的是,"尽管供服御、为宰治的各类小臣和王臣有相当职位,但是他们并没有脱离人身被占有的奴隶性质",也就是说,"臣"仍然是一种财产,是可以被任意处置的。同时,因为大量的、随时可能存在的"战俘臣",表明人人皆可能因为战争被俘而成为"臣",也就说明了人人都可能成为一种财产。而所有的杀伐与掠夺,似乎都以"人"为对象——可见人完全是物化的[1]人不是作为统治对象受到关注,而是作为财产内容遭到掠夺。当然,对这种现象,人们从阶级的角度,社会的角度,生产力的角度研究得已经很多了,但不管那一种研究,结论总

* 作者简介:马建东(1963—),男,甘肃甘谷人,天水师范学院文学与文化传播学院教授,主要从事从事古代汉语、古代文化、现代汉语的教学与研究。

是,那时的"人"不是人。

我们在这里是要从对人的态度出发来探讨问题,上述现象就有了另外一种意义。所以,如果将寒峰先生的文章所论与汉代的有关情况相比,就会发现汉代对"人"认识的物化倾向开始淡化,"人"化倾向逐步强化,"人"开始被统治者所重视。我们认为,汉代已经基本形成了"人"与物的分离,同时还基本确立了"人"与"民""君"与"民"的不同地位[2],而将"人"与"民"进行区分,实际上是对统治对象、统治元素进行区分,这表明,当时的统治已经比以前精细得多、科学得多了,它标志着统治已经有了"管理"的意味,政治文明有了极大的进步,甚至是一种飞跃。刘峰久、于斌二先生在他们的文章《儒学神化与西汉君主专制主义指导思想的确立》中提出,"由秦朝任用法家,以吏为师,转变到汉初尊奉黄老,无为而治,至汉武帝时独尊儒术,以吏为师"[3],这样的历史描述,我们是同意的。与此同时,这里存在的也不仅仅是以吏为师的问题,吏的地位的上升(这可以和前述的"臣"相比较),实质上是整个"人"的群体地位开始上升的体现之一。正因为这样,当我们关注在汉代影响巨大的群儒之首董仲舒时,特别是关注董仲舒的天人三策[4],看到董仲舒把汉武帝的问题,概括地归纳为"陛下发德音,下明诏,求天命与情性"时,实际上,就发现他把汉武帝的问题浓缩成两个:天与人。天命当然是指天,情与性,也就是指人之情与人之性,所以他说:"臣闻命者,天之令也;性者,生之质也;情者,人之欲也。"[5]就可发现,在董仲舒那里,"人"已经上升为与"天"一样的重要的统治思想要素,"人"已经从"物"里出来,与"天"对等了。虽然"天"仍然至高无上,但"人"却堂而皇之地成为统治者思考的最根本对象,真正脱离了物的地位,成为董仲舒"天""人"二元统治思想的一端。

(一)天与人

"天"是董仲舒学术思想里的重要内容,它既是董仲舒对以前各种统治思想的继承,也是他对当时现实社会秩序思考的产物,是他最具基础性的社会思想命题。"天"至高无上,宿命地决定着现实社会的一切,他说:"臣闻天之所大奉使之王者,必有非人力所能致而自至者,此受命之符也。"[3]"天者,百神之大君也"[6],"天者万物之始祖,万物非天不生"[7],"天"是董仲舒统治思想的出发点。但是,综观董仲舒的"天",其内容其实是由"天""天子"和"道"所共同构成的。也就是说,他的"天",不仅仅是指纯自然的宇宙之天,苍茫之天,而且是人情化的、与"人"相对的理念化的天。故而他说:"天之道,有序而时,有度而节,变而有常,反而有相奉,微而至远,踔而致精,一而少积蓄,广而实,虚而盈。"[8]他还说,"喜怒之祸,哀乐之义,不独在人,亦在于天,而春夏之阳,秋冬之阴,不独在天,亦在于人。"[9]显而易见,天之道和人之情在这里完全被统一起来,此亦可见出其"天"之人情化、理念化达到了一个什么样的程度。

对"天""人"关系的认识和思考,是人类的一个普遍命题。中国古代的"天",说法很多,我们仅提出屈原的《天问》与董仲舒的"天"做一比较。屈原的"天",多是前人认识的承继,但古人总的一些观点,也是很有代表性的,如"圜则九重,孰营度之?""八柱何当?东南何亏?九天之际,安放安属?隈隈多有,谁知其数?天何所沓?十二焉分?日月安属?列星安陈?"[9],等等。屈原的问题,虽然也在于由天而人,但他的"天"更加倾向于自然,与人间秩序的关系距离仍然遥远,相对来说关联不大。董仲舒则不然,他对"天"的思考,重在其与"人"的关系,他明确说:"人无春气,何以博爱而容众?人无秋气,何以立严而成功?人无夏气,何以盛养而乐生?人无冬气,何以哀死而恤众?天无喜气,亦何以暖而春生育?天无怒气,亦何以清而秋杀就?天无乐气,亦何以疏阳而夏养长?天无哀气,亦何以激阴而冬闭藏?故日:天乃有喜怒哀乐之行,人亦有春秋冬夏之气者,合类之谓也。"[9]董仲舒的所有对"天"的思考,其实始终是将天与人结合起来的思考。他把"人"抬到了与"天"对等的地位,从而曲折地使"人"成为社会的主宰。他的"天"是人情化了的天,"人"是赋予了"天理"的人,似乎"天"无"人"性不成天,"人"无"天"性不成人。"天"与"人"不光是相互感应,甚至于已经结合为一体。他说:"为生不能为人,为人者天也。人之人本于天,天亦人之曾祖父也。此人之所以乃上类天也。"[7]可见,董仲舒的"人",已经完成了从自然的"人"到理想"人"的过渡,而当其使"人"站在与天对等的位置,也就隐隐约约透露出统治者要实施统治就必须重视"人"并必须想方设法教化人以求"人性"合于"天理"的深层次意图,从而也使教化人的主体——像董仲舒这样的士——在社会生活中的位置更为突出。

接着,董仲舒提出了"人"与天的密切关系,他说:"人之形体,化天数而成;人之血气,化天志而仁;人之德行,化天理而义。人之好恶,化天之暖清;人之喜怒,化天之寒暑;人之受命,化天之四时。人生有喜怒哀乐之答,春秋冬夏之类也。喜,春之答也;怒,秋之答也;乐,夏之答也;哀,冬之答也。天之副在乎人。人之情性有由天者矣。故曰受,由天之号也。"[7]如此密切地将"天理"与"人性"联系起来,表面上看,是使"人"的地位从属于"天",但在当时的认识条件下,其实是大大地抬高了"人"的地位,因为"人"皆天之子。这就从根本上确立了"人"是天以外最"大"者的地位。正是基于这样的认识,董仲舒在回答武帝的询问时,便说:"国家将有失道之败而天乃先出灾害以谴告之;不知自省,又出怪异以惊惧之;尚不知变,而失败乃至,以此见天心之仁爱,人君而欲止其乱也。自非大亡道之世者,天尽欲扶持而安全之。"[5]其表达的意思就是,既然人皆天之,"失道"便是对天之子的失道,不仁也是对天之子的不仁,从而奠定了"人"在统治过程中的至关重要的绝对核心地位。

由此可以看出,董仲舒的天是人化的天,"人"是"天"生的、具有"天"性的人。从统治理论构建的角度来看,人化的"天",既是对当时整个社会思想认识的依附,是寻找共识,但也是弱化"天"的绝对地位,使之与"人"的距离接近,从而让人们对"天"除了敬畏,还多了些亲近,这样,其统治理论便容易被接受,也容易获得认可。而认为人人皆是"天"之子,是天所生,则从心理上提高了人的自信心,从而通过内在的力量,使"人"的地位实现质的提高,为其统治理论奠定了核心基础:统治者是人,被统治者也是人。这样,统治就有了两面性,从而隐含了对统治者的某种警告。

这样的构建是有益的,一方面它尽可能地加强了与整个社会认识的一致性,从而使整个理论一开始就建立在当时社会的共识之上,另一方面,它特别地在提高"人"的自信与地位上下功夫,实质性地提高了"人"的地位,使之真正从"物"的地位挣脱出来,更为重要的是,这样的理论构建本身,就使"人"的可塑性有了根本的确立,从而为他的"人"的教化理论奠定了基础。

(二)天与天子

董仲舒看待天与人之间的关系,很耐人寻味。一方面,他认为人人都是天生的,所以他说"为生不能为人,为人者天也"[7],是说看似父母生人,实际上却是天生人。照此说,人人皆为天之子。但是,这与"天子"有冲突,于是他说:"人之本于天,天亦人之曾祖父也。"[6]显然是为了给"天子"挪出位置,否则人人皆为天之子与"天子"之间就有许多不便。这样的考虑,如今看来似乎多少有一些孩子气,但在当时,这是绝对有道理的。天下人,人人都是天生的,但人人只能是曾孙,不能为子。于是人间最大辈份的人,便是那个天下人人的父亲——即天子了。也就是"父授子受,乃天之道也"[11],这是说,天之道,就是父亲给予的,最合理的接受者是子,首先便强调了天子承天的合理性。这恐怕也是对"其符安在"的一种回答。接着,他就道出了下面的逻辑关系:"唯天子受命于天,天下受命于天子,一国则受命于君。君顺命,则民有顺命;君命逆,则民有逆命。故曰:'一人有庆,兆民赖之。'此之谓也。"[7]这也是一种匪夷所思的理论构建方法,将天子受命的合法性建立在天与人之间的某种伦理关系上,便有了既合理又模糊、同时极尽其神秘的效果,达到了为天子权威构建一种出其不意的威势的效果。尤其有意义的在于,在突出君权的理论构建的同时,董仲舒也强调了"君命逆,则民有逆命"的警告,异常突出地强调了理论构建过程中的"统治"特性。

董仲舒在竭力维护统治权力的同时,始终在强调:天既可以给你,也可以剥夺;天给你的,如不善守,亦可能丢失。正如他所说:"且天之生民,非为王也,而天立王以为民。故其德足以安乐民者,天予之。其恶中足以残民者,天夺之。"[10]所以如何理解天命,如何把握天的意志,就是为君之关键。因此他说:"为人主也,道莫明省声之天,如天出之也。使其出也,答天之出四时而必忠其受也,则尧舜之治无以加。是可生可杀,而不可使为乱。故曰:'非道不行,非法不言。'此之谓也。"[7]是说为君者,必须顺万物之情,必须"体天"。如果说,前面董仲舒说到的是君权的合法性的问题(君符)的话,这里则是强调君权的内容,或者说强调了为君的责任。

为人君的权力与责任在哪里呢?《为人者天》里说:"天生之,地载之,圣人教之。君者,民之心也;民者,君之体也。心之所好,体必安之;君之所好,民必从之。故君民者,贵孝弟而好礼仪,重仁廉而轻财利,躬亲职此于上,而万民听,生善于下矣。故曰:'先王见之可以化民也。'此之谓也。"这就是天之命,就是君的责任,具体点说,"人"是什么?是天所生,地所载,特别是经过圣人教化的群体。我们能够听出来,天之所生,地之所载,都是不用人力所再努力的,唯独教化一事,却是需要实实在在去努力的。于是,"教之",成了实际上的统治任务。于是也就突出了"统治"的意味(是否也是为了自身所在的那个阶层?)。

不仅如此,他还提出了教化的途径与具体内容,"故君子衣服中而容貌恭,则目悦矣;言礼应对逊,则而悦矣;好仁厚而远僻鄙,则心说矣。故曰:'行思可乐,容止可观。'"[7]把我们现在所说的从养成教育到思想教育,都考虑在内。对统治而言,其归结点,当然就是思想教育,我们也可以称为德治。重视德治,也就是道德教化,是自夏商以来就已经形成的一种政治学说,因此"以德配天"的思想,盛行于先秦时期,特别是三代[13],在董仲舒那里,甚至连教化的顺序,似乎都隐含在其中:先衣服容貌,再声音应对,最后是好恶去就。

所以,可以这样描述董仲舒的天与天子:天子是禀承天命的,所以天子必须听天之命,天子在伦理上是"人"间辈分最高的,因而无论是在伦理上还是社会思想道德地位上,都是所有人的父,因此所有人当然地要在伦理的道德的方面接受其统治;但是,正因为天子受命于天,所以,如果天子不能很好地体天,顺命,也是会遭天谴的,是会覆亡的。所以他说:"人主当喜而怒,当怒而喜,必为乱世矣。"[14]

但是,在董仲舒看来,天与天子既有区别,同时又是一体的,只要天子能体察天意,他就是天。"是故人主之大守,在于谨藏而禁内,使好恶喜怒必当义乃出,若暖清寒暑之必当其乃发也。人主掌此而无失,使乃好恶喜怒未尝差也,如春秋冬夏之未尝过也,可谓参天矣。深藏此四者(谓春夏秋冬)而勿使妄发,可谓天矣。"[14]因此,在董仲舒的内心深处,天与天子是一体的,只要天子能做好,天子就是天。天子更多地代表着天，而不代表"人"。

于是我们发现，天子是什么？在具体区分时，他是介于天与"人"之间的一个特殊人物，他虽然是统治者，但他只是天之子，对于统治来讲，真正与天相对的，却是"人"——虽然这些人都是天所生。由此我们知道，董仲舒的天子是人中的一个辈分最大的人，可他毕竟还是一个人。但在整个理论上来说，天子又是天的代表，又凌驾于人之上。在这种看似矛盾的阐述中，却是最准确地表达了董仲舒是怎样地为天子、为统治而费心了。

所以，在董仲舒确定了天子权力由天而定的理论之后，真正提升了地位的，却是整个"人"——所谓"天生之，地载之"的人。因为君王的地位很早就是尊贵的，但人的地位却一直未能得到整体的提升。正如董仲舒在《王道通三》里所认为的："古之造文者，三画而连其中，谓之王。三画者，天地与人也；其中者，通其道也。取天地与人之中以为贯而参通之，非王者孰能当是？"而连接三者的，是王。与天地相提并论的是人，但王是联系天与人（还有地）的人，也就是统治。

所以我们认为，天人合一的，是天与天子，人却是事实上与天相对的物类。而这也正与许慎的观点一致，笔者在《说"大"与人》一文中通过大、人、子的对比，发现许慎之所以将本指"人"的大用来说明"天大地大人亦大"是一种做人的自豪，从而通过其理据的形成，证明了汉人对人的总体认识，是一种不断提升的过程[15]。现在我们又发现了董仲舒的同样的思想，因而我们认为这恐怕正是汉代人的贡献。

（三）天与道

董仲舒的道，其实包含天道与人道两面。但不管是天道还是人道，由于天人的一致性，其内容其实是统一的。

第一，董仲舒的天道，仍是坚持了自然之天的一切特性。虽然由于认识的局限，他不能像今天的人们一样把天空当天空，但总体上，他视天为自然之物，却是基本的。我们虽然在前面讨论过他的人化的天，但却不曾否认他以天为自然之物。因为那是基本认识。其余都是基于此的，也就是他的阴阳与四时，然后才是建立在这一自然天之基础上的另一种"天"。

第二，他认为天之道与人之道是辩证一致的。"圣人视天而行。是故其禁而审好恶喜怒之处也，欲合诸天之非其时，不出暖清寒暑也；其告之以政令而化风之清微也，欲合诸天之颠倒其一而以成岁也；其羞浅末华虚而贵敦厚忠信也，欲合诸天之所以成物者少霜而多露也。"[7]"凡物必有合……阳兼于阴，阴兼于阳，夫兼于妻，妻兼于夫，父兼于子，子兼于父，君兼于臣，臣兼于君。君臣、父子、夫妇之义，皆取诸阴阳之道"[15]。而在《天道无二》里更是明确指出,"天之常道,相反之物也,不得两起,故谓之一。一而不二者,天之行也。""天之道,有一出一入,一休一伏,其度一也,然而不同意。""是于天凡在阴伴者皆恶乱善,不得主名,天之道也。故常一而不灭,天之道。事无大小,物无难易。反天之道,无成者。"[16]正是由此,我们才看到了董仲舒天里有人,人里有天,正如同阳兼于阴,阴兼于阳一样。这种辩证关系,使得他的学术思想有了一种必须把人当成一个整体来对待才能实施统治的客观需要,特别是使他的各类统治与被统治要素有了互相关联不能割舍的统一性,成就了事实上的制约关系,从而达到了统治者与被统治者之间必须相互协调才能完成统治的理论需要。

第三,他的天之道,其实质是阴阳;人之道,其实质是德刑。二者构成了天人统治的核心。《基义》说:"此皆见天之亲阳而疏阴,任德而不任刑也。是故仁义制度之数,尽取之天。"意思是仁义来源于天,而天之核心是阴阳。他又说:"王道之三纲,可求于天。天出阳,为暖以生之;地出阴,为清以成之。不暖不生,不清不成。然而计其多少之分,则暖暑居百而清寒居一。德教之与刑罚犹此也。故圣人多其爱而少其严,厚其德而简其刑,以此配天。"[15]他还说:"天之道,出阳为暖以生之,出阴为清以成之。是故非薰也不能有育,非溧也不能有熟,岁之精也。知心而不省薰与溧孰多者,用之必与天戾。与天戾,虽劳不成。"[17]这就是说明了他的德重在仁义,而二者中间,又重在仁,而仁,就是爱。于是,他强调统治的出发点是阳、德、仁、爱。而末节则是阴、刑、义、严。

第四,天之道、人之道的实践应该是循序渐进的。董仲舒说,"以其有徐徐来,不暴卒也。《易》曰:'履霜坚冰',盖言逊也。然则上坚不逾等,果是天之所为,弗作而成也。人之所为,亦当弗作而极也。凡有兴者,稍稍上之以逊顺往,使人心说而安之,无使人心恐。故曰:君子以人治人,此之谓也,圣人之道,同诸天地,荡诸四海,变易习俗。"[15]若非循序渐进,就是无序,就是违天理。

第五,董仲舒的天道与人道,都强调"一中",即强调忠。"是故古之人物而书文,心止于一中者,谓之忠;持二中者,谓之患。患,人之中不一者也。不一者,故患之所由生也。是故君子贱二而贵一。人孰无善?善不一,故不足以立身。治孰无常?常不一,故不足以致功。《诗》云:'上帝临汝,无二尔心。'知天道者之言也。"[16]其实这是用天道来推论人道,用天理来确定人道,使得统治与被统治者都被笼罩在"忠"的大衣之下,统治者便得心应手,心安理得,而被统治者会谨守被统治之道,则是心甘情愿,俯首贴耳。

(四)结论

我们从董仲舒的天、人、天子、民、臣、道等特殊词语开始,讨论了他的理论构建,特别是理论核心体系。我们认为,董仲舒的"天"是人化的天,"人"是理想的人,天子高"人"一辈。但不管是哪一个词,自始自终都有着维护统治的目的,而且是以维护长久的统治为目的。这或许是他的初衷。但从其理论本身的贡献讲,却在于他真正抬高了"人"的地位,通过他的努力,真正使"人"脱离了物的地位,成了真正意义上的人,而终于使"人"真正成为统治者正面关注的对象。也正是因为这个原因,使"人"成为与天同行的大类,与地同行的大类。因此,许慎的"天大地大人亦大"[18],与董仲舒的"人",其实是一致的。

参考文献

[1]胡厚宣.甲骨文与殷商史[M].上海:上海古籍出版社,1983.

[2]马建东.董仲舒的"天"与人[J].甘肃社会科学,2007(3):188 – 191.

[3]刘峰久,于斌.儒学神化与西汉君主专制主义指导思想的确立[J].重庆师范大学学报(哲学社会科学版),2006(1):67 – 71.

[4]张大可.董仲舒天人三策应作于建元元年[J].兰州大学学报(社会科学版),1987(4):39 – 45.

[5]班固:汉书·董仲舒传[M].北京:中华书局,1962.

[6]董仲舒.春秋繁露·郊祭[M].北京:商务印书馆,1999.

[7]董仲舒.春秋繁露·为人者天[M].北京:商务印书馆,1999.

[8]董仲舒.春秋繁露·天容[M].北京:商务印书馆,1999.

[9]董仲舒.春秋繁露·天辨在人[M].北京:商务印书馆,1999.

[10]洪兴祖.楚辞补注[M].北京:中华书局,1983.

[11]董仲舒.春秋繁露·五行对董仲舒.春秋繁露[M].北京:商务印书馆,1999.

[12]董仲舒.春秋繁露·尧舜不擅移、汤武不专杀[M].北京:商务印书馆,1999

[13]程旭.试论封建社会的德治[J].兰州大学学报(社会科学版),2007(1):141 – 144.

[14]马建东.说"大"与人[J].西北师大学报(社会科学版),1999(专辑):68 – 71.

[15]董仲舒.春秋繁露·基义[M].北京:商务印书馆,1999.

[16]董仲舒.春秋繁露·天道无二[M].北京:商务印书馆,1999.

[17]董仲舒.春秋繁露·暖燠常多[M].北京:商务印书馆,1999.

[18]段玉裁.说文解字注[M].上海:上海古籍出版社,1984.

注:本文曾发表在《兰州大学学报(社会科学版)》2008 年第 36 卷第 3 期期刊上。

社会历史批评—魂兮归来

安　涛[*]

一、当前文学批评的状况

很多研究者对当前的文学批评都表示了不加掩饰的失望,如於可训认为当前的文学批评已被严重异化,经历了由克服政治性的异化到出现市场化的异化的复杂变化,文学批评既因为"缺席""失语"或话语的"自闭",而与自己的对象隔离、疏远、分裂,又因为商品化和大众文化的影响,而将自己的职责、功能出让给商业广告和大众传媒,经由这样的过程,文学批评最终成了失去其特质的非批评、打着批评旗号的伪批评,甚至是与批评活动对立的"反"批评。① 李星则认为,导致文学批评衰落的原因有两个,一是文学创作数量巨大,批评家无暇细读所有的文本,对于很多文本停留在"泛读"的层面,一是各种形式的新作研讨会"绑架"了批评家,使批评家的批评碍于人情而丧失了应有的"客观性"。② 我们在这里列举了几种观点,这些观点无疑都不同程度地切中了当前文学批评的症候。概括起来讲,当前的文学批评呈现出这样几种趋势:文学批评与社会、与作家、与作品、与读者都严重脱节,批评话语被纳入了商业性的运作而失去了应有的客观性,批评家丧失了主体性而成为市场与人情的"奴隶"。

这就是当前文学批评的状况,这种状况促使我们不得不追问:文学批评的本质到底是什么? 文学批评与作家、读者之间的关系应该怎样? 批评者如何才能确立其主体性? 这些问题对于文学批评来说都是些最基本的问题,似乎不值得一提,但仔细想想,如果连最基本的问题都走了样、变了形,那就是最大的问题了,文

---

* 作者简介:安涛,(1962—　),男,甘肃天水人,天水师范学院文学与文化传播学院教授,主要从事文学理论研究。

① 於可训. 且说文艺批评的异化[J]. 文艺争鸣,2012(9).
② 李星. 关于当前文学批评现状的观察与思考[N]. 文艺报,2012 – 07 – 30.

学批评就只能蜕变为"非批评""伪批评"和"反批评"了。艾布拉姆斯曾言,"文学批评是有关解释、分类、分析和评价文学作品的一种研讨"①。文学批评是文学活动整体中不可或缺的一个组成部分,对于文学潮流的发展起着至关重要的作用。好的文学批评不仅可以敞亮文学创作的新动向,发现和扶植文学新人,而且可引领读者深入感受作品和鉴别作品的好坏,建构富于时代特征的文学经典序列。正因为文学批评具有如此重要的意义,中外文学史上任何一个文学的繁荣时期,都离不开文学批评的推波助澜,如别林斯基的批评对于 19 世纪的俄罗斯文学、茅盾的批评对于 1930 年代的中国文学。文学批评要发挥其应有的作用,批评主体就不能丧失其主体性,也就是说,批评者应该是有自由意志的人,而不是一个"雇佣者",他理应遵从自己的文学观,对文学现象做出价值判断,并有权决定自己的批评实践。批评主体如果保持了其主体性,那么他的批评文字就可能形成某种精神力量和舆论势能,其批评实践就可能产生正面的社会效应。

二、我们需要什么样的文学批评

当前文学批评不容乐观的情状,同样使我们萌生了这样的疑问:我们今天究竟需要什么样的文学批评? 很显然,当下批评者可以选择的批评方法非常之多,精神分析学、形式主义批评、原型批评、新批评、结构主义符号学批评、接受美学批评、解构主义批评、性别批评等方法都可以借鉴和使用,但这些批评方法因为多是"舶来品",批评者在操作中总感到不那么熟练,总感到隔那么一层。新时期以来,虽然有很多的批评者在实践中尝试使用各种各样的新方法,但效果却不尽如人意,而且尝新的批评者不断留下这样的遗憾:以否定传统的批评方法(主要是社会历史批评和审美批评)为前提的尝新,其后果是既没有把握住新方法的精髓,又丢弃了旧方法的精要,得出的却是某种似是而非的结论。更应该看到,西方批评理论大多倡导文学的"内部研究",这种专注于文学内部研究的批评,很容易使批评者满足于从文学到文学的研究,批评者可能因此不去研究社会,不去研究文学与社会的双向运动,当文学批评与社会现实真正隔离起来,文学批评应有的社会作用也就从根本上被遏制,这样的文学批评实在不是我们理想中的批评。

当前的文学批评看起来"方法多样",但没有一种从本土产生的主流批评,批评者好像在追逐西方批评的路途中早已迷失了自己,此情此景不禁使人想起普希金曾经抱怨"俄国没有批评"的故事。在普希金时代,俄罗斯文学批评就遵从西方

① M. H. 艾布拉姆斯. 欧美文学术语词典[M]. 朱金鹏,等译. 北京:北京大学出版社,1990: 64.

古典主义诗学原则,倡导诗的所谓高雅趣味,以西方为范本而谨小慎微地亦步亦趋,批评文字严重脱离俄国社会现实和文学现实,这种状况直到别林斯基出现才得到扭转。① 别林斯基并没有追随西方文学批评,而是从俄国社会现实和文学现实出发,以鲜明的社会历史批评的姿态面对整个俄罗斯文学发言,其将俄罗斯文学放置在俄国社会历史的大背景中,而将具体的作家作品则置于俄罗斯文学整体的发展格局中进行观察和分析,批评视野的空前阔大,使其能够举重若轻地洞察到俄罗斯文学的发展走向,并对具体作家作品做出准确的定位与评价,这样,其批评文字自然就具有了某种引领性的意义。别林斯基并非为批评而批评的批评家,他是一个有着社会理想的批评家,他的批评活动是其社会理想的生动表现,因此在批评对象上,他尤为关注那些反映社会现实、体现历史动向、具有民族精神和人民性倾向的作家作品。以社会理想为烛照,使他具有了一双洞穿历史的批评慧眼,这是别林斯基对我们的另一重要启示。在批评方法上,别林斯基始终从历史的和美学的双重视角对作家作品进行把握。别林斯基的批评充分体现了其主体性,他不畏上也不媚俗,更不为金钱利益所动,而是以文学的发展和社会的进步为基本价值立场,以自身阅读的感受、体验和欣赏为基础,从文学史的高度结合作家的创作历程,对作家作品进行深入的评价。

当前中国的文学批评应从历史的高度阐明中国文学的发展走向,而将文学批评引向良性的发展道路。我们应该始终坚持社会历史批评的方法论。这种方法论不仅有着本土深厚的历史传承(如孔子提出的"兴观群怨"说、孟子提出的"知人论世"说),而且在西方也经历了一个不断补充完善的发展期(维柯、斯达尔夫人、丹纳、黑格尔、别林斯基等都对完善这种批评形态做出了贡献),马克思和恩格斯更为这种方法论提供了哲学依据。可以说,与其他任何批评模式相比,社会历史批评都具有不可比拟的优越性,我们有什么理由舍弃它呢?

三、社会历史批评应重新成为批评的主流

社会历史批评对新文学的发生和发展影响至为深远,从黄遵宪、梁启超到鲁迅、陈独秀、胡适,新文学的先驱者都将社会历史批评视为文学批评的主要武器。这是因为,近代以来民主革命运动的高涨和1920年代后期革命文学的勃兴,为社会历史批评的确立和发展提供了重要条件。新文学早期的社会历史批评具有浓厚的政治变革和社会启蒙色彩,随着马克思主义文论和苏联"社会主义现实主义"理论的传入,为社会历史批评提供了现成的观念、方法和话语,经过以茅盾为代表

① 张秉真,等. 西方文艺理论史[M].北京:中国人民大学出版社,1994.

的"左翼"批评家的实践,使社会历史批评在 1930 年代后激烈的政治斗争和民族矛盾中脱颖而出,而上升为主流批评。1940 年代,社会历史批评在

延安受到了高度重视,毛泽东的《在延安文艺座谈会上的讲话》是对社会历史批评的集中阐发,其阐发的思想,既渗透了中国古代重实行、重伦理、重功利的哲学传统,又经过了马克思主义方法论的改造,因此是社会历史批评理论的一次飞跃。因为处于战争环境,《讲话》尤重挖掘作品所蕴含的社会的、阶级的、政治的价值。"十七年"的文学批评从总体上看,一方面继承了中国古代、近代和现代社会历史批评的传统,一方面又借鉴经过苏联中转过来的西方传统,从而使社会历史批评通过这种东西方传统的融合而臻于完备,并且长期居于主导地位。新时期初社会历史批评虽然受到了质疑,但仍然保持着批评的主导地位。1985 年前后,随着西方批评理论的大量传入,社会历史批评的有效性开始被解构,不久即陷入低谷,从那时到现在 30 年时间过去了,社会历史批评再也没有引领批评潮流。社会历史批评退场之后,我们看到的是"百花齐放"的局面,这种局面持续到今天,形成了本文开篇所描述的那种状况。

新文学近百年的批评实践显示,当社会历史批评成为主流,文学批评就能步入正轨,并发挥其强大的社会作用;反之,当社会历史批评被边缘化,文学批评便陷入无序乃至无声状态。没有哪种批评模式能取社会历史批评而代之,1990 年代以来的文学批评实践已充分证实了这一点。在本文看来,要振作文学批评的颓势,就必须使社会历史批评回归主流。而要使社会历史批评回归批评的主流,各种阻力的出现在所难免,但有社会历史批评近百年的经验与教训作为前提,实践者要化解和消除阻力是完全有可能的。根据当前文学批评的实际,社会历史批评的回归之路可分三步走:第一步,恢复社会历史批评的正声;第二步,在此基础上适当吸收其他批评模式的优长;第三步,形成具有新世纪特征的新批评形态。

如何恢复社会历史批评的正声?首先是实践者要把握好社会历史批评的文学观。社会历史批评的文学观认为,文学作品绝不是凭空创造的,也不完全是个体性的行为,而是一定社会历史条件下的产物;文学不仅是对社会生活的表现,而且随着社会生活的发展而发展;文学作品对社会生活可以产生相应的影响。其次是实践者要把握好社会历史批评的评判尺度,即真实性、倾向性和社会效果。"真实性"指文学作品所展示的社会生活画面、所塑造的艺术形象和社会现实生活的实际情况的符合程度,包括时代背景的真实性、人物性格的真实性和作品细节的真实性等问题。"倾向性"即作家通过作品中艺术形象所流露出来的对生活的理解和评价,它是作家社会立场和思想观点的体现。"社会效果"强调好的文学作品应该在对现实关系的真实描写中展示审美理想,从而促人深省、催人奋发。最后

是实践者要把握好操作程序,即将作家作品放置于特定的社会历史背景中,通过考察作家与所处时代、环境的关系,从中寻找作家价值观念和创作思想的根源;然后再阐释作品所体现的社会历史内容,应特别关注那些贴近生活和时代、反映社会变革的作品;接下来是考察作品的社会作用,实践者要通过艺术形象的分析,告诉读者什么是好的,什么是恶的,以影响读者的思想、道德和世界观,帮助读者更好地认识自己,激发他们追求真理的愿望。社会历史批评的文学观是评判尺度和操作程序的理论依据,评判尺度是对作品准确定位的现实依据,而文学观和评判尺度要通过操作程序体现出来。只要做到了这些,就是严格意义上的社会历史批评。

社会在发展,文学在更新,文学与社会的关系始终处于动态的历史进程中,社会历史批评也要不断进行调整和充实。这种调整和充实体现在两个层面,第一个层面是关于社会历史批评中"社会历史"的范畴,这里的"社会历史"不应该仅仅局限于经济环境和政治环境,而且也应该包含自然环境、心理环境和文化环境,如果将这些因素都考察清楚了,也就能够充分地理解和把握特定时代文学的特殊性和丰富性;第二个层面是适当吸收其他批评模式的优长,众所周知,社会历史批评将作品与时代背景、作家生平和有关史实联系起来研究,而相对忽略文学作品的艺术形式,由此导致对作品的文学性特性研究不够,因此有必要吸收叙事学、新批评等批评模式的方法,以弥补文学性研究不足的缺憾。需要提醒的是,这里的"调整和充实"是以保持社会历史批评的基本特征为前提的,切不可喧宾夺主,使社会历史批评发生严重偏移,而蜕变为其他批评模式的附属物。如果有众多的批评者和研究者来探索社会历史批评在新世纪文学批评领域的可能性和可行性,那么,经过一个时期的实践,就完全有可能探索出一种适合中国文学批评实际的新的批评形态,这一天的到来其实并不遥远。社会历史批评,魂兮归来。

参考文献

[1]於可训.且说文艺批评的异化[J].文艺争鸣,2012(9).

[2]李星.关于当前文学批评现状的观察与思考[N].文艺报,2012-07-30.

[3]M.H.艾布拉姆斯.欧美文学术语词典[M].朱金鹏,等译.北京大学出版社,1990:64.

[4]张秉直,等.西方文艺理论史[M].北京:中国人民大学出版社,1994.

注:本文曾发表在《文艺理论与批评》2015年第1期上。

早期中国化马克思主义文论的
实践品格及其当代启示

安　涛[*]

一

　　"实践"理论是马克思主义哲学极为重要的构成,在《关于费尔巴哈的提纲》中,马克思先后 14 次提及"实践"这个概念,并基于此核心概念指出,"从前的一切唯物主义——包括费尔巴哈的唯物主义——的主要缺点是:对事物、现实、感性,只是从客体的或者直观的形式去理解,而不是把它们当作人的感性活动,当作实践去理解……因此他不了解'革命的'、'实践批判的'活动的意义"[①]。正是基于人的活动在本质意义上是一种实践存在的观念认识,马克思不仅强调"实践是人的生活方式","社会生活在本质上是实践的",人在本质上是一种"实践的存在""生成的存在",而且将其整个哲学思想的构建都与实践加以连接,强调了以物质生产为核心的人类的劳动对人类历史的意义,并将其哲学思考用于文学理论的建构,因而成为马克思主义文论发展的思想依据和理论武器。

　　中国知识分子对于马克思主义的接受,起初只是对"西学东渐"风潮的回应,与他们当时对西方的其他理论的接受并没有实质性的区别。这种接受"把马克思主义作为一个学派加以介绍的,根本没有把马克思主义作为改造中国的宇宙观和方法论来学习和传播"[②]。马克思主义对于中国文学实际影响的发生,其实也是在中国知识分子将其与革命斗争联系起来时才开始的,并最终成为一种对于中国革命和文学实践活动具有世界观和方法论意义的理论学说。接受动机上的这种鲜明的实践需求,体现了早期马克思主义文论中国化的建构活动,创造社、太阳社

　　* 作者简介:安涛,(1962—　　),男,甘肃天水人,天水师范学院文学与文化传播学院教授,主要从事文学理论研究。

　　① 马克思,恩格斯. 马克思恩格斯选集:第 1 卷[M]. 北京:人民出版社,1995:54.
　　② 邓建秋. 马克思主义中国化思想[M]. 北京:人民出版社,2009:84.

的理论家,特别是左翼理论家在实际革命中所成为和承担的角色,从根上改变了马克思主义文论的存在状况,使其与中国文学实践紧密地结合了起来。

中国早期的马克思主义理论家在对经典马克思主义文本资源和思想内容的选择上,也表现出了适应中国革命实践的具体历史需求,不断进行自我调整,按照不同的现实要求进行选择和运用的特点。从日本的批判的马克思主义到欧洲(主要是法国)的行动的马克思主义,再到俄国的革命的马克思主义,从开始的对于唯物史观(特别是阶级斗争思想)的偏重到后来的对于唯物辩证法的关注,再到经济思想和人本理论的突出,中国化马克思主义文论的传播和运用,在不断本土化、现实化的过程中,体现出了鲜明的中国特色,也不断遭遇到新的实践问题。现在看来,早期中国化马克思主义文论的建构,既是中国社会实践的一种结果,也是理论家对马克思主义文论的高度把握与具体化。

文学到底有什么社会功用? 在对"文学的社会功用"这一文学理论的基本问题进行思考之时,李大钊提出了"铁肩担道义,妙手著文章",这两句话极为典型地概括了当时人们对于文学参与社会实践活动的强烈期待。这种取向有两个具体的表现层面,首先它强调文学应该积极主动地去反映和揭示社会实践,反映和揭示社会底层在其实践中的生活状况和内心世界,使文学不仅成为人们认识和了解社会实践活动的手段和途径,同时也成为革命者阶层表现自身的手段和途径。早期的理论家如瞿秋白、邓中夏、恽代英等,在积极介绍马克思主义文论之时,就已经开始运用经济基础和上层建筑的理论来解释文学与社会生活的关系。其后,随着中国革命运动的深入以及人们对马克思主义理论了解的不断深入,文学对于社会生活,特别是对于底层的社会实践及其精神追求,遂得以不断地强化和丰富。

譬如,在"革命文学"的表述中,郭沫若认为马克思主义是自己时代"唯一的宝筏",在1926年写给成仿吾的信中,他还只是说,"我现在对于文艺的见解也全盘变了……真实的生活只有这一条路,文艺是生活的反映,应该只有这一种是真实的"①。亲身参加了北伐战争、目睹了底层大众如何参加革命的情景之后,他则提出,"当留声机——这是文艺青年的最好的信条。你们不要以为这是太容易了,这儿有几个必要的条件:第一,要接近那种声音;第二,要你无我;第三,要你能够活动"②。这里不仅强调了对底层大众生活实践的接近和参与,而且也要求文艺青年在反映他们的生活实践之时,尽可能地消弭自己的声音,而凸显底层真实的声音。不难看到,在革命文学的建设当中,他对文艺青年的期望是,要克服个人主义

---

① 郭沫若. 孤鸿[J]. 创造月刊,1926,1(2).
② 郭沫若. 英雄树[J]. 创造月刊,1928,1(8).

思想,积极接受底层大众的精神并努力表达他们的愿望与诉求。

在早期的马克思主义理论家看来,文学乃社会生活的反映,底层的革命实践活动是最能显示时代特征的,因而也是最具有意义的社会实践,由此尽可能地接近、了解并真实地反映这种生活,揭示在这种生活中底层大众的念想与追求,并以此参与和促进革命实践活动的发展,自然也就成了中国马克思主义理论家热衷讨论的话题。"宣传论""工具论"和"镜子说"等,响应了早期革命文学理论家关于革命文学建设的主张,不管是支持还是反对,围绕着"文学应该反映什么样的生活"这个基本话题以及新文学如何根据社会形势的变化而更好地体现底层的实践诉求,中国马克思主义理论工作者展开了持久的探察。

"我曾经在一个煤矿附近做过工,时常有机会到煤窿里面去。那几十里黑暗的隧道中,有六七千牛马不如的苦工人在做每日十二时的工,做了三十多年了。我对一个朋友说,'这种苦况可惜文学家没在这里,把他描写出来'。那位朋友的答话是:'这还不是现在的事,现在还没有进煤窿的文学家啊!'我觉得他这句话是真实,也是文学家的耻辱!"①——这是早期共产党人以亲身的经历对当时的文学所做的批评,同时也是对于新的文学的期望,他期望有作家能够深入底层本真的生活中,对于他们的生活给予有血有肉的表达。这种期望后来逐步发展成为一种对于革命作家的普遍的道德要求,"革命的文学家若不曾亲自参加过工人罢工的运动,若不曾亲自尝过牢狱的滋味,不曾亲自受过官厅的追逐,不曾和满身污泥的工人和农民同睡过一间小屋子、同做过吃力的工作、同受过雇主和工头的鞭打斥骂,他决不能了解无产阶级的每一种潜在的情绪,绝不配创造革命的文学"②。两段话前后仅隔一年多的时间,但是所表达的意思却悄悄地发生了变化,期望变成实践要求,对于苦难的底层生活的反映也从一般的"苦况"描述,而深入到了"潜在的情绪"的表达,其中的意识形态属性正在渐渐成熟。其后,伴随着无产阶级革命实践的不断发展,特别是经过了1927年国共分裂所导致的革命形势的变化之后,对于底层的社会实践欲求,亦即革命思想的表达,由此也逐步成为马克思主义文学理论家对于文学反映生活时的基本诉求。

二

基于救亡图存的大背景,中国现代文学所关注和思考的重点,集中在文学对于现实社会应该与可能发挥什么样的作用上。"新民""立人""启蒙""救亡图存"

---

① 秋士.告研究文学的青年[J].中国青年,1923(5).
② 沈泽民.文学与革命的文学[N].民国日报,1924－11－06.

以及"为人生",从梁启超到"五四"新文学运动,在对文学功用或意义的思考上,新文学的缔造者们更多地将文学看作是一种进行社会改良或革命的手段和方式。这也就不难理解,早期的马克思主义理论家从开始就注意到了文学的社会能动意义,并有意识地将这种看法用于具体的文学活动的阐释,认为文学固然是社会生活的反映,因此"只可说生活创造了艺术……却不可说艺术是创造一切的"①。另一方面,文学同时还有它的反作用,所以,"文学者不过是民众的舌人……在这一方面是民众的痛苦的慰藉,一方面却能使他们散漫的意志,统一凝聚起来。一个革命的文学者,实在是民众生活情绪的组织者"②。成仿吾认为,"我们应该由不断的批判的努力,有意识的促进文艺的发展,在艺术本身上,由自然生长的成为目的意识的,在社会变革的战术上由文艺的武器变成武器的文艺"③。在《怎样地建设革命文学》一文中,李初梨在关于"文学是什么"和"能干什么"两个涉及文学本质和功用的基本问题上,提出了三个颇具代表性的观点:第一,文学是宣传。他援引美国作家辛克莱的话说,"一切文学艺术,都是宣传,普遍的,而且不可逃避地是宣传"。第二,文学的阶级性质。他认为,"文学,与其说它是社会生活的表现,毋宁说它是反映阶级的实践"。第三,从文学的社会组织功能角度看,文学本质上是"一个阶级斗争的武器"。④ 这些观点清晰地表明,早期的中国马克思主义文学理论家希冀通过文学能够切实地参与底层的社会实践,并使文学能够成为积极地反映和传达底层的社会实践及其精神诉求的载体。

早在中国化马克思主义文学理论的初创时期,在界定了无产阶级文学乃是"为完成他主体阶级的使命……以无产阶级的阶级意识,产生出来的一种斗争的文学"⑤之后,早期马克思主义文艺理论家就认为,要创造无产阶级的文艺,"革命的文学家"就必须投身到实际的斗争实践,"从事革命的实际活动"⑥"做脚踏实地的革命家",抛弃"那种浅薄而卑污的感情"。⑦ 他们的认识中内含了这样一条思路:体现无产阶级意识的无产阶级文学本身就应该是无产阶级社会实践的一种具体方式,所以,无论是从表现无产阶级的社会实践意识和思想出发,还是将文学活动即作为自身参与无产阶级社会实践活动的一种方式,"真正的革命文学的作家,

① 萧楚女.艺术和生活[J].中国青年,1924(38).

② 沈泽民.《新俄艺术的趋势》译者附注[J].小说月报,1922,13(8).

③ 成仿吾.全部的批判之必要[J].创造月刊,1928(10).

④ 李初梨.怎样地建设革命文学[J].文化批判,1928(2).

⑤ 李初梨.怎样地建设革命文学[J].文化批判,1928(2).

⑥ 邓中夏.贡献于新诗人之前[J].中国青年,1923(10).

⑦ 恽代英.文学与革命[J].中国青年,1924(31).

他本身就应该是一个革命家"。① "血管流的是血,自来水管里流的却只能是自来水",鲁迅关于革命文学和革命实践之间关系的这种认识,反映了他希望左翼作家能够改变观念、积极参与到实际的革命活动中的意图。从对文学的这种强烈的实践欲求出发,在"左联"成立大会上所做的演讲之中,鲁迅曾反复告诫左翼作家,"倘若不和实际的社会斗争接触","倘不明白革命的实际情形",所谓的左翼作家,其实"很容易成为'右翼'作家"。② 一个作家,只有积极投身到底层的社会实践当中去,在积极的实践活动中建立自己的底层立场,形成无产阶级的世界观和倾向性,才能创作出有利于革命事业的文艺作品。

三

重新回顾早期中国化的马克思主义文论,我们不难觉察到,其对于中国当代的文论建设和文学创作都具有非同寻常的启示意义。早期的中国马克思主义者是在"实践"的意义上引进马克思主义文论的,并将马克思主义文论应用于文学实践和理论建设,这其实是真正把握住了马克思主义的精髓——实践品格。尽管他们在将马克思主义的普遍原理与中国文学实践相结合的过程,即中国化马克思主义文论的初创时期,不可避免地出现了一些曲折,但他们的努力与实践却为即将到来的"左翼文学"的繁盛奠定了极为厚实的基础。同样,早期的中国马克思主义者也不是纸上谈兵的理论家,他们并没有将自己关在舒适的书斋中进行术语的演绎和逻辑的思辨,相反,他们时刻关注和密切观察着社会上正在发生的一切变化,并探寻着改变底层人生的可能途径。正因为这样,马克思主义文论在他们那里才走向了中国化的正途,但从根本上看,他们的兴趣却并不是要创构一种新的理论,而是以经典马克思主义理论为指导,通过文学活动积极地改变社会,改变人生,在这样的实践活动中,他们的理论必然被中国化,这实际也体现了"马克思主义文论中国化"的精神要义。

对中国早期的马克思主义者来说,"实践"还意味着作家自身的思想改造和对底层实际生活的深入体验与把握。这些知识分子出身的马克思主义者,还残存着较多的脱离实际的罗曼蒂克式的想法以及士大夫式的自命清高和其他陋习,而他们却能冷静认识到自身存在的弱点,并做出了深刻的自我反省与自我修正,努力做到了知行合一。虽然对他们来说,这种世界观和方法论的改造艰难而漫长,但他们却从未放弃,所以他们在最大限度上把握住了马克思主义的真义——实践

---

① 钱杏邨. 蒋光慈与革命文学[M]//现代中国作家. 上海:上海泰东书局,1930:170.
② 鲁迅. 对于左翼作家联盟的意见[J]. 萌芽月刊,1930,1(4).

性。历史总是以相似的面目而出现,对于我们研究者来说,应该从历史实践中不断汲取经验,以丰富和发展马克思主义文论,在这个意义上说,早期中国化马克思主义文论的发展经验既是一种理论资源,也是一面历史镜像。

参考文献

[1]马克思,恩格斯.马克思恩格斯选集:第1卷[M].北京:人民出版社,1995:54.

[2]邓建秋.马克思主义中国化思想[M].北京:人民出版社,2009:84.

[3]郭沫若.孤鸿[J].创造月刊,1926,1(2).

[4]郭沫若.英雄树[J].创造月刊,1928,1(8).

[5]秋士.告研究文学的青年[J].中国青年,1923(5).

[6]沈泽民.文学与革命的文学[N].民国日报,1924 - 11 - 06.

[7]萧楚女.艺术和生活[J].中国青年,1924(38).

[8]沈泽民.〈新俄艺术的趋势〉译者附注[J].小说月报,1922,13(8).

[9]成仿吾.全部的批判之必要[J].创造月刊,1928(10).

[10]李初梨.怎样地建设革命文学》《文化批判》,1928年第2号.

[11]李初梨.怎样地建设革命文学》《文化批判》,1928年第2号.

[12]邓中夏.贡献于新诗人之前[J].中国青年,1923(10).

[13]恽代英.文学与革命[J].中国青年,1924(31).

[14]钱杏邨.蒋光慈与革命文学[M]//现代中国作家.上海:上海泰东书局,1930:170.

[15]鲁迅.对于左翼作家联盟的意见[J].萌芽月刊,1930,1(4).

注:本文曾发表在《文艺理论与批评》2012年第1期上。

唐人咏侠诗刍论

汪聚应 *

本文在全面搜集整理了《全唐诗》、唐人吏料、笔记、传奇小说中四百多首咏侠诗的基础上,以侠文化和历代咏侠诗为参照,从社会文化渊源、思想内容和艺术审美理想等方面宏观考察了唐人咏侠诗,挖掘了其中体现出的时代精神、文人的独特心态以及侠文化在唐代的承传与发展。认为唐人咏侠诗和高昂的任侠风气、边塞战事、文人建功立业等现实内容紧密结合在一起,形成了一个较为完整的价值体系,又在对魏晋六朝咏侠文学传统的继承创新和近体诗新的艺术形式下提高了艺术品位和审美效果,从而成为咏侠诗发展阶段上的一座高峰。

唐诗,从分类研究的角度看,学术界对于边塞诗和山水田园诗等积累丰厚,创获良多,而对唐代任侠风气下出现的咏侠诗潮却无多少关注,甚而混迹于边塞诗中。但就咏侠诗的创变来看,游侠题材汉魏时已进入诗歌领域,然汉代咏侠诗篇什零星,只不过几首歌谣或残句。魏晋六朝时,游侠题材已成为乐府诗的传统主题之一,佳构渐多。此后各代虽不乏篇,然气象不张,难成风候。在唐代,咏侠诗如异军突起,成为全社会普遍高咏的主题,无论内容的开拓,还是艺术的创变均可以傲睨魏晋,气夺明清。因此,对唐人咏侠诗从宏观上进行搜集整理和研究,不但能够填补研究领域的一个空白,而且对于研究唐诗风格的形成、文人的时代精神和独特个性以及侠文化在唐代的承传与发展都有重要价值。有望于此,论者主要从《全唐诗》,同时从唐代史料、笔记、传奇小说中搜集整理出近四百多首咏侠诗,并试图以侠文化和历代咏侠诗为参照作一宏观探索。

需要指出的是,“唐人咏侠诗”这一概念,主要指唐诗中以游侠为表现对象,歌咏或表观其侠行、侠气、侠节、侠情等内容的作品。这样,唐人咏侠诗不但和边塞

---

* 作者简介:汪聚应(1966—),男,甘肃秦安人,天水师范学院文学与文化传播学院教授,文学博士,主要从事古代文学研究。

诗区分了开来,而且唐诗中一些送人、赠别、咏怀、咏史题材中的诗篇也纳入了它的范畴。

一　唐人咏侠诗创作的社会文化渊源

唐人咏侠,是一个十分有趣的文学、文化现象,有着深刻的社会现实动因和深厚的文化渊源。其中既有全社会炽热的任侠风气这一现实土壤,统治者开明的政治和文化政策、边塞战事与文人的功业意识等时代需要的驱动,还有自战国秦汉以来侠文化的浸润和魏晋六朝咏侠文学传统的哺育。可以说,唐人咏侠诗是在有价值的文化传统中孕育启发出来而又在时代气氛中开出的花朵。

从现实渊源看,唐代侠风炽盛,成为侠和侠文化史上一个极为重要的时期,任侠被视作一种英雄气质,成为唐人身上的重要习性和当时社会普遍的价值观念,同时,它又与文人士大夫宣泄不平之气的心态和建功立业、追求自由的人生理想相合拍,洋溢着高昂的时代内容,影响着人们的生活理想和文学审美观念,为咏侠诗的创作提供了精神力量和丰富生动的题材。

一般说来,唐人任侠,在不同的历史时期和不同的阶层中,表现出的精神特质是不同的。初盛唐的任侠风气,表现为把侠的气质精神和形象更有效地与自身的现实生活、人生理想、社会要求相结合,呈现着世俗化、理想化的色彩,任侠精神往往与改造人生社会的目标相一致,或与自身的要求相统一,随着个人阶层、理想的不同具有广泛性和多样化,任侠精神的主流在都市游侠少年的喧嚣和边塞的角鼓中得以发扬光大。

初盛唐是唐人任侠的高昂期,"处于历史又一个繁荣时期的地主阶级,精力充沛,充满自信。它的一部分成员,须要借助各种方式表现自己的英雄气概,建立功业是一种适宜的方式,任侠也是一种适宜的方式,而且是一种更容易做到的方式"①。任侠体现着以少年游侠儿的形象和心境作为骨干的"少年游侠精神",它充满着青春的气息,乐观奔放的时代旋律和火一般的生活欲望、人生宣泄,是盛唐文化精神的一种表征。一方面,"初盛唐一些权贵子弟与士族中人,往往通过任侠活动,诸如勇决任气、轻财好施、结纳豪侠,以博取声名,为进身之阶"②。另一方面,承魏晋六朝遗续,他们也更多地将任侠作为一种时尚的标志和逞强势、竞豪奢、享优闲的理想方式。所谓"斗鸡走狗家世事,抱来皆佩黄金鱼"③;"玉剑浮云

---

① 罗宗强.李杜略论[M].呼和浩特:内蒙古人民出版社,1980:69.
② 罗宗强.李杜略论[M].呼和浩特:内蒙古人民出版社,1980:69.
③ 秦韬玉.贵公子行[M]//彭定求,等.全唐诗·卷六七〇.北京:中华书局,1960:7662.

骑,金鞭明月弓"①;"东郊斗鸡罢,南皮射雉归",正说其任侠传统王仁裕《开元天宝遗事》载:"长安侠少,每至春时结党联朋,各置矮马,饰以锦鞯金络,并辔于花树下往来,使仆人执酒皿而随之,遇好囿则驻马而饮。"这些侠少中,最煊赫的是王孙公子,李益《汉宫少年行》对其有淋漓尽致的刻画:"玉阶霜仗拥未合,少年排入铜龙门……平明走马绝驰道,呼鹰挟弹通缭垣……分曹六博图一掷,迎欢先意笑语喧……晚来香街经柳市,行过倡市宿桃根。相逢酒杯一言失,回朱点白闻至尊、金张许史伺颜色,王侯将相莫敢论。"与此同时,与上层豪贵侠少多有朋附的地方豪族少年、闾里恶少,任侠声势也很火爆。《新唐书》卷一九七《薛元赏传》载:"都市多侠少年,以焦墨镵肤,夸诡力,剽夺坊里。"《酉阳杂俎》前集卷八载:"上都街肆恶少,率髡而肤札或剳,备众物形状,恃诸军,张拳强劫,至有以蛇集酒家,捉羊胛击人者……时大宁坊力者张幹,扎左膊曰:'生不怕京兆尹',右膊曰:'死不畏阎罗王。'……又高陵县捉得镂身者宋元素,刺七十一处……"可见,任侠风气在这些侠少中,还不免带有匪盗气。

另一方面,国家的空前强盛,也使游侠们试图用一种英雄的行为和豪放无羁的方式将这种气质呈现出来,崇高的责任感和人世的欲望并行不悖,理想的光辉和生活的情趣紧密相联,李白《白马篇》具体地描绘了盛唐游侠这一多质性的一面:

　　龙马花雪毛,金鞍五陵豪。秋霜切玉剑,落日明珠袍。斗鸡事万乘,轩盖一何高。弓摧南山虎,手接太行猱。酒后竞风采,三杯弄宝刀。杀人如剪草,剧孟同游遨。发愤去函谷,从军向临洮。叱咤经百战,匈奴尽奔逃。归来使酒气,不肯拜萧曹。羞入原宪室,荒径隐蓬蒿。

诗中游侠少年既放荡嗜酒、斗鸡博猎、任气杀人,然一旦边地有急,却又能杀敌立功,义无反顾。只有盛唐的时代,才能在精神世界中出现这样的少年精神。

唐代文人任侠尚气是前代少见的,邓绎在《藻川堂谭艺·三代篇》中说:"唐人之学博而杂,豪侠有气之士,多出于其间,磊落奇伟,犹有西汉之遗风。而见诸言辞者,有陈子昂、李白、杜甫、韩愈、柳宗元之属,堪与谊、迁、相如、扬雄等相驰骋以上下。"李白自称"十五好剑术,遍干诸侯"②,又在《上安州裴长史书》中说:"曩昔东游维扬,不逾一年,散金三十余万,有落魄公子,悉皆济之,此则白之轻财好施也。"其友魏颢在《李翰林集序》中说他:"少任侠,手刃数人。"可谓文人中最具侠

①　卢照邻.结客少年场行[M]//彭定求,等.全唐诗·卷二四.北京:中华书局,1960:322.
②　李白.与韩荆州书[M]//李太白全集.北京:中华书局,1977:124.

行者。卢藏用《陈子昂别传》说,陈子昂"始以豪家于驰侠使气……尤重交友之分,意气一合,虽白刃不可夺也"。杜甫壮游,其《遣怀》诗有"白刃仇不义,黄金倾有无。杀人红尘里,报答在斯须"的铮铮豪言。韩愈《刘生诗》侠气浩荡,而柳宗元笔下的韦道安,"毙群盗""辞师婚""顾义引刃"①,更是儒生仗义行侠的典型。就唐代文人心态看,积极从政是他们最迫切的理想,因此,文人任侠,除了向往侠的自由豪迈,更多的是借以扩大知名度,出于仕途的考虑。故其侠行既有贵游侠少那样人生欲望的自由宣泄,又有边塞游侠儿赴边救难的壮烈和功名追求,也不乏民间侠风熏陶下的侠义精神。

唐代士风奢浮以盛唐为最。其文人士子斗鸡走马、狎妓优游与侠少并无二致。《开元天宝遗事》载:"长安有平康坊,妓女所居之地,京都侠少萃集于此,兼每年新进士,以红笺名纸游谒其中,时人谓此风流薮泽。"且从其诗中也可看出他们曾有的轻薄侠行。李白《行路难》(之二):"羞逐长安社中儿,赤鸡白狗赌梨粟。"孟郊《灞上轻薄行》:"自叹方拙身,忽随轻薄伦。"而李颀《缓歌行》更是肯悔之言:"小来托身攀贵游,倾财破产无所忧。结交杜陵轻薄子,谓言可生复可死。一沉一浮会有时,弃我翻然如脱屣……早知今日读书是,悔作从来任侠非。"可见,任侠在中下层文人中还有一个从轻薄狂放转向正义尚勇事功的价值取向,也有一个从盲目仿效到自择力行的过程。而其自身的素质性情和积极进取的时代又使他们将个性的自由张扬和建功立业的时代潮流融入侠行中,以仗剑远游陶养浩气,进身仕途,或在山东地区受到强悍民风侠情之洗礼,或从军入幕,一游塞垣,直接受到北方少数民族豪侠尚武作风的濡染。于是出塞入幕求取功名便与任侠风尚相为表里,成为文人士子的又一条"终南捷径"。他们在"壮士怀远略,志存解世纷"的理想中②,毅然"抱剑辞高堂""横剑别妻子","剪虏若草收奇功"③,把侠义精神结合爱国英雄主义理想而发扬光大,这不仅带来了唐人咏侠诗创作的繁荣和高潮,而且也为咏侠诗提供了广阔的视野,灌注了催人奋进的精神力量,诗人将附丽于游侠形象的青春豪迈、自由奔放的气质视为热烈追慕的审美象征,将对国家社会的责任感视作个体人格更为根本、更高层次的需要,形成了以少年游侠为歌咏对象的咏侠诗潮,侠的世界开阔了,精神也提升了。

中晚唐时,政治混乱,藩镇与中央矛盾重重,初盛唐恢宏的任侠气象渐远渐

---

① 沈德潜.唐诗别裁集[M].上海:上海古籍出版社,1979:134.

② 李白.送张秀才从军[M]//彭定求,等.全唐诗·卷一七六.北京:中华书局,1960:1799.

③ 李白.送族弟绾从军安西[M]//瞿蜕园,朱金城校注.李白集校注[M].上海:上海古籍出版社,1980:357.

离。在畸形的"养士"风气中,社会上的游侠,或被中央皇室和权贵录用,或被地方藩镇官吏收买、豢养,在消除异己的政治斗争中发挥着特殊作用。《资治通鉴》卷二一五载,李林甫"自以多结怨,常虞刺客,出则骑百余人为左右翼,金吾静街,前驱在数百步外,公卿走避;居则重关复壁,以石甃地,培中置板,如防大敌,一夕屡移床,虽家人莫知其处"。此后这种风气更为盛行。唐宪宗元和十年(815),宰相武元衡主张讨伐淮、蔡等地,与方镇李师道、王承宗、吴元济"咎怨颇结",裴度同遭忌恨,于是李师道等遣刺客杀武元衡于静安里,伤裴度于通化里①。唐文宗开成三年(838),仇士良遣刺客从郭子仪宅中出围宰相李石,"马逸得还私第"。② 另外,一些保持原侠节操的侠义之士,其侠行也多奇操异节,特立独行,表现出神秘色彩,剑侠就是这个时代的产物。他们身份隐晦,杀人啁血,来去无踪,真所谓"去住知何处,空将一剑行"③。这时的侠也明显地受道家、佛家思想的影响,诗歌中,对侠的歌咏已变为对剑侠怒平不平的渲染,作者也多与佛道有关,如吕岩、司空图、贾岛等。

唐代社会上层贵族及其子弟的游侠热与侠在中下层文人民众中的异常活跃这一重要而鲜活的社会文化现象,为这个时代提供了所需的精神力量,使诗人不约而同地从中吸取了诗情,伴随着唐诗高潮的到来而形成诗坛上普遍的咏侠诗潮,诗人们对游侠形象的集中歌咏以及对生活中侠义精神的开拓和礼赞,不但表现了这个时代特有的精神面貌,而且也构成了唐诗思想内容和美学风格不可或缺的组成部分。

从思想文化渊源看,唐代社会思想活跃,儒、佛、道三教并存,且与侠相融。唐文化也在中外文化交流,南北文化的对立与整合中容纳和吸取了许多有用的成分,尤其是关陇文化在胡汉杂陈的结构磨合中,多了一份刚健和豪放。唐人与魏晋人一样,反对人生伦理化的违犯本性,而要求那种人生自然化的解放生活,这种人生观的特征,也是魏晋人性觉醒的影响和继续。于是侠与儒的结合,促使儒家"济苍生""忧社稷"的思想充分展开,而任侠精神也借此获得了较为开阔的视野,忠臣义士的谏净和功业追求便带有鲜明的任侠色彩。侠与胡文化中尚武思想的合拍,又造就出英雄豪杰的感恩图报、效命疆场,文人士子的冀求知遇、走出章句、效功当世。而与道家自由精神的融汇,又生发出放荡不羁、推尊个性、不以礼法为意的个性气质。这一切,引起"封建礼教的束缚相对松弛和人的主观精神的昂扬

---

① 刘昫,等.旧唐书·李正己传[M].北京:中华书局,1975.

② 欧阳修,宋祁.新唐书·李石传[M].北京:中华书局,1975.

③ 慕幽.剑客[M]//彭定求,等.全唐诗·卷八五〇.北京:中华书局,1960:9624.

奋发,使得人们偏于高估自身的价值,强调个性自由,蔑视现存秩序和礼法传统的束缚"①,为唐代咏侠诗的繁荣奠定了思想基础。

诸因素中,"胡风"值得注意。可以说,唐代侠风和咏侠诗的独特性就在于它是中土传统文化和异域文化共同影响的结果,"唐人大有胡气",李唐统治者实际上就是李初古拔的后裔②,"统一中原的时候,胡化色彩也就随之而来"③。同时,唐统治者也多将胡人迁徙内地,或征发其戍边征战。陈鸿在《东城老父传》中说:"今北胡与京师杂处,娶妻生子,长安中少年有胡心矣。"可见,唐代因胡汉民族大融合而产生了新的文化传统,使游侠得到了最佳的发展契机,胡人的形象和尚武任侠精神也就成为唐人咏侠诗重要的组成部分。如"绿眼胡鹰踏锦鞲,五花骢马白貂裘"④,"侠客吸龙剑,恶少缦胡衣"等诗句表明⑤,唐代游侠形象胡味十足。而且许多游侠形象本身就是胡人,如"紫燕黄金瞳,啾啾摇绿鬃"的游侠少年⑥。它表明,唐人咏侠诗在其创作中吸取了胡文化的营养,异域人物(多胡人)以其异域肤色、形体特征、特异技能、装饰及豪侠无畏的气质引起了诗人的审美观照,为唐人咏侠诗表现侠客形象增添了丰富多彩的内容,使其具有独特的审美价值。

另外,唐人咏侠诗也是从文学传统中走出来的。自司马迁传游侠到魏晋六朝咏侠诗勃兴以来,诗人在诗歌中为游侠大唱赞歌已形成了一个进步的文学传统,那就是借侠客形象来抒发寒士的人格寄托和生活理想。唐代文人既有乐观向上的豪迈精神,又有冀遇求知、怀才不遇的垒块,因此借侠寄情就成为时代的创作风气。而司马迁《史记》中所表现的游侠精神,六朝文人在咏侠诗中塑造的游侠形象和他们火热的生命追求,就成为唐人咏侠诗的创作源头和精神上可贵的资量。

可见,唐人咏侠诗的产生、发展,与当时的社会环境、任侠风尚、诗人仗剑远游的生活经历、人生理想、价值观念、心理气质以及思想文化传统、中外文化的融合密切相关。同时,前代诗文中描写的游侠形象和表现出的任侠精神又给唐人以思想上的启迪、精神上的激励和形象塑造上的借鉴,遂使唐人咏侠诗包罗千古,闪耀时代,开启未来。

① 陈伯海.唐代社会的思想潮流与诗歌创作[J].社会科学战线,1988(1):259.
② 陈寅恪.唐代政治史述论稿[M].上海:上海占籍出版社,1979:4.
③ 刘开荣.唐代小说研究[M].北京:商务印书馆,1956:四章.
④ 薛逢.侠少年[M]//彭定求,等.全唐诗·卷五四八.北京:中华书局,1960:6334.
⑤ 虞世南.《从军行》之二[M]//彭定求,等.全唐诗·卷一九.北京:中华书局,1960:226.
⑥ 李白.峪结客少年场行[M]//彭定求,等.全唐诗·卷二四.北京:中华书局,1960:322.

二 唐人咏侠诗的思想内容

唐人咏侠诗,风华情致俱本六朝,然题材之广泛,思想之深邃,贯注其中的气势都远超前代。据统计,唐人咏侠诗数量是魏晋六朝咏侠诗的近十倍①。这些诗主要包括拟古或拟意的古题乐府,如《刘生》《结客少年场行》等。自旧题衍化出的新题乐府,如《壮士吟》《侠客行》《(邯郸、长安、渭城)少年行》《少年行》等。歌咏古代侠义之士的咏史、怀古诗,歌咏侠义精神或自抒襟怀的抒情诗等。依其表现对象,内容包括对古游侠的歌咏、对当代游侠少年的歌咏和对剑侠的歌咏。

唐人咏侠诗中,歌咏古代侠义之士的诗篇较多,尤其是一些战国游侠如荆轲、豫让、专诸、高渐离、侯嬴、朱亥及四公子备受推崇。而唐人所咏,特重古游侠身上表现出来的重诺轻生、冀知报恩等任侠精神。在此类诗篇中,诗人往往借古寓今,寄托自己深沉的向往。李白《侠客行》最为生动:

> 赵客缦胡缨,吴钩霜雪明。银鞍照白马,飒沓如流星。十步杀一人,千里不留行。事了拂衣去,深藏身与名。闲过信陵饮,脱剑膝前横。将炙啖朱亥,持觞劝侯嬴。三杯吐然诺,五岳倒为轻。眼花耳热后,意气素霓生。救赵挥金槌,邯郸先震惊。千秋二壮士,烜赫大梁城。纵死侠骨香,不惭世上英。谁能书阁下,白首太玄经。

这首诗讴歌了战国赵魏游侠群体,集中赞扬了侠客的重诺轻生,突现了侯嬴、朱亥二侠士的千秋侠骨,诗人崇侠轻儒、功成身退的豪情亦在其中。

古游侠的生命意义和人生价值就是寻知己和为知己死,故其人生信条和侠义精神集中表现为"士为知己者死"。因此,唐人咏侠诗便将冀知报恩作为古游侠最厚重的侠意识加以高咏,借以寄托诗人自己的知己渴望。鲍溶《壮士行》云:"山河不足重,重在遇知己。"李白《结袜子》歌咏了专诸、高渐离这样"报恩为豪侠,死难在横行"的侠义之士:

> 燕南壮士吴门豪,筑中置铅鱼隐刀。感君恩重许君命,太山一掷轻鸿毛。

侠客的这种冀知报恩意识在唐人咏侠诗中异常浓厚,但侠客为"报恩"而行侠也是唐代科举制度下文人士子心态的一种曲折反映。唐代推行科举制度,知贡举者握有取舍大权,举子们在试前"或明制才,试遣搜扬,则驱驰府寺之门,出入王公

---

① 笔者依据逯钦立《先秦汉魏晋南北朝诗》(中华书局 1983 年版)统计。汉代咏侠诗(主要是残篇、歌谣)共 10 首,魏晋六朝咏侠诗共 57 首。

之第,上启陈诗,惟希咳唾之泽;摩顶至足,冀荷提携之恩。故俗号举人皆称'觅举'"①。而一旦登第,就对知贡举者感恩终生。柳宗元《与顾十郎书》中说:"凡号门生而不知恩之所自出者,非人也。"故唐人咏侠诗中古游侠行侠多是报知己之恩,即因"感君恩重"而行侠,充满着"长揖蒙重国士恩,壮心剖出酬知己"的赤胆和快意恩仇的渴望②。同时为了强化冀知报恩,诗中频现"四豪"(战国四公子)、剧孟、朱家、郭解等古代豪侠,并将他们作为知己的象征,表现诗人的积极用世,竭力寻求"明主"赏用的心理和知己不遇的失落,英雄无用武之地的悲慨:"报君黄金台上意,提携玉龙为君死。"③"与君同在少年场,知己萧条壮士伤。可惜报恩无处所,却提孤剑过咸阳。"④"买丝绣作平原君,有酒唯浇赵州土。"⑤"未知肝胆向谁是,令人却忆平原君。"⑥这种对古游侠冀知报恩的歌咏,从更深的层次看,隐含了诗人对世事艰难的感慨和怀才不遇的愤懑,反映出诗人共同的时代苦闷,在唐代尤具现实意义。因而,对于出身寒门须凭自身能力去取得功名的诗人来说,"十年磨一剑,霜雪未曾试"的艰辛就包含了种种可以想象的情怀⑦。

需要指出的是,唐人功业意识浓厚,因而古游侠身死事不成的侠行辄令诗人寄寓深沉的悲慨,发出"侠客不怕死,怕在事不成"的感叹⑧,甚而对赞不绝口的大侠荆轲端持轻蔑。汪遵诗云:"匕首空磨事不成……青史徒标烈士名⑨。"李白亦言:"燕丹事不立,虚没秦帝宫。武阳死灰人,安可与成功。"⑩对其名就功不成的情感态度,表现出唐代文人强烈的功名意识和特有的乐观精神。而前人称道的古代侠义之士,唐人也不盲从,如李白《东海有勇妇》:"要离杀庆忌,壮夫素所轻。妻子亦何辜,焚之买虚声。"可见,唐人对古游侠的歌咏,包含着健全的人格意识和清醒的理性精神,闪耀着时代光芒和诗人的人生理想。另外,游侠、刺客本不相同,故司马迁分别立传。而在唐人笔下,已将刺客的胆识义气和牺牲精神纳入了侠的范畴,遂使重然诺、报恩仇、冀知己在侠客形象中更具光彩照人之处。因此,唐人

① 薛登.论选举疏[M]//哎全唐文·卷二八一.北京:中华书局,1983:2851.
② 李白.走笔赠独孤附马[M]//彭定求,等.全唐诗·卷一六八.北京:中华书局,1960:1739.
③ 李贺.雁门太守行[M]//彭定求,等.全唐诗·卷二〇.北京:中华书局,1960:244.
④ 雍陶.送客二首[M]//彭定求,等.全唐诗·卷石五一八.北京:中华书局,1960:5928.
⑤ 李贺.浩歌[M]//彭定求,等.全唐诗·卷二九〇.北京:中华书局,1960:4399.
⑥ 高适.邯郸少年行[M]//彭定求,等.全唐诗·卷二四.北京:中华书局,1960:329.
⑦ 贾岛.剑客[M]//彭定求,等.全唐诗·卷五七一.北京:中华书局,1960:6618.
⑧ 元稹.侠客行[M]//彭定求,等.全唐诗·卷二五.北京:中华书局,1960:333.
⑨ 汪遵.易水[M]//彭定求,等.全唐诗·卷六〇二.北京:中华书局,1960:6957.
⑩ 李白.结客少年场行.

歌咏的古代侠士,其内涵和外延较《史记》都有扩展。

唐代游侠群体中,游侠少年是核心和主体。从某种程度上讲,唐人任侠精神的特征就是少年精神。这些游侠少年主要包括贵游侠少、边塞游侠儿和市井恶少。唐人之歌咏,主要是前两者,他们是唐人咏侠诗的主体和最富时代特色的内容。

唐人咏侠诗中,诗人一一坦现这些贵游侠少的任侠行为。有的写他们的斗鸡走马:"花时轻暖酒,春服薄装绵。戏马上林苑,斗鸡寒食天。"①有的写他们的优游:"少年游侠好经过,浑身装束皆绮罗。兰蕙相随喧妓女,风光去处满笙歌。"②有的写他们的任酒使气:"笑尽一杯酒,杀人都市中。"有的写他们的博猎宿娼:"青云少年子,挟弹章台左。鞍马四边开,突如流星过。金丸落飞鸟,夜入琼楼卧。夷齐是何人? 独守西山饿。"③在贵游侠少中,有一部分就是京都"禁军侠少",常在京城游侠,唐人咏侠诗中对他们的任侠行为也展露无遗。王维《少年行》四首、李益《汉宫少年行》、张籍《少年行》、李嶷《少年行》三首、鲍溶、孟郊、王建《羽林行》、李廓《长安少年行》等都属此类。

《新唐书·兵志》云:"夫所谓天子禁军者,南、北衙兵也。南衙,诸卫兵是也;北衙者,禁军也。"禁军的主要任务是宿卫,保卫京城和皇宫安全。从禁军来源看,唐代禁军一般来自"父死子继"的世兵制和府兵制,这一部分多贵族出身④。后来采用募兵制,如"贞元以来,长安富户皆隶要司求影庇,禁军挂籍,十五六焉。至有恃其多藏,安处阛阓,身不宿卫,以钱代行"⑤,以至禁军中多市井博徒游侠。加上禁军的地位身份,游侠声势很盛。如韦应物天宝中曾以"三卫郎"身份侍玄宗⑥,他对自己当禁军时的游侠生活描写道:"少事武皇帝,无赖恃恩私。身作里中横,家藏亡命儿。朝持樗蒲局,暮窃东邻姬。司隶不敢捕,立在白玉墀。骊山风雪夜,长杨羽猎时。一字都不识,饮酒肆顽痴。"⑦这首诗诗人以自赏的态度,描绘了唐代游侠少年中禁军侠少炽烈无禁的任侠生活,对于我们认识唐代贵游侠少的生活方式有重要的史料价值。由于他们的纵逸不禁和狂荡,或与恶少相通,因而其杀人越货的行为就与恶少无二:"长安恶少出名字,楼下劫商楼上醉。天明直下明光

---

① 王贞白.少年行[M]//彭定求,等.全唐诗·卷二四.北京:中华书局,1960:324.
② 李白.少年行》其三[M]//彭定求,等.全唐诗·卷二四.北京:中华书局,1960:323.
③ 李白.少年子.
④ 按《新唐书·百官志》南衙十六宿卫的府兵有内外府之分内府皆势宦子弟。其中规定二品、二品子可补亲卫,二品官曾孙,三品官孙,四品官子可补勋卫及东宫亲卫。三卫为势宦子孙以"门资"进身的阶梯。
⑤ 王溥.唐会要·京城诸军[M].中华书局,1955:1294.
⑥ 傅璇琮.唐才子传校笺:卷四[M].北京:中华书局,1989:166-167.
⑦ 韦应物.逢杨开府[M]//韦应物诗集系年校笺.北京:中华书局,2002:267.

宫,散入五陵松柏中。百回杀人身合死,赦书尚有收城功。九衢一日消息定,乡吏籍中重改姓。出来依旧属羽林,立在殿前射飞禽。①"可见,唐人咏侠诗中描写禁军侠少飞扬跋扈、纵逸不禁的任侠行为有不容忽视的认识意义。

在唐人咏侠诗中,诗人历历坦现这些游侠少年射猎游冶,斗鸡走马、任酒使气、赌博宿娼甚至杀人越货的轻薄侠行,主要是看到了表现在他们身上世俗享乐的生活色彩和自由浪漫的时代精神,看到了一种通脱跳跃的生命存在,不受礼法束缚和伦理规范的风流潇洒的生活方式。

歌咏游侠少年驰骋边塞、赴难建功是唐人咏侠诗的主流,它体现着轰轰烈烈的英雄壮举和爱国精神,诗中行侠与赴国难、报国恩,侠客与文人紧密结合,展现着极具时代特色的内容。唐人建功立业、荣名不朽的人生理想,使诗人直承魏晋六朝咏侠诗的传统,再造了边塞游侠儿报国立功扬名的楷模。

征募游侠恶少从军边塞,汉代已有先例。唐《历代兵制记》卷六载:"天宝以后,(府兵)稍复变废,应募者皆市井无赖。"这些市井无赖,其实就是"荡子从军事征战"的游侠少年。陆龟蒙《杂讽九首》之二:"岂无恶少年,纵酒游侠窟。募为敢死军,去以枭叛卒。"而诸如"塞下应多侠少年"②"中军一队三千骑,尽是并州游侠儿"等诗句并不仅仅是诗人的夸张③,它也是唐代边塞时事的写照。而游侠和从军相结合,在当时也是一条功业出路。唐人对边塞游侠儿的歌咏,其形象主要有三种。

一是原居边地的少年游侠,多胡儿。如高适《营州歌》、李白《行行且游猎篇》中描写的游侠少年。他们未必有军籍,但"猛气英风振沙碛"。崔颢《游侠篇》最具代表性:

> 少年负胆气,好勇复知机。仗剑出门去,孤城逢合围。杀人辽水上,走马渔阳归。错落金锁甲,蒙茸貂鼠衣。还家且行猎,弓矢速如飞。地迥鹰犬疾,草深狐兔肥。腰间带两绶,转眄生光辉。顾谓今日战,何如随建威?

诗中这位边塞少年,富有勇气和智慧,出门解围,行猎归家,轻松自如中透露出边地游侠儿本身的武毅和豪迈。

二是通过募兵招来戍边的市井游侠。如前引陆角蒙《杂讽九首》之二,王维《燕支行》详细刻画了这些游侠少年的英雄形象:

---

① 王建.羽林行[M]//彭定求,等.全唐诗·卷二四.北京:中华书局,1960:317.

② 高适.送浑将军出塞[M]//彭定求,等.全唐诗·卷二一三.北京:中华书局,1960:2219.

③ 戎昱.出军[M]//彭定求,等.全唐诗·卷二七〇.北京:中华书局,1960:3022.

　　赵魂燕韩多劲卒，关西侠少何咆勃。报仇只是闻尝胆，饮酒不曾妨刮骨。画戟雕戈白日寒，连旗大幡黄尘没。叠鼓遥翻瀚海波，鸣笳乱动天山月。麒麟锦带佩吴钩，飒踏青骊跃紫骝。拔剑已断天骄臂，归案共饮月支头。

　　此诗集中描写了边塞游侠儿的凌云胆气、英雄本色和侠者风采。在诗中，诗人将游侠酬主的临危授命与酬君报国的壮烈憧憬高度地统一了起来，而且在建功立业的自信中洋溢着乐观与豪迈。

　　三是出入塞幕的文人士子和禁军侠少中的一部分。唐代文人多侠气或任侠者，他们的功业意识在边塞游侠儿的英雄形象和生命情调中激起了强烈反响，在"男儿一片气，何必五车书"①，"战伐有功业，焉能守旧丘"的感叹中从军入塞②，求取功名。这也使他们很容易看重朝廷的嘉惠而放弃轻薄侠行，乐意效命边地。"平生怀伏剑，慷慨既投笔"③，"诇驰游侠窟，非结少年场。一旦承嘉惠，轻命重恩光"④，把侠义精神结合爱国的英雄主义精神而发扬光大。

　　另外，禁军侠少也有远赴边关的。《通鉴》载，开元二十八年（740 年）"吐蕃寇安戎城及维州"时，朝廷发关中骁骑往救之。《新唐书·兵志》云："德宗即位……神策兵虽处内，而多以裨将将兵征伐，往往有功。"唐人咏侠诗中，诗人热情讴歌了禁军侠少在边塞的英雄行为。如王维《少年行》：

　　出身仕汉羽林郎，初随骠骑战渔阳。孰知不向边庭苦，纵死犹闻侠骨香。
（三）

　　一身能擘两雕弧，虏骑千重只似无。偏坐金鞍调白羽，纷纷射杀五单于。
（四）

　　诗人以辽阔的边地和重敌为背景，突出了这位禁军侠少的英勇豪迈和侠节。"纵死犹闻侠骨香"足以代表唐代咏侠诗的时代强音。

　　如果说唐人咏侠诗中对贵游侠少的歌咏表现了诗人追求自由的精神和对世俗礼法的叛逆，那么在对边塞游侠儿的歌咏中就无不勃发着"功名只向马上取"的时代精神和强烈的功业意识，表现了自己有救世之才、济世之用的抱负和不甘寂寞、渴求实践、走出章句的愿望，形成了唐人咏侠诗一个较为完整的价值观念体系。当然，也不乏借侠"豪气一洗儒生酸"。

　　剑侠是唐代游侠中一个特殊的流品，文献中多称"剑客"。如《通鉴》卷二五

----

①　孟浩然. 送告八从军[M]//彭定求，等. 全唐诗·卷一六〇. 北京：中华书局，1960：1640.

②　杜甫. 后出塞[M]//彭定求，等. 全唐诗·卷二一八. 北京：中华书局，1960：2293.

③　刘希夷. 从军行[M]//彭定求，等. 全唐诗·卷八二. 北京：中华书局，1960：880.

④　李益. 从军有苦乐行[M]//彭定求，等. 全唐诗·卷二八二. 北京：中华书局，1960：3202.

四:"宰相有遣剑客来刺公者,今夕至矣。"有时又称侠刺、刺客。《上清传》云:"卿交通节将,蓄养侠刺。"又《唐语林》云:"天宝以来,多刺客报恩。"侠而以剑领衔,自不同于游侠之重于"游"。剑侠也不像游侠少年那样成为群体,声势热烈,其活动似不与其他游侠相涉,且受佛教、道教影响较深,多奇操异能怪术,尤其剑术出神入化,令人深不可测①,行迹隐秘,独来独往。这表明侠已开始进入文人的幻设创造中,唐传奇中对剑侠的描写十分精彩,但唐人咏侠诗中,他们也是被歌咏的对象。如吕岩《剑客》《七言》《绝句》,贾岛《剑客》,慕幽《剑客》,李中《剑客》等。

唐人咏侠诗中对剑侠奇操异术的歌咏实难俱道一一,但其歌咏的主旨却在仗义行侠和怒平不平两个方面,如吕岩《七言》之四十九"雨雪霏霏天已暮,金钟满劝抚焦桐。诗吟席上未移刻,剑舞筵前疾似风。何事行杯当午夜,忽然怒目便腾空。不知谁是亏忠孝,携个人头人坐中"以神秘超绝之剑术,自掌人间正义,而"杀人虽取次,为事爱公平"②,"背上匣中三尺剑,为天且示不平人"③,"粗眉草竖语如雷,闻说不平便放杯。仗剑当空千里去,一更别我二更回"等更以夺人气势④,描绘了剑侠怒平不平的侠形义胆。

在中晚唐,尤其晚唐咏侠诗中,对剑侠的歌咏与唐人的侠义观念和社会变化有关。从社会现实看,中唐以后,君臣伦理秩序渐闻。同时,安史之乱以来,社会上畸形的养士之风使游侠成为被豢养的刺客,是非不问,正义不行,因而李德裕等人以儒家思想重新规范侠义精神,将游侠导向儒家思想认可的范畴中,而最终归于"义"途。李德裕《豪侠论》中说:"夫侠者,盖非常人也。虽以然诺许人,必以节义为本,义非侠不立,侠非义不成,难兼之矣。所谓不知义者,感匹夫之交,校君父之命,为贯高危汉祖者是也;所利者邪,所害者正,为梁王杀爰盎者是也,此乃盗贼耳,焉得谓之侠哉!唯锄麑不贼赵盾,承基不忍志宁,斯为真侠矣,淮南王惮汲黯,以其守节死义,所以易公孙宏如发蒙耳,黯实气义之兼者,士之任气而不知义者皆可谓之盗矣。然士无气义者,为臣必不能死难,求道必不能出世……由是而知士之无气义者,虽为桑门,亦不足观矣。"⑤李德裕以传统君臣父子的儒家伦理观念,标举"义非侠不立,侠非义不成",谓义气相兼为真侠,此论一出,代表整个侠义观念中义侠的崭露头角,侠的范围缩小了,定义明确化了,而唐人咏侠诗中对剑侠的

---

① 龚鹏程:《大侠》中将剑侠的本领分为匕天夜叉术、幻术、神行术、用药术、断人首级、剑术六个方面。龚鹏程.大侠[M].台北:台湾锦冠出版社,1987:140-157.

② 慕幽.剑客[M]//彭定求,等.全唐诗·卷八五〇.北京:中华书局,1960:9624.

③ 吕岩.绝句[M]//彭定求,等.全唐诗·卷八五八.北京:中华书局,1960:9694,9697.

④ 吕岩.绝句[M]//彭定求,等.全唐诗·卷八五八.北京:中华书局,1960:9694,9697.

⑤ 董诰,等.全唐文·卷七〇九[M].上海:上海占籍出版社,1990:3224.

歌咏也正是出于这样一种现实和伦理道德之需要。它说明中国侠的侠义观念从先秦的"士为知己者死"到中晚唐"义气相兼"观念的确立,侠亦由"轻死重气"迈向"轻死重义"的人格规范,侠文化也在不断地与正统社会上流文化对立整合中回归主流文化圈中。

三　唐人咏侠诗的艺术审美理想

唐人对任侠精神的讴歌,从内容到规模都远胜魏晋六朝,是咏侠诗发展阶段上的一座高峰。唐人以开放包融的文化品质,完成了侠由史家立传到文人歌咏的过渡。这不但表现在唐人以时代精神重新观照游侠,重塑侠义精神,使咏侠诗包含了丰厚的现实内容,而且在艺术上高度成熟。主要体现为艺术审美理想的人格美、艺术境界的雄壮美以及"弹剑作歌,以泄心事"的抒情色彩。

就艺术审美理想而言,唐人咏侠诗非常注重人格美的艺术创造,并将它作为表现游侠精神特质的焦点。在侠的世界里喷涌而出的生命情调中融入自我侠风激荡下的理想追求和人格向往,在诗人、侠客的艺术整合中,创造了富有时代感、人格美的艺术境界。

在诗人看来,侠是一种别具气质精神的人格模式,其重诺轻生、仗义行侠是一种崇高悲壮的高大人格写照,而"千场纵搏家仍富,几度报仇身不死"的豪爽快意和"身在法令外,纵逸常不禁"的绝对自由便是一种豪宕俊爽的人格体现①。甚至游侠少年那种游冶搏猎、斗鸡宿娼等脱略小节的行为,也是一种坦荡自然的人性伸张和浪漫精神的表现。如歌咏边塞游侠儿和贵游侠少的诗篇,诗人在表现这两种不同的侠者风采和人格精神时,或将其置于边塞时事的浪尖上,或融入市井的喧嚣中,然后通过侠义英雄行为或豪荡烜赫的游侠声势的渲染,着力体现一种崇高的社会责任感,或一种人生情趣的追求,既崇高悲壮,又豪宕俊爽。这种经过诗人艺术"过滤"的纯美人生意识,确实是唐人咏侠诗艺术的灵魂。

为了表现这种人格美,诗人采取了三种艺术手法。一是突现。即注重侠之气质精神的人格美的集中实现。诗人直抒胸臆,感情率真,语言表达的明快使人有不暇思索脱口而出的感觉,侠者形象的直接性和鲜明性如排闼而来的青山。这种"不隔"正是唐人咏侠诗的一个基本特点:"三杯吐然诺,五岳倒为轻""黄金买性命,白刃酬一言""气高轻赴难,谁顾燕然铭"……侠的高大人格剪影突兀嶙峋,气宇轩昂,有强烈的艺术感染力。二是渲染。即诗人从面的角度,铺张、烘托、延伸

---

① 高适. 邯郸少年行[M]//彭定求,等. 全唐诗·卷二四. 北京:中华书局,1960:329. ;张华.
博陵王宫侠曲:其一[M]//郭茂倩. 乐府诗集. 北京:中华书局,1979:969.

点的人格美突现所产生的强烈美感,从外貌、服饰、武器、乘骑、言行等方面进行富有个性的描绘,使侠不仅有"唐之气",亦具"唐之象"。唐人咏侠诗中这样的铺排渲染几乎篇篇触及,举不能胜。如李白《结客少年场行》:"紫燕黄金瞳,啾啾摇绿鬃。……珠袍曳锦带,匕首插吴鸿。"而对剑侠的描写更显气势:"发头滴血眼如镮,吐气云生怒世间"①;"头角苍浪声似钟,貌如冰雪骨如松"②;"眉因拍剑留星电,衣为眼云惹碧风"③。三是对比。即儒侠对比,以儒生的卑弱无用比衬侠者高大有为的人格魅力,这是唐人咏侠诗的一个基调。一方面这是唐代儒学脱离实际的反映,另一方面也是侠者人格精神与泛儒文化精神在唐代对立而表现出"功名只向马上取"的价值观念的影响。这使唐人咏侠诗在高扬侠的同时,无不将儒生作为对立面:"宁为百夫长,胜作一书生"④;"儒生不及游侠儿,白首下帷复何益"⑤;"羞入原宪室,荒径隐蓬蒿"。这种对比,不但从一个侧面更加鲜明地展示了侠者的人格美和价值观,而且促成了诗人以功业自许的怀抱,形成了唐人咏侠诗独有的理想精神、英雄性格和浪漫气息,使咏侠诗在粗犷雄强之外,平添几分风雅蕴藉之美,洋溢着明朗、高亢、奔放、激越的时代强音和催人奋进的人格力量。

在艺术境界的创造上,唐代诗人以广阔的审美视野,在咏侠诗中创造了雄浑壮美的艺术境界,成为"盛唐气象"美学规范的艺术表征之一。

唐代任侠尚气之诗人自有一种热烈豪迈的性格和瑰奇雄逸的思想,最注意宇宙间的雄浑壮美。从意象运用的角度看,唐人咏侠诗善用雄奇壮阔的意象构织宏大壮美的诗境,如在自然物象中,常用泰山、五岳、辽水、边关等。就生活场景而言,主要是大漠边塞、荒原郊野和胡姬酒肆等场景的设置。

大漠边塞这一雄阔的场景,主要表现在初盛唐歌咏游侠救边赴难的诗篇中。游侠们"雪中凌天山,冰上度交河"⑥"负羽到边州,鸣笳度陇头"⑦"杀人辽水上,走马渔阳归"。诗人将其生活场景设置在大漠边塞,既是实写,也是出于审美的需要。游侠于大漠边塞中纵横驰骋,方能一展侠风雄气。同时咏侠诗中借奇伟宏大的场景,使诗人的满腔熟情和壮丽的山川熔铸成雄风鼓荡的刚健诗章,而其艺术上的戛戛独造,就是他们这种雄奇的审美情趣与大漠边塞撞击发出的绚丽火花。

---

① 吕岩. 七言·之四八[M]//彭定求,等. 全唐诗·卷八五七. 北京:中华书局,1960:9689.
② 吕岩. 七言·之五九[M]//彭定求,等. 全唐诗·卷八五七. 北京:中华书局,1960:9690.
③ 吕岩. 七言·之五九[M]//彭定求,等. 全唐诗·卷八五七. 北京:中华书局,1960:9690.
④ 杨炯. 从军行[M]//彭定求,等. 全唐诗·卷五〇. 北京:中华书局,1960:611.
⑤ 李白. 行行且游猎篇[M]//彭定求,等. 全唐诗·卷二五. 北京:中华书局,1960:333.
⑥ 陶翰. 燕歌行[M]//彭定求,等. 全唐诗·卷一四六. 北京:中华书局,1960:1473.
⑦ 王涯. 陇上行[M]//彭定求,等. 全唐诗·卷三四六. 北京:中华书局,1960:3775.

在这样的咏侠诗中,游侠与自然、困难的搏击脉动着强大的生命激流,显示着强大的人格力量。如李白《幽州胡马客歌》:

> 幽州胡马客,绿眼虎皮冠。笑拂两支箭,万人不可干。弯弓若转月,白雁落云端。双双掉鞭行,游猎向楼兰。出门不顾后,报国死何难。……白刃洒赤血,流沙为之丹。

将"出门不顾后,报国死何难"的胡马客置于大漠边塞,其"白刃洒赤血,流沙为之丹"就格外崇高悲壮,气象苍莽。因此,大漠、边塞、风霜这些物象在唐人咏侠诗,尤其是歌咏边塞游侠儿的诗篇中反复出现,虽是一种活动的背景,但由于诗人匠心独运,往往构成具有高度审美价值的雄浑壮阔的艺术境界。

荒原郊野、胡姬酒肆为侠义之士和贵游侠少经常性的活动场所。相对而言,侠义之士多于荒原郊野行侠,壮士"徐行出烧地,连吼入黄茅"①;儒侠韦道安,追盗"寒涧阴","夜发敲石火,山林如昼明"②;剑侠们则"笑指不平千万万,骑龙抚剑九重关"③。诗人这种场景设置,不但显示出侠者的正义高勇,又平添几分粗野和特异。贵游侠少们常于荒原郊野搏猎,但其主要的活动场所在胡姬酒肆(市井)。如李白《少年行》(其二)云:"五陵年少金市东,银鞍白马度春风。落花踏尽游何处,笑入胡姬酒肆中。"唐代都城坊曲街市,多胡人行商,因此,胡姬酒肆这一生活场景不但从整体上突出了侠少的豪荡狂放、不假雕饰、率性而为的快乐人生,而且使诗篇富于浪漫色彩和异域风情。

大漠边塞、荒原郊野、胡姬酒肆三者在不同层面上表现了不同的游侠形象和侠义精神,有时三者相互交汇,集于一篇,并共同构建一个颇具审美价值的艺术境界。如张籍《少年行》:

> 少年从猎出长杨,禁中新拜羽林郎。独对辇前射双虎,君王手赐黄金珰。日日斗鸡都市里,赢得宝刀重刻字。百里报仇夜出城,平明还在娼楼醉。遥闻虏到平陵下,不待诏书行上马。斩得名王献桂宫,封侯起第一日中。不为六郡良家子,百战始取边城功。

此篇歌咏游侠,从场景设置看,诗人先以游侠曾有的侠气侠行作铺垫、张本,然后一下由市井、娼楼跳跃到荒原边塞。禁中的威武、市井的豪荡、边塞的慷慨、立功的荣耀在时空转移中一一折射在游侠少年身上。时空跨度大,诗境为之开,有一股

---

① 刘禹锡.壮士行篇[M]//刘禹锡集笺证.上海:上海古籍出版社,1989:850.
② 柳宗元.韦道发[M]//彭定求,等.全唐诗·卷三五二.北京:中华书局,1960:3945.
③ 吕岩.七言2之四六[M]//彭定求,等.全唐诗·卷八五七.北京:中华书局,1960:9689.

总揽天地的纵横之气,与魏晋六朝咏侠诗相较,显得格外雄浑壮阔,气象巍峨。

借侠(或剑)贯输豪情、自伤身世是咏侠诗的一个传统。作为侠文学抒情阶段上的高标,唐人咏侠诗对任侠精神的歌咏是热烈而纯情的,寄托着诗人自信、自强、自尊的时代文化心理和深沉的现实身世之感。因而就抒情言,唐人咏侠诗中,侠(或剑)在诗人笔下虚实相生,不断对象化和象征化,或表现为一种人物,或为一种形象,或为一种精神,诗人借此俯仰古今,直抒胸臆,使咏侠诗在高旷雄豪之外,包含着浓郁的抒情色彩。如歌咏边塞游侠儿的诗篇,诗人极力突现其死难、报国、立功的悲壮和崇高,寄寓强烈的功名追求:"倚是并州儿","百战争王公"①;"丈夫赌命报天子,当斩胡头衣锦还。②"这种强烈的功业情怀又使诗人对侠士立功不受赏感慨万分:"杀身为君君不闻""落日裴回肠先断"。③ 而此等情感也就同他们的怀才不遇互为表里。因此,侠的赴难立功受赏就真实地表现着诗人建功立业的渴望,而其冀知报恩又无疑是诗人在寻求一个赏用自己的"明主"。当然,一些咏侠诗篇也借游侠"事了拂衣去,深藏身与名"抒发着诗人淡泊功名的思想。如李白《古风》之十:"齐有倜傥生,鲁连特高妙,明月出海底,一朝开光曜。却秦振英声,后世仰末照。意轻千金赠,顾向平原笑。吾亦澹荡人,拂衣可同调。"鲁仲连"好持高节",义不帝秦,为赵解围,"排患释难解纷乱而无取"④,李白引为同调,也就是以鲁仲连功成不受赏,淡泊功名富贵的侠节表现自我的胸襟。但同时也含借以浇胸中垒块的目的,明其报国的壮心、经邦济世的才能和失意的幽愤。这是唐人咏侠诗在热烈的激动中包孕着的深沉底蕴。另一方面,诗人也借游侠抒发自己对理想和自由精神的向往。在咏侠诗中,任酒使气、杀人搏猎等非同凡响的行为与气概都被当作高尚行为、光荣标志、时髦生活方式而受到诗人普遍的崇尚。如歌咏贵游侠少纵情不禁的行为和浓烈奢浮的任侠活动,诗人一方面铺张渲染这些侠少烜赫的声势、豪华的场面和优游纵逸行为,另一方面又以无比的企慕,情不自禁地张扬表现在他们身上那种坦荡无禁的生命存在和自由精神,折射着推尊个性、张扬自我的时代风采。

另外,唐人咏侠诗中,一些诗篇还往往与咏物、怀古、记游、送别相结合,借景抒情,发出物在人非而英雄浩气长存的感叹。如李白《经下邳圯桥怀张子房》:"子房虎未啸,破产不为家。沧海得壮士,椎秦博浪沙。报韩虽不成,天地皆震动。"胡

① 刘济. 出塞曲[M]//彭定求,等. 全唐诗·卷一八. 北京:中华书局,1960:187.
② 李白. 送外甥郑灌从军·之一[M]//彭定求,等. 全唐诗·卷一七六. 北京:中华书局,1960:1798.
③ 王宏. 从军行[M]//彭定求,等. 全唐诗·卷三八. 北京:中华书局,1960:495.
④ 司马迁. 史记·鲁仲连邹阳列传[M].北京:中华书局,1959:2459,2465.

曾《豫让桥》：“豫让酬恩岁已深，高名不朽到如今。年年桥上行人过，谁有当时国士心。”骆宾人《于易水送人》：“此地别燕丹，壮士发冲冠。昔时人已没，今日水犹寒。”可见，唐人咏侠诗以侠为抒情对象，或象征依托，侠的外衣中包裹着一个诗人自我，弥漫着浓郁的抒情色彩，文人、侠客和谐地统一于咏侠诗中，意激于内而气奋于外，表现出一种“余味曲包”的蕴藉美。

从艺术形式看，唐人咏侠诗表现出以乐府歌行为主，同时兼有律绝、古风等多样化的艺术特点。

唐人咏侠诗继承了魏晋以来歌咏游侠的文学传统，广泛采用乐府歌行，且有创新。如《乐府诗集》中，专门歌咏游侠的乐府诗题有“结客少年场行”和“游侠篇”等，都属杂曲歌辞。唐人不但使用旧题，而且衍生出许多变体，如“少年行”“少年子”“少年乐”以及“渭城少年行”“邯郸少年行”等。同时将“结客少年场行”和“游侠篇”中轻生重义、慷慨立功和重交轻身、借躯报仇的内容融合了起来，拓宽了这一旧题的艺术表现容量①。而“游侠篇”这一原本表现贵族子弟鲜衣怒马，轻狂放荡游侠生活的形式，在唐人笔下与其变体“侠客行”“壮士行”“壮士吟”一起成了歌咏侠义之士豪放刚烈的雄壮诗篇。更重要的是，唐人不再拘泥于对侠的现实描写，而是把对侠的歌咏衍变为一种侠义气质的追求，一种人生境界的向往，一种理想人格的崇拜。

和魏晋六朝咏侠诗不同的是，唐人咏侠诗不但把源于乐府的咏侠诗推向高潮，而且创作队伍壮大，诗体也不再限于乐府范围，律诗、绝句、古风等艺术形式也占有相当的篇幅。如叙游侠仗义行侠之事，除乐府歌行外，多用律诗或古风，歌咏剑侠绝大多数为五、七言绝句。以律诗、绝句表现游侠，艺术容量大而含蓄，声律谐婉优美，铿锵有力，富于浪漫气息，脱尽了六朝咏侠诗形式单一、诗句拗口和篇幅句式不齐的艺术缺陷，且其表现出的气象与概括力，都足以反映出高度的艺术成就，同时也表明它们只能属于唐代。

当然，唐人咏侠诗，一些诗篇良莠并存，珠砾杂见，词盛气直，游侠行为不免有些重复单调。但就总体而言，则内容丰富，气象恢宏，富含时代精神，闪耀着理想光芒，艺术形式乡彩纷呈，唐人以高昂的激情，在咏侠诗发展史上树起了一座承前启后的艺术丰碑。

注：本文曾发表在 2001 年 11 月 20 日《文学遗产》上。

---

① 见《乐府解题》中“结客少年场行”和“游侠篇”。

中国古代咏侠诗之流变

汪聚应[*]

侠的存在及其文学表现是中国古代一个独具特色的社会历史文化现象。在古代诗歌史上,咏侠诗创作代不乏篇,其发展表现为发轫期(先秦两汉)、确立发展期(魏晋六朝)、高潮期(唐代)、衰变期(宋、元、明、清)四个时期。

一、谣谚滥觞,创作奠基:先秦两汉咏侠之雏形

先秦两汉咏侠歌谣时谚是咏侠诗的源头,对咏侠诗产生发展具有先导影响和奠基作用,后代文人咏侠诗由此孕育发展。它们在传唱中为咏侠诗的产生积累了必要的文化基质、文学素材和审美要素,为古代咏侠诗创作发展提供了生动的现实背景、文学形象和审美指向,形成了咏侠诗最基本的审美视点和价值观念,成为我国古代咏侠诗的直接源头。

先秦两汉咏侠歌谣在四个方面为后世文人咏侠诗的创作起到了奠基作用:一是为后世咏侠诗创作提供了主题性素材;二是在人物形象的塑造上,为后世文人咏侠诗提供了侠义形象、灌注了人格精神;三是形成了古代咏侠诗的文化基质,尤其是"利他"的侠客之义和"士为知己者死"的恩报观念,丰富了侠意识内涵,为在诗歌中塑造游侠形象、展现人格精神奠定了价值基础;四是孕育了后世文人咏侠诗最初的艺术体制,形成了咏侠诗最常见的基本母题和艺术形式,并为后世咏侠诗带来了清新自然的艺术风格,比如,咏侠歌谣《长安为尹赏歌》《时人为杨阿诺号》对乐府咏侠诗《结客少年场行》《游侠篇》的形成产生了重要影响。

二、出史入文,名题立象:魏晋六朝咏侠诗之创意

魏晋南北朝时期是咏侠诗主题题材的确立和创作发展期。曹植《白马篇》首

---

* 作者简介:汪聚应,出生于 1966 年,男,文学博士,甘肃秦安人,天水师范学院文学与文化传播学院教授,主要从事文学研究。

开风气,开启了文人咏侠诗创作。其塑造的边塞游侠儿形象,立体展现了游侠的人格魅力与精神风貌,是诗歌中游侠第一次以正义英雄形象进入文学殿堂。诗人通过在游侠形象中注入国家观念、民族意识、牺牲精神等人格内涵,将其人生价值引导到"效功当世","捐躯赴国难",大大提升了侠的人格境界,树立了经典化的侠意象。咏侠诗作为新的抒情言志题材,融入了中国古代诗歌发展的进程中。

魏晋南北朝咏侠诗出史入文、创新立意,展现了新的时代侠意识,创造了以乐府为主的传统艺术体制。既肯定侠的功业名节观念,又肯定侠的自由放荡和世俗享乐。内容除对古游侠歌咏外,多是对游侠从军边塞和贵族子弟游侠生活的描写,并采用张弛自由、气韵贯通的乐府形式,塑造了鲜明生动的游侠形象,为游侠进入文学殿堂注入了鲜明生动的艺术魅力,为侠文化的发展积攒了正能量。从对古代咏侠诗艺术体制的影响看,魏晋南北朝文人乐府咏侠诗《白马篇》《结客少年场行》《刘生》诗题对游侠的集中歌咏,形成了咏侠诗发展史上一个独特的文学现象,为后世咏侠诗创立了乐府模式,形成了诗歌传统,成为中国历代咏侠诗永恒的主题,标志着咏侠题材类型及其艺术体制的正式确立。

三、审美创新,树规立范:唐人咏侠诗之高标

唐代侠风炽盛,是咏侠诗创作的高潮期,侠的现实存在、形象寄托和精神张扬成为丰富、提升文人人格精神的重要因素。

唐人咏侠诗内涵深邃,创新层面丰厚。一是通过挖掘不同类型侠者的人格精神和生命情调,提升了咏侠诗的思想境界,为咏侠诗赋予了健全的人格意识和清醒的理性精神,闪耀着时代光芒和诗人理想。二是通过对边塞游侠、市井游侠少年、文人任侠者、禁军侠少、剑侠等的歌咏,大大拓展了游侠的类型形象。三是开创了咏侠诗雄浑壮美的艺术境界。唐人善用雄奇壮阔的意象构织宏大壮美的审美境界,并通过大漠边塞、荒原郊野和胡姬酒肆等场景的设置,在不同层面上表现了不同的游侠形象和任侠精神,开创了咏侠诗描写边塞游侠儿的新模式,即游侠—征战—立功—受赏。时空跨度大,诗境为之开,有一股总揽天地的纵横之气。四是发展了借侠(或剑)贯输豪情、自伤身世的"士不遇"抒情模式,赋予咏侠诗浓郁的抒情色彩和余味曲包的蕴藉美。

唐人咏侠诗,内容丰富,气象恢宏,富含时代精神,闪耀着理想光芒,艺术形式多彩纷呈。唐人继承了魏晋六朝咏侠文学传统,又在近体诗新的艺术形式下创新发展,提高了艺术品位和审美效果,在咏侠诗发展史上树起了一座承前启后的艺术丰碑。

四、染时衰变,复古中兴:宋元明清咏侠诗之创变

中国古代咏侠诗创作进入宋、元、明、清,呈现创作衰变期的特征。

宋元时代,咏侠诗创作较少,宋代咏侠诗更加文人化。相对而言,北宋咏侠诗多拟古之作;南宋咏侠诗多现实内容,表现着英雄气概和牺牲精神。明代由于都市商品经济的发展和"文必秦汉、诗必盛唐"的复古观念,加之外敌入侵、宦官专权等动荡的现实影响,咏侠诗出现了创作的再一次兴盛。诗人把对个人欲望的追求、实现较为普遍地建立在对个体生命本能的直接体验上,抹去了经世的功业精神,多了世俗化、个性化的真实生命意志和自然欲求,咏侠诗在内蕴上更契合于市民趣味。清代文网束密,前期咏侠诗创作相对较少。晚清尤其近代,内忧外患,"乱世天教重侠游"。因时代变幻和抵御外侮、追求变革的时代要求,许多文人和革命志士呼唤尚武精神,使游侠形象又一次活跃于晚清诗坛。诗人借侠之咏,竭力张扬一种勇武精神和游侠的生命情调,用儒墨大义重新诠释侠义精神,为衰败不堪的民族精神注入一股豪气与武力。晚清咏侠诗集中表现着侠义之士的担当精神,充满了浓厚的悲剧意识。这时咏侠诗作者多为革命党人和会社成员,咏侠诗中出现了个人英雄主义精神的回归和视死如归侠义精神的复燃。

中国古代咏侠诗创作有着深刻的现实动因和深厚的文化渊源,并和时代任侠风气、文人建功立业等结合在一起,与古代文人的人格理想、价值观念及社会大众的审美追求具有一致性。经过历代文人的创造,侠的文学形象焕发出光彩夺目的英雄气概与正义附加值,为中国侠文化的创新发展注入了丰富的精神内涵和道德价值。

注:本文曾发表在《光明日报》2018年5月30日。

论王安忆小说的时空背景

马 超*

从符号学的角度讲,小说的文本结构其实可划分为三个层次:即作为"能指"的叙述,作为"第一所指"的故事,和作为"第二所指"(即由叙述与故事的复合体作为能指而负载的语义信息)的人生经验。换句话说,小说是小说家通过自己的叙述行为述说好一个故事来达到对人生经验洞幽烛微的把握。小说与历史在发生学上联系的实质,也在于小说对不乏某种人生真迹的故事的依凭。因此,当亨利·詹姆斯提出"小说乃是历史,这是唯一相当准确地反映着小说本质的定义"[1]时,他所强调的无疑也是对故事的一种叙述。小说所叙述的故事及其所负载的人性符码,又都是被规定在特定的时空背景上。现代物理学把立体的、有长宽高的三度空间(或称三维空间)同所谓"第四向度"(dimenesion)的时间紧密联结起来,构成一个"四维时空",一个"时空连续统一体"。劳伦斯在《道德和长篇小说》一文中正是借用"第四向度"一词来指涉他所向往和重视的一种境界:人们在生命火焰的照耀下,同周围的人和物、同生气勃勃的世界形成自然而和谐的统一,这样,人们就获得了"有机的"存在,自己的生活也有了光彩。他在《艺术与道德》一文(1925年发表)里还说:"艺术构思,就是认识到(生命的)创造流程中各种事物、各种成分之间关系。你不可能空想出一种构思。你只是认出它来,在第四向度里。就是说,凭着你的骨和血,也凭着你的眼睛认出它来"[2]。可见,时间和空间既是世界的存在方式,又是人感知生命存在的秩序状态。对此,王安忆在其小说创作中也有清醒的认识:"对我来讲小说就是人和人、人和自己、人和世界之间关系的形式,……我考虑的只是人和这个世界是什么关系。我觉得人是处在一个坐标的点上:纵向的历史和横向的社会关系,也就是时间和空间交叉的点上,这种关系本身就具有形式感"[3]。如果说王安忆的小说是在叙说着人性故事的话,那么这种故事是建立在怎样的时空背景上的?她小说中的时空设置又意味着什么?

*　作者简介:马超(1960—),男,甘肃天水人,天水师范学院文传学院教授,主要从事中国现当代文学研究。

　　王安忆是伴随着"沙沙沙"的温柔、清新的雨声走上当代文坛的。1980 年她的短篇小说《雨，沙沙沙》以饱蕴的浪漫诗情和少女所特有的纯真、稚气和幻想赢得了人们的青睐，并奠定了她前期创作的基调。她先后创作了一批以雯雯为主人公的系列作品，如《幻影》、《在广阔天地的一角》、《在疾驶的车窗前掠过》、《命运》等等，构造了一个可爱的雯雯形象系列，即使是在那些雯雯不曾出现的作品中，我们仍然能强烈地感受到雯雯生活世界的情绪氛围。王安忆的第一部长篇小说《69 届初中生》给我们描画了一个相对完整的雯雯形象。从孩童时代表露的对客体世界的探求，到因身高而萌发的羞愧感和烦恼感，从早恋的突然降临到莫名其妙的"心理对抗"，从告别家庭到去安徽淮北插队，一直写到她的结婚，她的儿子呱呱坠地。囊括了雯雯 30 年的人生道路和心灵历程。作为长篇小说，《69 届初中生》暴露了作者驾驭体裁的诸多弱点：人物形象的平面化，无论对社会生活的概括还是对人物心理的开掘都显得肤浅，小说的叙事由于琐碎、冗长有时甚至显得无聊。但是，我们可以从这个尝试性的作品中看出王安忆创作构思的基本模式：在生命的自然流程中表达对生命的感受和对世界的领悟。流年似水的时间意识，左右着王安忆许多小说观察生活、摄取题材的视角，正象她自己说的："我的写作是因循了我的自然的成长，这成长包括年龄、经历和经验"[4]王安忆的三部"三十岁"长篇（《69 届初中生》、《流水三十章》、《米尼》）在写法上有惊人的相似：以一个女孩为主人公，细腻而不厌其烦地体察出她在心理、生理两方面走向成熟过程中反映在精神领域里的种种苦恼、骚动，这种"成长的烦恼"总是被作家编入徐徐流淌的生命之河中。三部中，《流水三十章》无疑更为成功些，小说从主人公张达玲的呱呱坠地写到她三十岁成年，从人性的浑沌未开写到她的人性复苏。比起《69 届初中生》那种硬是将中篇拉成长篇的缺陷，《流水三十章》开始懂得了在这流水般的叙述过程中，如何制造必不可少的变化、节奏与整体的匀称感。作为小说叙事的一种时空操作方式，记录似水流年无疑是小说创作的大忌，是一步险棋，可是王安忆靠着她的聪慧和悟性，靠着她对人生、对生命的深切体验，一步步走过来了。从一个少女的烦恼，到青年女性的困惑，再到成年女性的焦躁、沉沦乃至堕落（如《荒山之恋》、《锦绣谷之恋》、《逐鹿中街》、《米尼》等），从生命成长的忧思，到情感的迷失，再到性的迷乱，中间还有对"我的来历"的追根问底……，王安忆总是把不同年龄的人物（主要是女性）的人生事项和生命体验按生命的自然流程纳入小说。这种操作方式，固然有时舒缓、冗长，有时紧凑、简洁；有时是从出生到长大的一一道来，有时则截取生命的某一时段；有时离作者的经历更近些，有时则将笔触稍稍荡开些。但无论如何，大抵是沿着线性渐进的方向来展开的。

　　我们再来看王安忆小说展示的空间背景。事实上当我们说到时间的时候，是无法脱离开空间的。时间和空间是一切物质(包括生命)形态的基本存在方式,尽管二者是两个不同的概念,但彼此总是互为依存,无法在实际上被分开。用查希里扬的话说:"时间仿佛是以一种潜在的形态存在于一切空间展开的结构之中。"[5]如果说在生命的自然流程中表达对生命的感受是王安忆小说叙事的基本时间设置模式的话,那么,城市和乡村的交错和反差则是王安忆小说的基本空间设置模式。

王安忆靠自己的生活经历,构建起她创作的三角背景:上海—安徽淮北农村—徐州文工团,其中文工团生活亦乡亦城而更趋于城,我们姑且将它划入城市,那么按照王安忆自然生命的流程,表现在空间的转移上,则是城市—乡村—城市,这是她全部的"生活根据地",她的小说或隐或现地总是与此保持着对应关系。

如果仔细考察王安忆的经历和她小说的关系就会发现,淮北农村生活虽然给这个"69届初中生"留下了较深的印象,给她带来都市生活不曾有的新奇感、陌生感,但两年的插队生活毕竟十分短暂,这段生活也总是外在于她真正的生命体验。早期的知青生活作品除《本次列车终点》因为提出了知青返城后该怎么办这个重要人生课题而影响较大外,其它作品(如《绕公社一周》、《在广阔天地的一角》等)所涉及的农村生活和农民形象是十分模糊的,所表达的对农村生活的感受也是十分暧昧的。1984年,当她在大洋彼岸的美国生活了四个月回到祖国,当她换了一个角度或多了一个参照系重新打量落后闭塞的农村生活时,这段生活才被新的审美感知方式所激活,这才有了负载了诸多文化密码和象征意蕴的《小鲍庄》,即使如此,我们也不能不看到:王安忆还没有达到、也许永远无法达到对农民生活痛痒相关的体察。当然,有时这并不妨碍作者能写出好作品,因为与生活保持一定的距离或许更有益于从形而上的哲学层面把握生命乃至于生存的本质。

与农村生活相比,王安忆的小说更宜于表现城市人的生活和心态,八年文工团生活对王安忆来说是沉闷而乏味的,尽管她写了几篇以此为素材的作品(《B角》、《尾声》、《舞台小世界》等)。但对生活的提炼、人性的开掘显然不是很深,这段生活更多的只是起一个"取景框"的作用(如《小城之恋》),上海才是王安忆真正的生活基地。然而,王安忆前期小说所熟悉并擅长表现的只是这大都市生活中十分狭窄的"一隅"。短篇小说《墙基》通过儿童视角,划出了城市人的两极:一边是拥有知识,因而在社会上也拥有某种文化心理优势的家庭或阶层,另一边是被柴米油盐、飞长流短所包围的街巷弄堂的"庸常之辈"。两种社会阶层之间被"顽固地沉默着"的"墙基"所阻隔,生活习俗、文化教养乃至整个人生方式都有很大的不同。王安忆的前期小说,无疑更倾向也更擅长于表现都市生活中的"优裕一族"。获奖中篇小说《流逝》通过一个民族工商业者家庭里的长媳欧阳端丽在十年动乱中的和动乱后大落大起的遭际和心境,对岁月流逝、人世沧桑发出了由衷的咏叹。也许《流逝》的生活故事接通了作者人生经历,因而写得隽永、细腻,生活感和历史感得到了双重丰满的表现。而对城市生活的另一隅——《墙基》的那一边,前期小说则涉猎甚少。正如穷乡僻壤的乡村生活无法从根本上点燃作家的创作激情一样,都市弄堂生活在相当一段时间也外在于王安忆的生命体验。何况,王安忆本能地认为"城市无故事":"兼并、流亡、迁徙、破产、革命,将我们的历史斩成一截截的,城市是流浪者的聚集地,我们是被放逐而降生于此。而现代工业所带来的日益细致的社会分工,则使我们的社会关系成为一种理论上和概念上的关系。事实上,我们彼此隔绝。城市的街道和楼墙,将我们分离在孤立的空间。我们无根无攀的,上下左右都是虚空。"[6]实际上,"隔绝"她与城市联系的恐怕不是街道和楼墙,而是"心态",是她既定的生活空间;城市也不是无"故事",而是作家有无捕捉"故事"的自觉。

综上所述,流年似水的时间之维,城乡交错的空间之维,构筑了王安忆前期小说的背景,为她感悟生命存在、描写社会、人性提供了极大的方便。通过时空的推移来把握乃至放大生命流程和生命瞬间的文化价值,这种操作时空两极的叙事原则,在王安忆创作中是随着创作经验的丰富运用得越来越熟稔。她建立自己的人生透视座标,她从纵横两方面展示了一种与世界的关系,并建立了自己的世界,这世界一经进入小说就不再是王安忆的"流水三十年",也不再是属于淮北的或上海的,而是"雯雯"的世界、"小鲍庄"的世界、"岗上的世纪"。

无庸讳言,王安忆的人生经历毕竟比较单纯,她的生活圈子也十分有限,如果只是倾诉一个少女或一个青年女性对世界的看法(正象新时期初始许多作家一样,倾诉与渲泄的欲望恐怕是王安忆从事创作的主要心理动机),这一切也许足够了。然而,要想成为一个真正具有创造性的作家,就必须超越自我。这种超越,首先应该是利用各种手段(生活的、艺术的)拓展自己的时空领域。

王安忆创作历程中是否有一段"危机期",我们不得而知。她自己也谈的很少。我们只是从过去一些评论家的评论中知道,一些人希望王安忆的路子再宽些,希望她走出雯雯的情绪世界。笔者想从另一思路来印证作家创作的心理危机:这就是她的作品所反映出来的空幻感、漂泊感。生命流逝给小说主人公带来的是什么呢? 三十岁以前的"雯雯"干了什么? 三十岁以后的"雯雯"又将干什么? 人生的意义和生命的价值到底何在? 这种由时间流逝带来的空幻感既是属于主人公的,恐怕又是属于作家本人的。王安忆前期那些描写雯雯以及类似雯雯的作品,仿佛在向我们展示:个体生命是如何在无谓的历史纷争和琐屑的人生烦忧中流逝的,历史风云和人生烦忧又是如何打磨、消蚀个体生命的。固然,王安忆也写生命的温馨和幻梦(如《雨,沙沙沙》),写生命的滋润和瞬间辉煌(如性爱"三恋"),但更多的无疑是一种无奈、一种困惑、一种生命渐进而无所适从的烦恼。这一切,既带着作家的切肤之感,而令读者感到心灵微动,又在某种程度上烛照了历史的噪杂和虚空。作为以写作为生命存在方式的作家,她不能无所凭依,她要寻求生命存在的精神依托。从空间而言,作者一会儿城市一会儿农村,主人公的频频移位所带来的是人生的漂泊感,这同样是由于精神无所依存带来的空间移位后的不适与困惑,而空间不定与飘浮又加重了作家创作的心理危机。好在王安忆是一个有进取心、勇于开拓前进的作家,在1980年代中后期到1990年代的创作中,她开始有意识地拓展自己的小说时空。这种拓展,也是从纵横(时空)两个层面进行的。

从横向来讲,王安忆不断扩大自己的生活范围,描写自己直接生活经历以外的东西,如描写都市街巷里弄的"世俗"生活(如《好姆妈,谢伯伯,小妹阿姨和妮妮》《一千零一弄》《海上繁华梦》等),描写发生在香港的"情与爱"(《香港的情与爱》),写上辈人"叔叔的故事"及"文革轶事"。(《叔叔的故事》《文革轶事》)这种开拓尽管曾获得过叫好,有的作品还得过奖,但由于与作家曾有的生活经历和情感体验太"隔"而显得浮泛,就人性表现的深度而言,远不如她的"三恋"等作品。不过值得珍视的是她新近的长篇小说《长恨歌》。依然是那种流水般的叙述语调、叙述节奏,依然表达的是生命流逝的惶惑,但王绮瑶的世界对王安忆而言不仅有时间上的错位,更有空间上的陌生,王安忆以令人惊讶的从容冷漠、老到的笔触为我们描画了一幅以前不曾有过的"海上繁华梦"。一个艳丽而富有传奇的故事。小说完全可以写得如花似锦、烈火烹油、动人心魄,然而作者却在从容的叙述中滤尽了人生浮躁、都市繁华,最后连王绮瑶的死都写得异常平静。这是王安忆"流年似水"小说的集大成,也是她用生命点燃不熟悉题材的一个辉煌的果实,也许王安忆在王绮瑶身上完成了自己,写完了"雯雯"的路。

王安忆的拓展时空,从纵向而言,是沿着时间之维追溯自己的家族历史。在《伤心太平洋》和《纪实与虚构》中,通过资料的考证、典籍、史册的查询、历史古迹的寻访等"纪实"材料为我们"虚构"了一个父系和母系的完整的家族神话,我们看到了一个家族从无到有、从盛到衰的生生不息的完整的生命过程。用王安忆的话说:她"创造"了一个世界,建立了一个"纸上的时空"从而拓宽了"我"的人生关系。正如我们前面分析的,这种"创造"的心理动机来自于对空幻感、漂泊感所带来的危机的抵制与克服。如果说《小鲍庄》、《大刘庄》等"寻根"小说是寻找民族生存之根的话,那么《伤心太平洋》、《纪实与虚构》就是王安忆寻找自己的生命之根。对此,王安忆有许多论述,她说:"世界是时间的流程,生命是这流程中的一段,生命与生命在流程中偶尔碰撞却必然分离,这便是所有痛楚之感的所在。"她还说:"人的生命的过程其实就是一个损失与消耗的过程,人总是有意识或无意识地用创造来同这损失平衡…"。因此,为了"平衡"自己,为了弥补自己心理的虚空,王安忆的办法是:"我只能为自己虚拟一部历史,再虚拟一张网似的社会关系图画。"[7]应该说比起王安忆前期那些以倾诉为主的小说来,后期这些以"创造"为写作追求的小说,对生命本质的表现,更具穿透力。

人的一生是一个永远伴随着生命体验的过程,艺术来自于体验,并且是体验的集中表现。一部好的小说,不仅能再现社会的时代风云,更是对丰富人性的艺术展示;它不仅融注着作者的全部生命感受和体验,而且也诱发着读者的体验激情,使他们带着泪和笑去感受生命,思考人生。一部好的小说,对现实生活的真实反映和对生命现象的审美超越应是统一的。换句话,在那瞬间永恒、超绝时空的心灵颤动之中,总是浸透着感性个性的现实遭遇和生命憧憬。然而在具体的艺术创作实践中,对原生态的现实生活的描绘和对人性的形而上超越,又常常产生龃龉。考察王安忆的创作历程,我们会发现,当她立足于既有的"生活根据地",沉入一己的生命体验,编织似水流年的心理画卷时,她潇洒自如、神情毕现,现实时空相对狭窄,精神的空间被无限放大,但由于过多地滤去了人间烟火味,使作品的社会价值相对弱化;而当作者想方设法走向生活的广阔天地,多方位、多角度地摄取生活时,作品的境界与社会意义固然加大了,但却弱化了对生命、对人性的感性把握和探度开掘。这无疑是创作的悖论,就如同是作家在自己的时空背景上荡秋千,当她远离大地,荡高自己时,视域开阔,境界深远,但却少了真切感;反之,当她贴近自己的生活基地,絮絮叨叨陈述自己的生命体验时,作品又因视域的狭窄而少了"大气"。如何克服二者的矛盾,使之达到完美的统一,该是王安忆今后创作要解决的实践难题。

参考文献

[1]詹姆斯.小说的艺术[M].美国作家论文学.北京:生活·读书·新知三联书店,1984.

[2]戴·赫·劳伦斯.道德和长篇小说[M]//二十世纪文学评论:上册.上海:上海译文出版社,1987.

[3]齐红,林舟.王安忆访谈[J].作家,1995(10).

[4]王安忆.乘火车旅行[M].北京:中国华侨出版社,1995:96.

[5]格·巴·查希里扬.银幕的造型世界[M].北京:中国电影出版社,1982:27.

[6]王安忆.乘火车旅行[M].北京:中国华侨出版社,1995:101.

[7]王安忆.乘火车旅行[M].北京:中国华侨出版社,1995:6,91,101.

注:本文刊发于《文艺理论研究》1998年第1期。

王安忆小说的人性形态

马　超[*]

王安忆小说表现了丰富多彩的人性景观,而在这种人性景观的建构中,寄寓着作者强烈的宿命色彩和悲剧色彩,由此形成了用"命运"来透视人性的独特视角。呈现"常人"的生存本相,表达常人的世俗愿望,探求人生的真谛和生活的意义,是王安忆小说给人们的突出印象,然而仔细研读,人们会发现王安忆笔下的庸常之辈并不庸常,骨子里总是渗透着对强者、对英雄的倾心和向往。王安忆小说的性爱抒写引入注目,然而作者却是通过这种抒写以探视人的生命本体意义,展现人的现实生存状态和复杂的人性内涵。王安忆小说更以其对女性问题的强烈关注,有意无意地成为了 1980 到 1990 年代女性文学链条中带有标识性的重要一环。以上几方面的共时性展现与抒写,构成了王安忆小说特有的人性形态。

一、性格/命运的双重变奏

"命运"是王安忆小说中最重要的母题。她的作品,与其说是执著地表现丰富多彩的人性景观,不如说是在始终如一地探讨着命运的奥秘。每个人不同的生命历程,不同的个性风貌,似乎都是在命运的聚光灯下被展开的,而她对"命运"的独特理解和把握,则赋予作品迥异于他人的鲜明特色。

以一个人的一生或一家人的悲欢离合的命运遭际,来描摹和概括一个时代的历史,这是世界许多经典名著的基本模式,也是新时期以来中国众多作家为追求所谓"深度—象征"意蕴而形成的创作思维定势。这种创作模式的核心特点是"以小见大",即描写个人命运的终极目的是要反映国家、民族的历史命运,要穿透所谓"生活的本质"。于是,如何使自己的小说成为一个时期社会历史的全息图像,成了许多作家孜孜以求的创作梦想。王安忆似乎缺少这种"历史"的自觉,她更多

---

　*　作者简介:马超(1960—　　),男,甘肃天水人,天水师范学院文传学院教授,主要从事中国现当代文学研究。

的是从自身经验出发,来表现对普通人命运的关切、同情和理解,她的小说或浓或淡也反映了时代风云的变化,但是最后的落脚点仍是个体生命的喜怒哀乐、个人命运的酸甜苦辣以及命运对人性的影响和塑造。换句话说,王安忆是要用"命运"来穿透生命的本质,用命运来烛照人生的幽洞。

王安忆笔下展现了各色人物的各种命运遭际,概括起来,影响人物一生命运浮沉的原因主要有三个方面:一是个人天赋、天资的欠缺。长篇小说《黄河故道人》中三林从出生那天起就被注定搞不了音乐,可是他偏偏爱好音乐,朦胧而执着地追求着与音乐为伴的生活,经过发奋努力,先后进了公社宣传队、文工团,还报考了音乐学院,不仅学会了拉小提琴,还学会了作曲和指挥,可是终究成不了大气候,吃了三十多年的苦头,才彻底明白自己不是搞音乐的料。《B角》中的郁诚也是这样的悲剧人物,他根本没有话剧表演的艺术才能,却阴差阳错地成了话剧演员,他以"有志者事竟成"、"只要功夫深,针杵磨成针"为座右铭,但人生根本性的错位使他再刻苦努力也一事无成。二是个人性格的重大缺陷。《命运交响曲》中的韦乃川,这个当年音乐学院的骄子,而今的乡村中学教师,有过"卡拉杨"式的幻想和抱负,但缺乏逆水行舟的意志,他清高孤傲冷漠怪僻,在坎坷的境遇面前束手无策,只能靠回忆天才的"第一句旋律"和当年自己考音乐学院的盛况来寻求精神的慰藉。即使时来运转后,他也缺乏行动的勇气,最终他所构思的(命运)交响曲只能永远是构思。"人,终究是战胜不了命运的"成了韦乃川命运交响曲的主调。这里的命运悲剧是典型的性格悲剧。三是社会、历史有形无形的影响。《流逝》中的"资产阶级少奶奶"欧阳端丽一生中两次重大的命运变迁无一不折射着特定时期政治格局的变化。

值得注意的是,王安忆并不是顺着上述三条思路线性地表现对人物命运的沉思的,而是用自己那带有强烈宿命色彩和悲剧色彩的命运观来统摄对人性的社会历史层面的描绘的。在《命运交响曲》里,主人公的日记中有这样一段话:"我忽然之间对命运有了一种解释,我觉得人的命运是由两种力量促成的:一种是外在的、客观的,是个人几乎无法掌握和难以回避的力量;一种是自己的性格和意志,也就是自己灵魂里的力量。人们的命运之所以不同,后一种力量起着很大的作用。"应该说,这种命运观,既承认支配命运的客观力量的强大和不以个人意志为转移,又强调发挥个人的主观能动性,它能给人以积极向上的启示作用。可是,无论是王安忆本人,还是她作品中的主人公,似乎并不真正信奉这些。在王安忆看来,人的性格和意志固然可以影响人的命运,但却无法彻底改变命运。人的命运在很大程度上受时代、社会、家庭尤其是神秘的外在力量的制约、决定,与强大的客观力量相比,个人的主观努力对命运的作用就显得十分有限,普通人的命运似乎从出生起就被大体框定了。王安忆的小说,一而再、再而三地表达了这种"命运"的命运观。《69届初中生》第一章中,阿宝阿姨就对刚上幼儿园的雯雯进行了这种"命定论"的教育,给她解释了什么叫缘分、前世和投胎,对此雯雯由不信到相信,小说最后,雯雯新婚之夜对丈夫说:"阿宝阿姨对我说,我的丈夫应该和我同属,也属马。"又说:"算命的还说我四十岁上有个缺,要当心。"《命运交响曲》中对于决定个人命运的考试,小说叙述者也说:"有时我觉得,这一切是在十几年、几十年前就早已安排定了的。……谁让我是生于一九五三年,六九届初中毕业生……也许,一切都定于一九五三年。"与这种"命定论"的观念相联系,王安忆在小说中还十分看重"缘分"在人的生命流程中的作用。《荒山之恋》中大提琴手和金谷巷女儿最后走向殉情的悲剧自然可以从他们的性格方面得到解释,但也可以从他们命定的"缘分"来解释。正如大提琴手的妻子所说:"如若不来此地,或许什么都不会发生。"或者他们在各自结婚前相遇,结局可能就会变成喜剧。在《米尼》中,王安忆甚至还写了神秘的命运"预兆"。主人公米尼从知青堕落为一个囚犯,是以回沪途中认识阿康开始的,作者写道:"很多日子以后,米尼有时会想:如果不是这一天回家,而是早一天或者晚一天,那将会怎样呢? 这一天就好象是一道分水岭,将米尼的生活分成了两半。""她想这一天里,其实布满了征兆。"小说结尾,米尼"发现自己走过的道路就好比是一条预兆的道路,现在才到达了现实的终点。"主人公内心深处充满着宿命的困惑与悲哀。

我们不禁要问,受过现代文明熏陶的王安忆,何以在小说中表达这种宿命的命运观呢? 它对反映现实生活、揭示人性奥秘起什么作用呢?

首先应指出,王安忆小说中的命运观虽然带有宿命色彩,但并不就是唯心主义的,对于"转世投胎""因果报应"之类十分荒诞的东西,主人公并不相信,即使对于冥冥之中"作怪""显灵"的缘分、预兆,他们也只是一种直觉。实际上,这种"命定论"的命运观的形成只是基于一种对现实人生的无定把握所带来的人生困惑。它是一种弱者的哲学,逃遁的哲学,"命运"之舟成了人生奋斗失败者的精神的避难所。正如有些论者分析,缘分也好,预兆也好,"都是人们的理性无法深入人生奥秘而退舍直觉的事后解释","人无法掌握自己的命运,就造出关于命运力量的种种神话"。作者和主人公之所以认同这种命运观,与他们赖以生存的当代现实处境密切相关。雯雯、张达玲及其或大或小的同代人,当他们正处于事业和精神都极需发展的人生关键时期,偏偏遇上了精神生活极其枯竭、个人事业处处不顺的时代,由物质生活的贫乏、精神营养的不良所造成的精神发育不全,使这代人过早地堕入对命运的恐惧和忧虑,他们无法改变世界,也无法改变自己,在那个特殊年代里也无袪跳出命运之网而更超脱地把握自己与世界的关系,于是只好承认"一切现实都是合理的"。当然,王安忆用这种命运观来观照人生,给小说带来的负面影响必然会是社会批判意识的淡化、对人的主体精神的消解。当代个体生命的命运,与当代社会政治演化之间相纠相缠的复杂关系,在王安忆小说中是无法得到清晰呈现的,这既不是她擅长的,也不是她成心所追求的,她只是从普通人的角度透视一下那个包括社会、时代诸因素在内的"大命运"是如何影响、箝制小人物的"小命运"的。对于生不逢时的同代人,王安忆不无同情和哀悯,但她笔下不是燃烧着愤怒的批判的火焰,她所呈示的不是命运的大悲大喜,不是社会历史对个人命运悲剧性的颠覆或喜剧性的补偿,而是在淡淡的忧伤中诉说着、沉思着外在的异己的超人力量对个人命运潜在而深刻的影响:它如何从精神上捉弄一代人,如何造成一代人人性的变异和一生的无所作为。王安忆所设置的主人公结局,或对命运理不清头绪,处于茫然尴尬境地,或在强大的命运力量面前无所作为,以失败告终,都表现了作者对社会历史深长的叹息。由此看来,王安忆的许多小说淡化了时代、社会的大背景,并不意味着作品现实主义力量的削弱,相反,表现了作者对现实生活更深入的开掘。

其次,从更宏观的视界看,王安忆的命运观在某种程度上是对人类命运、人的生命存在状态的悲剧性解说。《流水三十章》一开头,就以朦胧模糊的语言、深奥莫测的感觉将读者导入一个婴儿超验的神秘的心理世界,王安忆借婴儿的出生和心态表现出对个体生命存在的困惑:"谁也不明白她为什么要到这个世界上来的。她分明是讨厌这世界,……她还没来到这世界,便早已没了兴趣。她是被迫到这世上来的,她是被放逐到这世上来的……她于是便忿忿地营营哭着决意要和她周围的人们为难。"人为何来到世上,人到世上又能干些什么,生命的意义和存在的价值到底何在,命运作为客观存在是可知还是不可知的,是既定的还是后设的,这既是主人公张达玲三十年的困惑和迷茫,也是王安忆的困惑和迷茫,正如作者议论张达玲时所说:"这是她的命运,她早早的时候是不懂得命运的,她晚晚的时候仍将不懂得命运,这也是命运。"相对于16世纪以来人文主义思潮对"大写的人"的热情洋溢的称颂,20世纪的人们却收起了乐观的笑容,更多地看到了人类命运悲怆的一面。人越来越多地认清了世界的方方面面,世界的疆域越来越开阔,而人对自身的认识却越来越迷茫,"认识你自己"成了人类精神探索的永恒主题,而人类对自身的探索,在很大程度上是对人类命运之谜和个体命运之谜的探索。就个体命运而言,人常常做不了自己的主,"性格即命运"这个现实主义大师们的经典性命题遇到了严重挑战,上帝不是万能的,在上帝光环普照下的芸芸众生更不是万能的,人的伟大与渺小、人的受制与超越、生命流程中无数的偶然与必然、命运的有常和无常、受控和非控等等问题,不仅成了许多哲学家苦思冥想的悬案,也构成了 20 世纪许多现代作家趋之若鹜的探索领域。我认为，王安忆小说自觉不自觉地已蹈入这个领域，她在探索现实人性之谜的时候，已经将犀利的目光投射到了人性背后许多莫名之状，尽管她做的还不够好，她还没有将这些赋予本体的意义，还未能将形而下的命运形态与形而上的思辨有机地融合在一起。但无论如何，王安忆用"命运"来透视人性的视角及其所作的努力都是研究者应该珍视和关注的。

二、英雄情结与"常人"独白

呈现"常人"（王安忆称之为"庸常之悲"）的生存本相，表达常人的世俗愿望，探求人生的真谛和生活的意义，是王安忆小说最初给人们的突出印象。也许这与王安忆本人的经历、气质有关，她说过："我们是彻底根除了浪漫的一代"，是"没有理想"、"没有信仰的一代"，被平庸、琐碎、卑微的日常事务弄得庸碌不堪（《叔叔的故事》）。正如前面分析的，王安忆的作品更多的是对命运的认同，她的笔端时时会流出"一切存在的都是合理的"的生活信念。因此她的小说叙述似乎总是一种基于现实的"常人"独白，是入世的、市民化的人性显现。

然而仔细研读，人们会发现王安忆笔下的庸常之辈并不庸常，骨子里总是渗透着对强者、对英雄的倾心和向往。用《B 角》中郁诚的话说，就是"也许我永远到不了顶峰，可重要的只是我一直在攀登。"落于"庸常之辈"而企望跨出"庸常"，生在凡人之中而想当英雄，这是王安忆小说中许多人物的精神气质。《69 届初中生》中的雯雯，是个既没有鲜明的个性特点，也没有太大作为，不带任何英雄主义色彩的女孩子，可是在她身上，迟钝慵懒与敏感爱幻想十分奇妙地统一在一起。她总是不满足于平庸生活，也不愿意得过且过或任人摆布，她总要问许多十分傻气的"为什么"，别人在实际的功利人生中奔波劳顿，她却在生存论价值论上凭一个少女的真诚守护着一份幻想、一个"英雄梦"（超越"常人"的梦），于是雯雯实际上超越了庸常人生，尽管她并未真正走入"英雄"行列。《流逝》《B 角》《舞台小世界》《大哉赵子谦》等小说中的重要人物，几乎都是在日常的平庸生活中苦恼着、焦躁着、消沉着、挣扎着，彼此冲突或自我折腾，而这一切，都是根源于一种对平庸的不满，一种当下生命存在中的缺失和弥补这种缺失的强烈愿望。这种"缺失"，更多的不是物质方面的，而是精神上的。我们常说，生命的焦虑和孤独是一种与英雄相伴生的精神状态，其实这种状态也同样存在于许多带有英雄气质的"常人"身上。于是孤独和反抗孤独、焦虑和消解焦虑便成为王安忆小说"常人"独白的重要话语之一。

王安忆曾说，她想在《流水三十章》中探讨"英雄心在平凡的人世间的存在形式",于是我们读到了一个凡人的心理"独白",一个不甘平庸的女性的精神发展史。主人公张达玲自幼远离了诞生她的城市,被寄养在乡下的奶奶家里,当她再回到父母身边时,已为一种被疏离与被抛弃感所包围,于是在情感世界,她过早地拥有了失望、惆怅、抑郁、冷漠、拒绝、敌意甚至仇恨,唯独缺少温情和友爱。在知青集体户中,她也是心存高远,不想沦入平庸,苦苦地、茫然地追求着、奋斗着,然而那崇拜一切庄严伟大事物的天性在生活的切实困扰面前无计可施,她那拼命搜集与培养的高尚情感也总是无奈于世间的平凡与庸俗,于是她踏入了歧途,一次又一次地以苦熬苦干的自虐行为,创造着伟大而沉重的事业。其结果,虽然以劳动的实绩进入了农民的行列,却远远疏离了同行知青而被视为伟大的"怪物"。她的挣扎与冲突是为了摆脱心灵的孤独和焦虑,却不料陷入了更深的孤独。没有办法,她只好将这份孤独美化、理想化、悲剧化。八年后当她重回上海,伴随着噩梦结束的,仍是心理的旷远和凄凉,她开始疯狂而急切地寻找可以依傍的异性。也许王安忆真不忍心再让张达玲承担残酷的"英雄"命运,小说结尾让她走向"光明",走向皇甫秋的爱情,从而也彻底地走向平凡和庸常。

可见,英雄和常人,英雄情绪与常人心态,实际上构成了人的生命状态的两极。英雄隶属于社会的精英阶层,他常常处于社会意识形态的中心,英雄以其非凡的意志、卓越的品质、辉煌的业绩或孤傲的心态赢得公众的注意,有形无形地成为常人效仿的"榜样"或做人的"模式"。然而英雄又不是与常人截然对立的"怪胎"。真正的英雄(不是过去那种神化了的"英雄")身上总是存在着常人的因子,有常人的欲望、思维、心态和行为方式。相反,每一个常人身上或多或少也潜藏有英雄的因子,在那个推崇"英雄"也推崇"歌颂"的时代,常人的英雄梦也总被无限膨胀着,时不时期望干一件惊天动地的事,一夜之间完成生命的辉煌。王安忆的生命横跨两个时代,一个是与实利相去甚远的英雄时代(或确切说是"英雄被神化的时代"),一个是遥望英雄背影、商业化气息十分浓厚的时代。于是对现实的深长感喟与潜意识中未完成的英雄梦想,常常作为两股几乎对等的力量奔突在她的心中。她笔下的人物也总是徘徊于两极之间:既不甘平庸,又不想当英雄,处于务实与浪漫、经验和超越、散文和诗之间。这种创作倾向,表现在后期小说叙事中,我以为是一种解构"英雄神话"与虚构"英雄神话"的双向运动。

《叔叔的故事》是王安忆解构英雄神话的范本,"叔叔"那代作家(以张贤亮为代表)先是被错划为右派,流落于旷野,跋涉在苦难历程,然后是复出文坛一夜成名,铸就了瞬间的生命辉煌,他们有着浪漫的爱情和并不浪漫的苦难之旅。当他们诉说着一个个在历史的泥沼中艰难跋涉的苦行者的悲壮故事的时候,无疑成了令人敬仰的崇高的英雄。然而,在对历史和文学中的浪漫精神都持怀疑态度的叙事者眼中,这一切失去了固有的神圣和魅力。在"我"追求事实般平实的叙述中,叔叔那富有传奇色彩的绚丽人生立刻剥露出生活本色的苍白与贫弱,叙事者像戳穿戏法一样残酷而彻底地解构着叔叔这个"英雄"的神话:被人们视为落难右派的庇护所的乡村,是那样的平庸、粗俗,叔叔在这里麻木了自己的灵魂,认同于乡村中着撵打老婆和骂仗的陋习;小说中被描写为落难者保护神和圣母的乡野女性,也不再富有优美的田园情调,而是出于现实的功利或者降服这落难平川的老虎的心理需要接纳外来人;被人们视作一大幸事的出国考察访问,却在一场闹剧中击碎了叔叔虚假的幸福感;一想到儿子大宝由路人到仇敌,他也不由得悲从中来……,小说以叙事者猜测、辨析的方式彻底瓦解了"叔叔的故事",淘净了笼罩在这个时代英雄身上的全部的浪漫气息。小说无疑带有我们这个时代的鲜明特色和与之相适应的浓厚的反讽意味。

没有英雄的时代总是乏味的、无奈的,于是在《纪实与虚构》中王安忆又为我们"虚构"了一出英雄的神话。小说中对现实中自我的叙述显得窒闷、琐碎、冗长,而对"我"历代祖先的叙述则神采飞扬、纵横驰骋,她有意识地选择家族英雄的形象和业绩作为叙述核心,有意识地强调旺盛的血统,"我必须要有一位英雄做祖先,我不信我几千年历史中竟没有出过一位英雄。没有英雄我也要创造一位出来,我要他战绩赫赫,众心所向。英雄的光芒穿行于时间的隧道,照亮我们平凡的人世。"在"我"看来,甚至"那时的星星比现在的星星明亮一千倍,它们光芒四射,炫人眼目,在无穷的夜空里,好像白太阳。""那时的日头比现在的大而红,把天染成汪洋大海一片",大王旗下金戈铁马,既有天地精灵之气的凝固与显现,又有生命本能的汹涌澎湃。相比之下,现代人则犹犹豫豫,婆婆妈妈,"与人们的交往总是浅尝辄止,于是只能留几行意义浅薄小题大作的短句。"

这样,王安忆实际上处于一个相互对立的双向运动的怪圈中。一方面,她以一个务实的当下常人心态在解构英雄神话,根除浪漫主义气息;另一方面又行使一个作家的"虚构"权利,以浪漫的激情塑造了一代又一代具有生命强力的家族英雄,展示了一种具有生命光彩和神性力量的人生状态。前者还原了英雄的常人本色,后者升华了常人的梦想。前者出于对当下人生境遇的冷静认识和对逝去的那个英雄时代的淡淡嘲讽,表达的是务实的生存策略;后者则出于对当下常人精神匮乏的强烈不满和反抗,是对孤独和疲软的生命景观的超拔,是对精神家园的寻求,带有前卫的性质。二者的对立在本质上又反映了当今时代的特点:在消解过去的英雄故事的同时,又在呼唤着新的英雄;在宣告根除浪漫主义的同时,又在咏赞和期待着另一种意义上的浪漫主义。只不过此一时彼一时,"英雄"和"浪漫主义"被赋予了不同的生命内涵。王安忆小说正是在这个意义上成为英雄情结与常人心态的双面镜。

三、灵与肉：生命激情的还原实验

性爱意识是人的生命意识的一个重要内容，性爱要求是人的生命本能的内在要求。文学是人学，文学要表现丰富深邃的人性大观，传达生命运行的底蕴，必然要涉及到性爱描写，正如王安忆所意识到的："如果写人不写其性，是不能全面表现的，也不能写到人的核心。"的确，性爱描写的深浅得失，在一定程度上成了文学中人性描写的一种标尺。新时期以来，由于社会反思、文化反思和人本反思，小说中的生命意识觉醒了，为数甚多的作家们纷纷从性爱的角度探视人的生命本体意义，展现人的现实生存状态和复杂的人性内涵，取得了显著的进展。在这方面，王安忆无疑是一个做出了突出贡献的超前的探索者，以至于许多人一提到王安忆，首先会联想到她的"三恋"。今天看来，王安忆性爱小说的意义至少有两点：

第一，在当代文学史上，王安忆率先把性爱描写从与社会政治的胶着状态中有效地剥离了出来，赋予性爱描写以本体的意义。（我将其称之为第一次"还原实验"）在当代文学中，性爱描写起步很晚。"文革"前十七年的小说，只有情爱描写，没有性爱描写，即便写到情爱，也始终处于躲躲闪闪、羞羞答答的状态。到了新时期张贤亮笔下，虽然大胆地描写了性爱，但这种描写被深深地烙上了政治的、社会的、时代的烙印，性描写成了控诉那个特定时代里黑暗现实的一种手段或工具。刘恒笔下的《伏羲伏羲》则是从性的角度对传统文化压制人欲进行批判，性描写又成了文化批判的工具。总之，大部分描写性爱的作品都沦入了"以性言他"的表现模式。王安忆的性爱"三恋"彻底走出了这个模式，其性爱描写不再充当演绎社会政治变迁的附庸。作者将性爱视为一种本体，一种生命的核心和动源来描绘，强调性爱作为一种生命强力对人行为的支配，凸现性爱的原生态以及生育、死亡等与性爱有关的生命之谜。性爱几乎成了一个自足自为的世界。就创作动机而言，作者已不是"以性言他"，而是"以他言性"。

第二，王安忆以女性少有的大胆和泼辣，第一次酣畅淋漓地表现了各种各样的性爱状态。在她所构筑的这个生命的本体世界里，既充满了生命的焦灼、苦闷、压抑、渴求，又充满了生命的宁静、温馨、欢畅和舒展；既充满了苦难，又充满了欢乐；既有生理的变化和反应，又有心理的恐惧和惶惑；既有正常的性满足，又有畸形的性发泄；既有初尝禁果的负罪感，又有重浴爱河的冒险和刺激；既充满了黑暗没落，又充满了光明升华……王安忆笔下对于这种生命激情的描写，其深度和广度都是前所未有的。

王安忆的这种"还原实验"，既加深了描写人性的深度，同时也冒着很大风险。

因为,性爱活动毕竟不只是人的一种生理活动,在人的感性生命中真正属于人的东西是人社会性,如若离开了人的社会性,用纯粹生物学的观点来看人的性爱偶合,就会把人倒退到动物界。瓦西列夫在《情爱论》中曾精辟地指出:"爱情是一种复杂的、多方面的、内容丰富的现象。爱情的根源在本能,在性欲,这种本能的欲望不仅把男女的肉体,而且把男女的心理推向一个特殊的、亲昵的、深刻的相互结合。但是爱情又不仅仅是本能……。爱情把人的自然本质联结在一起,它是生物关系和社会关系、生理因素和心理因素的综合体,是物质和意识多面的、深刻的、有生命力的辩证体。"韦克斯也认为,性是一种媒介,它可以表现各种社会经验,如道德、责任、工作、习惯、友谊、爱情、功利、权力和性别差异等等,"性行为如果脱离了生理源泉,当然是不可能的,但生理学并不提供动机、激情、对象选择或身份,这一切都来自于社会关系和心理冲突的领城,因而人体就不能被看成是一个生物学上的既定物体,仅仅是在散发自身的意义。相反,它必须要被理解为只在社会中被赋予意义的各种潜力的总和。"可见一个严肃的作家,当他把审美的触角伸向性的领域时,他不可能只体验到观照对象的生物性,他对这个领域的体验,应该是也必然是在社会中被赋于意义的各种潜力的总和,应该包含更广泛的人性内容,笔下出现的也应该是充满社会意义的意象。这种社会性是人物的性心理和性行为的内在的、不可剥夺的"神",因而也是性心理与性行为描写的生命之所在。同时,作家又只有在主观上不把性爱描写仅仅作为表现其社会观念的一种手段或工具,而是把性爱真正作为活泼泼的、充满欲求与骚动的观照对象,作为探索人性的领域,他才能避免在性爱描写中不自然地外加上抽象的"社会意义"而破坏了审美的意象。我们正是在这个意义上肯定王安忆以性爱为主体对人性的探索。事实上,前文所说的"剩离"、"还原"是相对于过去那种与"时代政治"过分"胶著"的性爱描写而言的,是相对性爱描写的"工具化"而言的。而王安忆的"三恋"虽然淡化了社会政治的氛围,但从根本上并没有将性爱从"大社会"、"大文化"的背景上剥离下来,其"还原"也是有限的。比如《小城之恋》表面看来,作者似乎把审美观照的光束过于集中地投射在两个青年演员狂热的性爱勃动扭曲上,忽略了对导致那种畸变性爱的本能冲动以外的社会氛围的开掘和勾连,可是,透过主人公迷乱焦灼的性渴求、沮丧疲惫的性消蚀和在痛苦斗殴、互虐自虐中得以渲泄的性苦闷,以及在这生命的欲望之流中的熬煎、挣扎、沉沦,不正看出性禁忌、性压抑的"大环境"和文化闭塞、贫乏的县城"小环境"对主人公人性(包括性爱)的挤压和束缚的恶果吗? 小说中社会背景被虚化了,男女主人公的恋爱过程也并没有受到领导、同事、社会、家庭的直接干预,可是,性罪感、性压束作为一种文化积淀,已经内化在她们的心理结构中。他们苦苦地自我搏斗,一轮又一轮的灵肉煎熬,都使这种悲剧染上了人性和文化的双重色彩。这正是王安忆这篇小说的深刻之处。

遗憾的是,有些论者却是从极端的角度来推崇《小城之恋》等性恋小说的,片面地认为它好就好在把性作为"完全独立的生命现象"来写,甚至把文学史上其它富有"社会意义"的性爱描写的作品统统看成是"虚伪"的东西。而王安忆也似乎受这种舆论的左右,不仅自得于第一次"剥离/还原实验"的成功,而且还相信,在对性爱的描写中,性与爱(即灵与肉)也是可以被剥离、被还原的,于是,她开始"尝试着将爱情分成精神和物质两部分",在不同的小说中"分别走走精神和物质的路"。

《锦绣谷之恋》《神圣祭坛》《兄弟们》《乌托邦诗篇》是所谓"纯粹的精神交流"的标本,王安忆是想"尝试光凭精神会支撑得多远"。《锦绣谷之恋》与其说是一个现实的"婚外恋"故事,莫如说是一个少妇的白日梦幻。这位女编辑在上庐山之前,对家庭生活早已厌倦,与丈夫的耳鬓厮磨早已激发不起因性别差异所带来的生命的高峰体验,于是她在和可以充当她兄长的作家的奇遇中,不仅重新发现了"男人",更主要的是在男人的目光中发现了自己是"女人",她为他倾倒,爱情油然而生,却又只是停留在扑朔迷离、真幻难分的阶段,灵之爱因为没有肉体的充实而显得空灵缥缈、云山雾罩。其实,这只是柏拉图式的精神恋爱,与其说他们在爱着对方,莫如说他们是被自己在爱着这种新异的精神状态所陶醉,是他们青春意识的再度唤起和外化,名为恋人,实是自恋。《神圣祭坛》中战卡佳与诗人向五一在共同的爱好与情感的双向交流和撞击中,精神得到至纯至圣的升华,然而最终爱情未成正果,究其原因恐怕是没有肉体的爱作为其物质基础。《乌托邦诗篇》中,"我"对于海峡那边那位浪漫主义作家的一往情深,也是表现在对他的敬仰和"怀念"上,"怀念一个人使我陶醉。我发现怀念原来是这样完美的一种幸福。这是一种不求回报、不计名利的纯粹的精神活动,这是只与自己有关的精神活动。它不需要任何别人的承诺,它使人彻底地沉浸在自我的思想里。一个人的一生中,能够有多少次怀念的机会呢?"这种"精神性"恋爱尽管在作者笔下写得委婉深切,然而又不免堕入虚幻。

不过,正如纯精神的爱情人们尚能接受一样,这种纯精神领域的写作探索,毕竟为现实中困乏的人们提供了一块灵魂的憩息地,对人们心灵的净化和升华总是利大于弊的。可是,面对"纯物质"的性爱探索,就不能不使人感到困惑。在《岗上的世纪》中,王安忆这种"剥离/还原实验"达到了极致:作者毫不客气地剥去了罩在人们身上的各种外衣,抽去了性爱中"灵"的部分,直接把人还原到欲的层次。故事的表层,是讲述一个下乡插队的女知青李小琴,为了能上调回城诱惑生产队长杨绪国。结果,李小琴被玩弄之后才知回城无望,大哭三天后愤而上告,杨绪国因奸污女知青身败名裂。这本来是一出社会悲剧,作者却在故事的讲述中,渐渐销蚀了它的社会性特征,使小说成了纯粹的性爱"物质化"的标本。李小琴与杨绪国的性关系,开始是迫不得已的、被动的,带着强烈的功利色彩,可是到后来,当情欲的烈焰点燃后便一发不可收拾,那原始的本欲和旺盛的生命力相交织的力量一次次地掀翻了外在的社会重压,与他们为伴的,只有性爱,性爱,性爱,至于招工成败、家庭牵连、政治惩罚乃至生死都统统置之度外。岗上那七天七夜、昏天黑地的性爱迷狂,的确如有的论者所说"充盈着生命的力度和快感,激荡着勇敢和自由的原始生命力"。然而这种性爱是抽去了灵与情的肉搏战:他对她来说,是健壮的、骠悍的正宗男人,"不中看却中用";她对他来说,"这女人对我合适"。而且为了试验这种"欲"的神奇力量,王安忆不仅将主人公设定为性欲高亢者,让他们尽情地表现原始冲动的热度、强度、力度,而且将男女主人公设计为"现实原则"层面上的相恨者。一个骗一个,一个告一个,此恨何其深,然而在"快乐原则"层面上他们却成了一对如胶似膝的"鱼儿"。杨绪国外貌丑陋,"像一只大马虾",由于不刷牙而口臭,李小琴原先从生理心理上都十分厌恶他,没想到经过肉欲的"洗礼","他的肋骨间竟然长了新肉,他的焦枯的皮肤有了润滑的光泽,他的坏血牙龈渐渐地转成了健康的肉色,甚至他的嘴里那股腐臭也渐渐地消失了。他觉得自己重新地活了一次人似的。"在这里,王安忆把性爱的"物质性力量"强调到了令人惊讶的地步,却不想她步入了性爱描写的误区:在这幅性爱画面上,除了一对纵欲的肉体外,似乎再也没有什么了。

任何自然的、健康的性结合都应该是情与欲的和谐和灵与肉的统一:人的情欲绝不是内在本能的初级的生命冲动。男女双方肉体上的结合,必须以双方情感上的相互吸引和愉悦作为前提,而且是一个相当复杂的、包括多方面内容的体系,"是男女之间社会交往的一种形式,是完整的生物、心理、美感和道德体验。"现代性爱所强调的性欲和精神渴求的神奇融合,正反映着人的本质深度。无论是把肉体结合从性爱中单独抽离出来,还是把性爱中的"精神扑灭掉"(王安忆语),都难以达到深层次探究人性的目的。如果说王安忆的第一次"剥离/还原实验"曾经为文学开辟了一片新土,展现了生命景观的全新姿态的话,那么第二次"实验",尤其是将勃勃生命景观导入原欲的幽洞,就大大缩小了人性表现的空间。也许这种"实验"正好反映了王安忆本人在这个问题上的终极困惑:人类要么在性的交合中愈现孤独和无奈,要么在空幻的精神中"自恋",实实在在难以达到灵与肉的统一和谐。写作是一种"实验",是一种诗意的畅游和解脱,而写作之后又是空虚,正如庸常之辈总要有英雄梦想一样,在性爱世界里,王安忆未尝不想建立理想的天国,然而这种企图和努力,不是过于虚幻,一如锦绣谷上的庐山云雾;就是过于世俗,一如香港的"性与爱"中的金钱砝码(《香港情与爱》)。理想的彼岸总是十分遥远的。从这个意义上讲,王安忆的全部性恋小说,正好也反映了人类的终极生命困惑。

四、他/她:人性窥探的性别差异

进入1990年代,由于社会意识的松动和男性精英文化的"失势"和"边缘化","女性写作"比以往任何阶段都显得更加色彩纷呈,女作家获得了前所未有的"自由"地抒发自己 和营造可能世界的机会。随之,女性主义批评也愈来愈多地以强劲的姿态进入批评视野。我们探讨王安忆对人性的表达,就不能不关注她小说叙事中的性别认同问题。这不仅是因为她在公开场合从不承认自己是"女权主义者"已引起评论界的纷纷议论,还因为她的一些小说又实实在在成为女性主义批评分析和阐释的有效文本。更重要的还在于,王安忆小说以其对女性问题的强烈关注,有意无意地成了80到90年代女性文学链条中带有标识性的重要一环。

在女性主义批评中,所谓"女性写作"不是泛指女性的创作活动,而是特指那种具有女性主义意识和女性主义视角的"女性写作"和"女性文本"。而"女性主义"(Feminism)由于当初被译为"女权主义"而很容易使人们联想起1960年代那场席卷欧美的政治运动,今天随着世界范围内妇女政治经济地位的改善,人们更多地是从文化批判的层面接受女性主义理论的。而女性主义理论的核心就是试图通过揭示人类文明中的父权制的本质,强烈要求打破现存的两性秩序,重新确立女性的地位和角色。美国著名的女性主义者阿德里安娜 • 里奇说:"父权就是父亲的权力,父权制指一种家庭、社会的、意识形态的和政治的体系,在此体系中,男人通过强力和直接的压迫,或通过仪式、传统、法律、语言、习俗、礼仪、教育和劳动分工来决定妇女应起什么作用,同时把女性处处置于男性的统辖下……",女性主义作为一种文化批判,针对的不是男性,也不是一个个具体的男人,而是这种根深蒂固的父权制,它提倡用独特的女性视角重新审视父权制社会的一切现象及一切价值判断,它不愿承认和服从父权社会强加给它的既定的价值体系,并隐藏着对这种价值体系进行颠覆的欲望。而这一切,又都是在语言中进行的。因此,有人认为女性主义实际上是一种解构主义,即解构男性中心话语,这不是没有道理的。不过还应指出,它解构的同时又试图建立一种崭新的、与之抗衡的女性文化。

王安忆之所以不承认自己是"女权主义者",实际上是就其社会政治层面的含义而言的,恐怕她潜在地认为女性主义就是"与男性为敌"。她说:"我们生活在一个男性的世界里,包括语言、规范、制度,都是以男性眼光来设计的。女权主义就是想把这种状况扭转过来,而我个人还是顺乎潮流的,几千年历史发展到这一步,不是某个人的选择,一定有其合理性,一男一女的偶合关系,我承认是合理的。"其实这段话与现在许多女性主义者的看法并不相左。衡量一个作家的文化姿态,当然不只看他的宣称,更要看他的创作倾向。就王安忆来说,她的小说的确比较早也比较深刻地体现出了女性视角和女性意识,而这女性视角和女性意识又具体地表现在个人化的女性经验的抒写上。

正如一些论者已经注意到的,王安忆的"三恋"表现出较显明的女性主义立场,在"三恋"的性爱描写中,女性的"她"始终保持着主动性,而且个个写得流光溢彩、情热神旺。《荒山之恋》中,"她"先是诱惑"他",然后真正爱上了"他",要将"他"据为己有,她把他作为确证自己生命存在的对象。她来到世界时一无所有,是一个彻底的被动者,而当她无畏地弃世而去时却带走了一个男人,她真正成了她的主人,成了两性中的主角。《小城之恋》中"她"强健丰硕的体态似乎,也已经从生理上注定了她有一连串的压倒男性的行为,不论是她和他的肉体厮磨、接触还是暴力冲突里,她都不是被置于"被看"的位置,而是显示着一种蓬勃的生命力。而"他"反而身材矮小、羸弱,似乎总处于被动。小说最后,当她生了两个可爱的双胞胎,从性欲的喧哗和骚动下解脱出来升华为"圣母"形象时,他却沉溺于酗酒和赌博中无法自拔。《锦绣谷之恋》中与"她"(女编辑)奇遇而产生"恋情"的男人(作家)也是一个轮廓不清、线条不明的"隐形人",他不过是她以久逝的青春梦编织起来的男人幻影而已。在那隐隐绰绰的爱恋中,她也始终居于主动者的位置。这种女性视角和女性立场,在《岗上的世纪》中也有意无意地得到了发挥,在那七天七夜"开创了一个极乐的世纪"的性爱之战中,是李小琴反客为主彻底地塑造了一个崭新的杨绪国。

这里还必须强调指出,王安忆对女性身体和欲望的超常描写,在一定程度上是对男性话语的反叛。张洁的《方舟》曾经被认为是中国女性主义文学的代表作。作者以冷峻和老辣的笔触苛责世间的不平,书写了在以男性为中心的社会那些敢于反叛男权中心价值的女性们(寡妇俱乐部成员)的不幸和愤慨,这无疑产生了惊世骇俗的效果,但张洁笔下的女性实际上是"社会层面上的女人",她对女性的界定也只是"女性不是性,而是人!"(《方舟》)而王安忆的小说却推出了一个个有血有肉的生命层面上的女人,而且率先毫无顾忌地将女性的笔深入到女性的身体和欲望中。

在一个男性中心的社会里,男性的生存力更多的是靠金钱、权势、地位而不是身体,而 女性则更多地依赖"身体的存在"来确证自己的价值。换句话,男性是女性身体的拥有和占有者,女性因自己的身体进入男性的世界而存在。因此"身体"对于女性来说具有异乎寻常的意义。可是长期以来,在男性中心社会的文化中,女性的身体却一直被置于"被看"的位置,它成了女性被动性的证明,也成了女性一切苦难的渊薮。当女性身体被物化为"鞭蓉弱柳"、"软玉温香"、"春葱"、"金莲"之类时,其可摘之采之攀之折之弃之把玩之的意味便隐然可见。女性"第二性"的这种命运,又往往被解释为是"上帝的意愿"或"命中注定",连女性自己也不能给予正视和探讨。女性的身体始终处于现实的、真实的女性的自我意识之外。"一个女性只有摒弃自己的欲望而成为男性中心的权力结构中'安分守己'的一员,才是标准的、为社会文化所认可的'心爱'的女性/淑女形象,这就是男性文化将女性的身体和经验作为一种禁忌而告之于女性的"。王安忆的"三恋"正是把女性"身体"从男性的"被看"中解救了出来,第一次用女性的眼光打量它、触摸它、展示它、感受它。《小城之恋》中"她"那肥硕而丑陋的身体更是与男性眼中那种"欲望化"的"胴体风景"相去甚远,但却蕴含了强悍的生命热望和人性密码。正如一些论者所说:"女性写作"所关注的主要不是历史,而是生命。如果有一天"女性文本"能辉煌地进入文学史的话,那也主要是以"生命的感性存在"作为内容物的。不过,与1990年代新生代女作家(如陈染、林白)相比,王安忆在抒写女性经验时,毕竟还不是十分"先锋"。在个人化的女性写作浪潮中,1990年代的陈染、林白似乎更加彻底和"纯粹",为了使女性写作的纯粹性浮现出来,她们毅然摆出了一副彻底拒绝历史、拒绝文化、拒绝社会的姿态,试图回到伍尔夫所说的"一间自己的屋子",通过对现在的一切进行"悬搁"的策略,达到从男性文化无处不在的经验领域抽身而出的目的。在她们笔下,女性的自恋、幽居、互恋,以及种种生命欲望的表达都达到了极致。但是能否借此创造出经典的"女性文本"恐怕还有待于时间的回答。笔者认为,对女性私人生活的开发不应绝对化。对女性自我经验的抒写,还应与对现实社会生活实践经验的抒写结合起来,否则一味退回历史、幽闭自我,必定会导致女性写作精神的虚空和社会价值的弱化,最终也将影响女性文学的生存与发展。

王安忆小说的性别认同,还表现在她对男性中心话语的瓦解和颠覆上。弗吉娅尼·伍尔夫曾说:"近几个世纪以来妇女成了镜子,这些镜子具有魔术般的、美妙的力量,按两倍于自然的尺度反映出男子的形象。……如果(妇女)开始讲真实情况,那么镜中的形象便会萎缩。"这种"按两倍于自然的尺度反映出"的男子形象,便是男权制为粉饰自然而产生的虚幻的令女性为之迷恋而追求不已并勇于"牺牲"和献身的高大、俊美、智慧、进取、大度等等形象。这种虚幻的镜像及其所属的男性中心话语,在张贤亮笔下得以突出体现,难怪女性主义批评常常拿他开刀。无论是《绿化村》还是《男人的一半是女人》,其主要内容有人将它归结为:背叛和对背叛的辩护。张贤亮笔下的主人公,不论是始乱还是终弃,男性永远立于不败之地，而且作者常常不顾男主人公的可怜境地而随心所欲地赋予一些伟大的社会任务，从而让他在"背叛"后仍然理直气壮。而张贤亮笔下的女性如马缨花、黄香久，则是作者为男性设计出的融"圣母"与"荡妇"为一体的具有双重人格的形象。当男人贪恋性爱时，她们妖艳、妩媚、肉感、放荡；当男人需要安稳的家庭时，她们又以贤淑、庄重、奉献、牺牲的贤妻良母出现。这实际上迎合了男性从精神到肉体多方面的欲望，使男性能够在社会的运动场上和两性关系中伸缩自如，进退有据。这是男性文学以虚构的方式巩固男性中心的范本。王安忆《叔叔的故事》则从女性的立场出发，彻底拆解了这种"长兄们"的"英雄"故事或叫男性神话。叙述者首先打碎了男性为实现自己的价值而创造的女性"洛神"形象。当"叔叔"与在农村的妻子提出离婚后，妻子并不是逆来顺受，而是决不让"叔叔"今后活得轻松。她与他的"纠缠"通过他们的儿子大宝得以延续，使"叔叔"永远无法逃避责任、忘记过去。叙述者还揭穿了"叔叔"与小咪、大姐那浪漫情爱的神话——灵与肉的和谐存在，而给他们安排了另一结局：在与大姐的关系上，"灵"的一面不过是一种"叔叔"用来欺骗自己的精神慰藉；而与小咪"肉"的关系更为实质，然而当他意识到自己的性衰退时，便表现出一种更深刻的恐惧。最后，叙述者还通过想象"虚构"了一出"叔叔"与一个德国女孩之间的"爱情波折"，让这个富有"苦难的魅力"，在征服中国女性的"战无不胜"的中年男性，在"进攻"德国女孩时挨了重重的一巴掌。总之，叙述者给"叔叔"安排的结尾是"叔叔更不会快乐了！"这就彻底地拆穿了叔叔叙述中那崇高、浪漫的幻境，而露出了生活的本相和男性话语的某种"虚伪"和"虚幻"的实质。

　　当我们扫视一番王安忆小说中所体现的女性立场后，回过头来再看她的"性别认同"宣称，就会发现，王安忆的宣称与创作倾向的不一致，正好反映了她灵魂深处的矛盾。王安忆渴望建立一个两性相融相悦、共同发展的世界，而这种相融相悦，不是以牺牲男性或女性的"性征"作为代价的。恰恰相反，应是男性和女性以各自独具的性征魅力平衡而健康地发展。这实际上暗合了西方某些女性主义者提出的建立和发展"双性文化特征"的设想，然而，中国的现实状况又是那样的令人沮丧，一方面，广大妇女普遍承受着性别歧视和男性化的"性别预设"（像张贤亮笔下的荡妇与圣母原型），另一方面，觉醒了的女性对"弱化"的男性感到普遍的失望。后者在早期"女性文学"中表现为"寻找男子汉"的主题，而在王安忆小说中则演化为女性对男性的魅力"提携"和"激发"，而这种"提携"和"激发"又常常难以达到王安忆理想中的两性平衡发展的境地。于是表现在谈话里，则又是对中国男性公民的同情和理解（如认为他们也很不容易等等）。对于男性，既失望，又理解，既不满，又宽容；而对于女性自己，既自信，又自卑，既想超越，又想固守,——面对性问题,王安忆真是既左右冲突,又四处逃逸;既追求现代新声,又坚守传统领地;既有性别认同的清醒和执著,又有性别认同中的困惑和茫然。这又构成了王安忆"边缘人"的特征。

参考文献

[1]方克强.王安忆—亲子间离情结与命运观[J].文艺争鸣,1992(5).

[2]王安忆.乘火车旅行[M].北京:中国华侨出版社,1995:92.

[3]王安忆,陈思和.两个69届初中生的即兴对话[J].上海文学,1988(3).

[4]瓦西列夫.情爱论[M].北京:生活·读书·新知三联书店1987:89.

[5]韦克斯.性,不只是性爱[M].北京:文化艺术出版社,1991.

[6]王安忆,斯特凡亚,秦立德.一份关于王安忆十年小说创作的访谈录[J].当代作家评论,1991(6).

[7]王安忆,斯特凡亚,秦立德.—份关于王安忆十年小说创作的访谈录[J].当代作家评论,1991(6).

[8]照光.曲充满浪漫激情的生命赞歌[J].作品与争鸣,1989(9).

[9]瓦西列夫.情爱论[M].北京:生活·读书·新知三联书店,1987:89.

[10]A·里奇.生来是女人[M]//康正果.女权主义与文学[M].北京:中国社会科学出版社,1994:3.

[11]王安忆,斯特凡亚,秦立德.—份关于王安忆十年小说创作的访谈录[J].当代作家评论,1991(6).

[12]吴亮.爱的结局与出格[J].上海文学,1987(4).

[13]黎慧.个人、性别、种族:九十年代女性写作[J].上海文化,1996(2).

[14]胡彦.女性写作:从身体到经验 – 兼论当代女作家的创作[J].当代文坛,1996(3).

[15]费吉娅尼·伍尔夫.—间自己的屋子[M].北京:生活·读书·新知三联书店,1990:43 – 44.

[16]南帆.冲突的文字[M].上海:上海社会科学院出版社,1992:52.

[17]D.L.卡莫迪.妇女与世界宗教:第7章[M].成都:四川人民出版社,1989.

注:该文刊发于《哈尔滨师专学报》1999年第2期。

中国抒情传统及其美学智慧

郭昭第 *

与西方相比,中国以抒情诗为文体表征,以表达思想情感和心灵世界为创作宗旨,以"诗言志"和"诗言情"为创作理论,以情境乃至意境为审美理想,有着悠久的抒情传统。抒情传统不仅是抒情诗的文体表征,而且是占据中国文学艺术主体地位的艺术风格和审美理想,即使在叙事传统中也常常因为鲜明的抒情元素彰显出抒情传统的特征。虽然宗白华与高友工、陈世骧、王德威等海外学者对中国抒情传统有深入研究,但关于美学智慧的阐述似乎并不多见。

中国之所以有独特抒情传统,主要因为中国人主张人性或善或恶一元论,或者无善无恶不二论,并不强烈主张人性善恶二元论,并不考虑用较为完备的法律和宗教手段来遏制人性恶的成分和维系社会政治秩序,法制意识和宗教意识相对淡薄,于是常常借助政治和伦理手段维持社会秩序。这很大程度上束缚和奴役了中华民族的心灵世界,也束缚了人们的思想感情的抒发。虽然道家如庄子有逍遥游思想,但占据统治地位的主要是儒家思想。虽然孟子提出了尽性说,还得到禅宗的发挥,有明心见性的主张,虽然宋明心学在一定程度上也张扬心智,但由于南宋理学独特影响使中华民族很大程度上丧失了在日常生活中正常表达自己情感和思想的渠道和权利,只能退而求其次借助文学艺术的手段来抒发思想情感。这使有一定文化程度或文化程度并不高却有强烈抒情愿望的人更多参与抒情,以致形成了蔚为壮观的抒情传统。西方则由于强调人性善恶二元,总是试图通过法律来遏制人性的恶的成分,借助宗教来张扬人性的善的成分,于是有着较为完备的法律体系和宗教信仰,因此也无须借助相对严格甚或严酷的政治制度和伦理观念来维系社会正常秩序。所以相对民主和宽松的社会政治制度和伦理观念,能够在日常生活中较为随意地表达情感甚或满足各种欲念,无须通过文学艺术手段曲折

---

* 作者简介:郭昭第,1966 年生,天水师范学院文学与文化传播学院教授,主要从事文艺学美学研究。

宣泄其情感或满足愿望。西方马克思主义似乎对艺术乃至审美解放情有独尊,这主要出于对工人解放运动的失望,并不是说艺术具有最彻底的解放功能。

唯其如此,西方人常常并不十分强调借助抒情手段来赢得自我生命的超越与解放,主要借助叙事手段表现对社会乃至自然的必然规律的真理性认识和把握,中国人则并不关注客观规律乃至真理的认识和把握,也不热衷于借助叙事手段来表达对社会乃至自然规律的认识和把握,往往习惯于将生命的自我超越作为思考一切问题的出发点,试图借助抒情手段达到自我解放和超越,抒情也确实比叙事更能充分彰显其阐释世界的权力。也许是因为西方人过于执着人性的善恶二元对立,往往将展示人性的善恶二元对立和冲突作为形成典型性格的心理基础,将人物角色的善恶二元对立作为情节结构的内在元素,所以往往以典型性格乃至叙事传统见长,中国则并不执着于人性善恶二元对立,常常将发乎情、止乎礼义,具有温柔敦厚的中和之美作为审美理想的基本特征。这不是说西方没有中庸之道,其实亚里士多德与孔子有着基本相同的观点,只是西方直到 17 世纪才成为一种审美理想。如瓦迪斯瓦夫·塔塔尔凯维奇有这样的阐述:"法国的艺术理论家杜·弗雷斯诺伊,更以强调的语气宣称:'美存在两个极端中间。'他从亚里士多德那里,接受了这个观念,但亚氏用到它的时候,只涉及到道德上的善,而没有涉及到美;它在审美意义之中的用法乃是 17 世纪的一种创举。"①孔子所谓"乐而不淫,哀而不伤"②,其实便将中庸之道作为审美原则和理想来阐述,是对美在适度乃至中和的具体概括。虽然中和之美并不一定至为周遍含容,但较之执着于善恶二元对立,甚或以善与恶的冲突作为构成典型性格和内在结构的史诗和戏剧等叙事传统而言,仍具有更为周遍无碍甚或无所执着的自由解放精神。这主要因为西方美学执着于非美即丑、非丑即美的二元论思维模式,执着于诸如美与丑之类的分别和取舍,执着于对必然性乃至真理性的追求,执着于概念范畴和知识谱系的建构,才使其与智慧擦肩而过,成为仅具有叙事传统乃至哲学的概念范畴和知识谱系的知识美学,中国美学并不执着于非真即假、非假即真、非善即恶、非恶即善的二元论思维模式,也不执着于诸如美与丑的分别和取舍,也不将真理性作为追求的唯一目标,往往将非真非假、非善非恶的不二论思维作为基础,将发明清净不二的本心作为宗旨,所以成为有着独特抒情传统乃至智慧性质的智慧美学。也正是基于这一差异,使中国抒情传统在创作传统、文本传统和阅读传统等方面彰显出独特

① 瓦迪斯瓦夫·塔塔尔凯维奇.西方六大美学观念史[M].上海:上海译文出版社,2006:142.
② 论语·八佾[M]//朱熹.四书章句集注.北京:中华书局,1983:66.

美学智慧。

　　一是中国抒情的创作传统具有主客不二的美学智慧。西方热衷于行动乃至事件陈述,及对社会历史必然规律乃至真理性把握,其模仿论和表现论往往执着于主客二元对立,总是暴露出二元论思维模式顾此失彼的缺憾,不是因为强调客体而忽视主体,就是因为强调主体而忽视客体。事实上无论模仿论及再现论、反映论、超越论、否定论,还是表现论及投射论、宣泄论、展示论,其实都不可能完全超越客体与主体的二元对立,也无法卓有成效地阐释中国文学抒情精神。如模仿论强调模仿客体必须达到细节真实甚或历史真实等主张,充其量只能对中国文学惟妙惟肖之物境有所阐述,表现论强调表达主体的强烈情感与心灵活动的主张,也只能用来评析中国文学真挚感人的情境,这两种理论对真正最透彻最深邃同时也最具特色的意境显然无能为力。

　　中国更关注对主观情感乃至生命体悟的传达,往往能够在极其寻常的事物中达到对自然宇宙乃至生命本体的不二本心的默而识之。虽然诸如感物论、感兴论分别类似于西方模仿论和表现论,但明显有着模仿论和表现论所没有的心物不二、主客不二的美学智慧。中国美学所推崇的意境虽然以物境和情境作为基础,但并不停留于偏执客体的物境或偏执主体的情境,而是将诸如主客不二作为思维基础,这是西方所谓互为主体性、互为客体性,甚或主体间性理论所无法概括的,对主体与客体、心与物、情与景、虚与实等不加分别与取舍,乃至非二非不二是意境的根本特征。可以说,所谓意境理论其实是中国儒释道文化传统高度融合的最高理论成果。其中所谓情景交融的特点,主要以儒家天人合一思想为基础,并兼容了道家道通为一,及佛教人与万物为一体的思想;虚实相生的特点更是以道家有无相生的思想为基础,并兼容了儒家言近旨远尤其佛教色不异空、空不异色等思想;至于韵味无穷,显然以禅宗不立文字作为基础,并兼容了儒家、道家言不尽意的思想。意境是中国美学最具主客不二美学智慧的理论范畴,即使如所谓气韵生动等实际上也包含在意境范畴之中。中国抒情传统对主客体无所执着,乃至主张天人合一、人与万物为一体的美学智慧,使其比西方更能充分展示人与自我、社会和自然的和谐关系。虽然由此形成的诸如比与兴可能在外在形态方面存在一定差异,或重视外在客观存在物的比喻,或重视内在主观情感的抒写,但都没有发展到肯定一者就必须否定另一者的地步,而且许多方面仍然息息相通、相得益彰。

　　至于具有最具独特美学智慧的妙悟论,甚或因为超越文字乃至常理达到了对不二本心的顿然体悟,具有更圆融通透的美学智慧。这是习惯于用语言表达情感,过分依靠逻辑推理和二元论思维模式的西方美学所难以理解的。即使上世纪末最受推崇的主体间性论事实上仍然未能彻底摆脱主客二元的二元论思维方式和文化传统的致命弱点,仍然因为偏执于主客体二元对立而存在片面的缺憾。用西方主客二元美学阐释中国抒情传统的最大失败就是对意境的视若罔闻与无可奈何。黑格尔虽然在许多方面否定中国乃至东方,但在这一点上却认为:"东方的意识方式比起西方的(希腊的是例外)就较适宜于诗。在东方,未经分裂的,固定的,统一的,有实体性的东西总是起着主导作用,这样一种观照方式本来就是最真纯的,尽管它还不具有理想的自由。"①其实正是由于中国乃至东方默而识之的认知方式基于主客不二的本心,才使中国抒情传统有着西方难以比拟的圆融智慧,乃至无所执着的自由解放性质。虽然这种情感的自由解放并不经常体现为激情飞扬和豪迈奔放,甚至可能体现为淡然无味,但正是这种淡然无味甚或至乐无乐,才真正彰显了中国抒情传统所独有的无所执着、周遍含容、平等不二的美学智慧。庄子所谓"得至美而游乎至乐,谓之至人"②,不仅是中国文学抒情传统的最高审美理想,而且是中国文化传统的最高生命理想。所谓至乐不是一般所理解的最大快乐,而是对快乐与不快乐无所分别和取舍所形成的无所执着、周遍含容、平等不二,是至乐无乐、至誉无誉、至美无美。这种审美和生命理想的根本精神就是自由解放。徐复观有这样的阐述:"至乐无乐的真实内容,乃是在使人的精神得到自由解放。"③黑格尔认为"美的艺术只是一个解放的阶段,而不是最高的解放本身"④,这是因为他过于执着认识绝对理念的最高方式,其实一个人如果真正无所执着,是完全能够在至乐无乐、至誉无誉、至美无美中获得心灵乃至精神的真正自由解放的。这使中国抒情传统能够超越西方抒情传统具有最彻底最圆满美学智慧。

二是中国抒情的文本传统具有内容与形式不二的美学智慧。西方美学常常执着于内容与形式的二元对立,虽然对立统一的观点在某种程度上避免了二元论思维模式的诸多缺憾,但并没有从根本上解决问题。其实内容就是形式,形式就是内容,内容与形式平等不二,不可分别和取舍。唯如此,中国抒情传统并不关注内容与形式的分别和取舍,而将"诗言志"与"诗缘情"作为文本传统的核心。虽然对诸如"志"与"情"可能存在偏于理性或感性的分别,但并没有成为人们选择理性而舍弃感性,或选择感性而舍弃理性的理由。中国抒情传统强调文以气为主,强调一阴一阳之谓道,强调天地之道美于和,强调道法自然,所有这些使得看

① 黑格尔.美学:第3卷(下册)[M].北京:商务印书馆,1981:27.
② 郭象注、成玄英疏.南华真经注疏:下[M].北京:中华书局,1998:409.
③ 徐复观.中国艺术精神[M].上海:华东师范大学出版社,2001:36.
④ 黑格尔.精神哲学[M].北京:人民出版社,2006:377.

似对立或不对立的情感元素,无论作为情感基调的核心情感,还是作为核心情感缘由的情由,还是作为核心情感终端显现形式的情态,及穿插其间飘忽不定的不定情,实际上都成为中国抒情文本浑圆情感结构的基本构成成分。如果说格雷马斯对语义方阵的描述执着于二元对立,只是成功概括了西方叙事结构的特征,那么中国抒情理论关于浑圆结构的阐述至少很大程度上避免了内容与形式对立的二元论缺憾,成功概括了中国抒情由表及里依次所呈现的文字、语句乃至篇章结构的浑圆,情感及其物象乃至气韵的浑圆,以及情理、事理乃至理趣的浑圆的三个层面,没有内容与形式绝对分别和取舍的结构特点。

西方美学认为诸如语言、表达方式和情节结构,及题材、主题等要素似乎都是可以分析甚或分别和取舍的,中国美学虽然并不完全否定这些,但更热衷于强调无论小至每一个情感元素,还是大至整个抒情文本,都是由不同层次的圆成自足的情感元素所构成的圆满自足的浑圆结构。这不仅是抒情结构的基本特征,而且是宇宙万物生命结构的基本形式。因为自然界小至颗粒物,大到宇宙天体等一切存在物似乎都有着浑圆结构。西方人也许能够从圆的结构中找到一定客观规律,但不可能与生命结构相联系,更不可能赋予其生命的圆成与圆满之类的意义。因为在西方人看来,对自然乃至客观规律的阐释一旦受到主观成分的侵入和干扰,就可能并不科学。在中国文化传统看来,生命的圆成不应该是十字架式的对外四面扩张,而应该是太极图式的阴阳消长,循环往复,以至无穷。所以中国抒情的浑圆结构根本上就是由诸如阳刚与阴柔之气,以及由其所派生的肯定情感与否定情感等所构成的彼此消长乃至循环往复的浑圆结构。这种结构的根本点不在于对物象、情感、气韵乃至理趣的内容与形式方面的分别与取舍,而在于对诸多看似矛盾对立因素的不加执着与取舍。内容与形式、感性与理性、婉曲与直率、强烈与淡泊,甚或阳刚与阴柔平等不二,浑然一体,乃至具有诸如好诗圆美流转如弹丸的结构特征便是中国抒情的文本传统的主要特点。

虽然儒家、道家乃至佛教对情感可能有着并不一定完全相同的认识和把握,但无一例外有着宽容精神。虽然儒家的宽容可能较为有限,仍然建立在对诸如善与恶的一定程度分别的基础之上,但道家的齐物论,对人类与自然界一切事物,无论善恶、美丑一视同仁,其周遍含容显而易见,至于佛教凡圣廓然无别、佛与众生平等不二的所谓不二法门更是将周遍含容和平等不二发挥到了极致。惟其如此,西方可能有着强烈的社会批判意识,总是表现出人与社会甚或自然对立乃至对抗的情绪,中国抒情虽然也不乏这种批判意识,但并不总是以你死我活、势不两立而告终,往往以类似大团圆之类结局达到和解。这并不表明中国社会就是和谐的,至少也表明中国以人与自我、社会、自然的和谐作为最高生命理想。如果说士人是能够通过修身养性达到自我和谐生命境界的人,那么君子便是能够在此基础上达到人与人、人与社会和谐的生命境界的人,圣人更是在此基础上达到人与自然的和谐的人。正是这种无所执着、周遍含容和平等不二的美学智慧,不仅使中国抒情传统拥有了浑然一体的文本结构模式,而且拥有了广大和谐的生命精神与平等不二的生命智慧。

三是中国抒情的阅读传统具有阐释与反阐释不二的美学智慧。西方美学或执着于本质主义,或执着于反本质主义。本质主义美学强调阐释,反本质主义美学却反对阐释。中国美学则将阅读从文字训诂,到形象阐释乃至生命解悟划分为三个不同层次,成功彰显了本质主义与反本质主义、阐释与反阐释平等不二的美学智慧。第一阶段属于本质主义阶段,不仅相信世界上存在着真理,而且认为人类能够成功发现并阐述这些本质和规律,对阅读来说就是相信文字有着确定无疑的意义,阅读的根本目的是为了发现并阐释文字所承载的意义;到了第二阶段,实际上进入反本质主义阶段,不再相信世界上存在着本质和规律,认为人类也不可能发现而只能是发明某些本质和规律,所以怀疑甚至否定一切本质和规律存在的合法性,对阅读而言,就是不再满足于第一段所获得的文字意义,往往试图通过怀疑和否定进行形象重构,甚或反对一切意义阐释;到了第三阶段,实际上进入本质主义与反本质主义平等不二的境界,既不执着于本质主义,也不执着于反本质主义,对阅读而言,就是既不执着于第一段的文字阐释,也不执着于第二阶段的反阐释,而是将阐释与反阐释平等看待,无所执着。也许只有达到第三阶段才可能谈得上生命解悟。因为生命解悟同样可能无所执着,但第一、二阶段显然有所执着,只是执着对象有所不同而已。

中国抒情阅读传统的美学智慧在于超越阐释与反阐释的二元对立,引导人们通过解悟、证悟,最终达到彻悟,而不是仅仅停留于源自书本间接经验的解悟,更高层次的觉悟应该是源自实践所获直接经验的证悟,甚或源自不二本心所获本体经验的彻悟。无论中国孟子尽心说、禅宗明心见性说,还是陆象山、王阳明心学等其实都强调了彻悟的重要性。彻悟虽然可能受到源自书本的间接经验和来自实践的直接经验的启发,但这种启发还得依赖自我真如本性的自觉自悟,否则就不可能成为真正意义的智慧。真正意义的智慧应该源自自我,源自自我的真如本性,源自自我对生来具有的未经后天教育所蒙蔽的无二本心的自悟自觉,这就是禅宗所谓明心见性。也许只有明心见性,才能臻达智慧的最高境界,使人成为具有人的丰富、全面、深刻的感觉的人,成为真正自由与解放的人。西方美学也许将解悟所获得的知识和真理作为阅读的终极目的,中国美学却认为达到解悟阶段并不意味着获得了真正的生命智慧,充其量也只是获得了见诸文字的智慧,即使证悟阶段也只是获得了见诸实践的智慧,只有达到彻悟阶段才可能获得真正源自不二本心的透彻智慧。无论达到觉悟的那个阶段,起码可以有效避免专业化学科化所导致的单向度缺憾。

如果说人类的发展史在某种意义上是五官感觉的发展史,是五官感觉不断获得解放与自由的历史,那么中国文学史很大程度上就是中华民族五官感觉不断获得解放和自由的抒情史,就是不断超越二元论知识判断,赢得非二非不二的不二论思维方式的自觉,不断寻求心体无滞乃至明白四达的生命智慧的历史。中国抒情传统所蕴含的无所执着、周遍含容、平等不二的美学智慧,及其所彰显的自由、包容和平等的精神,是所有人应该推崇的普遍理想。

(本文为教育部人文社会科学研究规划基金项目《中国智慧美学的世界视域会通研究》的阶段性成果,项目编号 12YJA751018)

注:本文曾发表在《文艺争鸣》2013 年

陇右地方文献与中国文学地图的重绘

霍志军[*]

独特的地理、历史原因,使陇右地区成为多种文化的交汇点和多民族的栖息地,游牧文明、农业文明乃至伊斯兰、基督教文明都在这里交汇撞击,原生态的地方文献异常丰富,在"中国文学地图重绘"中具有独特的地位和价值。(1)陇右地方文献可补现存文献不足,深化对中国文学进程、背景的认识。(2)陇右文学审美特色浓郁:西部戎风与雄浑劲健的风格特色;民族风情与真率直露的情感特色;汉胡互化与多元荟萃的过渡特色;黄土气息与拙野质朴的美感特色,从而丰富了中国文学的审美特质。(3)陇右文学以北方民族特有的生命力和朴野,将中国文学的地图向西北拓展,对中国文化、文学性格的形成有深远影响,是中国文学生生不灭、发展壮大的"动力源"之一。

陇右地区①位于青藏高原、内蒙古高原和黄土高原的结合部,独特的地理、历史原因,使其成为中西文化交流碰撞、融合荟萃的舞台和扩散传播的桥梁。自远古迄今,西戎、氐、羌、羯、匈奴、鲜卑、契丹、党项、吐蕃、吐谷浑、回、裕固、保安、东乡等众多民族栖息于此。东西文化、游牧文明与农业文明乃至伊斯兰、基督教文明都在这里交汇撞击。中外文化的双向交流互补,既为陇右文化不断注入新鲜血液和异质养料,又在域外文化本土化进程中使陇右文化得到重塑与改造。它既是中华文学的重要组成部分,又具有鲜明的地域特征。

宋元以来随全国政治、经济重心南移,陇右成为"陇中苦、甲天下"的边远地

---

* 作者简:霍志军(1969—),男,甘肃天水人,天水师范学院文学与文化传播学院教授,主要从事汉语言文学研究。

① 公元前 279 年,秦国在陇山以西地区设立陇西郡,《三国志》中"陇右"一词已经频繁出现,泛指陇山以西一带地区,唐贞观初设立陇右道,《新唐书·地理志》:"陇右道……汉天水、武都、陇西、金城、武威、张掖、酒泉、敦煌等郡……为郡十九、都护府二,县六十。"陇右作为约定成俗的地域概念,大体包含今甘肃省全境。

区,相对单一、封闭的文化生态,使大量地方文献及非物质文化遗产反而得到较好的传承与保护,许多原生态的文化遗存至今未得到开发,陇右地方文献在中国文化、文学中的标本作用凸现。近年来,"重绘中国文学地图"的呼声日益高涨,但重绘工作中对陇右文学关注不够。由于地域的偏僻和"陇右无文"观念的束缚,陇右文学尚是目前学界研究的一个盲点。有感于此种研究的结构性缺陷,本文拟对陇右地方文献与中国文学之关系加以深入探讨,以期有助于中国文学地图格局的改良。

一、陇右地方文献述略

陇右地区是中华文明曙光升起的地方之一,远在上古时期,陇右的先民就在这片荒陋的土地上顽强地生存与开拓,陇右文学就诞生在这块最需绿色滋润的黄土地上。几千年来各种文明、文化的相互交融、碰撞,使该地文化遗存、地方文献异常丰富。陇右地方文献包括以下几个部分:

1. 传世文献。清乾嘉时,刑澍撰《关右经籍考》[1]11 卷,精心收采,收录三代以来陇右学人著作 798 种。清嘉庆时,张澍辑撰成《三古人苑》[2]10 册,著者从上古一百多种古籍中辑出三古时人物 620 余名,其中不乏陇右文士。1915 年,王暄编撰《历代甘肃文献录》《大清甘肃文献录》,分别收录陇右文献 326 种、476 种。王暄又编成《历代甘肃文献补录稿》,收陇右地方文献 62 种,上述三书总题名《甘肃文献录》[3]。以后,张维又编成《陇右著作录》[4]六卷,录陇右 772 位学人的著作 1575 种。张令瑄在此基础上编成《陇右著作录补》[5]1 卷,收近代 70 位学人的著作 273 种。张维编《陇右方志录》[6]分省志、郡志、县志、杂志四类,录省志 2 部、郡志 50 部、县志 212 部、杂志 29 部,共收陇右方志 293 部,为陇右集大成的方志目录。张维又编成《陇右方志录补》[7]1 卷,收陇右地方志 36 部。张令瑄《三陇方志知见录》也收录陇右地方志 80 余部。郭汉儒编撰《陇右文献录》[8],收录自上古至1948 年间陇右 840 位学人的著作。上述诸书共收陇右传世文献 2000 余种、诗 10000 余首、文 8600 多篇。如加上外地寓陇文士著作,数量将更多。其中,《诗经·秦风》中《驷驖》《车邻》《无衣》等,均是秦人东迁前在天水一带的民歌,可谓中国最早的边塞诗。秦嘉、赵壹、王符、王嘉、权德舆、王仁裕、李梦阳、胡缵宗、赵时春等,都堪称中国文学的大家,任何一部文学史,都不能不以较大篇幅论述之。无论就中国文学的整体结构还是中国文学地图的完整性来看,陇右文学都是不可缺少也不能代替的。

2. 金石、简牍文献。陇右金石文献包括青铜器、石碑、摩崖、石碣、墓志、砖铭、瓦当等。宋欧阳修《集古录》、清王昶《金石萃编》、罗振宇《西垂石刻录》都收有一定陇右金石文献。《宣统甘肃新通志》收集陇右金石160余件,廖元诘主编的《民国甘肃通志稿·金石志》收录陇右金石280余件,所录金石,据相关文献,收录碑文、详加按语,注明出土时间、地点,考证有关史实。张维在此基础上,搜罗辑佚、实地考察,编有《陇右金石录》[9]12卷,收金石1300块。积多年心血而成,考订精审,顾颉刚谓其"博大精深,确后学之所必须"[10]。张维又续编《陇右金石录补》,收录石刻230多块。此外张思温编《积石录》,收录和州境内汉以来石刻、摩崖147块。吴景山《丝绸之路交通碑铭》,收录东汉以来丝绸之路交通方面的碑石拓片。这些文献,涉及氐、羌、碣、匈奴、鲜卑、契丹、党项、吐蕃、吐谷浑、回等众多民族,绝大部分未经整理,其中不乏价值颇高者。

自20世纪初敦煌汉简发现以来,先后在陇右武威、敦煌、居延、天水、甘谷等地发掘出简牍40余次,出土秦、汉、晋、唐、西夏等时期的简牍多达60000余枚[11]。内容涉及当时的政治、经济、军事、文化、思想等各个领域,是研究当时历史十分重要的资料。如居延汉简、天水放马滩"志怪故事"秦简,都曾引起学界的轰动。

3. 敦煌文献。敦煌文献的发现是20世纪学术、文化史上的大事。给文献学、文学、史学、宗教等研究提供了丰富的材料,并形成了专门的敦煌学。著录敦煌遗书的目录书有王重民的《敦煌遗书总目索引》[12]、黄永武《敦煌遗书最新目录》[13]、敦煌研究院编《敦煌遗书总目索引新编》[14]等。

4. 口传文献。口头传说与非物质文化遗产是存在于民间的、鲜活的历史文献,对于那些没有能力和权力通过文字记忆历史的人来说,更是如此。陇右地区各民族民间口传文献浩如烟海,实在难以作出精确的统计。仅列入国家"第一批非物质文化遗产保护项目"①的陇右口传文献即有:(1)陇右"花儿"。"花儿"是西北汉、回、土、藏、撒拉、东乡、保安、裕固等民族用汉语创作并演唱的一个歌种,数量保守估计也在10万首以上。(2)河西宝卷。由唐变文、讲经文演变而来,历经宋代谈经、说参请、说浑、讲史等,并受到话本、小说,诸宫调及戏曲等的影响,明清以来流行于陇右民间的讲唱文学。(3)《格萨尔》。《格萨尔》仅在甘南藏族自治州的卓尼、玛曲、夏河一带就有十数个底本,其长度超过世界五大诗史的总和,这些诗史的加入,中国诗史不发达的帽子就可彻底摘掉。中国文学的内在结构也会进一步完善。(4)裕固族民歌,为陇右所特有的一种民间口传文学,已搜集、整

---

① 2005年6月,文化部开展了第一批国家非物质文化遗产代表作名录推荐项目的申报和评审,确定了第一批国家级非物质文化遗产名录推荐名单,正式公布了518项国家级非物质文化遗产代表作名录。见国发〔2006〕18号《国务院关于公布第一批国家级非物质文化遗产名录的通知》。

理的有 310 余首,是研究突厥、蒙古民族民歌和北方游牧民族历史的"活化石"。(5)敦煌曲子戏。源于唐代曲子词,明末清初在敦煌地区发展成了独有的地方戏种。(6)华亭曲子戏。为陇右所独有的民间文学形式,是研究中国戏曲史,民间小剧种生成、蜕变及曲子艺术向、戏曲过渡的独特材料。(7)"凉州贤孝"。是瞽目自弹自唱的一种说唱艺术形式,目前仅流传于陇右凉州地区,保留着许多古老的唱腔曲牌。由于地域、传承模式的古老和封闭,使其很少受其他艺术剧种的侵扰,表现形式、音乐结构、唱腔表述无不显露远古遗风。长期以来对民间活态话语系统的轻视,这些中原地区早已绝迹的民间口传文学形式从未得到与书面文献同等的地位,始终停留在口传心授、自生自灭的阶段。

二、陇右地方文献在"重绘中国文学地图"中的价值

地理空间的差异对我们考察文学的发生、变异提供了丰富的材料依据。在此方面,陇右地方文献的重要作用在于:一方面散佚作品的发现,可补现存文献不足,为文学研究提供新的材料,另一方面有助于深化对中国文学的认识。

其一,一些散佚作品的发现,可补现存文献不足。陇右地方文献浩繁,很多未能整理。笔者在研究中发现,学界近年来出版的几部大型文集如《全宋文》《全元文》《全清词·顺康卷》等,陇右文献时有遗漏,深以为憾。如陇右甘谷县文化馆藏清康熙朝侍讲学士巩建丰的《朱圉山人集》①,贵为海内稀见本,3 首词作均不见于《全清词·顺康卷》[15]。

另外,就笔者涉猎范围,陇右文献未见于《全唐文》《全宋文》《全元文》者,为数不少。限于篇幅,仅将篇名列表如下:

1.《唐故涪川县令任公俊之墓志铭并序》,在今天水市,《全唐文》失收。

2.《尊胜陀罗尼经石幢》,刻唐元和、长庆、天圣间碑文,在今崇信县,《全唐文》失收。

3.《秦州太子山庙石碑》,北宋元丰六年(1084)立,在今天水市,《全宋文》失收。

4.《兴教院石卯下铭记》,北宋乾德三年(966)立,在今崇信县,《全宋文》失收。

5.《宋故冯府君墓志铭》,1972 年出土,在临洮县,《全宋文》失收。

6. 宋代摩崖,北宋宣和七年(1125)刻,在景泰县,《全宋文》失收。

7.《建西江庙记》,元·张仲舒撰,在今礼县,《全元文》失收。

---

① 《朱圉山人集》宽 15.6 公分,高 23 公分,线装本,封面标明"乾隆十九年刻。"今存于甘谷县文化馆和北师大图书馆。巩氏字文在、号朱圉山人,清·秦州伏羌(今甘谷县)人,康熙癸巳年进士,翰林院侍讲学士。

8.《大元崖石镇东岳庙记》,元·周夒撰,在今礼县,《全元文》失收。
9.《湫山观音圣境通济善惠王碑记》,元·牟守中撰,在今礼县,《全元文》失收。
10.《礼店东山长生观碑记》,元·牟守中撰,在今礼县,《全元文》失收。
11.《重修北极宫记》,元至元辛亥年秋普慈盘溪子记,在今成县,《全元文》失收。

尽管陇右地方文献有不少已散佚,但从上表中仍可看出其独特的文献价值。

其二,陇右地方文献可以深化对中国文学的认识。由于"秦世不文"观念的影响,现行各种版本的文学史,对秦代文学几乎是略去不讲的。陇右地区的考古发现,有助于学界对秦代文学的再认识。中国现存最早的石刻文献——秦石鼓文,学界一般认为产生于公元前 500 年左右秦穆公时代的天水地区,已刻有四言诗达10 首、465 字之多,无疑是我国石刻文学之祖。1986 年,天水市放马滩秦墓葬群的考古发掘[16],共出土文物 400 多件,其中,出土的《墓主记》竹简引起了考古界的关注。《墓主记》记述一位叫丹的人死而复活之事:

> 八年八月己巳,邽丞赤敢谒御史:大梁人王里樊野曰丹邽守:七年,丹矢伤人垣雍里,中面,自刺矣。弃之于市,三日,葬之垣雍南门外。三年,丹而复生。丹所以得复者,吾犀首舍人,犀吉,论其舍人尚命者,以丹未当死,因告司命史公孙强。因令白狗穴屈出丹,立墓上三日,因与司命史公孙强北出赵氏,之北地柏丘之上。盈四年,乃闻犬吠鸡鸣而入食,其状类益、少麋、墨,四支不用。丹言曰:死者不欲多衣,市人以白茅为富,其鬼受,于它而富。丹言:祠墓者毋敢殹。殹,鬼去敬走。已收腏而馨之,如此鬼终身不食殹。丹言:祠者必谨骚除,毋以淘酒祠所;毋以羹沃腏上,鬼弗食殹。①

简牍关于丹死而复活的记述,情节甚为离奇,"与后世众多志怪小说一样,……可能出于虚构"[17]。而这虚构,正说明秦人已"作意好奇"、有意为小说。《墓主记》的出土,雄辩地说明早在战国末,陇右即出现了完整形态的志怪小说,这将志怪小说的形成期从魏晋提前了近 400 年!

三、陇右文学丰富了中国文学的审美特质

在黄土地上孕育并经历代各民族不断创造和传承的陇右文学,以质朴性孕育

---

① 何双全、李学勤先生《墓主记》简文作出了整理和解释,在一些关键问题上存在较大差异。何文.天水放马滩秦简综述[J].文物,1989(2);李文.放马滩秦简中的志怪故事[J].文物,1990(4).雍际春先生在二人基础上,重新对简文作了疏正,较为准确合理,见雍际春.天水放马滩木板地图研究[M].兰州:甘肃人民出版社,2002:29.

开放性、以独特性展示原创性、以民族性呈现无比绚丽的多样性,融入到中华文学生生不息的历史进程中,不但弥补了中原文学的缺陷,而且丰富了中国文学的审美特质。

首先,西部戎风与雄浑劲健的风格特色。陇右文学的主体风格美感,可以概括为雄浑劲健。雄浑者,雄壮也、浑厚也,心胸豪迈、气质粗犷是其大要。劲健者,苍劲也、刚健也,意象之粗豪、抒情之直率是其大要。它是陇右各民族粗犷豪迈之气质和刚健进取精神的外化,它具体形成了陇右文学以粗豪、苍劲、壮美为主的风格美感。

陇右地区半农半牧的自然环境,多民族杂居的人文环境以及中原王朝与周边部族在陇右一带的激烈争夺,浸润以久,形成陇人粗犷悍厉的尚武性格。先秦时氐、羌、西戎各民族,以游牧骑射和强健勇猛著称,秦人崛起陇右后,轻死尚勇、奖励耕战,不畏艰险、开疆拓土,不但构成秦文化的一大特色优势,而且对后世有深刻影响,流风余韵、绵延不绝。《汉书·赵充国辛庆忌传》曰:"山西天水、陇西、安定、北地,处势迫近羌胡,民俗修习战备,高尚勇力,鞍马骑射。故《秦诗》曰:'王于兴师,修我甲兵,与子偕行'。"[18]"天水、陇西山多林木,民以板为室屋。及安定、北地、止郡、西河皆迫近戎狄,修习战备,高上气力,以射猎为先。"(《汉书·地理志》)[19]这一文化特征成为陇右地域文化中长期习传和内在积淀的文化基因。这种文化基因和长期身处"水寒、土高、物寡"的恶劣、相对单一的生存环境,就对陇右各民族的审美心理产生重大影响。因为他们的审美视野只能局限在大漠、黄土等单一的生活场景中,而粗犷豪迈的尚武气质,也使其更易对粗豪之景产生审美的冲动。这样,出现在陇右文学的意象,就非中原的杏花春雨,大漠、孤烟、长河、落日、阳关、古道,成为经久不衰的"占据中心"的意象。这一方面是因为,壮大粗豪之景,能映照他们内心强悍粗犷的情感,将其郁积于胸的尚武征战精神和跃马祁连的杀伐之气,借着具体可感的意象来喧泄。另一方面也是因为,长期积淀而成的"集体无意识",使他们不约而同地对"拙重、壮大的世界"更具有审美能力和兴趣,它最终形成了陇右文学雄浑劲健的风格。"大将西征尚未还,湖湘子弟满天山。新栽杨柳三千里,引得春风度玉关。"(杨昌峻《左公柳》)[20]这首寓陇文士的创作,也呈现出中原文学难得一见的清刚之气和劲健之美。可见,陇右文学是中华民族清刚、劲健审美风格形成的重要因素之一。

其次,民族风情与真率直露的情感特色。陇右各民族的审美心态较中原单纯,他们习惯于呈现自然的原态色彩、较少堆砌典故、辞色亦取其自然,这与中原文人的引经据典、堆砌辞藻、婉曲见义形成鲜明对比,是它促成了陇右文学真率直露的情感特征。陇人之所以会形成如此不同于中原的创作心态,与其创作经验的相对单薄、创作思路的相对单纯等方面是分不开的。

从创作经验来看,陇右各民族显得相对单薄,而亦别有自己的方向。中原文人不仅具有源远流长的显性文学史传统,而且拥有繁密的文化典故,作为他们汲取情思、典故、辞藻的共同经验,他们还很容易形成创作集团和流派,这对其写作在审美趣味上相互影响而扩大自己的审美经验视野关系甚大。另外,作为强势文化中的中原文人,其活动的地域范围、实际生活经验也远比身处边远地域的陇右各民族丰富得多。而陇右各少数民族的文学史传统经常处在隐形、断裂、零碎和掩埋之中,难以向他们提供持续、可靠的心灵和美感养料;地广人稀的环境、游牧生活以及社会平均知识水平的不高既不利于他们结成像中原文人那样结成众多的艺术流派,彼此间形成明显的艺术影响,也不能为他们带来丰富的人生经验。诚然,汉胡互化的影响是深刻的,但由于生活经验上的隔膜和文化上的差异,中原文学所表达的众多情感、美感经验,不可能全部被陇右各民族所吸收。这样,经验相对单薄的陇右各民族,更多依靠其质朴真率的情感和自然本色的性格来创作,而绝少被繁密的文化典故所遮蔽:

> 男儿欲作健,结伴不须多。鹞子经天飞,群雀向两波。(《企喻歌》)[21]

> 健儿须快马,快马须健儿。跕跋黄尘下,然后别雄雌。(《折扬柳歌辞》)[22]

> 新买五尺刀,悬著中梁柱。一日三摩挲,剧于十五女。(《琅琊王歌辞》)[23]

同样抒发英雄豪侠之气,中原则是"请君暂上凌烟阁,若个书生万户侯"(李贺《南园》)[24]。或者说,陇右文学在真率之中,形成自己的抒情深度。

在创作思路上,陇右各民族也比中原文人显得单纯。中原文学讲究"抒情宜隐""比兴寄托",马背上征战起家的民族无需借"善女香草"来托喻什么"忠贞之情",无需借"臣妾自恋"来传达什么"政治上的失意牢骚",这与各少数民族没有此种特殊的社会角色有关。虽然陇人也用意象来营构诗的意境,但因缺乏"曲折遥深"的比兴构思而显得直露:"抓住尕手了问一句话,尕嘴一抿的笑(下)。""唱山歌,本领大,把你请到我家。油瓶腊肉罐罐茶,填好热炕你睡下。"①"洮岷花儿"中这种真率直露之情感,其实是陇原儿女质朴性格之外化。但是换一个角度,在中原"比兴寄托"已成套路的程式下,陇右文学少此构思,反而铸就了其抒情直率的特色。

---

① 来自笔者对"洮岷花儿"的采风。

在注重书卷气和学养填入的中原文学抒情与达意都较容易受前代文学影响的情况下,陇右文学却较少用典故来营构诗境,措意上直抒情感、辞色自然当行本色、语言上多选取口语,"多情多绪小冤家,拖逗的人来憔悴煞。说来的话儿先瞒过咱,怎知她一半儿真实一半儿假"①。在中国文学越来越雅化、典奥、繁复的趋势中,陇右文学以质朴、本色展示其原创性,与中原文学形成鲜明对比,也为中国文学平添一份真率直露的本色美、质朴美,是形成中国文学多元一体、色彩斑斓风貌的重要因素。

再次,汉胡互化与多元荟萃的过渡特色。陇右地区特殊的地理位置,使它成为西学东渐、中学西渐的交汇点。在中原文明与异域文明、汉文化与各民族文化的碰撞、交流中,陇右文化的形态发生变异,这是陇右区别于中原的卓有特色的文学景观。乐府民歌《慕容家自鲁企由谷歌》是陇右女子歌唱的情歌:

郎在十重楼,女在九重阁。郎非黄鹄子,那得云中雀。[25]

对于游牧民族来说,楼、阁之类的建筑是很少的,而"黄鹄子""云中雀"又迅速返回到游牧民族熟悉的生活,诗歌意象具有中原和边地的混合气质。"郎在十重楼,女在九重阁"这样托物起兴、兴而比的抒情方式,显然是受中原"西北有高楼,上与浮云齐。交疏结绮窗,阿阁三重阶"的影响。整首诗情感真率质朴,民族色彩甚浓;而声调整饬,中土声韵依稀可见。可窥探到陇右各民族既受中原文化的影响,又保留着浓郁的陇上风情,体现了汉胡互化在人们精神领域的烙印。

张掖大佛寺藏的《诸佛如来菩萨尊者名称歌曲》[26],系明永乐 15 年(1417年)刊印之原版,贵为海内孤本。该《佛曲》共收元曲曲牌 344 种,其中北曲曲牌222 首,南曲曲牌 122 首,唱词近千首。有些宋元以来失传的曲调可在《佛曲》中找到。特别是北曲中有汉字标音的蒙语曲名 15 个,如《解朴种之曲三首》曲牌为"哈喇那阿孙";《报恩义之曲十首》曲牌为"哈哈孩";《别自果之曲三首》曲牌为"底里曼",均为蒙语曲名,显然,曲调是用蒙语,曲词却是汉语,显示出陇右文化中汉胡互化与多元荟萃的过渡特色。这是散曲受胡乐影响的一直接例证,对研究古曲流传、演变历史提供了难得的文献材料。

最后,黄土气息与拙野质朴的美感特色。上述几方面的"单纯性"所形成的陇右民族的创作心态与其强健剽悍的尚武气质、粗犷豪迈的民风相结合,与浓浓的黄土气息和多元荟萃的区域文化特质相结合,自然形成了陇右文学拙野质朴的美感。这样的审美特征再与其雄浑之气、真率之情、苍凉之景、粗犷民风相交融,就

---

① 来自笔者对"洮岷花儿"的采风。

使陇右文学在总体上既区别于中原又异于西域。陇右文学对中国文学审美特质的拓展及其在中国文学地图中不可忽视的地位,亦因此而呈现。

四、陇右文学对中国文学历史进程的影响

陇右文学不仅丰富了中国文学的审美特质,而且以北方民族特有的生命力和朴野,将中国文学的地图向西北拓展,为中原文学源源不断地注入新鲜血液,成为中国文学发展的"动力源"之一。

1. 陇右文学的质朴、刚健、进取特质对唐代文化、文学性格的形成有深远影响。自东汉末年至隋朝统一,在长达三百多年的时间里,"五胡"内迁,中原动荡,战乱频仍,陇右处西北边地,局势相对平稳。中原流民中相当一部分进入凉州,迁徙的人口中不乏携族远徙的世家大族。"永嘉之乱,中州之人避地河西,张氏礼而用之,子孙相承,故凉州号为多士。"(《资治通鉴》)[27]中原移民带来的汉文化对凉州的影响是不可低估的,以致"十六国时期到北魏初年,北方的文化中心在凉州而不在黄河中下游地区"。此期的陇右文学,其总体精神是质朴真率、雄浑劲健、崇尚风骨、反对绮艳。陈寅恪先生在《隋唐制度渊源略论稿》中曾论述道:"西晋永嘉之乱,中原魏晋以降之文化转移保存于凉州一隅,至北魏取凉州,而河西文化遂输入于魏,其后北魏孝文、宣武两代所制定之典章制度遂深受其影响,故此(北)魏、(北)齐之源其中已有河西之一支派。"[28]陇右文化是(北)魏、(北)齐之源组成部分,而(北)魏、(北)齐之源又为具有拓跋鲜卑氏血统的李唐王室直接继承,因而,陇右文化以其鲜明的民族性、强烈的进取性和汉胡互化所孕育的特异性,对唐代文化、文学性格的形成产生了深远影响。苻坚"以吾之众旅,投鞭于江,足断其流"[29]的彪悍的气度令人神往,再联想李渊、李世民父子"高祖少神勇,隋末,尝以十二人破草泽号无端儿数万。又龙门战,尽一房箭,中八十人。太宗虬须,尝戏张弓挂矢……常带箭一扶,射洞门阖"[30]的勃勃英姿,难道仅仅是偶然的巧合吗?唐代以新兴之精神,强健活泼之血脉,注入于久远而陈腐之文化。可见,陇右文学尚实、致用的质朴文风对唐代文化、文学性格的形成有深远影响。

2. 陇右文学是中国文学生生不灭、发展壮大的"动力源"之一。《陇头流水歌辞》《陇头歌辞》《陇头歌》,均是陇右地区的口头民歌:

> 陇头流水,流离西下。念吾一身,飘然旷野。西上陇阪,羊肠九回。山高谷深,不觉脚酸。
>
> 手攀弱枝,足逾弱泥。　　　　　　　　　　——《陇头流水歌辞》[31]
>
> 陇头流水,流离山下。念吾一身,飘然旷野。朝发欣城,暮宿陇头。寒

不能语，舌卷入喉。

陇头流水，鸣声幽咽。遥望秦川，心肝断绝。　　　——《陇头歌辞》[32]

陇头流水，流离四下。念吾一身，飘然旷野。登高望远，涕零双坠。陇头流水，鸣声幽咽。

遥望秦川，心肝断绝。　　　　　　　　　　　　　——《陇头歌》[33]

《陇头歌》前附有解释："郭仲产《秦州记》曰：陇山东西八百十里，登陇，东望秦川四五百里。极止泯然，墟宇桑梓，与云霞一色。其上有悬溜，吐于山中，汇为澄潭，名曰万石潭，流溢散下皆注乎渭。山人行役升此而瞻顾者，莫不悲思。"[34] 比较上述三种歌辞，歌辞的第一章完全相同，只是在流传过程中形成了不同的形式。鲜卑人用鲜卑语歌唱，羌人用本民族语言歌唱，以至译为汉语广为传唱流传至今。

"陇头流水"本是陇右民歌中独具的意象，传入中原以后，在当时就引起了广泛注意，甚至可以说带给南朝诗坛一阵兴奋。几乎在北方传唱的同时，南方文人如萧绎、刘孝威、王褒等就有以"陇头流水"为题的诗作。稍后，徐陵、陈叔宝也各有此类作品。从此，"陇头流水"遂成为悲凉、愁苦、思乡、离别等复杂感情的象征和一种绵延不断的创作题材，后世许多文人如"初唐四杰"、王维、苏轼、王安石、周密、刘基、徐祯卿、何景明、沈德潜、黄景仁、于佑任等，无论其是否到过陇上，也都借"陇头流水"抒发去国怀乡之感。"陇头流水"这一中国文学经典意象的形成，陇右各民族确有开创之功。

如果我们对中原文学溯源，就会发现，中国文学的很多源头都可追溯到陇右，许多俗文学都是先盛行于陇右而后流行于中原。以敦煌讲唱文学为例，《西游记》中第 10 回《老龙王拙计犯天条魏丞相遗书托冥吏》，第 11 回《游地府太宗还魂进瓜果刘全续配》这两回的情节内容，就由敦煌本《唐太宗入冥记》发展而来。《隋唐演义》第 68 回《成后志怨女出宫证前盟阴司定案》中情节，也由敦煌本《唐太宗入冥记》发展而来。只是比敦煌本《唐太宗入冥记》更加丰富而已。早在六十年前，郑振铎先生就说："在（敦煌）变文没有发现以前，我们简直不知道'平话'怎么会突然在宋代产生出来？'诸宫调'的来历是怎样的？盛行于明清二代的宝卷、弹词及鼓词，到底是近代的产物呢，还是古已有之？……但自从敦煌宝库打开了而发现了变文一种文体之后，……我们才知道宋、元话本和六朝小说及唐传奇之间并没有因果关系。我们才明白许多千余年来支配着民间思想的宝卷、弹词、鼓词一类的读物，其来历原来是这样的。"[35] 事实上，唐以后中国文学出现的话本、小说、鼓子词、弹词、宝卷等多种艺术形式正是在敦煌文学的孕育中发展起来的。陇右文学在与传统文学的交流融合中生发出新的艺术因子,改变了后世文学发展的方向,成为中国文学用之不竭的"动力之源"。

3. 陇右文学为中国文学北雄南秀、异轨同奔的历史走向增加了驱动力。大漠孤烟的荒凉边地、千山万壑的黄土高坡,环境的恶劣也许常人难以想象,却是陇右儿女心灵深处最亲切的记忆。"蹀蹀胭脂马,阑干苜蓿花。""花儿饶比兴,番女亦风流。"[36]一望无际的苜蓿、刺破云天般的歌喉唱出的"花儿",中原人也许会为这异域风情惊得目瞪口呆,却是陇右儿女自身生活的组成部分。"呼鹰腰箭归来晚,马上倒悬双白狼"的边塞狩猎在中原人看来不啻惊天动地之举,却是陇右各民族熟悉的生活场景。出现在陇人笔下的的边塞生活,无荒凉感、无苦涩相,而多了一种奔放、从容、亲切之风度,为诗坛带来了新的审美心态和视角:"陇右地,长安西行一千里。秦日长城号塞垣,汉时古郡称天水。……竹花秋临鸟鼠穴,回看万里风云色。"(《陇右引送徐少参》)[37]抒情身份的主客移位,使全诗气质情调尽变,于旷远辽阔中露出几份田园诗的情调,其内在特质与王维"西出阳关无故人"是迥然不同的。陇右地瘠民贫,自然环境恶劣,经济文化落后,生存艰难。然而,这种严酷的自然条件,愈能鼓舞一个民族的斗志,滔滔渭水,铸陇人浩然、质朴之品格;厚厚黄土,孕秦人勃兴、尚武之禀性。陇右文学将其辽阔苍凉之气注入到原本是小桥流水的中原文学中,为中国文学北雄南秀、异轨同奔的历史走向增加了驱动力,是形成中华文化清刚气质的重要因素之一。

多年来,对中国文学的贯通性研究,使我们认识到现有的研究视角并不能完全揭示中国文学波澜壮阔的历史进程,"当我们展开文学地图的学理思路,就会发现,大量的文学史既没有做到古今贯通,也没有把汉民族的文学和诸多大民族以及少数民族的文学作为一个合力机制进行文学处理"[38]。面向新世纪的中国文学研究,要求我们不以精贬杂、以雅贬俗、以汉贬胡,重新发现各地区、各民族丰富多彩的文学、文化遗存对形成多元一体的中国文学的重大作用。因而,从事"陇右地方文献与中国文学地图的重绘"这一研究,必将弥补现有学术研究的不足,产生重要的、有价值的学术成果,深化我们对中国文学地图的总体认识。

参考文献

[1]邢澍.关右经籍考[M].清嘉庆本,国家图书馆藏.

[2]张澍.三古人苑[M].清嘉庆本,湖北省图书馆藏.

[3]甘肃文献录[M].甘肃省图书馆藏.

[4]陇右著作录[M].甘肃省图书馆藏.

[5]陇右著作录补[M].甘肃省图书馆藏.

［6］陇右方志录［M］.兰州:甘肃印书局,1932.

［7］陇右方志录补［M］.甘肃印书局,1932.

［8］中国西北文献丛书编辑委员会.陇右文献录,1990.

［9］［26］《陇右金石录》,见中国西北文献丛书编辑委员会.中国西北文献丛书,1990.

［10］《西北史地》,1986(2).

［11］陇右文化丛谈［M］.兰州:甘肃教育出版社,1998:176－183.

［12］敦煌遗书总目索引［M］.北京:中华书局,1962.

［13］敦煌遗书最新目录［M］.台北:台湾新文丰出版公司,1986.

［14］敦煌遗书总目索引新编［M］.北京:中华书局,2000.

［15］张宏生,等.全清词·顺康卷［M］.北京:中华书局,2002.

［16］甘肃天水放马滩战国秦汉墓群的发掘［J］.文物,1989(2).

［17］放马滩秦简中的志怪故事［J］.文物,1990(4).

［18］班固.汉书·赵充国辛庆忌传［M］.北京:中华书局,1962:2791.

［19］班固.汉书·地理志［M］.北京:中华书局,1962:1644.

［20］王秉钧,等.甘肃历代文学概览［M］.兰州:敦煌文艺出版社,1994:323.

［21］［22］［23］先秦汉魏晋南北朝诗［M］.北京:中华书局,1999:2152.

［24］彭定求,等.全唐诗［M］.北京:中华书局,1960:4437.

［25］［31］［32］［33］［34］逯钦立.先秦汉魏晋南北朝诗［M］.北京:中华书局,1999:
2160,2156,2157,1020,1020.

［26］诸佛如来菩萨尊者名称歌曲［M］.张掖大佛寺博物馆藏.

［27］司马光.资治通鉴［M］.北京:中华书局,1956:2859.

［28］陈寅恪.隋唐制度渊源略论稿［M］.北京:中华书局,1977:17－21.

［29］房玄龄.晋书［M］.北京:中华书局,1982:2909.

［30］段成式.酉阳杂俎［M］.济南:泰山出版社,1999:888.

［35］郑振铎.中国俗文学史［M］.上海:东方出版社,1996:144.

［36］［37］聂大受,霍志军.陇右文学概论［M］.兰州:兰州大学出版社,2007:161,156.

［38］杨义.重绘中国文学地图,创造大国文化气象［J］.中国社会科学院院报,2007(7,
26).

本文为2007年度国家社科规划项目"陇右地方文献与中国文学地图的重绘"
(项目编号:07CZW019)的成果之一。

新世纪底层文学的叙事策略

李志孝*

21 世纪以来,随着"底层文学"成为一种强劲的创作潮流,面对众多作品存在的不足,如何讲述"底层的故事"已经引起了批评界的高度关注。早在 2006 年青年批评家邵燕君就提出了"底层如何文学?"的问题①。尽管关于"底层文学"的话题,至今还是一个没有完成的讨论,作家和批评家对此也仍然各持己见,但底层文学所取得的成就却是有目共睹的。而占据了文坛重要阵地的底层文学创作,也不容我们对其视而不见。那么,作为已成为"主流性叙述"的"底层叙述",到底有着怎样的特征?其间体现了作家怎样的审美追求和艺术创新?取得了怎样的思想和艺术效果?有哪些可供后人借鉴的艺术经验和值得吸取的教训?这些问题显然需要理论批评界进行认真的分析总结。也正是出于这样的认识,下面就底层文学的叙事特征进行粗略的探讨。

一、第一人称的叙述角度

所谓第一人称叙述,用艾布拉姆斯的说法是指"叙述者采用'我'的口吻来讲述故事。'我'同时也是故事里的一个人物。"②这种以故事中人物的口吻来讲述故事的第一人称叙述,在新世纪底层文学中是一个非常普遍的现象。例如,中篇小说鬼子的《瓦城上空的麦田》、罗伟章的《大嫂谣》《我们的路》、陈应松的《马嘶岭血案》《云彩擦过悬崖》、曹征路的《那儿》《霓虹》、荆咏鸣的《老家》、迟子建《世界上所有的夜晚》、朱山坡《我的叔叔于力》,长篇小说中贾平凹的《高兴》、孙惠芬《吉宽的马车》等等。作为一种限制性视角,作家们为何如此青睐?它有什么样的优长呢?福勒认为:"以第一人称叙述故事有种种显而易见的长处,例如它可以使

---

* 作者简介:李志孝,男,天水师范学院文学与文化传播学院教授。

① 邵燕君."底层"如何文学?[J].小说选刊,2006(3).
② 王先霈,王又平.文学理论批评术语汇释[M].北京:高等教育出版社,2006:384.

作者十分自然地进入主人公的内心深处,并用意识流或其它方式将他最隐秘的思想公之于众。"①同时,以现实主义创作方法为主的底层文学作家,要力求使自己所讲述的底层故事更具真实性,而第一人称叙事显然具有优势。那么,这种叙述方式的选取取得了怎样的艺术效果呢?

曹征路的《那儿》具有代表性。这部中篇描写的是一个工人领袖"小舅"(他是厂里的工会主席,曾是一个出色的技术工人,获得过省劳模的称号)的抗争:为了维护工人利益保护国有资产流失,他四处奔波上访,组织下岗工人进行斗争,但结果却使工人们又一次受到坑害和欺骗,最终他只能用自杀来证明自己的清白,也向这个社会和体制发出抗议。"小舅"的故事是通过"我"的口吻被叙述出来的,在整个过程中,"我"是小舅经历的见证者,同时在小舅的抗争过程中,"我"的心灵也在不断地成长。读者在读这个故事的时候,也许会发生疑问:作为一个有副县级干部待遇的工会主席,小舅的行为真实吗? 他可能和广大的工人站在一起与厂领导斗争吗? 在今天这样一个以利益为纽带的社会秩序中,作为既得利益者的"小舅"会放弃自己的利益而白白地牺牲自己吗? 确实,这是人们很自然的质疑。不仅读者怀疑,事实上,在小说中"小舅"的行为就遇到了包括"我"在内的来自家庭内部的反对,尤其是"我妈",她在小舅发动工人抵制卖厂失败之后,把看住小舅、保护小舅,"当作一场战役来打"。而这一切却都是符合当下人们普遍的价值观念和接受心理的。因为在当今的历史语境下,要讲述一个阶级抗争的故事确实需要作家费一番心思。而《那儿》正是"借助叙述人的心灵成长过程,充分调动爱情、亲情、家庭伦理等私人伦理,完成了对公共伦理的置换,这样使小舅的抗争行为变得可能和可信"②。可见在这部小说中,第一人称的叙事角度以及作为故事中人物之一的叙述者的选择,对小说的成功起着至为重要的作用。它强化了故事的真实性,也使读者的接受变得更为自然和合理。因为描写曾经是"领导阶级"的工人的苦难,这与社会主义的权威话语曾经描画的历史图谱是那样的不协调,但现实的情景却是这些人确实已经成为社会的底层。而再要寻找1930年代左翼文学中那些为阶级利益而不惜牺牲自我的革命英雄,在现实中又是那么困难,所以在今天再叙述这样一个故事的时候便难免会遇到许多问题。而真实性又是现实主义文学必须坚持的一个原则,在这个意义上看,《那儿》的第一人称叙述,就不能不说是一种相当聪明的选择。

被称为《那儿》姊妹篇的《霓虹》是由警方的勘察报告、侦查日志、谈话笔录以

---

① 王先霈,王又平. 文学理论批评术语汇释[M].北京:高等教育出版社,2006;384.
② 张永峰. 论曹征路的"底层叙事"[J].文艺理论与批评,2008(3).

及被害人(也是小说主人公)倪红梅的日记构成的。而日记又是小说的主体。在"日记体"的第一人称叙述中,底层民众就成为了叙述的主体。在主体的自我叙述中,底层人物的内心真实被表现得淋漓尽致,读者看到的也就不只是她的痛苦生活,还有人的尊严与高贵以及主体意识和阶级意识自觉的过程。类似的让底层"自己说话"而不是作家"代表"底层说话的作品,还有已经引起众多评论的贾平凹的《高兴》。

《高兴》的叙述人就是主人公刘高兴,虽然在他的声音中夹杂了作者(隐含作者)的声音,但毕竟还是发出了一种底层的声音。小说描写的是农民进城捡破烂的生活,这是典型的"底层题材"。这类人物在城市的生存困境是自不待说的,但作品却不只是描写他们的苦难,同时还相当详尽地描写了刘高兴在贫困的物质生活中是如何追求精神超越的。人物的每一丝心理波动都被细腻地展现了出来,而且这种心理的复杂因为出自本人的叙述而显示出无可置疑的真实性。这就使读者对底层的认识更贴近了一步,发现了底层人物内心的丰富。从刘高兴的叙述中,读者显然可以看到农民力图亲近城市、认同城市、融入城市的努力。这在以"城""乡"对立为主题的作品大行其道的创作氛围中,具有明显的创新性和不同凡响的意义。当然叙述人刘高兴也见证了底层的粗俗、野蛮、藏污纳垢,他的那些同伴,五富、黄八、杏胡夫妇以及爬上了"破烂王"地位的韩大宝等,身上都带有许多不文明以至很不堪的东西,刘高兴对此是否定的。这使我们看到曾经受过一定教育的刘高兴是一个具有知识理性和道德判断力的人。类似的例子还有罗伟章的中篇小说《我们的路》,其中的叙述者也是小说的主人公郑大宝,他是以自己进城打工的经历展开对文本的叙述的。通过他的经历,给读者讲述了农民进城的遭遇:苦难的生活、心灵的创伤、生存的无奈,充分表现了人物肉体挣扎的难堪,心灵遭受蹂躏的钝痛。陈应松的《马嘶岭血案》同样完全按照主人公的感受和意识来呈现,以一个挑工"我"的角度观察一群深入深山老林、寻找矿山的城市知识分子,描写他们不同于乡下人的生活。也是在"我"的视角下展现了九财叔杀机的萌发、发展到最后的爆发,而且采用"我"的叙述还说明了这种矛盾冲突激化的原因。

总之,由于以"我"的自叙式的写法赋予了叙述者较强的主体意识,使作品的真实性得到了加强。同时这种第一人称的限制叙述还容易加进叙述者的主观感受和评价,将浓郁的主观情感笼罩在文本之中,使读者对故事中的善与恶、美与丑产生感情上的诸种反映。例如对《那儿》中资本势力的深恶痛绝,对《马嘶岭血案》中知识分子"冷血"的寒心与对挑夫的同情,对《高兴》中刘高兴的喜爱、肯定与对黄八、杏胡等人的悲叹等等,而这正是作者希望达到的目的和效果。在鬼子的《瓦城上空的麦田》中,由于叙述者"我"在文中处于一个可以纵观事件始末的位置,由于文中许多的"后来我才知道","这是艳艳告诉我的"以及不确定叙事的补充——"我猜想",使得这种第一人称限制的视角得到最大限度的扩展。同时由于在读者与故事之间插入了一个叙述者"我",使读者与故事之间的距离拉大。这样,不仅使读者能始终处于俯视的角度来观察事件的整个过程,而且能够得到一种恰当的审美距离。华莱士·马丁认为:"视点不是作为一种传送情节给读者附属物后加上去的,相反,在绝大多数现代叙事作品中,正是叙事视点创造了兴趣、冲突、悬念乃至情节本身。"①底层文学中普遍使用的第一人称叙述,以及这些作品所取得的成就,使我们有理由相信,底层文学作家不仅是要努力表现底层人民的生活,强化文学的社会参与意识,同时也反映了他们在艺术上的不断探索和自我突破。

二、突然转折的情节设置

批评家陈晓明早在 2005 年就已经分析过底层写作中的一种现象,即在一些小说的叙事中,作家运用突然转折的情节和技巧,寻求从表达"苦难"压抑性的结构中逃脱的途径,形成了这类小说艺术表现的审美脱身术,并形成小说特有的艺术效果。因为在陈晓明看来,"'人民的苦难'是一个现代性的革命历史主题,它无法成为一个现实主题,这使'人民性'的当代性只能变成叶公好龙,造成它必然向美学方面转化。"②但在我看来,底层文学不只是一种旧意识形态的复归,它不单是要反映目下中国坚硬的现实,喊出底层的声音,对当代的权力形式和体制加以批判,使被遮蔽、扭曲的历史得到真实的呈现,同时它还是一种文学性的创新和自我突破。底层文学作家当然要遵循现实主义原则,但现实主义作为一种开放的体系,绝不仅仅是一种创作方法。它的核心应该是一种精神气质,一种价值立场,一种情感态度,一种与现实生活发生关联的方式。从这个意义上看,那些优秀的底层文学作品完全可以说是现实主义的。也是从这个意义上看,那些底层叙事中突然转折的情节技巧,就不能简单地看成是作家们在玩弄"脱身术",而是他们艺术创新追求的一种表现。因为这种技巧的运用并没有削弱底层文学的现实批判精神,而是使作品有了更复杂的超越现实主义的意味。因为"'底层写作'并非只是写作'底层'这个题材,也是要写成一部文学作品,这一方面要有对'底层'人的尊

---

① 王先霈,王又平.文学理论批评术语汇释[M].北京:高等教育出版社,2006:372.
② 陈晓明."人民性"与美学的脱身术——对当前小说艺术倾向的分析[J].文学评论,2005(2).

重、同情与了解,另一方面也要在艺术上有所讲究或创新。"①而突然转折的情节设置作为一种艺术上的技巧,在底层文学中之所以被较为普遍地运用,正说明了作家在进行现实表现时还希望在艺术上有所突破的努力。

从这样的角度来看陈晓明对杨映川的《不能掉头》的分析就会发现,小说中突然转折的情节安排有着怎样重要的意义。这部小说写的是一个农民黄羊杀了压迫他、欺负他的镇长的儿子胡金水,于是开始了十五年的逃跑生涯,在这个过程中,他曾经给人看过虾场,下过煤窖,在建筑工地上拌过沙浆,在医院里作过护工,同时也曾在长途汽车上挺身而出勇斗流氓,在虾场时用非常的手段迫使公安局长将倒卖假饲料坑害虾农的罪犯抓捕归案,在煤矿发生事故时他勇敢地救出五个被困在井下的矿工,在非典期间不怕传染主动到医院当护工等。但最后当他回到家乡才发现,胡金水还好好地活着,十五年前的那桩杀人案原来只是他的一个梦境。陈晓明对此分析道:"在小说的叙述技巧上,这是一个突变,利用一个意想不到的转折,促使小说的叙事发生变异,但是这一技巧不单只具有形式的意义,它同时可引发意义的深化。原来是一个关于苦难的叙事,是在历史与阶级意识层面上叙述的一个压迫与忍受的故事,现在,则转向了更具有形而上意味的对生命的慨叹……那个'梦境式'的技巧,起作用的依然是在艺术表现的水准上,它在历史与形而上内容指向的深化作用,不如它在艺术效果上的作用那么明显重要。因为这个技巧,使这篇小说从现实主义的线性叙事——在时间的推移中展开的故事,需要重新理解和评价。在叙述和阅读的双重层面上,这篇小说向后的进展很难推向高潮,很难做出惊人之举,只有这'梦境'的确认,才突然使小说变得非同凡响。因为这个技巧,小说从单纯的现实主义叙事中解脱出来,具有了更为复杂的艺术意味。"②陈晓明的分析相当到位,他使我们进一步明确了小说突然转折的情节技巧在作品的艺术突破和内容深化方面的作用。运用这种叙事策略比较突出的还有底层文学的代表作家胡学文,他的许多作品都有类似的情节突变。

《命案高悬》便使用了这种叙事策略。在这篇小说的开始,胡学文给我们讲述的实际是一个类似于乡村恶棍的故事。小说的主人公吴响是一个光棍,带有浓重的流氓无产者的味道,因为无牵无挂,再加上有一股蛮劲,一股驴劲,且拉下脸来六亲不认,村民怕他,而这正是副乡长毛文明看中他的地方,于是他被任命为护

---

① 李云雷.底层写作的误区与新"左翼文艺"的可能性——以《那儿》为中心的考察[J].海南师范学院学报,2006(1).

② 陈晓明."人民性"与美学的脱身术——对当前小说艺术倾向的分析[J].文学评论,2005(2).

林、护坡员,"享受村干部待遇"。毛文明的这种策略颇有点"以夷制夷"的味道。而吴响也利用他的这种身份,不时得到一些好处,包括占女人的便宜。小说开头我们看到的就是吴响试图勾引尹小梅的故事。为了满足对尹小梅的欲望,他故意设下套子,让尹小梅越过围栏牵牛进了草场吃草,而当尹小梅拒不屈服时,恼羞成怒的吴响将她交给了副乡长毛文明,结果,尹小梅不明不白地死在了乡政府。至此,故事的重心发生了突转。作为与这件事有牵连的吴响奋不顾身地卷入了对尹小梅死亡真相的调查中,他的良知也在这个过程中得以复苏。这同样是叙述技巧上的一个突变,利用这一突转,一方面使读者看到了乡村底层女性的苦难和悲剧,看到了乡村基层权力的运行机制,权势阶层的霸道和草菅人命,看到了民众的懦弱、苟且、无奈(因为面对一个农妇的死亡,不仅是政府、村民都无动于衷,就连死者的亲人也在权力的威逼和金钱的诱惑下沉默不语)。另一方面也使读者看到了今日乡村的复杂,它如一面镜子照出了各种形形色色的面孔和灵魂。胡学文说:"我对乡村情感上的距离很近,可现实中距离又很遥远。为了这种感情,我努力寻找着并非记忆中的温暖。"①而这种"并非记忆中的温暖"却是通过吴响这样一个虚拟的乡村"流氓"式的人物来实现的,这是意味深长的。"在乡村也只有在边缘地带,作家才能找到可以慰藉内心的书写对象。人间世事似乎混沌而迷蒙,就如同高悬的命案一样。"②小说正是利用情节突转的技巧,让我们看到了以往文学作品中很难看到的人物,看到了现实生活的某些真相。而这一技巧的运用也使小说的现实主义得到了深化,透过生活的表象看到了生活的幽深与复杂。

胡学文的小说常常不一味书写底层的苦难,而更着力表现人物的内心痛苦与精神突围。类似于吴响的能给人们带来某种"温暖"的人物,还有《淋湿的翅膀》中的马新。这个曾有过不光彩历史的人物,在外飘荡多年,突然回村发动村民和造纸厂谈判,要求其补偿损失,这其中既有"维权"的义举,也有为自己弄钱的想法。但在小说结尾,眼看他的斗争就要取得胜利时,他却主动放弃了。这也是情节技巧上的一种突转。因为那尚在未知之中的补偿款使独眼婆那没有人性的儿子逼死了自己的母亲。马新觉得他没有把黄村搞乱,如果那些钱到手,黄村可真要乱套了。人在金钱面前的贪欲和无情使马新迷茫,他不愿因此而出现更多的悲剧。在他心里也许已经感到了还有比金钱更重要的东西。人性的光辉不能不使我们心里升起"暖意",马新再也不是一个令人生厌的人物了。《飞翔的女人》中的乡村女性荷子,本是一个很普通的底层女性,生活就如同一潭少有波澜的水,难

---

① 胡学文.《命案高悬》创作谈:高悬的镜子[J].北京文学·中篇小说月报,2006(8).
② 孟繁华.新人民性的文学——当代中国文学经验的一个视角[N].文艺报,2007 - 12 - 15.

见精彩。然而意外出现了,她在带女儿赶集的时候将女儿丢了。至此,小说的叙事发生了突转,她开始了寻找女儿的艰难途程。在这个过程中,荷子的坚韧、顽强、永不言弃的精神表现得淋漓尽致。从寻找女儿到寻找人贩子以及人贩子猖狂的幕后真相,她身上表现出来的伟大的母爱以及从这种母爱中生发出的对邪恶势力的仇恨,使人物具有了一种"神性"的光辉。情节的突转,使人物身上闪光的一面充分地展示在读者面前。也正是这种情节技巧的运用,使胡学文的小说具有了现实主义所难以涵盖的力量。显然小说中有着非写实的东西,而人性的力量、精神和理想的追求带给读者的不单只是故事的震撼,还给人一种心灵的提升和净化作用,不能不使人懔懔地反思,人生的真正价值在什么地方。

另外如铁凝的《逃跑》、刘庆邦的《神木》、葛水平的《喊山》等小说都运用了突然转折的情节技巧。事实上,作家对技巧的选择和运用,必定是与其所追求的艺术效果有关的。底层文学作家既然在美学上选择了现实主义观念,就不会在表现方式上又想方设法脱身,运用突然转折的情节技巧实际上是为了突出其艺术效果。而且从上面分析的作品中也可以看出,这些作品并未因此而削弱其现实主义的批判力量,而是使现实主义得到了深化,有了更为深远的艺术意味。读者也在感受底层苦难的同时,体验了底层生活的丰富与多元,底层人物的复杂与多样。

注:本文曾表于《文艺争鸣》2010 年 4 月号

从俯视到正视

——试论左翼文艺运动中鲁迅大众文学接受观的形成

王元忠[*]

　　无论是在前期的思想启蒙阶段,还是在后期的社会革命宣传阶段,鲁迅由此对于文学的服务对象或者接受者的问题都显现出了异乎寻常的关注和重视:他既不同意新文学的写作如"鸳蝴派"的作品那样仅仅成为有闲者无聊时的消费对象,也反对文学成为为统治者的统治帮忙的工具,相反,区别于高高在上的统治者和浑浑噩噩的有闲者,最广大的底层民众由此成为他期待的新文学创作的接受者。

　　不过,从前期写作的思想启蒙阶段到后期写作的社会革命宣传阶段,我们能够清晰地看到,鲁迅对于作为写作接受对象的大众的看法,相应地也经历了一个由"俯视"到"正视"的发展过程,而在对这种变化或发展原因的分析之中,鲁迅本人对于左翼文艺运动的参与——无论被动还是主动——无疑产生了非常重要的作用,由此,分析考察鲁迅在左翼文艺运动参与过程中接受者观念所发生的变化及这种变化所产生的文学史意义,也就成了一个完整理解鲁迅文学思想并及整个中国现代文学思潮的有意思的话题。

一

　　"假如是一间铁屋子,是绝无窗户而万难改变的,里面有许多熟睡的人们,不久都要闷死了,然而是从昏睡入死灭,并不感到就死的悲哀。现在你大嚷起来,惊醒了较为清醒地几个人,使这不幸的少数者来受无可挽救的临终的苦楚,你倒以为对得起它们么?"[1]——这是为许多读者所熟知的鲁迅名文《呐喊·自序》的一段话。这段话写于 1922 年 12 月 3 日,是鲁迅在钱玄同要他为《新青年》写稿时而生发的一段感慨,在这段话里,人们可以清晰地感觉到鲁迅在行将开始他的言说

---

　　* 作者简介:王元忠(1964—　　),男,甘肃甘谷人,天水师范学院文学与文化传播学院教授,主要从事中国现当代文学研究。

之前,对于他的可能的接受者所产生的种种顾虑和担心。

他的顾虑和担心起自他对于其时国民生存状态并及接受能力的深刻洞察。在《文化偏至论》一文中他讲,中国人自古以来总以为中国乃中央之国,是天下的中心,相较而言,别人都是蛮夷,中华文明自是无人可与比肩,由此"则宴安日久,苓落以胎,迫扷不来,上征亦辍,使人茶,使人屯,其极为见善而不思式"[2]。其意即在说明,因为太过长久的妄自尊大,所以当时的国民已经很难有能力从别人的话中发现和吸收好的东西了。而在《摩罗诗力说》一文中,通过仓皇变革之时国人心理的考察,鲁迅更是发现当时的一般国民,或顽固自尊其大,或精神沦丧,"加以旧染既深,辄以习惯之目光,观察一切,凡所然否,谬解为多,此所为呼维新既二十年,而新声迄不起于中国也"[3]。由此他不仅频频以"萧条""无声""沙漠"等词语指斥当时新文学、新文化的生存语境,而且常常谓民众为新专制之贼,将其希望寄托于少数能够先觉的精英"精神界之战士",以为只有通过他们"掊物质而张灵明,任个人而排众数",中国的新文化并及新文学建设,始才可能取得实际的成绩。

除此而外,鲁迅的顾虑和担心还与他个人所经验的两件事关系至为密切。其一是他留学日本时的事。他在《〈域外小说集〉序》一文中介绍说,"我们在日本留学时候,有一种茫漠的希望,以为文艺是可以转移性情,改造社会的。"由此,他便和周作人等人办杂志,计划译印外国文学书籍。然而,书翻译出来了,一切都"准备清楚,在一九〇九年的二月,印出第一册,到了六月间,又印了第二册",结果却是,寄售的两个地方上海和东京,"半年过去了,先在就近的东京寄售处结了帐。计第一册卖去了二十一本,第二册是二十本,以后再也没有人买了"。"至于上海,是至今还没有详细知道。听说也不过卖出了二十册上下,以后再没有人买了。于是第三册也只好停板"[4]。这件事给了鲁迅很大的打击,所以在其后将近十年的时间里,他埋头于抄写古书,对于风云激荡的时代,很少再置什么言词。其二是钱玄同向他约稿之时他所看到的《新青年》的事:"我懂得他的意思了,他们正办《新青年》,然而那时仿佛不特没有人来赞同,并且也还没有人来反对,我想,他们许是寂寞了。"[5]

有意义吗?没有赞同也没有反对,接受者死一般的寂寞反应,鲁迅不能不因之而心生失望,他将这种失望具化于小说写作,于是读者也就自然一次一次地看见了他对于言说行为本身的不信任:狂人日记的被当作疯话对待,祥林嫂诉说的无人用心聆听,魏连殳、涓生们的自言自语,革命者夏瑜那不能被人理解的空荡荡的宣传:"大清的天下是我们大家的。"太多的故事,言说的不被聆听,或者不能被理解,因为这样的原因,虽然在理智、公共的发言中,鲁迅不断发表看法,以为自己的写作,目的就是要"揭出病苦,引起疗救的注意",或者"改变他们的精神"。但是在私心里,在真实的想法中,鲁迅却又相当清醒:"这经验使我反省,看见自己了:就是我决不是一个振臂一呼应者云集的英雄。"[6] 由此,他不仅在内心里将自己真正的读者定格为少数先觉的知识分子,以为自己的写作就是想"聊以慰藉那在寂寞里奔驰的猛士",而且即使在谈到大众的时候,也难去除其作为一个精英知识分子的那种"启蒙者"或"教师"的身份,在他与他们之间,自觉不自觉地显现出了一种居高临下的俯视态度。

"《狂人日记》实为拙作……偶阅《通鉴》,乃悟中国人尚是食人的民族,因此成篇。此种发现,关系亦甚大,而知者尚寥寥也。"[7] 这是1918年8月20日鲁迅写给老朋友许寿裳的信中所讲的一段话,"知者尚寥寥"几字,极为准确地说明了其时他对于社会一般读者的发自内心的不信任甚至轻蔑。"我觉得革命以前,我是做奴隶;革命以后不多久,就受了奴隶的骗,变成他们的奴隶了。我觉得有许多民国国民而是民国的敌人。我觉得许多民国国民很像住在德、法等国的犹太人,他们的意中别有一个国度。"[8] 这是1925年2月20日鲁迅在其所写的《突然想到·三》中所说的一段话,这段话清晰地表明了他对于当时国民的态度:不满,失望,甚至还夹杂有某种明显的恼怒和抱怨情绪。

二

但是随着1926年的南下,随着在广州和上海与血腥的革命接触的日渐增多,鲁迅对于大众的这种俯视态度也逐渐发生了明显的变化。

先是在目睹了北伐革命战争和国民党广州"四一五"反革命事件之后,他开始慢慢意识到了在对中国社会的改造中,行动显然比写作要更具力量。因此,在1927年4月8日在黄埔军校的演讲中他说:"现在的社会情状,只有实地的革命战争,一首诗吓不走孙传芳,一炮就把孙传芳轰走了。自然也有人以为文学于革命是有伟力的,但我个人总觉得怀疑,文学总是一种余裕的产物,可以表示一民族的文化,倒是真的。"[9] 他的话透露了他认识上的某种转向——因为关注的重心已经转移到了怎样才能对现实进行有力的触动,所以从事实际革命的人在鲁迅当时的意识当中,自然也就慢慢取代了原先那些主要通过说话而进行思想启蒙的精英知识分子的地位了。

其后,在与后期创造社和太阳社关于革命文学的论争并及对左翼文艺运动的亲身参与过程之中,形势的逼迫先是使鲁迅被动地"恶补"了一些革命理论的书籍,以期能迎战新一代激进的革命理论宣讲者的批判并与之进行有效的对话。而后变被动为主动,在参与且又被推举为左翼文艺运动的领导人之后,通过有意识地对于苏联和日本左翼文艺理论家理论的学习、翻译和自修,20世纪二三十年代凸显于左翼文艺活动中的"文艺大众化"要求,也就渐渐融渗于他关于文学与读者关系的思考之中,使他对于大众的态度也因之发生变化。

说到这一点,我们有必要强调,鲁迅本来重视大众,以为大众是国民的基础和大多数,是新文学应该主要争取的对象,但他的这种重视,先前是作为对象的,是作为需要唤醒的一种被动存在的力量的,随着中国社会所发生的变化,当意识到工人阶级和农民已经成了中国革命的主力军时,作为被动对象的大众,在鲁迅的意识之中慢慢也就成了自然而然的主要对象,他对于大众的态度,不知不觉当中也便由当初的自上而下的俯视而转变为面对面的正视。

"中国劳苦大众的文化要求的抬头,特别是在苏维埃区域之内工农大众对于文化要求的急迫","这也是中国革命对于中国无产阶级革命文学者提出的巨大要求"[10],这是冯雪峰代表左联在 1931 年底所作的表述。和这种表述相一致,在此前此后发表的许多文章中,对于文学和大众的关系,鲁迅也进行了极富个性特点的思考,形成了自己相对清晰且包含诸多层面的大众美学接受观。

第一,在写作者对于大众所应该持存的态度上,他以为写作者"倘不深入民众的大层中,于他们的风俗习惯,加以研究,解剖,分别好坏,立存废的标准,而于存于废,都慎选施行的方法,则无论怎样的改革,都将为习惯的岩石所压碎,或者只在表面上浮游一些时"[11]。以此为据,他不仅以为"文艺本应该并非只有少数优秀者才能够鉴赏,而是只有少数的先天的低能者所不能鉴赏的东西",而且进一步指出:"现在是使大众能鉴赏文艺的时代的准备","应该多有为大众设想的作家,竭力来作浅显易解的作品,使大家能懂,爱看,以挤掉一些陈腐的劳什子"[12]。他的话的意思是在强调:作家必须首先深入民众,了解民众,然后才可能真正适应发展着的时代,实现写作从为少数人服务到为多数人服务的革命性转变。

第二,从以尽可能多的大众为接受对象的认识出发,在写作内容的设置上,转引艾思奇的话,鲁迅也便认为:"若能触及到大众真正的切身问题,那恐怕愈是新的,才愈能流行。"[13]为了使大众能够理解,他甚至以为:"取材,要取中国历史上的,人物是大众知道的人物。"[14]他的意思非常清楚,那就是写作要能够真正为大众所喜欢,那么在写作的题材内容选择上,写作者既要熟悉大众的所好,多写他们所知道的人物,还要深入了解大众,触摸他们切身的问题。熟悉且又为他们所需,只有懂得了这样的道理,新文学也就能真正在现实中发挥它的作用了。

第三,为了实现服务于大众的写作目的,从一般民众因为教育的缺乏而导致的接受能力的低下现状出发,鲁迅不仅反复呼吁新文学作家们注意对民众的识字和理解能力的培养,而且更进一步,在写作的形式、技巧和语言等方面,亦强调了以大众"能懂"为原则,对于旧的形式进行改造、充分利用连环画、白描手法、方言、大众语甚至汉字拉丁化的必要性,在"题材的积极性""形式和内容的关系""大众语"和"汉字拉丁化"等讨论中,积极发言,寻求为大众发言的各种有效途径。

"凡是为中国大众工作的,倘我力所能及,我总希望(并非为了个人)能够略有帮助。这是我常常自己印书的原因。"[15]鲁迅的话已经说得很清楚了,目的即在于对于大众有所帮助,所以,鲁迅印书和写作也便确实内含了更多超越自己的对于大众的考虑。鲁迅自己这样说,全面考察了鲁迅晚年的文字活动之后,有人曾这样评价:"鲁迅的晚年,可以说是为大众的晚年。他的文字,大多围绕大众的现状、大众的需求以及大众的未来而铺陈。"[16]

他们的话都说出了一种事实:那就是参与了左翼文艺运动之后,鲁迅文学写作和思考的重心确实都放在了如何更好地服务于大众的心思身上。但是具体问题具体分析,我们亦能看到,鲁迅大众文学观的形成,内中也包含了许多矛盾、片面甚至错误的东西,如他在强调为大众服务的同时却又坚决反对对大众的迎合,有些时候,甚至由于大众的盲动和整体接受能力的不如人意,他也便常常流露出对于大众的失望;如他在强调文学对于大众有所帮助时,有意无意对于文学审美特性的忽视或弱化,因为着眼于大众的接受对于文人文化决绝的否定态度和因为汉字对于大众理解所造成的困难因而在汉字拉丁化问题上的错误判断等。因了这些矛盾、片面和错误,有人因此从根本上于鲁迅的大众文学接受观予以否决,以为其中甚少真正有所建树的价值。但是,他们的否决,若换一种角度,若是不执着于理论建构的纯粹和完美,而将鲁迅对于文学和大众关系的思考放置于整个中国现代文学发展背景上之时,人们能够发现从启蒙到革命,鲁迅大众文学观的建构事实上典型地体现了过渡时期文学接受问题认知的某种历史过渡特征。而以此为契机,将五四新文学的"向下看"取向和平民文学的倡导与毛泽东后来所要求的写作要为广大工农兵服务的主张加以连接,人们亦会感觉到其中是有一种重新梳理中国新文学发展的别样理路存在的。

参考文献

[1][2][3][5][6]鲁迅.鲁迅全集:第1卷[M].北京:人民文学出版社,1981:419,44,99,419,417-418.

[4]鲁迅.鲁迅全集:第10卷[M].北京:人民文学出版社,1981:161.

[7]鲁迅.鲁迅全集:第11卷[M].北京:人民文学出版社,1981:353.

[8][9]鲁迅.鲁迅全集:第3卷[M].北京:人民文学出版社,1981:16、429.

[10]冯雪峰.中国无产阶级革命文学的新任务[J].文学导报,1931,1(8).

[11]鲁迅.鲁迅全集:第4卷[M].北京:人民文学出版社,1981:224.

[12]鲁迅.鲁迅全集:第7卷[M].北京:人民文学出版社,1981:349.

[13]鲁迅.鲁迅全集:第6卷[M].北京:人民文学出版社,1981:28.

[14]鲁迅.鲁迅全集:第12卷[M].北京:人民文学出版社,1981:204.

[15]鲁迅.鲁迅全集:第13卷[M].北京:人民文学出版社,1981:400.

[14]马以鑫.中国现代文学接受史[M].上海:华东师范大学出版社,1998:184.

注:本文曾发表在《文艺理论与批评》2011年第4期上

伊沙:以诗歌的方式进行杂文的事业

薛世昌*

伊沙多才多艺,除诗歌外,在中长篇小说、散文、杂文、随笔、诗歌评论、体育评论、诗歌翻译等文体的写作中均有不俗表现。伊沙的诗歌具有内容丰富、手法多样、思想深刻的杂文风格,表现出诗人骨子里的杂文精神。伊沙诗歌的杂文精神主要表现为:批判性理念的文学传达、知识分子底色之上的愤世嫉俗、自我灵魂的坦诚剖析。

序论

中国当代著名诗人伊沙,自20世纪80年代末迄今,一直活跃在中国诗坛,引人注目也饱受争议,是非主流、反学院的"民间写作""口语诗歌"的代表人物,对近二十年中国诗歌的发展进程产生过实质性影响。伊沙多才多艺,除诗歌外,长篇小说、中短篇小说、随笔、诗歌评论、体育评论、诗歌翻译等,均有不俗的表现。其中,伊沙的散文随笔和诗一样颇负盛名,其不落俗套、犀利酣畅的言辞,血性激情、幽默新锐的文笔一直引人注目。伊沙的杂文也是如此。他已出版的散文随笔集《一个都不放过》《被迫过着花天酒地的生活》《无知者无耻》《晨钟暮鼓》中,好多篇章都是韵味十足的杂文! 所以姜飞说:"他在1990年代是一个精力充沛的强悍战斗者,诗与杂文都是头角峥嵘。"①于坚在评说伊沙《被迫过着花天酒地的生活》时也称:"(这)家伙依旧是一个也没有放过。读他的杂文随笔,犹如吃西安的羊肉泡馍或者云南的过桥米线,酣畅淋漓,荡气回肠。鲁迅的影响不可低估,如果在小说上他的后继者很失败,那么在随笔杂文上,他至少造就了一个伊沙。"于坚

---

* 作者简介:薛世昌(1965—),男,甘肃秦安人,天水师范学院文史学院教授。主要从事文学理论及中国诗学的教学与研究。

① 姜飞.历史的美丽与诗人的春心——观察被历史搞得心神不宁的伊沙、伊沙们[J].红岩,2009(1).

同时认定:"其他几辑,是杂文,是一个孤胆英雄对我们时代的文化群丑的强力批判。"①他们无疑都看到了伊沙写作中的杂文体类——至少看到了伊沙散文随笔中的杂文风格。

事实上,伊沙写作的杂文风格,也表现在他的诗歌当中,对此,于坚早有发现:"(伊沙)总是在非诗的匕首刺刀与纯诗之间创造他的诗歌空间……他的作品不是所谓的纯诗,但也不是杂文,它是一种具有杂文风格的诗歌,独创的、具有魅力的,充满攻击性的和相对于我们时代的诗歌体制——它总是造反的。"②陈仲义则认为:"伊式的'事实诗意'溶入伊式的日记体、轻喜剧、民谣体、杂文风格等四五种成分,日益影响近年诗风,业已成为某种写作模态。"③唐欣也认为:"(伊沙的诗歌)让人联想到鲁迅杂文的状态,即依托具体的情境而阐发具体的智慧,同时感兴生发,信手随物赋形,其效果,则是一语中的、一语道破、一语成谶。"④而从一篇抨击于坚和伊沙的网文中我们也可以反观伊沙诗歌的杂文性:"我不相信于坚所谓伊沙的杂毛诗和野种诗,竟然与鲁迅先生的刀枪炮杂文有何干系?造反诗吗?自己骂自己长大的杂种诗人与自己打自己嘴巴的造反诗歌不过是自圆其说而已。那么请问于坚,骂人的诗歌何谓独创的魅力?"⑤还有人批评说,伊沙的诗"不过是小游记、杂文的分行,标上诗的标签,'挂上狗头卖羊肉'"⑥……大量的类似说法表明:虽然伊沙自称"在随笔杂文上,我已经不准备玩了——鲁爷就是在这上头贪玩才误了自己原本可以更加远大的文学前程!思想家、革命家这些个头衔你要它做甚?把文学家做踏实了不比什么都强?"⑦但伊沙其实在杂文上兴趣依旧——他仍在"玩"杂文,他一直在玩杂文,而且,他玩杂文玩得最好最灵活最具杂文味的地方,就在他的诗歌之中。所以,即使不能径称伊沙的诗歌为"当代杂文诗",但却可以这样认为:伊沙的诗歌散发着强烈的杂文气息,表现出以下三点鲜明的杂文精神:批判性理念的文学传达、知识分子底色之上的愤世嫉俗、自我灵魂的深刻剖析!

一、批判性理念的文学传达

刘洪波在其《2004 年中国杂文精选》序言中,对杂文究竟是一种精神还是一

①　于坚.伊沙的孤胆和妙手[N].中华读书报,2004 - 11 - 11.
②　于坚.为自己创造传统——话说伊沙[J].中国诗人,2003(5).
③　陈仲义.非意象化的"事实诗意"[J].红岩,2011(2).
④　唐欣.诗歌也是挑战——伊沙诗歌简论[J].兰州大学学报(社科版),2005(6).
⑤　李磊.鱼衣牌狗皮膏药——于坚伪论伊沙批判书[EB/OL].凯迪网络,2003 - 08 - 07.
⑥　张礼.伊沙诗歌的现代克隆性写作[EB/OL].云南张礼的 BLOG.
⑦　马铃薯兄弟.一个人的诗歌江湖——伊沙访谈录[J].延安文学,2007(1).

种笔法这一问题,进行了自己的辨析,结论是"杂文是一种精神"。是的,杂文是一种精神!而伊沙正是一位在精神的层面上极具杂文意识的当代诗人。

1990年,伊沙写出了著名的《饿死诗人》一诗。唐欣说:"这首以后变成谶语式经典的诗歌也显示了伊沙的个人特点——把话说绝并以'艺术(世界)的杂种'自命,的确,这正是以后他的个人特征和个人命运。"①唐欣是在对传统诗歌的反叛这一层面上评说伊沙所谓"艺术(世界)的杂种"之自命的,而我于此看到的却是伊沙对自己骨子里杂文精神一种有意无意的透露。

作为一种文体,杂文最基本的特征有三:一曰"杂",二曰"文",三曰"理"。"杂",既指其天南海北谈古论今的内容博杂性,也指其随体赋形不拘一格的形式多样性;"文",既指其富于形象饱含情感的文学生动性,也指其巧妙构思旁敲侧击的手法灵活性,还指其讽刺与幽默等等的语言活泼性;"理"则主要指其以激烈的战斗态度尖锐地批判社会现实的思想性和斗争性。故对杂文的理解要点即是:批判性理念的文学传达。这是杂文的基本精神,也是伊沙诗歌的基本精神!

即以《饿死诗人》而论,伊沙面对"那样轻松的 你们/开始复述农业/耕作的事宜以及/春来秋去/挥汗如雨 收获麦子……割断麦秆 自己的脖子/割断与土地最后的联系……"的诗坛现实,面对那些"腹中香气弥漫"的"城市中最伟大的懒汉"与"诗歌中光荣的农夫",其批判的态度激烈而尖锐:"以阳光和雨水的名义/我呼吁:饿死他们/狗日的诗人"。而他的批判之深入自我的灵魂,更表现在此诗的最后:"首先饿死我/一个用墨水污染土地的帮凶/一个艺术世界的杂种"。关于伊沙诗歌这一鲜明的理念化特征,关于伊沙的这类"观念艺术",赵凝不无指责地说:"三句话以内观点就要跳出来"②。赵凝说得一针见血!离开观点,离开理念,伊沙那些类似的诗作(包括他的《车过黄河》《命名日》《结结巴巴》等)即刻就会丧其魂而失其魄。很显然,伊沙的这类诗,是对思想的思想,是对观念的观念!

再以伊沙2013年2月的11首诗为例,《又到岁末总结时》一落笔即嘲讽了电视里对"永远辉煌的一年"所做的"总结",然后用"我也在总结"作比,坦陈"我只会总结/自己犯过的错误"。让这首诗"渐入佳境"的,是作者更深一步的发现,他发现自己那"有限的几个/大小不一的错误/造成的原因/不是因为恶/而是因为善"。这是对社会道德的沉痛批判,而他不准备因此而"调转马头/一恶到底"的决定更显见情见性的执拗。这样的诗,有其真情,有其事象,是诗,但也不妨看作是杂文的分行排列,因为这一文本的核心,正是批判理念之悲愤传达!其他如《人有

---

① 唐欣.诗歌也是挑战——伊沙诗歌简论[J].兰州大学学报(社科版),2005(6).
② 赵凝.用冰凉小手,敲男人脑袋[J].青年文学,2000(8).

一生顿悟几何》《梦(260)》《梦(263)》《梦(264)》《梦(267)》等,也无不是从感受出发而到达于理念。伊沙 2012 年的短诗精选 10 首也是如此,如第一首《质问》:"那些在文革中作过恶的人/都跑到哪里去了?"躲避并不可怕,伊沙说:"可怕的是/我没有听到过一声忏悔"! 这难道不是鲁迅一样对国民劣根性的深刻追问? 第五首《自我调节》:"我的朋友/和我的敌人/对我看法各异/思维却是/惊人一致/我感到遗憾/也有点伤心/甚至很无奈/敌人还是敌人/朋友还是朋友",伊沙看似洒脱的语言背后,深藏的是人世的悲凉!

一个不能回避的问题是:既然伊沙在骨子里深具杂文之理念批判精神,他为何没有径以杂文的方式安身立命,而是把这种精神一分为二:一部分表现于散文随笔,同时把另一部分表现为诗歌呢? 或者说,伊沙为什么要以诗歌的方式去进行杂文的事业呢?

伊沙与马陌上曾经有过一次冗长的对话,马陌上问他:"除了诗歌,你的杂文也很可观,有人试图拿你与鲁迅作比——你能回应一下这种'对比'吗?"伊沙的回答是:"永远不要拿我跟鲁迅比,我连他的一个脚趾头都比不上! 我甚至可以接受在诗歌上去跟李白比,但我不能接受在杂文上去跟鲁迅比。为什么? 因为你根本就没有投入! 49 后,哪里有鲁迅式的真正的杂文? ……年代不同了,平台不同了,杂文死去了!"①但这个回答多少显露出伊沙的一种写作策略:他不愿在狭义的"鲁迅式的杂文"上多有投入,他觉得自己所处的其实不是杂文的时代,换言之,他觉得杂文是一种背时的文体。虽然杂文这种文体是背时的,但是杂文的精神,尤其是作为杂文核心的理念批判之精神,却恰与 20 世纪 80 年代中后期的解构风潮暗相合拍,于是我们能够体味到伊沙此语的真义:"我以为在当代写作,只有学习鲁迅然后避开鲁迅,方可有所作为。"②语中"避开鲁迅",指的正是对那种具体的"鲁迅式杂文"的回避,而其中"学习鲁迅"云云,指的也正是他事实上在诗歌里保持着的杂文精神——理念之批判与批判之理念!

然则诗歌这一文体又能否容纳并含孕杂文的精神呢?

杂文之所以称为杂文,就因为它是一种最具杂交性的文体,它可以利用几乎所有既成的文体样式,用互文的方式寄寓自己的精神,形成某种言说的张力——它当然可以利用诗歌的巢穴借鸡下蛋。反过来,诗歌艺术也一直在探寻着扩大自己艺术表现空间的可能性,尤其是在"跨文体写作成为普遍的现象,文体之间的融

---

① 伊沙. 从大问题到小问题——马陌上"十大文化人物"访谈录[J]. 延河,2011(11).

② 伊沙. 从大问题到小问题——马陌上"十大文化人物"访谈录[J]. 延河,2011(11).

合加剧"①的 1990 年代,许多诗人都进行过多样且大胆的尝试,诗人西川就说:"我一再努力打破各种界限,语言的界限、诗歌形式的界限、思维方式的界限。……我把诗写成一个大杂烩,既非诗,也非论,也非散文。"②他们的这种尝试,表面上看,是一种所谓的跨文体写作,其实却是诗歌与其他非文学文体或借用或戏拟的互文,是为了让自己的言说获得更大的艺术张力。在这方面,于坚的《O档案》虽然以诗歌与公文档案最不可思议的互文而声名卓著,但却以伊沙的诗歌表现更为突出兴起更为热烈,比如他的《中国底层》(1999),借用某个电视剧的题材,最后两行是"这些来自中国底层无望的孩子/让我这人民的诗人受不了"。从重新命名的角度看,它是诗;从人民之别解的角度看,又是杂文;比如他的《有一年我在杨家村夜市的烤肉摊上看见一个闲人在批评教育他的女人》(2001),以"啪一耳光"一语立骨,借用小说的笔法刻画了一个丑陋而又自私的男子,无限的同情与深刻的批判,寄寓在字里行间,是典型的杂文笔法,特别能体现伊沙的鬼才;再比如《9·11 心理报告》(2001),批判一种人性又赞扬一种人性,恶与善巧妙缠绕,也是一种互文式的诗杂文。伊沙的 2012 年短诗精选 10 首第六首《卷毛》,则更像是一个寓言——而寓言也是杂文的一个常用体式。

所以,诗歌搭台,杂文唱戏,正是伊沙诗写的一个特点:杂文精神的"幻形入诗"。当年,鲁迅曾以杂文的精神打破了小说的陈规——如《故事新编》,现在,伊沙也以杂文的精神打破了诗歌的常式——谁说诗歌就不能这么写?

二、知识分子底色之上的愤世嫉俗

作为诗人,伊沙的感受力与想象力无疑是出众的,而作为一个杂文家气质的诗人,伊沙的目光也是敏捷锐利的,伊沙的精神更是愤世嫉俗的,伊沙的话语尤其针砭时弊,伊沙的姿态则是人所皆知的激烈反叛,他"毫不妥协地面对各种庞然大物,坚持着对写作的自由和独立和对诗歌真理和创造精神的尊重"③。他嬉笑且怒骂,极尽反讽和叛逆之能事……这一切让他天然具备了一个优秀杂文家的秉赋,也让他的诗歌具有了一种杂文的鲜亮品质。这一品质让他和那些在诗歌里发发牢骚冷嘲热讽的所谓新潮诗人截然不同:伊沙强大的理念底色,让他的冷嘲热讽具有了深厚的言说根基。诗论家沈奇说:"伊沙是个有血性,有思想,有现实责

---

① 邓晓诚.当下诗歌:文体形式的包容性与文体自律[J].写作,2006(5).

② 陈超.从"纯于一"到"杂于一"——论西川晚近诗歌[J].山花,2007(4).

③ 于坚.穿越汉语的诗歌之光[M]//1998 中国新诗年鉴:代序.广州:花城出版社,1999.

任感的青年诗人。"①而这样的人最容易愤世嫉俗,而愤世嫉俗恰恰又是杂文的也是伊沙诗歌的另一基本精神。

伊沙的愤世嫉俗,表现在他对他人——尤其是与伊沙自己多少有些同类的文化人(尤其是所谓知识分子)——的无比嫉愤,比如他的《感叹》(1992):"用雪白的象牙牙签在牙缝里剔出一个字眼:希腊//希腊啊希腊! 令我祖国的诗人心猿意马/希腊啊希腊! 瞧我祖国的诗人使劲拉稀";再比如他的《梅花,一首失败的抒情诗》《反动十四行》《诺贝尔奖:永恒的答谢辞》《法拉奇如是说》《命名:日》《禅意顿生》《盆景》《中国诗歌考察报告》《忆江南》等,无不以一种与传统士大夫文化断然绝决的对抗态度,表达了他对知识分子写作甚至知识分子本身其矫情、做作、附庸风雅之鄙俗与孱弱的极度反感。为此,他不惜把自己同时也痛骂在像《饿死诗人》这样的诗篇中。

如果说中国古代的田园诗人致力于倾听大自然的声音,且致力于洞见、破译并报告那些发生在大自然里的事件;如果说"朦胧诗"及其以前的诗歌发出的更多是来自人群的声音——所谓公众的意识与集体无意识;如果说"第三代诗歌"发出的是诗人自己的声音——报告那些发生在体内的事件(精神事件与身体事件),则伊沙的诗歌,穿透了那些"公开的他人的声音",到达了"不公开的他人的声音",他似乎窃听到他人乱七八糟的腹语,然后把它们一五一十地陈说出来——好像在说自己,其实却让听众羞容满面……这就是伊沙的快乐! 在中国当代的公开言说者(传统的"作家"与"诗人"等称号已很难指称他们的文字精神)中,像伊沙这样享受着此样快乐者,何止一人!

贡献"无赖的气质"容易,而使之"充满了庄严感"却困难,它需要一种强大的知识分子的操守与底色。其实伊沙的诗歌,既不讳言"体内的娼馆",但也不讳言"灵魂的寺院",两者都是伊沙的生命之真与诗歌之真。我们不能因为看多了伊沙的痞子文字,就看不到伊沙像《鸽子》(在我平视的远景里)那样诗意的灵魂表述。陈仲义说:"伊沙的诗歌硬币,经常有正反两面……人们常被他喧嚣的解构霸气迷惑,其实……还是保留了赖以诗写的最后根基。这只狡黠的变色龙。"②如他的《张常氏,你的保姆》,陈仲义所说的伊沙"诗写的最后根基",就是表现在这首诗里的民间化写作立场及其对民族文化那种真切的自豪感。

伊沙毕竟是一个"知识分子",程继龙说:伊沙是一个"面目粗励甚至狰狞的痞

---

① 沈奇.斗牛士与飞翔的石头[J].文友,1992(3、4).

② 陈仲义.读伊沙诗二首[J].语文教学与研究,2008(28).

子、患得患失又不乏温情的小市民以及将悲悯情怀深深隐藏起来的知识分子"①，可能伊沙会对自己的这样一个身份深恶痛绝，但语中"将悲悯情怀深深隐藏"九个字，却正道出了伊沙这个知识分子的独特之处：当大部分所谓的知识分子都在以外在的悲悯情怀而隐藏其内在的无赖人格与痞子意识时，伊沙却以外在的无赖与痞子的表象隐藏着自己内在的知识分子的悲悯情怀！也许，这一"隐藏"，却是伊沙最具后现代精神的一种的言说策略：表现得像个痞子，正好可以进行身份的掩护——"人的歪写"，这样他才好想怎么说就怎么说，愿意怎么干就怎么干；而表现得像个"小市民"，也是伊沙的一种身份掩护——"人的小写"，这样伊沙才好让自己的"无所谓"与"有点坏"甚至世俗精神等获得合法性与合理性，避免与他人形成剑拔弩张的紧张关系。在这两重的身份掩护之下，他真正的"知识分子"身份——"人的正写"，也才能比较宽裕地"严肃起来，冷漠地展示丑恶、荒诞"②，而骨子里却充满着正直、善良、悲悯、愤怒、同情以及无奈。

所以，我同意刘小微对伊沙的看法："他的诗带给我们轻松，也带给我们思索和顿悟，戏谑调侃的背后，深藏的是对人类、对社会、对文化的关注。他是一个冷静的理想主义者，本着最严肃的写作态度，审慎地丰富着汉语写作的经验与纬度。"③所以，我们不能因为他的那些痞子的表现与市民化的表现而误读了伊沙。陈仲义说："充分铺开的'嬉皮'与'堕落'，只不过是他外在的表现轨迹，离经叛道才是根本运转始终如一的'轴心'。"④什么是真正的"知识分子"？"离经叛道"者才是真正的知识分子！

古河曾这样表达过自己对伊沙诗歌的看法："伊沙的诗在许多人看来，不注重诗意，不注重修辞，不大计较于炼词敲句，不注重一种所谓的语言的炼金术，不注重一种几何图化的浪漫的情调，不注重一种诗人和诗歌身份的纯粹和守业如玉。"⑤古河真是只知其一不知其二，伊沙，他不是不知道这一切曾经是诗歌的重要质素，伊沙正是看到了人们前拥后挤地披挂着这些重要的质素——像庸俗不堪的贵妇人披挂着玉佩和金项链，所以他才愤其世而嫉其俗地偏偏就不去拿那些东西武装自己——他甚至故意地披挂了一些让贵妇人们看起来"俗不可耐"的东西。然而，正是这样的"俗不可耐"，偏偏却是伊沙嘲弄俗世、解构优雅、张扬真实的"金不换"。

———————

①　程继龙.略论伊沙诗歌写作的三重身份[J].楚雄师范学院学报,2010(2).

②　程继龙.略论伊沙诗歌写作的三重身份[J].楚雄师范学院学报,2010(2).

③　刘小微.论伊沙诗歌语言的创生性意义和策略[J].辽宁师范大学学报,2003(5).

④　陈仲义.伊沙诗歌论——"杀毒霸"播撒及"互文性"回收[J].文艺争鸣,2009(10).

⑤　编辑部文章.七嘴八舌话伊沙[J].延安文学,2007(1).

三、自我灵魂的坦诚剖析

伊沙对他人粗鄙人性的批判，还不足以让他成为自己，让伊沙成为伊沙者，亦即伊沙的杂文精神之最为可贵者，是他对自己的嫉愤、反省与自嘲——面向灵魂深处的自我挖掘。

伊沙在与丑陋他人作战的同时，也清醒地看到了一种更大的庸俗与更顽固的敌人：自己！为了和这样的自己作战，伊沙不惜自褒与自渎。姜飞指出，"声称反体制的伊沙在肩膀上装置的其实是一堆相当体制的思维"①，伊沙不是天外来客，但伊沙的可贵之处，恰在于他能以体制之身而反体制，恰恰在于他没有被自己肩膀上的体制所捆绑——他的自嘲、自褒与自渎就是证明。他的《饿死诗人》就是这样一种自渎式的表达。在这首诗里，伊沙批评了中国当代的"伪农业诗歌"，自然也批评了那些"伪农民诗人"——他们看到海子因为写麦子而大得诗名，他们以为麦子是诗人的幸运符号和吉祥物，于是群起而效仿之，群起而上演中国当代诗歌的麦子秀。伊沙对此充满了厌恶。他决定要进行无情的嘲讽。他先是写了一首《奇迹》（1989）："镍币上的麦穗/在我口袋里/熟了//那天我穿过大街/嘴里嘀咕了一句/什么　我也没听清//人们只嗅到/满街的麦香/谁也没注意/我/这个奇迹"。可能他觉得这首诗的冲击力不够强大，于是他又写了一首《饿死诗人》——他无奈地或者说机智地拿诗人自己和他自己开刀了。

诗人鲁藜有首著名的《泥土》："老是把自己当作珍珠/就时时有怕被埋没的痛苦//把自己当作泥土吧/让众人把你踩成一条道路。"如果说鲁藜的这首《泥土》表现出一种太过谦虚的放弃自我尊严的"自卑主义"，那么伊沙的这首《饿死诗人》则有些自我嘲讽的"自渎主义"。韩少君说过："伊沙的可贵还在于他视诋毁为荣誉。"②所以，我不下地狱谁下地狱，说的就是伊沙；所以，"宁愿选择一个可能的地狱，而不愿再造一个不可能的天堂"③说的也是伊沙。总之，"伊沙诗歌因其在幽默、自嘲中呈露的真实自我、真实生活、真实想象而变得可爱、可亲、可读。"④他的存在捍卫了诗歌的某种庄严。伊沙的诗歌粉碎了他们关于诗歌的一个优雅幻觉，甚至也粉碎了他们关于人生的一个缠绵美梦——伊沙用自己的灵魂解剖让人们惊讶地发现：要么，我们没有灵魂；要么，我们灵魂丑陋；我么，我们的灵魂压迫着

---

① 姜飞.历史的美丽与诗人的春心——观察被历史搞得心神不宁的伊沙、伊沙们[J].红岩，2009（1）.

② 伊沙.伊沙的诗[J].诗歌月刊，2006（8）.

③ 李震.神话写作与反神话写作[J].诗探索，1994（2）.

④ 张强.浅谈伊沙的诗歌艺术[J].文学教育，2009（10）.

自己……

所以,如果说北岛是先站在英雄的立场上,然后有理有据地批判他人,则伊沙就是不愿意站在英雄立场上却仍然要批判他人。北岛的批判是"让所有的苦水都注入我心中"式强化自己的批判,伊沙的批判则是"我是流氓我怕谁"式矮化自己的批判。强化自己,自己只好越来越知识分子,越精英,越英雄;矮化自己,自己也就越来越民间,越平凡,越普通。这里所说的矮化,当然是对自我的客观认识,而不是对自我的主观故意。古河在比较鲁迅和伊沙时说:"伊沙和鲁迅一样传统,生活细节上的克已复礼的传统。所谓大悲悯,大悲痛的人,他解放了别人,往往更多地是压迫着自已。然后他才能一惯(贯)地写出脚(踏)实地的人之常情和人之真情。"①对"人之常情和人之真情"的直面,竟然需要一个人拥有超人的胆量与勇气,这不是伊沙的勇猛与光荣,这其实是所有非伊沙们的怯懦与耻辱!

结语

一沙一世界,伊沙的诗歌是一个值得认真研究的世界! 作为中国当代一个杰出的方向性诗人,他前接韩东和于坚,后启沈浩波以及"低诗歌",冒着被人们误解的危险,"把无价值的撕碎了给人看"②,他以诗歌的方式而为杂文的事业,在自己的诗歌作品中表现出内容丰富、手法多样、思想深刻的杂文风格以及理念批判、愤世嫉俗、灵魂解剖等杂文精神,他因此应该在已经荣膺有诸多的光荣桂冠(如诗人、诗评家、小说家、翻译家等)之后,再收获一顶鲁迅式的绍兴的乌毡帽:杂文家!

注:本文曾发表在《文艺争鸣》2013 年第 9 期上

---

①　编辑部文章.七嘴八舌话伊沙[J].延安文学,2007(1).

②　鲁迅.再论雷峰塔的倒掉[M]//丁华民,孟玉婷.鲁迅文集:一.长春:吉林文史出版社,2006:231.

阐释规范、文学传统及认知前见

——关于"公共阐释论"之历史维度的阐释

王贵禄*

公共阐释论的提出,是对强势的西方文论话语的又一次深度辨析,其重要意义不仅在于"破",而且更在于"立"。公共阐释论的建构体现在三个维度上,即历史维度、公共维度和可公度维度。本文结合中西方阐释史、理论史和文学案例,从阐释规范、文学传统和认知前见等三个方面,阐述了建构公共阐释论之历史维度的必要性与可能性。

张江教授在《公共阐释论纲》一文中,提出了一个文艺学的新概念:"公共阐释"。这是其继"强制阐释"之后,提出的又一重要概念。强制阐释论和公共阐释论都是针对强势的西方文论话语而提出的,目的在于,使人们能够正确对待西方文论资源,进而重建中国文论体系。如其所言,"我们从未否定外来理论资源对中国文论建设产生的积极影响,但需要强调的是,面对任何外来理论,必须捍卫自我的主体意识,保持清醒头脑,进行必要的辨析。既不能迷失自我、盲目追随,更不能以引进和移植代替自我建设"①。正是出于"辨析"的目的,其在《强制阐释论》一文指出:"强制阐释是当代西方文论的基本特征和根本缺陷之一。各种生发于文学场外的理论或科学原理纷纷被调入文学阐释话语中,或以前置的立场裁定文本意义和价值,或以非逻辑论证和反序认识的方式强行阐释经典文本,或以词语贴附和硬性镶嵌的方式重构文本,它们从根本上抹煞了文学理论及批评的本体特征,导引文论偏离了文学。②"在《公共阐释论纲》一文中,其指出西方文论还有别

---

  * 作者简介:王贵禄(1967—),男,甘肃秦安人,天水师范学院教授,文学博士,主要从事延安文艺、中国西部文学和文艺理论研究。

① 张江.当代西方论若干问题辨识——兼及中国文论重建[J].中国社会科学,2014(5).

② 张江.强制阐释论[J].文学评论,2014(6).

的致命缺陷,如极端的相对主义和虚无主义,"20世纪西方主流阐释学,构建起以反理性、反基础、反逻各斯中心主义为总基调,以非理性、非实证、非确定性为总目标的理论话语,使作为精神和人文科学基本呈现方式的阐释及其研究,走上一条极端相对主义和虚无主义的道路"。如果说强制阐释论的提出,是基于对西方文论义无反顾的"破",那么,公共阐释论的提出则是有"破"有"立",其在否定西方文论的消极影响(如相对主义和虚无主义)的同时,整合了传统马克思主义文论与当代西方文论的相关资源,提出了"公共阐释"这个新概念。公共阐释作为一个文艺学的新概念,蕴含着较大的学术潜力和众多的学术增长点,关于这个问题我们以后可做延伸性讨论。本文的写作意图,是探讨通向"公共阐释"的路径。张江在《公共阐释论》一文中是这样表述"公共阐释"的内涵的:"公共阐释的内涵是,阐释者以普遍的历史前提为基点,以文本为意义对象,以公共理性生产有边界约束,且可公度的有效阐释。"可见,公共阐释是对文本(主要指文学文本)的一种有效阐释,而"有效"是通过阐释者把握"历史前提""公共理性"和"可公度"等维度而体现出来的,这其实揭示了通向"有效阐释"的基本路径。本文将围绕"历史前提"这个维度展开相应的论述。关于公共阐释的历史前提,张江在论文中进一步指出,"这里的'普遍的历史前提'是指,阐释的规范先于阐释而养成,阐释的起点由传统和认知的前见所决定"。这个说明,贯穿了三个关键词:规范、传统、前见。规范是阐释的规范,传统是文学的传统,而前见是认知的前见,这三个关键词都彰显着历史性,因为它们都是由"历史"形成的。

一、阐释规范的殊途:建构性阐释学与解构性阐释学

阐释的规范有两个类别,就是由建构性阐释学与解构性阐释学所形成的规范。建构性阐释学可分为以作者为中心的阐释学、以作品为中心的阐释学和以读者为中心的阐释学。以作者为中心的阐释者坚信,文学作品的意义是客观的,先于阐释而存在,所谓阐释就是再现作品的原义系统,而要实现这个目标,阐释者就必须消除个人的偏见和成见,致力于阐释方法的选择,因为他们认为只有这样,才可重返作品的历史情境和洞悉作者的创作心理,从而把握作者创作的本来意图和恢复作品的原初意义。(中国古代的经学阐释和西方古代的神学阐释,就体现了这样的阐释取向。中国古代的经学阐释,采用考据、训诂、注释等方法,以消除由于语言演变所造成的歧义,而西方古代神学阐释,也以注解疑难语句为主线,力图重现文本的原初意义。)以作者为中心的阐释学,是典型的建构性阐释学,社会历史批评范式可视为其代表。持社会历史批评范式的阐释者认为,文学作品是作者对时代体验、观察和思考的产物,是作者对特定历史时期的物质生活与精神生活的映像,阐释者只要借助于作品与历史的互证式阅读,便可把握作者对时代的感受与认识,如此就能达到阐释的目的。以作品为中心的阐释者,注重探讨文学作品的文学性、形式运作和结构特征,俄国形式主义、英美新批评和法国结构主义等批评范式可视为其代表。俄国形式主义阐释者认为,文学语言是对日常语言的陌生化,文学作品的价值在于对文学传统的颠覆与更新。英美新批评的阐释者,将文学作品看作是一个与外部世界无关的封闭的体系,主张通过"细读"的方式,以品味作品的"含混""反讽""悖论""张力"等效果,从而把握作品的运作机制。法国结构主义阐释者,重视对"元文本"运作的探讨,从文本间性的角度揭示作品的结构特征。以读者为中心的阐释者,从胡塞尔的现象学受到启发,注重读者阅读过程中的能动反应,认为作品是由作者和读者共同完成的,一部作品的接受史,就是它的阐释史和再创造的历史。可见,建构性阐释学为阐释文本提供了一系列被历史证明是可行的规范,遵循这些规范,可以有效阐释文本,正是在这样的意义上,公共阐释论才指出"阐释的规范先于阐释而养成"。

上述三种阐释学,形成了各自的阐释规范,且其对"历史"的倚重也各有不同,如作者中心论看重的是社会的历史,作品中心论颠覆的是文学的历史,而读者中心论强调的是接受的历史,"历史"无疑是其共同的参照维度,总体来说,其对文本的阐释都具有建构性意义。但这三种阐释学在发展过程中,又都表现出相应的瓶颈。就作者中心论而言,作者对社会现实的反映在多大程度上接近社会现实始终是一个问题,如果想当然地认为作者一定是忠实于社会现实的,就可能导致阐释的无效化,因为文学具有想象性与虚构性的特质,文学叙事毕竟不同于历史叙事,阐释者倘若仅仅借助于历史文献或思想史料等进行考据式阐释,则难免走向误读。作品中心论似乎要与作者中心论反其道而行之,对社会现实力图保持一种不理睬的清高姿态,尤其对文学的意识形态史保持着戒备心理,但这只能是一厢情愿的想法,因为文学作品都是在一定的历史语境中产生的,历史语境不仅制约着文学内容,而且规范着表达形式,如马克思在研究希腊神话时就指出,希腊神话只能在生产力水平极为低下的历史时期产生,随着自然力的实际上被支配,它也就消失了,作品中心论者无视社会历史对文学深层制约的做法,导致其阐释成为美丽的碎片。读者中心论发展到后来,特别是到了美国文学批评界,将读者的主观能动性极端化,赋予读者以无限的阐释权力,他们甚至认为读者才是作品意义的源泉,决定作品有无意义的是读者,这种趋向最终导致了其阐释的无效化。

上述三种阐释学所表现出来的瓶颈和短板,正好给解构性阐释学留下了足够的介入空间。解构性阐释学是在解构主义思潮中产生的阐释学,阐释者的目的不是为了使作品的意义得到清晰呈现,不是为了建构,而是为了拆解作品,其解构策略的实施是从文学语言开始的。他们一方面认为语言不是一个能指与所指相统一的结构,存在许多因素的交叉,而作为语言艺术的文学,不可能充分表现作者的意图,文学作品并不表示确定的意义;另一方面,他们认为读者进入作品的方式是通过语言,而读者可根据其理解为作品添加相应的意义,从而导致阐释的因人而异,如希利斯·米勒根据德里达的延异理论,指出作品的意义可以无限延伸,从任何角度进行阐释都是可能的。在解构性阐释论者看来甚至没有阐释规范可言,其将作品中心论与读者中心论的消极面加以放大,而有意弱化其积极面,他们既不承认社会历史的合理性,也不尊重文学传统的合法性,最终使其沦为彻底的相对主义者和虚无主义者。不难发现,公共阐释论所提出的"公共理性""可公度"等纬度具有明确的现实针对性。

解构性阐释学自1960年代后期诞生以来,给文学研究带来的冲击是有目共睹的,它打开了作品阐释的"潘多拉魔盒",使其深陷无效化的危机之中。危机的出现不啻是在提醒人们,应该重建某种更合理、更有效的文学阐释学。实际上,在每一种阐释学的运作中,都不乏理论者的反思,即使是在某种阐释学方兴未艾之际,也能听到警示的声音,这些声音为重建文学阐释学提供了重要的思路。作者中心论最有可能出现的误读,就是将文学作品与历史文本不加区别,进行考据式阐释,而马克思、恩格斯的文学批评活动早就对这种趋向进行了否定,在他们的批评中,首先强调的是文学作为艺术的特性,尽管他们极为看重作品所表现的历史内容。作品中心论的最大短板,就是因"历史"的缺场而导致的阐释碎片化,这不能不引起理论者的警觉,如新批评理论家雷·韦勒克,就曾警告新批评的阐释者,要建构文学阐释的历史维度,"新批评家的这种论证并不意味着也不能被理解为意味着否认历史知识对解释诗歌这件事是紧密相关的。字词有其历史,文学类型和手法来自传统,诗歌经常涉及当代现实"①。罗曼·英伽登是读者中心论的开创性人物之一,其较早运用现象学理论以阐释文学作品,但在讨论读者再创造的合法性时,预感到读者的权力可能会失控,因此他强调阐释者不可远离作品,且必须克服自己的意图偏见,必须忠实于作品现实,尊重其价值的客观性,这样才能抵达作品阐释的"复调和谐"。这些警示,在公共阐释论中得到了积极回应。

二、文学传统的差异:中国文学传统与西方文学传统

据上不难看出,重建文学阐释的规范,历史维度是前提。前文已叙,这里的"历史"不仅是指社会的历史,而且还指文学的历史和接受的历史。文学的历史在

---

① [美]雷·韦勒克.批评的概念[M].北京:中国美术学院出版社,1999:6.

阐释活动中经常是以文学传统的方式表现出来的，"传统"是一种强大的在场，诚如马克思所论，"人们自己创造自己的历史，但是他们并不是随心所欲地创造，并不是在他们自己选定的条件下创造，而是在直接碰到的、既定的、从过去承继下来的条件下创造。一切已死的先辈们的传统，像梦魇一样纠缠着活人的头脑"①。文学传统虽然具有强大的在场性，但衡量文学作品的价值却不是以继承了多少传统的东西作为标准的，而是看其在继承中是否有突破与创新，这就形成了文学阐释的一个问题域，刘勰对此做了判断，指出"古来辞人，异代接武，莫不参伍以相变，因革以为功，物色尽而情有余者，晓会通也②"。在文学阐释活动中，"传统"是绕不开的话题，问题在于该如何阐释传统，艾略特对它的阐发是有启发性的，"传统是具有广泛得多的意义的东西"，"它含有历史的意识"，"历史的意识又含有一种领悟，不但要理解过去的过去性，而且还要理解过去的现存性，历史的意识不但使人写作时有他自己那一代的背景，而且还要感到从荷马以来欧洲整个的文学及其本国整个的文学有一个同时的存在，组成一个同时的局面"③。艾略特的表述，指涉文学传统阐释中的四个命题：其一，"过去的过去性"，即阐释文学作品是在怎样的历史语境中产生的，其对社会历史与文学传统的回应情况；其二，"过去的现存性"，即阐释文学传统从"当年"到"当代"，在历史语境发生改变后，还有哪些东西仍然是有生命力的；其三，"有他自己那一代的背景"，即阐释作者是如何回应社会现实、时代审美需求和文学传统的；其四，"同时的存在"与"同时的局面"，即阐释作品在民族文学与世界文学的文学史格局中所具有的地位。艾略特的意思是，传统是一种强大的潜在的力量，它无时不在而隐于无形，深度制约着作家的创作活动和研究者的阐释活动。尽管文学传统是一种强大的文化力量，但它不可能一成不变，应该确立文学传统的辩证观念，诚如研究者所论，"文学传统作为人类在历史长河中创造性想象的沉淀，自然也是民族语言想象'共同体'之一，不过比起其他传统，文学传统的流变可能更加复杂，每一代都可能为延传下来的传统做某些增删改造，传统就不断发生改写与更新的'变体'，它的所谓'变体链'往往是曲折迂回的④。"辩证观念的确立，可使阐释者把握文学传统的"变"与"不变"。

阐释者面对文本，应该有明确的文学传统意识，只有这样，阐释文本的路径才有可能是相对正确的。这是因为，中西方的文学传统有很大差异，是不能不正视

① 马克思，恩格斯. 马克思恩格斯选：第 1 卷［M］. 北京：人民出版社，2012:669.
② 刘勰. 文心雕龙·物色［M］//周振甫. 文心雕龙选译. 北京：中华书局，1980:183.
③ T. S. 艾略特. 艾略特诗学文集［M］. 北京：国际文化出版公司，1989:2.
④ 温儒敏. 现代文学传统及其当代阐释［J］. 中国现代文学研究丛刊，2008(2).

的问题。以中国古代文学传统而论,有研究者做了这样的概括:"中国古代文学的传统,应该从几个层面上来认识:从核心层来看,它包括了'兴、观、群、怨'的传统,'诗言志'的传统,'诗缘情'的传统,等等;从表现手法的层面上看,它包含了比兴寄托的传统、用典的传统,等等;而介于这两个层面之间的,是题材与主题方面的一些传统,比如爱国主题、怀古主题、山水田园的题材,还有一些特定的意象,等等。"①这是从中国文学史的发展线索层面进行的概括,如果从内容上加以区分,文学传统的层次与侧面也有差别,如抒情文学与史传文学、雅文学与俗文学、作家文学与民间文学等,都形成了不同的传统,这是需要我们注意的。普遍认为,西方文学的两大源头,是出自欧洲本土的古希腊—罗马文学与来自中东的希伯来—基督教文学,形成了西方文学的两大传统。古希腊—罗马文学中充满神话和传说,它们创造了一个多神共在的世界,而这些神有着七情六欲和喜怒哀乐,可说是与人"同形同性"的,其实是人化了的神,神性与人性在这里是相通的。古希腊—罗马文学强调个体的自由意志,相信通过个体的努力,能抵达伦理道德的制高点,从而完成自我救赎。希伯来—基督教文学的经典是《圣经》,上帝耶和华是这个世界的创造者,故这类文学的主题是上帝的创世与对世人的救赎,与之相伴而生的是原罪、堕落、邪恶、忏悔、救赎、来世等观念,深刻影响了西方世界的思维模式和看待人与世界关系的方式,同时也规范了欧洲文学的演进。除上述两大传统外,还有其他的文学传统,如文艺复兴时期的人文主义传统影响也至为深远。可以看出,中西方文学传统的差异是巨大的,作为阐释者在阐释作品前对这些差异不能不熟知。故此,公共阐释认为,文学传统深度制约着阐释活动,是阐释活动的内在逻辑起点。

我们以中国古代文学中的"秋意象"为例,来看文学传统的在场性。中国文学史上书写秋天的作品层出不穷,如从宋玉的《九辩》到汉武帝的《秋风辞》,到曹操的《观沧海》,到欧阳修的《秋声赋》,再到马致远的《天净沙·秋思》,咏秋之作世代接续。当秋风再起,草木凋零,由自然之物的衰落而联想到人的衰老,并产生一种悲秋情绪,是作为人(无论中西方)常有的心理现象。如果我们寻找咏秋之作的共性特征,不难发现,这些作品并不仅仅是对生命意识的自然感应,而是蕴含着一种深沉的文学传统,即它们大多与"相思"或"怀归"等母题联系在一起,也就是说,秋意象被赋予了丰富而特殊的文化意义,这与西方文学中的秋意象有着很大的不同,它们是基于"古老的民族生产方式、生活风俗与心理习惯"而产生的,在流

---

① 刘锋焘.宋代散文与文学传统[J].忻州师范学院学报,2004(1).

传过程中又发生了形态上的变化,但无不是"民族审美心理"的表现。① 如果不了解甚至无视中国古代文学中秋意象所蕴含的文学传统与文化意义,而主观地进行所谓的阐释,无异于缘木求鱼。我们再来看中国现代文学对于文学传统的继承情况,苏雪林在评价鲁迅作品时指出,其对文学传统有着深度的沿承,"鲁迅好用中国旧小说笔法","他不惟在事项进行紧张时,完全利用旧小说笔法,寻常叙事时,旧小说笔法也占十分之七八,但他在安排组织方面,运用一点神通,便能给读者以'新'的感觉了"②。"中国当代文学也是如此,新时期以来出现了不少历史小说,如姚雪垠的《李自成》、凌力的《星星草》、陈忠实的《白鹿原》、唐浩明的《曾国藩》、熊召政的《张之洞》等,这些作品明显继承了中国历史著述"通鉴"的传统,即总结历史的经验教训,试图通过以史为鉴,来引导和服务于现实。

三、认知前见的转向:现在视域与历史视域的融合

文学传统之外,深层制约阐释活动的还有"前见"。在海德格尔看来,人们理解任何事物,都不是用空白的头脑,而是基于其"前理解",这种前理解最初表现为先入之见("先入之见"在这里指人们的观点、趣味和思想等由历史存在所决定的主观认知),而阐释活动是以人们先有、先见、先把握的东西为基础的。海德格尔诠释学的意义在于,阐明了理解和阐释都具有历史性,这就从理论上论证了摆脱作者中心论桎梏的必要性,如作者中心论所秉持的基本理念是,阐释者要超越当下的历史语境而对文本达到不带主观性的透明的理解,只不过是一种不切实际的空想,他提醒人们,"无论多热衷于文字上的就事论事的阐释,它仍然领会不了那些唯一能使我们积极地回溯过去即创造性地占有过去的根本条件"③。

伽达默尔在继承海德格尔阐释论的基础上,将其发展成为哲学诠释学。按照伽达默尔的说法,诠释学并不是一种方法论,而是研究和分析一切理解活动得以成立的基本条件,属于人的世界经验的必要组成部分。伽达默尔将海德格尔的先有、先见、先把握等概念,用"前见"加以概括,指出前见是一个人在成长和发展过程中所形成的判断,它们可能是正确的判断,也可能是错误的判断,无论如何它们都是"理解的前提"。伽达默尔认为,"一种诠释学处境是由我们自己带来的各种前见所规定的。就此而言,这些前见构成了某个现在的视域,因为它们表现了那

---

① 赵敏俐.文学传统与中国文化[M].长春:东北师范大学出版社,1993:31.

② 苏雪林.《阿Q正传》及鲁迅创作的艺术[M]//陈漱渝.说不尽的阿Q.北京:中国文联出版公司,1997:567.原载1934年11月5日《国闻周报》第11卷第44期。

③ 海德格尔.存在与时间[M].北京:生活·读书·新知三联书店,1987:26.

种我们不能超出其去观看的东西"。伽达默尔的意思是,阐释者的视域是由前见构成的,规定了阐释者在作品阅读中所能看到的大致范围。"视域"的意义在于,它"表达了进行理解的人必须要有的卓越的宽广视界。获得一个视域,这总是意味着,我们学会了超出近在咫尺的东西去观看,但这不是为了避而不见这种东西,而是为了在一个更大的整体中按照一个更正确的尺度去更好地观看这种东西"。文学作品所涉及的所有事情相对于"当下"而言,都属于"过去",即都具有历史的性质,据此,文学作品的阐释中必须要有一种历史视域,只有这样才能真正理解作品,关于如何形成历史视域,伽达默尔认为要"自我置入",如其所论,"理解一种传统无疑需要一种历史视域,但这并不是说,我们是靠着把自身置入一种历史处境中而获得这种视域的",而是"我们必须也把自身一起带到这个其他的处境中。只有这样,才实现了自我置入的意义"。伽达默尔是说,阐释者要形成一种历史视域,仅仅设想"自己在某种历史情境中"是不够的,还应该设想自己就是历史情境中的某个行动者,这样才能理解"他人的质性、亦即他人的不可消解的个性才被意识到"。由前见所构成的现在视域,与由自我置入形成的历史视域,在作品阐释中就可能走向"视域融合",这种视域融合可使研究者进入作品的深层结构并揭示其潜在意义,"在传统的支配下,这样一种融合过程是经常出现的,因为旧的东西和新的东西在这里总是不断地结合成某种更富有生气的有效的东西"。前见、现在视域、自我置入、历史视域、视域融合等,这些概念是伽达默尔哲学阐释学的重要支撑,而其所坚持的阐释学思想是,阐释活动是一种历史活动,任何阐释都是作品接受史中的一个环节,必然被将来的视域所融合,从而使作品向未来无限敞开;阐释者并不是被动的接受者,而是作品的对话者,是作品再创造的参与者。伽达默尔的哲学阐释学,包含深刻的历史意识和辩证法思想,其既强调阐释者要忠实于作品,又重视阐释者理解和阐释活动中的创造性,作品的阐释史其实就是阅读视域融合的历史,随着历史语境的变迁,读者将带来新的视域,从而不断"发现"和赋予作品以新的意义。

公共阐释论是对前见理论的宏观,认为"前见"构成了文学阐释活动的别一个逻辑起点。我们以《红楼梦》的阐释为例,来看"前见"是如何作为阐释活动的逻辑起点。1904 年王国维在《教育世界》发表了《红楼梦评论》,其时王国维正在研读叔本华的哲学著作,这使王国维形成了一种认知前见,故当其面对《红楼梦》,便自然而然地运用叔本华哲学思想阐释作品。《红楼梦评论》分为四个部分,充分贯彻了叔本华的悲剧思想,认为《红楼梦》是一部典范的中国式悲剧作品,表现了人生欲望不可实现的痛苦,以及如何寻求解脱痛苦之道。我们再看吴宓的《红楼梦》研究。1920 年吴宓在《民心周报》的第 1 卷第 17/18 期上连载了《红楼梦新谈》,

其观点与王国维有很大的不同。吴宓其时在哈佛大学留学,广泛研读西方文学,并且选修文艺理论课程,这使他形成了别样的认知前见,即文艺理论的视野和比较文学的视野。《红楼梦新谈》从六个方面阐释了文本,而吴宓所遵循的理论出自哈佛大学的 G. H. Magnadier 博士,其认为优秀的小说作品都具备六个特点,即宗旨正大、范围宽广、结构谨严、事实繁多、情景逼真、人物生动。在论述中,吴宓将《红楼梦》与《汤姆·琼斯》《神曲》《巴黎圣母院》等西方经典名著,将曹雪芹与巴尔扎克、托尔斯泰、左拉、德莱塞等作家进行了比较。以阔深的文艺理论为依据,以广博的文学史知识为线索,使《红楼梦新谈》体现出严谨的学术性,而关于作品的主旨,吴宓指出,《红楼梦》虽以写情为主,但也反映了作者对人类文明发展的思考。再看胡适的《红楼梦考证》。胡适师从美国实用主义哲学家杜威,杜威对他的影响深远,尤其表现在社会学科学研究方法的择取上,而另一方面,胡适自小就受乾嘉学派的影响,这两者便共同形成了胡适的认知前见,即注重考证式研究。从这样的认知前见出发,胡适显然不同于前两者,他更注意《红楼梦》的不同版本、作者究竟是谁、作者的事迹家世如何、成书的年代等问题。基于此,胡适遍览清人的笔记和专著、志书,如《随园诗话》《扬州画舫录》《小浮梅闲话》《有怀堂文集》《丙辰札记》《雪桥诗话》《江南通志》《八旗人诗钞》等,对曹雪芹和《红楼梦》的零散资料做了发掘、整理和甄别,去讹存真,得出了相应的结论,廓清了萦绕着《红楼梦》及其作者的众多迷雾。

王国维、吴宓和胡适各自的认知前见构成了各自"现在的视域",这使其能够"在一个更大的整体中按照一个更正确的尺度去更好地观看"《红楼梦》,从而形成初步的观点。伽达默尔指出,要更好地更通透地理解作品,只有"现在的视域"是不够的,还必须有某种历史的视域,而获取历史视域的方法,就是阐释者要设法"自我置入"作品。以三人而论,胡适的阐释仅仅停留在"现在的视域",只是在作品的外围做了些基础的考证性研究;王国维相对来说有某种打开历史视域的冲动,而由于太执着于从文本中寻求与叔本华哲学思想对应的东西,未能"自我置入";吴宓的阐释较王国维又有所深化,其试图从人物的历史境遇出发分析他们的行为逻辑,譬如对刘姥姥的分析就是如此,但因其受论题的限制(即论证《红楼梦》作为优秀小说的"六长"),而使其历史视域时隐时现。可见,王国维等人的研究都还是过渡性的,但无论如何,它们构成了《红楼梦》阐释史上不可或缺的视域,其后的研究只有将这种视域进行有效的融合,才能得到相应的认可。李长之 1933 年所著《红楼梦批判》就是一部走向视域融合的著作,在着手著述之前,李长之对此前的《红楼梦》研究进行了系统的梳理,并以特有的学术眼光聚焦于以上三人的研究,表现出明确的视域融合的倾向。如其所言,"1928 年(民国十七年),胡适作考证《红楼梦》的新材料,把他六年前的《红楼梦考证》更加确定了。他把红学打得一扫而空,他把作者的生活,背景,给人做出了一个确然的轮廓","从咬文嚼字的考据,到事实上的考据,然而现在却应该做内容上的欣赏了。王国维的评论,固然很可珍贵,究竟因为是作于未确定为作者自传以前,而且不能算什么详尽。可是,即开了端绪,我们就更该认真做一下了。①"李长之能够以"自我置入"的方式进入作品的深层,分析曹雪芹的文学人生,总结作品在艺术上的成功,都使人信服。其后大凡取得成绩的研究者,都进行了有效的视域融合,如俞平伯、周汝昌、何其芳、李希凡、王蒙、冯其庸等,其在历史语境的变迁中,以新的视域进入作品,不断赋予作品以新的意义。

结　语

现在我们回过头来看,历史维度的确是建构公共阐释论的前提性维度,这个维度的形成与否具有决定性的意义,正是在这样的意义上,张江教授将"普遍的历史前提"视为建构其公共阐释论的核心构成。"普遍的历史前提"包含阐释规范、文学传统和认知前见等三个方面的内容,虽然它们关涉文学阐释的不同层面,但它们之间相互回应、相互支持,在历史维度中得到了统一。阐释规范是阐释活动的基点,倘若没有可遵循的规范,阐释活动将变成无意义的任意发挥。阐释规范在这里主要指建构性阐释规范,包括作者中心论、作品中心论和读者中心论的基本规范,在公共阐释论的语境中,却不意味着对传统阐释学的阐释规范的简单综合与横向移植,而是从当代视野上对它们进行了反思性总结与辨析性归纳,从而具有了重建的意义指向。从作者中心论,其汲取了探讨创作与历史深层关联的经验,并从文学作为艺术的意义上进行辨析;从作品中心论,其吸纳了对作品进行形式分析的方法,并将这种分析融入历史语境的阐释中;从读者中心论,其敞开了读者创造性理解的路径,并形成有限度的阅读范畴。阐释规范还受到"公共理性"与"可公度"维度的制约,它们使重构的阐释规范的实施更加有章可循,因为这些规范最终将被"共识"与"实证"所检验。

文学阐释活动的历史性维度,还体现在阐释者对文学历史的尊重,而文学历史在这里不仅指民族文学的历史,而且也指世界文学的历史。文学历史在具体的阐释活动中,是以文学传统的方式出现的,它决定了阐释者对文学作品的历史定位。民族文学传统的在场,使阐释者对所要阐释的文学作品找到了纵向比较的线索,而世界文学传统的在场,又使阐释者找到了横向比较的线索,纵横线的交汇

---

① 李工之.红楼梦批判[J].清华周刊,1933,39(1).

处,就是所要阐释的文学作品的历史位置。文学传统对阐释者的决定意义,同样体现在关于"什么是文学作品"与"什么是好的文学作品"等元问题的认知上,阐释者对这些元问题的认知,决定着他面对一部文学作品时可能产生的情绪反应与行动方案,例如,他是否有兴趣阐释这部作品,他将以怎样的态度阐释这部作品等。阐释者关于文学传统的认知自然是构成其"前见"的重要部分,除此之外,构成前见的其他因素还有诸如阐释者的政治立场、思想倾向、成长经历、知识结构、阅读经验等,前见使阐释者成为"有准备的头脑",它是理解文学作品的基础。所有的阐释活动都是在一定的视域中进行的,视域包括现在视域与历史视域,现在视域是由前见形成的,历史视域是由阐释者"自我置入"历史语境与文学作品而形成的,现在视域与历史视域可走向融合,视域融合使阐释者与文学作品形成对话机制,使其可能进入作品的深层结构并揭示潜在的意义。

张江提出公共阐释论的意义在于,在当前阐释活动的众说纷纭和众声喧哗中,如何寻求一种能够被研究者和读者普遍认可的阐释,从而推动中国当代文学与中国文论建设的有序发展。事实上,新时期以来随着西方文论的海量涌入,研究者在各种研究方法的选择中颇感迷惘,由于很多人对这些方法不能深入理解和有效运用,致使其研究活动与阐释行为都表现出一定程度的无效性。还应该看到,西方文论的产生有其哲学基础,西方学者的世界观与我们的世界观有相当的差异,如果盲目接受其思想,可能导致邯郸学步的后果。西方文论是一种强大的存在,无视它的存在肯定是行不通的,但需要有鉴别地吸收。公共阐释论的出场还提醒我们,要重视中国传统文论和新文学发生以来的文论成果,它们是经历过无数次的历史检验而留下来的精华,是被人们普遍接受而且融入到了民族文化血液中的东西,它们才是建构公共阐释论的核体。目前来看公共阐释论具有纲要性质,但文本以为,它的指向在于阐明建构中国当代文论大厦的方向,至于具体方案如何,还有待于在实践中不断完善。

注:本文曾发表在《求索》2018年第3期

1946—1947 年赵树理小说在解放区外的传播与回响

郭文元*

1946—1947 年,赵树理小说被有意识地传播到解放区外,但国统区对赵树理小说的最初评论,却并未能与解放区完全同步。郭沫若评价的着眼点主要在借之证明创作自由在解放区的实现;茅盾则依据其现实主义理想突出其对解放区阶级斗争温和性的反映;邵荃麟、朱自清等人坚持文艺标准,对其的赞扬中又有批评;而一向活跃的胡风选择沉默,沈从文的片言只语却透露出一种别样理解。这一切,都从不同侧面,突出了不同评论者对中国文学"现代性"的不同理解。

1946 年 6 月 26 日 –7 月 5 日,在中国共产党建党 25 周年前后,延安《解放日报》文艺副刊用 9 天时间连载赵树理小说《李有才板话》,1947 年 8 月 10 日《人民日报》发表《向赵树理方向迈进》一文。至此,解放区对赵树理小说的推重开始达到一个新的高度;同时,赵树理小说在解放区之外的传播与评论,也开始进入一个更有意识的阶段。由于不同的环境和思想背景,国统区的赵树理小说评论相较解放区的同类论述,更具一种历史的复杂性,对其的分析也更有助我们深入认识赵树理小说在中国现代文学多元现代性中的意义。

一、1946—1947 年赵树理小说在解放区外的传播

赵树理小说 20 世纪 40 年代在解放之外的传播①,最早可追溯至 1943 年 10

---

* 作者简介:郭文元(1975—),男,甘肃陇西人,天水师范学院文学与文化传播学院教授,主要从事汉语言文学研究。

① 本文中有关赵树理小说传播和评论的资料整理,主要依据于钱理群编《二十世纪中国小说理论资料》(第四卷)、黄修己编《赵树理研究资料》,於可训、叶立文编《中国文学编年史现代卷》,唐沅、韩之友、封世辉等编《中国现代文学期刊目录汇编第 5 卷中国文学史资料全编现代卷》。

月《李有才板话》在重庆《群众》第 7 卷第 13 期至 13 卷第 3 期的连载。之后,1945 年 10 月 20 日《小二黑结婚》曾在上海创刊的《新文化》上全文刊出。但在当时,这一代表了解放区文学新动向的创作,却还没有引起评论者太多的注意。到 1946 年 7 月,时任晋察冀中央局宣传部长的周扬将刚编印好的赵树理小说集《李有才板话》带到上海文艺界后,赵树理小说开始被有意识地向解放区外转播。10 月,该小说集由上海希望书店出版,其中收入《李有才板话》《小二黑结婚》《地板》三篇小说,并附有周扬的评论《论赵树理的创作》;12 月,上海知识出版社再度出版《李有才板话》,其中除《小二黑结婚》《李有才板话》及周扬的《论赵树理的创作》外,又收录了郭沫若的《读了〈李家庄的变迁〉》、茅盾的《关于〈李家庄的变迁〉》两篇评论。同月,《李家庄的变迁》随之出版。1947 年,这两部书又分别由上海新知出版社、重庆新知书店再版。同时,香港的新民主出版社、华夏出版社也在这一年分别推出了单行本的《小二黑结婚》《李有才板话》《李家庄的变迁》和小说集《李有才板话》。而在解放区与国统区的交错地带,1946 年后半年更有大量赵树理小说出版。包括华北新华书店、晋绥日报社、冀南书店、胶东大众报社、大连大众书店、东北画报社、东北书店、辽东建国社在内的一批出版机构,都将赵树理小说当作了其出版的重点。到 1947 年之后,除上述诸书,包括《传家宝》《富贵》《邪不压正》在内的一些赵树理新作也相继出现在国统区。可以看出,由于有意识地推动,在 1946—1947 年的一年多时间中,赵树理的影响,开始遍及以上海、重庆及香港为中心的整个国统区。

与之相应,解放区之外对赵树理小说的评论也在这一年多的时间中达到了高潮。据初步统计,仅在上海,包括《文汇报》《文艺复兴》《文萃》《群众》《文艺知识》等重要报刊发表的评论文章就有七篇,此外,重庆的《新华日报》(三篇)、香港的《文艺生活》(二篇)、以及其他一些地方报刊,也都刊出有关文章,这一时期出现在国统区的赵树理评论总数已达近二十篇。其中郭沫若《〈板话〉及其他》《谈解放区文艺》《读了〈李家庄的变迁〉》,茅盾《关于〈李有才板话〉》《论赵树理的小说》,邵荃麟《评〈李家庄的变迁〉》,杨文耕《〈李有才板话〉》,在当时文坛均产生了不小影响。1946 年 8 月 29 日,《解放日报》发表的一篇以《沪文化界热烈欢迎解放区作品》为题的文章称,《李有才板话》"在沪连出三版都已销售一空,买不到的人们到处借阅,青年群众中争相传诵,并给文艺界注射进了新的血清,大家对于解放区生活的幸福和写作的自由也更加向往。"

不过,在呼应着解放区对赵树理创作的推崇同时,国统区对赵树理小说的最初评论,在具体认识上却并未完全与解放区同步,不同论者对赵树理小说的评价,着眼点不同,具体肯定的内容也存在着明显的差异。

二、郭沫若:创作精神与环境的"自由"及其他

在国统区评论赵树理小说的人中,出手最早也最重要的首先是郭沫若。1946年7月底,周扬将《李有才板话》和《解放区短篇创作选》带到上海,8至9月,郭沫若就连续写了三篇评论赵树理的文章。文章对当时就是在解放区也还没有太多影响的赵树理小说做出了高度评价,赞美其是"一株在原野里成长起来的大树子,它根扎得很深,抽长得那么条畅,吐纳着大气和养料,那么不动声色地自然自在"①。让郭沫若特别感觉亲切的,首先是赵树理小说的"原野"气息,是赵树理创作在自由的环境中自由的展开。这一点在今天看来,的确有着颇为深长的意味。众所周知,赵树理小说在解放区的被推崇,与毛泽东的《讲话》有着紧密的关系。譬如周扬的著名文章《论赵树理的创作》即认为,赵树理小说的突出意义,在其标志着"毛泽东《讲话》精神在创作实践上的一个胜利"。赵树理小说集由周扬携来,早在7月20日,周扬的文章就发表了晋察冀边区印行的大型文艺刊物《长城》创刊号上,8月26日又由《解放日报》转载,但在郭沫若的三篇文章中却都没有提及赵树理小说和《讲话》的关系,也没有提以为政治服务的标准来衡量文艺,这颇与同期茅盾文章明显受到周扬影响形成一种对照。同时,也在让我们看到别一种眼光中的赵树理小说同时,感觉到郭沫若思想及现代文艺思想史本身的一种复杂性。

周扬评价赵树理小说,依据的是典型的解放区文艺标准。认为赵树理小说反映的是农民与地主之间的剧烈斗争,《小二黑结婚》是在"讴歌新社会的胜利",《李有才板话》是在展开"农民与地主之间的斗争",《李家庄的变迁》同样是在描写"农民与豪绅地主之间的斗争"。就是对赵树理小说语言大众化特点的揭示,也是围绕论定赵树理小说的成功是"实践了毛泽东同志文艺方向的结果"。与周扬不同的是,身处国统区的郭沫若,这一时期还是从自身对于生活及文艺使命的感受和理解出发去看待问题,因而,他所看重赵树理的,首先是作家创作精神和创作环境的自由。

在他看来,赵树理是在对新旧小说资源的自由批判借鉴中"不受拘束地成长了起来"的,无论是小说的叙述语言、结构形式、审美趣味,还是作家的价值立场,都既摆脱了"五四"以来欧化小说的束缚,也改变了新旧小说家不愿通俗或假通俗的情状——这已然达到了一种从前难于达到的创作自由。在这里,在对这种创作主体精神自由的强调中,我们似乎还能依稀辨认出其"女神"式浪漫主义气质。

---

① 郭沫若.读了《李家庄的变迁》[J].文萃,1946(49).

不过,郭沫若此时的评论,也非完全无政治功利的目的。他对赵树理创作精神自由的赞誉,也含有明显地宣传解放区文艺创作环境自由的目的。解放区文艺环境对身处国统区言论受限制的作家、读者来说,充满了极大吸引力,赞美赵树理创作的自由,客观上是在展示"解放区的天是明朗的天"。由于解放区和国统区政治环境的差异,面对不同读者,周扬与郭沫若对赵树理小说阅读效果的预期并不相同。在解放区,革命的首要任务是与日寇和国民党进行斗争,在此基础上要求文艺要为革命服务,《讲话》强调文艺与政治的关系,强调对作家主体性的改造,因此周扬强调赵树理小说创作是对毛泽东《讲话》精神的实践,将其树立为解放区作家学习的榜样,以此来改造解放区作家创作时的自由化、个人化。而在国统区,郭沫若面对的首要问题还不是改造知识分子主体性的问题,而是如何向不满意于国统区的创作环境、不"自由"的知识分子、读者宣传解放区如何"光明""自由"的问题,因此在赞誉赵树理小说时也潜在地向国统区读者展示解放区文艺环境的自由以吸引、争取更多的知识分子。

不过,细究赵树理小说创作以及《讲话》后解放区的文艺环境,赵树理所处的"自由的环境"和创作的"自由的展开",与郭沫若的想象又显然有着不同,郭沫若实际上是把赵树理所处的乡村民间文化空间置换成了解放区自由的文化空间。从内容上说,赵树理小说确实如周扬评价的是在表现"被解放了的广大农村中,经历了而且正经历着巨大的变化",但从小说艺术上说,赵树理究竟处在怎样"自由的环境"中得到"自由的展开"呢? 对赵树理多有研究的席扬说:"怡人性情的地方戏曲,游走四方的说书艺人,流行于田间炕头的板书及出现在人们调侃之间的'顺口溜'式的诗的创作,给予赵树理的是一种极自然的陶冶,是对他在趣味牵导下审美创造冲动的自然诱发。审美创造和接受的自由氛围,创造者与接受者的非功利性的对应契合以及在此基础上对每一个有志于审美的后来者自由的诱惑,形成了赵树理既不同于五四'理性自由',又不同于延安时代'共性自由'的审美创造的自由意念。"①这一看法并不认同赵树理的自由创作精神源于解放区自由的创作环境,而认为是源于乡村自足文化对他的陶冶和赵树理对乡土自足文化的自信。其实被当作赵树理经典之作的《小二黑结婚》和《李有才板话》都创作于《讲话》公开发表之前②,有论者也认为这些作品的艺术特点都源于赵树理 1935 年发

---

① 席扬.面对现代的审察——赵树理创作的一个侧视[M]//多维整合与雅俗同构——赵树理和"山药蛋派"新论.北京:中国社会科学出版社,2004:47.

② 王瑶.赵树理的文学成就[M]//陈荒煤,等.赵树理研究文集:上卷 近二十年赵树理研究选萃.北京:中国文联出版公司,1998;董大中.《讲话》与赵树理[M]//董大中.你不知道的赵树理.太原:北岳文艺出版社,2006.

表的长篇小说《盘龙峪》①。在"文革"初，晚年的赵树理在谈到自己创作道路时，还特别回忆到儿时在农村八音会的自由生活情景②。我们也多在赵树理小说中看到相类似的场景，如《盘龙峪》中十二个农家小伙的结拜唱戏，《李有才板话》中村西大槐树下、李有才窑洞里、打谷场上大家的闲谈，《刘二和与王继圣》中六个放牛娃在山坡上的纵情演戏等。在这样的普通乡民享有的属于他们自己的、自由自在的话语、文化空间中，赵树理培植了自己"自由"的创作精神。这也许正是曾与赵树理共事五年之久的汪曾祺在晚年说的，"赵树理最可赞处，是他脱出了所有人给他规范的赵树理模式，而自得其乐地活出了一份好情趣"③。郭沫若正是深深羡慕于赵树理这种自由自在的创作精神，而将其小说比作是"原野中的一株大树子"。但同样是"自由"这个词，其所意指的对象却实在有很大的不同。

三、茅盾："斗争"主题与"民族形式"认识的错位

茅盾是国统区评论赵树理小说的第二位重要人物。在看到周扬带来的赵树理小说后，茅盾在 1946 年 9 月 29 日上海刊行的《群众》第 12 卷第 10 期上发表评论赵树理小说的第一篇文章《关于〈李有才板话〉》，与郭沫若的热情夸赞不同，茅盾对赵树理小说的最初感觉要平淡得多。茅盾认同周扬说的《李有才板话》是在描写"农民与地主的斗争"的看法，但与周扬强调阶级斗争的激烈、残酷不同，茅盾强调的却是解放区斗争的"温和"、民主："《李有才板话》让我们看见了解放区的农民生活改善的斗争过程和真相，使我们知道此所谓'斗争'实在温和得很，不但开大会由群众举出土劣地主的不法行为与侵占他人财产的证据，同时也让地主自

---

① 李国涛认为赵树理小说艺术成熟的时间是在写作《盘龙峪》的 1934 年(李国涛. 赵树理艺术成熟的标志——读《盘龙峪》(第一章)札记[J]. 汾水，1981(11))；董大中认为《盘龙峪》的小说特点"正是作家此后多年小说创作中所表现出来的主要之点"(董大中. 在文艺民族化、大众化的道路上——介绍赵树理的一批佚文[M]//中国作家协会山西分会. 赵树理学术讨论会纪念文集. 太原：中国作家协会山西分会，1982.)；后来李锐认为"赵树理所有的创作，无论是《小二黑结婚》《李有才板话》，还是《李家庄的变迁》《灵泉洞》等，都是以《盘龙峪》为出发点的"，甚至认为《盘龙峪》(第一章)的"艺术境界远在赵树理其他的作品之上"。(李锐. 谁看秋月春风[J]. 读书，2002(11))。

② 在经历过各种时代风暴带给他的荣辱悲喜后，60 岁的赵树理在 1966 年冬写的交待材料《回忆历史 认识自己》中有段深情回忆："我生在农村，中农家庭，父亲是给'八音会'里拉弦的。那时'八音会'的领导人是个老贫农，五个儿子都没有娶上媳妇，都能打能唱，乐器就在他们家，每年冬季的夜里，和农忙的雨天，我们就常到他家里凑热闹。在不打不唱的时候，就没头没尾地漫谈。往往是俏皮话联成串，随时引起轰堂大笑，这便是我初级的语言学校。"见赵树理. 赵树理文集(4)[M]. 北京：中国工人出版社，2000:2117.

③ 红药. 话说赵树理和沈从文——记汪曾祺先生一席谈[N]. 文学报，1990 – 10 – 18.

己辩护。近来有些人一听到'斗争'两字便联想到杀人流血,凄惨恐慌(这都是听惯了反动派的宣传之故),遂以为'改善农民生活'乃理所当然,而用'斗争'手段则未免'不温和';哪里知道解放区的'斗争'实在比普通的非解放区的地主老爷下乡讨租所取的手段要'温和'了千百倍呀!"对国统区读者强调解放区"斗争"的"温和"性、民主性,这当然也是想达到"解放区的天是明朗的天"的宣传效果。不过,茅盾的这种评论也显现出其当初并没有完全领会毛泽东《讲话》的真正意义。毛泽东在《讲话》中明确强调革命的文艺应当把日常中人们受压迫、受剥削的事实、现象集中起来,"把其中的矛盾和斗争典型化,造成文学作品或艺术作品,就能使人民群众惊醒起来,感奋起来,推动人民群众走向团结和斗争,实行改造自己的环境"①。然而在茅盾眼里,《小二黑结婚》《李有才板话》中的农村虽发生着思想的变化,但仍旧是乡村田园式的,而不是周扬眼中进行着阶级斗争的世界。

不过,到 12 月《文萃》第 2 卷第 10 期发表《论赵树理的小说》时,茅盾的论调却发生了巨大转变,文章劈头一句"赵树理先生是在血淋淋的斗争生活中经验过来的,而这经验的告白就是小说《李家庄的变迁》",就将赵树理小说完全带入一种残酷的阶级斗争和政治视野中。茅盾认为李家庄是"中国北方广大农村的缩影",代表了"受欺诈与压迫最深重的山西农村","待八路军开展了民众运动……血淋淋的斗争开始了"。在把李家庄的故事置放到革命起源的叙述话语中后,茅盾指出,农民与地主之间的斗争是"长期的,多变化的,艰苦的;有挫折、有牺牲"的,赵树理的意义,就在于"不讳饰农民的落后性",明确"站在人民的立场",写出了"农民之坚强的民族意识及其恩仇分明的斗争精神"。至此,茅盾开始用非常明确的阶级意识评论赵树理小说,并如周扬一样把它与延安的政治和文艺运动相联系,认为《李家庄的变迁》"不但是解放区生活的一部成功的小说,并且也是'整风'以后文艺作品所达到的高度水准之例证。……表示了'整风'运动对于一个文艺工作者在思想和技巧的修养上会有怎样深厚的影响"。

在看到《讲话》之前与之后,赵树理小说无论在内容上还是在艺术上确实都有些变化。《小二黑结婚》《李有才板话》中的乡村世界仍是一个遵守传统道德伦理秩序的世界,《李家庄的变迁》却明显突出了阶级斗争主题。金旺和兴旺想霸占小芹,阎恒元想多占村中土地,使他们都成了村人眼中破坏乡村道德伦理秩序的恶人、坏人,但村民与他们的矛盾并没被提升到你死我活的阶级斗争程度。《李家庄的变迁》前半部分,铁锁因一颗小树苗被李如珍等逼得家破人亡后背井离乡,其后在太原遇到共产党员小常获得阶级意识启蒙,是一个典型的农村革命意识如何起

---

① 毛泽东.毛泽东选集[M].北京:人民出版社 1990:818.

源、革命如何发生的故事,明显地标示出《讲话》对赵树理小说创作的影响。但小说后半部分讲述抗战时期李家庄不同人物的遭遇,却又让民族矛盾冲淡了阶级斗争意识,小说叙述的价值评判又退回到了传统的乡村道德伦理秩序中。抗战的爆发,使铁锁再度退入乡村生活背景中,小说的阶级意识被冲淡,在民族矛盾的背景中,乡村传统价值再度凸显。小说中的人物也不再以贫富、阶级标准划线,而以美丑、善恶、好坏分成了不同的种类,生意人福顺昌掌柜王安福并没有变成土豪劣绅,却成了与李如珍形成鲜明对照的爱国绅士;穷人社首小毛却当了李如珍欺压村民的帮凶。赵树理"对这些人物的评价并不是来自于阶级理论,来自于政治标准,而是来自于普通农民所有的道德标准"①,这一标准其实也就是《小二黑结婚》《李有才板话》中原有的价值标准。

茅盾是"五四"文学研究会的主要理论家,20世纪30年代创作了大量"社会剖析小说",强调客观、理性地反映时代和社会生活是他小说创作、批评观念的核心。因而,最初看到赵树理小说《小二黑结婚》《李有才板话》时,首先引起他注意的是小说对解放区生活的真实反映,因此并没有特别强调其中的阶级斗争内容。但当面对《李家庄的变迁》这部前后意识有着明显变化的小说,他却没有强调它对社会生活的理性、客观,而突出小说叙述中预设的阶级意识,强调阶级斗争的残酷性,有意无意地忽视小说后半部反映社会历史的复杂内容。在这样的话语方式中,可以看出,茅盾向解放区文艺思想界所要求的阶级斗争理论的靠拢。

茅盾对赵树理小说前后评价的转变,也表现在他对赵树理小说"民族形式"的颇显错位的评论上。由于忽略掉了对赵树理小说前后变化以及《李家庄的变迁》文本复杂性的注意,茅盾在有关赵树理小说"民族形式"问题上的看法跟其实际就出现了不小的错位。茅盾在《关于〈李有才板话〉》中说赵树理小说创造了"进向民族形式的""新"形式,在《论赵树理的小说》中说《李家庄的变迁》"是走向民族形式的一个里程碑",比较前后两文,在"民族形式"这一问题上其对《李家庄的变迁》的定调明显高过《李有才板话》。

但实际的情况是,《李家庄的变迁》前半部完全以中心人物铁锁的遭遇展开,单线条的结构、典型化的手法、心理描写运用,这些叙述形式上的特点表明,赵树理在其中尝试的,正是较为典型的五四以来现实主义小说的手法。这与之前写作《盘龙峪》《小二黑结婚》《李有才板话》时,他所采用的,串连多个小故事成一整体,最终实现对西坪村、刘家峧、闫家山等村庄"包罗万象"式反映的传统"珠花

---

① 董之林. 关于"十七年"文学研究的历史反思——以赵树理小说为例[J]. 中国社会科学, 2006(4).

式"结构,明显地大异其趣。虽然《李家庄的变迁》后半部又回到了传统的小说写法,铁锁回村后融入整个村庄生活背景,小说没了中心人物,叙事方式又重新变成由多个人物故事构成的村庄整体变迁,但要说这部小说比之前的创作更"走向民族形式",却显然显得有些证据不足。赵树理看到《讲话》前的小说,多借鉴民间传统文学形式,并因之曾被解放区持五四文学标准的作家、批评家所瞧不起,看到《讲话》之后创作的《李家庄的变迁》,前半部的写法开始有意无意地表露出向五四以来现实主义靠拢的迹象,但在实际创作中,他在采用这种新的结构手法上,又显得多少有些力不胜任,这就决定了在小说的后半部,他又不得不回到自己娴熟的传统小说结构。

应该说赵树理在 1934 年《盘龙峪》的创作中就开始了自己的"民族形式"创造尝试①,其可以看作是对"五四"以来新文学过于西化所进行的自觉纠偏,但却和茅盾所代表的那种现实主义实践存在着明显的冲突。

四、邵荃麟、朱自清等人的赞扬与批评

在解放区外,除过郭沫若和茅盾,其他评论者也依据各自的文艺观念对赵树理小说进行了评论,赞扬中也有批评,进一步体现了对赵树理评论的复杂性。

1947 年 4 月邵荃麟在《文艺生活》光复版第 13 期上发表《评〈李家庄的变迁〉》,其首先关注的是作者与书写对象之间的关系,认为赵树理之前的小说作者对农民都带有"垂怜他们,同情他们,或是过分夸大他们的精神性格,不然就是取笑他们的愚蠢"的小资产阶级情感,而赵树理"完全是从农民的生活与实践中去取得人民的思想感情,而以这种有血有肉的思想感情作为他创作的出发点的";这种思想情感立场,让赵树理小说具有一种"朴素的真实""清新、朴素和健康"的艺术风格。周作人在 20 世纪 20 年代谈新文学时曾认为作者面对书写对象,"既不坐在上面,自命为才子佳人,又不立在下风,颂扬英雄豪杰,只自认是人类中的一个单体",明确反对浅薄的人道主义同情;②鲁迅在 30 年代谈大众化时也认为作家要"不看轻自己,以为是大家的戏子,也不看轻别人,当作自己的喽罗。他只是大众中的一个人……"③。赵树理 30 年代起就立志要做"文摊文学家",作者与对象的这种平等相融关系在这里为邵荃麟所首肯。不过邵荃麟又从现实主义文学的

---

① 马超,郭文元.《盘龙峪》:赵树理小说艺术民族化的初步尝试[J].当代文坛,2012(3).
② 周作人.平民的文学[M]//钟叔河.周作人散文全集:(2).桂林:广西师范大学出版社,2009:104.
③ 鲁迅.门外文谈[M]//鲁迅.鲁迅全集:第6卷.北京:人民文学出版社,2005:104-105.

角度,认为《李家庄的变迁》在艺术上还有一些缺憾,如铁锁的典型性还不够,作者对人物内在精神的刻画还不够深刻,小说结构前紧后松,全书叙述多于描写等。虽然他赞扬这是"一本值得推荐的人民文艺作品,至少在文艺大众化上,它是向前跨了一步",但并不是一味说好,而是把握了严格的文学评论尺度。

与邵荃麟的批评相类似,1947年杨文耕在上海《文艺复兴》《群众》两刊上发表《〈李有才板话〉》和《〈李有才板话〉的测评》,在肯定赵树理小说的泥土气息时,也依据现实主义文学标准认为《小二黑结婚》《李有才板话》很少提及"农民所受的更多的痛苦压迫",小说艺术方面"没有一个完整的艺术形象的造塑",人物形象的刻画不够细腻,在创作的艺术技巧表现方面"不能把它当小说来读",只能当其是"两篇风趣格调新颖的散文罢了"。

国统区中,朱自清从文学大众化角度也对赵树理小说有过评论。查看朱自清日记,他是在1947年2月15日读完《李有才板话》、3月28日读完《李家庄的变迁》的,认为赵树理小说"是一种新题材的小说"。①4月28日朱自清发表《论通俗化》②,在新文学通俗化、大众化的思潮史框架中论及赵树理,认为"民众的生活大大的改变,他们自己先在旧瓶里装上新酒,那么用起旧形式来意义才会不同……有些地方的民众究竟大变了,他们先在旧瓶里装上了新酒",赵树理《李有才板话》中"快板"语言的出现,就是因为先"有了那种生活,才有那种农民,才有那种快板,才有快板里那种新的语言",赵树理小说中"快板和那些故事的语言或文体都尽量扬弃了民族形式的封建气氛,而采取了改变中的农民的活的口语",最后他提出了赵树理小说"是在结束通俗化而开始了大众化"的独特看法。后来,朱自清特意区分了"通俗化"和"大众化"文艺:"'通俗化'还分别雅俗,还是'雅俗共赏'的路,大众化却更进一步要达到那没有雅俗之分,只有'共赏'的局面"③。可见,朱自清对赵树理小说从文学层面给予了很高的评价。不过,针对有人提出"《李有才板话》虽好可是不想重读"的观点,他虽发表《论百读不厌》④一文,从小说与诗文阅读审美的不同,说"《李家庄的变迁》即使没有人想重读一遍,也不会减少它的价值,它的好",然而在这种辩护中又举鲁迅、茅盾小说的耐读和趣味,委婉地表达了对于通俗易懂、较为透明作品的价值评判的困惑。

两年后,邵荃麟再写评论文章《〈李家庄的变迁〉》⑤,与前文强调赵树理小说

---

① 朱自清,朱乔森. 朱自清全集:第10卷[M].南京:江苏教育出版社,1998:449.

② 朱自清. 论通俗化[N]. 燕京新闻(副刊),1947 – 04 – 28.

③ 朱自清. 论雅俗共赏[J]. 观察,1947,3(11).

④ 朱自清. 论百读不厌[J]. 文讯,1947(5).

⑤ 荃麟,葛琴. 文学作品选读[M].北京:生活·读书·新知三联书店,1949:304 – 310.

的文学性不同,明显转向了对小说政治意义的强调。文章首先提及 1942 年延安召开的文艺座谈会,把赵树理小说放在《讲话》要求的文艺框架内,从小说写作的历史背景、反映的社会现实、采用的阶级观点三方面来论述小说特点,认为"作者是站在阶级的观点上去认识现实和处理其题材的","深刻地反映出现实的历史与社会的内容",在论及小说艺术时,去掉了前文中提及的铁锁形象不够典型、人物内在精神不深刻等问题。前后两文比较,对赵树理小说的评论,前文主要是在小说艺术性方面展开,后文明显受解放区文艺评论思想的影响而突出了政治性。

　　1946—1947 年,还有一些评论文章,如渥丹《从李有才板话说起》①、陈亚民《说〈李有才板话〉》②、沙鸥《诗的一个趋向——试论〈李有才板话〉中的诗》③、晓歌《赵树理的风格及其他》④、劳辛《略谈北方的新型文艺》⑤、南京大学北极星社《〈李有才板话〉座谈总结》⑥,文生中环组《〈李有才板话〉讨论总结》⑦等,这类文章明显受解放区对赵树理评价的影响,在评论赵树理小说时,将政治性和艺术性糅合在一起,先肯定赵树理对农民斗争生活真实描写和小说中阶级斗争的政治主题,然后肯定小说的通俗化语言以及艺术的民族形式,评价最终或隐或显地印证着毛泽东《讲话》的正确性,其与解放区对赵树理小说的评价相去不远。

五、胡风的沉默与沈从文的只言片语

　　值得深思的还有,在这一时期赵树理小说在解放区之外的传播中,作为重要的左翼理论家,胡风对其却保持了意味深长的沉默。1946 年 7 月底周扬到达上海后专程去会见过胡风,并谈及赵树理小说。⑧ 然而胡风却对这一周扬论定是"实践了毛泽东同志文艺方向"的解放区代表作家始终不置一词,恐怕既与他和赵树理看待文学与生活关系的态度,也与他们对于"民族形式"实践的不同态度有关。一方面,作为一位有着自己思想的理论家,胡风对作为新文学传统主流的现实主

---

① 　渥丹. 从《李有才板话》说起[N].新华日报,1946 - 11 - 02.
② 　陈亚民. 说《李有才板话》[N].新华日报,1947 - 01 - 28.
③ 　沙鸥. 诗的一个趋向——试论《李有才板话》中的诗[N].新华日报,1947 - 02 - 08.
④ 　晓歌. 赵树理的风格及其他[N].文汇报,1947 - 04 - 03.
⑤ 　劳辛. 略谈北方的新型文艺[J].文艺知识连丛(第 1 集),1947 年 7 月 1 日。
⑥ 　南京大学北极星社.《李有才板话》座谈总结[J].文艺知识连丛(第 1 集),1947 年 7 月 1 日。
⑦ 　文生中环组.《李有才板话》讨论总结[J].文艺生活(光复版),1947(18).
⑧ 　《胡风回忆录》中提及过 1946 年 7 月周扬到上海后与胡风的会面,"周扬来访……他和我谈到延安的一些老朋友和作家们的情况,如对赵树理作品的推崇等。"见胡风. 胡风回忆录[M].北京:人民文学出版社,2005:379.

义有着独到的理解,从深化"五四传统的现实主义方法"出发,胡风认为作家应把"丰富的现实"化为"自己的血肉",提出"主观战斗精神"说,强调作家在创作过程中的主观能动作用,这一点显然和赵树理务实农民式的现实主义大异其趣;另一方面,"民族形式"的提倡对于传统文艺形式的看重,也与一向坚持新文学"五四"传统及学习外国文学的胡风的文艺思想,存在着深层的分歧。正因如此,早在1944年的重庆,胡风的思想就和刚刚传播到国统区的《讲话》精神发生了激烈的冲突。明了这一点,或许也就明了了为什么在赵树理小说在国统区引起广泛注意的时刻,一向对新文学发展趋势给予密切关注的胡风,对此却保持了奇怪的沉默。

同样值得注意的还有,也就是在这一时期,赵树理小说也进入了京派作家沈从文的视野。沈从文在1947年9月10日写的一封信中偶尔提及赵树理,认为其小说题材与芦焚、废名、沙汀、艾芜等人作品"同属一型"又"稍近变革"。① 有论者据此推断,沈从文此前一定读过赵树理的《李有才板话》,并且深察其特征。② 建国初沈从文在私人信件中多次谈及赵树理小说,不过评论并不高,他说赵树理的《李家庄的变迁》"叙事朴质,写事好,写人也好,惟写过程不大透,有些如从《老残游记》章回出来的。背景略于表现,南方读者恐不容易得正确印象。是美中不足"③。在肯定中委婉地批评了赵树理在写人叙事时对背景描写和心理描写的忽视。可见,受"五四"文学滋养的沈从文,内心并不喜欢这种"只写故事,不写背景"的作品。30年代开始,沈从文构建他的"湘西世界",把小说艺术中文字、语言的表现当成一种"抒情",认为文学是"情绪的体操""情绪的散步",这种因要描绘"自己的心和梦的历史"的文学理想完全迥异于解放区强调政治斗争的文学。胡风和沈从文是顺着鲁迅、周作人等开辟的"人的文学"的发展道路,分别在深化现实主义中提出了"主观战斗精神",在继承浪漫主义文学传统中提出了"抽象的抒情",对中国文学有自己的想象,其文学思想均异于赵树理,也相异于《讲话》精神。

在1946—1947年有组织、有规模地在解放区内外出版发行赵树理小说,并于1947年8月明确提出"赵树理方向",论定赵树理小说是"最具体的实践了毛主席的文艺方针"之后不久,赵树理却又很快遭到解放区内部的批评。在从1948年年末到1949年年初约一个月时间内,《人民日报》连续发表有关《邪不压正》的六篇争鸣文章,对它的批评总体上多于肯定。解放区文学内部对赵树理小说评价的这种变化,已然再一次触及新的中国文学的如何规范化的问题。随着政治革命的胜

---

① 沈从文.一首诗的讨论[M]//沈从文全集:(17).太原:北岳文艺出版社,2009:461.

② 任葆华.沈从文与与赵树理[J].新文学史料,2008(3).

③ 沈从文.沈从文全集:(19)[M].太原:北岳文艺出版社,2009:296.

利,一种要求更加鲜明地服务于政治的文学新规范呼之欲出,赵树理小说中存留的"原野"气息,逐渐显得不合时宜,在这样的背景下,先前解放区之外赵树理评论中的那些意义不同的声音,也就自然而然地失去了人们的注意。然而,回看1946—1947 年赵树理小说在解放区外传播与引起回响的这段经历,在看到不同人、不同阶段对当时政治文化环境对文学召唤的不同理解和对中国文学"现代性"想象的差异时,也使我们对中国当现代文学演进中复杂的思想交流、错位、融为一体过程有更加深入的了解。

注:本文曾发表在《中国现代文学研究丛刊》2015 年 11 月 15 日

论新世纪文学与新文学传统

张继红 *

作为中国当代文学自然生发的新阶段,新世纪文学正经历着"历时性世纪跨越"与"共时性当下转型"的时代难题。以动态的文学传统观确证、辨析和诠释新文学传统,并以底层表述、城乡关系书写等话语方式和题材类型在新文学传统中的流变为例,评估新世纪文学书写形态和审美精神的常与变,确定文学史坐标中新世纪文学在跨越线性文学史时间、创造共时性审美空间的时代文学特征,可为新世纪文学建立一种当下性诠释的理论依据。

新世纪文学是中国当代文学自然生发的新阶段,也是当下中国文学世纪转型的典型显现。这一转型既是中国新文学突破旧文学传统,介入现实、关切当下的现代文学精神的延续,也彰显出世纪之初文学书写在题材类型、叙事方式、精神姿态等诸多领域的世纪新变,其中文学与启蒙、文学与乡土、文学与底层、文学与政治等等新文学初期几个经论争、复返的问题,在历经一个世纪后再次集中涌现,这既是新文学未竟的事业,也是当下文学面临的时代课题。近几年,随着新世纪时间长度的增加,文学传播意识的增强,以及文学创作的勃兴与壮大,新世纪文学的"入史"意识亦渐趋明显。新世纪文学本身已初具"断代"特征和研究基础。

但是,新世纪文学是否已与新文学一样乃一种历史性的命名,作为正在生长和壮大的新阶段文学,其与中国新文学传统的精神联系何在? 如何确当地定位20世纪中国文学视域下的新世纪文学? 如何评介诸如新世纪文学中的"新乡土文学""底层文学""网络文学""青春写作""生态文学"等驳杂的文学形态对新文学传统的续接和突破,又以怎样的价值判断切入当下社会状况,传递"中国经验"? 即在新世纪文学的批评和研究中,建立一种当下性诠释的评判依据和后果性评价

---

* 作者简介:张继红(1978—),男,甘肃甘谷人,天水师范学院文学与文化传播学院教授,主要从事中国现当代文学研究。

的理论参考,以打开新世纪文学的研究空间,凸显当下文学的世纪新变,最终建构中国文学精神的自足与自信,就显得非常有必要。

一、"历时性世纪跨越"与"共时性当下转型"

在新世纪文学仍处于命名的合法性争议过程中,新世纪文学研究也开始走向专题化和深细化,有关文学史资源、文学语境的世纪转型、新文学坐标中的新世纪文学等领域成为批评界热议的话题。这些话题的集结,较为真实地体现了新世纪文学在世纪之初正经历的"历时性世纪跨越"与"共时性当下转型"的时代难题,即新世纪文学如何跨越线性的文学史时间,确证共时空间内文学的当下性审美特征。

第一,断裂论。在介入新世纪文学与新文学传统关系的论述中,"断裂论"是一种典型的新世纪文学史观。20世纪末21世纪初,南京作家韩东、朱文、鲁羊等50多位作家在20世纪末以"断裂"为题,开展了质疑既有文学传统、挑战现存文学秩序的活动,特别对"五四"以来的新文学传统"公开挑战",以预言新世纪文学必须"重新想象中国"。这一观点有意标举新世纪文学与"20世纪中国文学"的差异,即"与过去决裂"。"断裂论"者认为,"我们要划分的是一个空间概念,即同一时间内存在两种水火不容的写作","如果我们的写作是写作,那么一些人的写作就不是写作……我们必须从现有的文学秩序之上断裂开来"。"断裂论"是一种决绝的文学行为,并以一种非此即彼的、"水火不容"的写作方式确立"此后文学"将是一种全新的"新生代""新状态"文学,而不是其他。这一极端的断裂宣言,事实上直接催生了新世纪文学"青春写作""网络写作"等"新状态文学"的繁荣。在新世纪文学的合法性命名时期,姚晓雷、张颐武、邵燕君等批评家也在21世纪初断言:网络时代的当代文学是新文学传统的断裂,即"基于现代理性基础"的新文学传统和以"理想"和"想象"彰显自身的文学精神已荡然无存,即使阎连科、韩少功、北村等知名作家的"信仰叙事"和"理想叙事",也只是一种"纸糊现象",新生代作家郭敬明、李傻傻、张悦然等的写作姿态乃是一种"精神爬行",这一论断意在显现自20世纪90年代以来的文学从总体上已显现对"'五四'新文学以来中国文学表现本土社会历史"文学传统的断裂。如果说,韩东、朱文等作家的"断裂"带有一种决绝的反叛的话,姚晓雷、张颐武等评论家的"断裂论"则是对价值理性溃败的担忧。同时,与"断裂论"相关,程光炜、南帆、龙扬志等批评家亦有意识地介入这一论题,并对上述两种"断裂"价值取向进行回应。自此,新世纪文学与新文学传统何以断裂、能否断裂等讨论逐渐深入到文学传统的承续与断裂的文学史观。

当然,"断裂论"更多显现出的是一种求新求变的急切,是以新文学传统为参照,寄寓新世纪文学一种实现"表现社会历史深度"的理想。但是在启蒙文化受压抑,资本与市场合谋,消费文化盛行的复合语境下,考察新世纪文学是否与新文学传统断裂,无法回避的问题则是,如何重回当下语境,而不是一种想象的预设。所以,"断裂论"有意"切断"新世纪文学与此前的文学史的关系,显示出一种"超越"过往的功利意识,是一种以"时间概念的断裂性"否定"历史概念的连续性"的"文学进化论"。表现出"新生代"作家彰显自我的世纪末焦虑,也是新锐批评家意欲确证新世纪文学自足性和排他性的主观意愿。诚如程光炜所言,"断裂"将是一种"难以立足的文学史概念"。

第二,整体转型说。同样在新世纪文学仍处于命名的合法性争议过程中,雷达、於可训、张未民等批评家曾不约而同地从"新时期文学与新世纪文学是一个整体"的角度为新世纪文学正名,而孟繁华、贺绍俊、张清华亦倡导"以'新世纪文学'为跨世纪的新阶段文学命名",并将新世纪文学的命名上溯于陈平原、钱理群、黄子平提出的"20世纪中国文学"观。在这里,批评家们立足于在新时期以来的文学史长度中定位新世纪文学,而不是将其孤立。比如雷达、张炯、张未民曾借重陈思和的"新文学整体观"的宏观理论,以"现代性烛照观""民族灵魂的发现与重铸论"等观念,提出"中国现当代文学是一个整体",新世纪文学是一种"自然生长"的"文学常态",是对1990年代以来文学状态的延续等观点。可见,"整体观"研究,以时间概念的宽泛性和学理含义的整体性将新世纪文学纳入新文学整体发展的范畴,力图在其与新文学传统之间寻找一个恰当的逻辑契合点。与"整体观"相近的立论则是将跨世纪的文学阶段作为社会文化转型与文学形态嬗变的互动结果。进一步说,"整体观"强调历时性的关联,"转型说"则强调共时性的连续,并以此确立新世纪文学的自足与新质,其文学史功绩自有不可替代性。同时,在新世纪文学创作的跟踪批评过程中,丁帆、孟繁华、张颐武、李兴阳、李林荣等批评家,一方面立足于新世纪文学的转型与嬗变,以20世纪中国文学史为背景,对比新世纪文学中的"乡土叙事""进城叙事""城乡书写"等文学形态的内部关联,并进行了专题研究,强调其转型过程本身的"连续"意义,以确立新世纪文学回应当下中国现实的世纪转型意义。这一方法比较及时地拓展了新世纪文学与新文学传统专题研究的新空间。

另外,与专题性的整体观照相关,陈晓明、张颐武、孟繁华等前沿批评家,仍然强调世纪末文学与文化转型中新世纪文学的结构性意义。论者认为,新世纪文学不再像"辉煌的20世纪文学"一样成为中国社会文化想象的中心,而"只是文化想象不可或缺的一种构成",现实主义写作也在世纪初开始了"再一次本土化"的文化转向,这是中国文化内部出现的、最重要的"文化转型"完成的标志。这也昭示了审美与媒介的转型的重要性。

从上述有关新世纪文学转型和跨越的文学史观来看,传统的文学场域与新媒体文学的交汇、传统的文学价值与新生的社会语境遇合,必将在新世纪产生一种有异于新文学传统"审美方式和艺术形式"。文学转型在物理时间的跨越与共时空间的文学范式之间的矛盾,均已显现出新世纪文学以新文学传统为参照以确立其新质的"历时性跨越"与"共时性转型"的世纪焦虑。在得出这一结论时,另一个问题也随即产生了,即当新世纪文学要面对这一个世纪难题时,我们是否应该追问:新世纪文学究竟在参照、回应怎样一种新文学传统呢?

二、确认传统与"对话"传统

上述新世纪与新文学传统关系的建构性表达,是以文学表征为出发点,以"时间"变化为逻辑观照点进行对比的评价,在很大程度上为新世纪文学的自足性和科学性提供了理论参考依据。但是,由于新世纪文学创作时间较短,文学作品经典化的程度仍不够高,此前的批评预设和建构行为也存在着明显的问题,比如既然要观照新文学长度视域中的新世纪文学,那么我们该如何确认其与新文学传统的关系,二者能否对话,以怎样的姿态对话?

第一,新文学传统的确认及其可阐释性。通过上文对新世纪文学"在场"批评者介入状况的梳理可以看出,尽管"断裂论""转型说"等诸种观念均已意识到"新世纪文学"与"新文学传统"乃至"20世纪中国文学"之间的重要关系,但是对于"新文学传统观"本身的梳理和确认尚不够明晰。作为一种丰富多义的历史文本,新文学传统到底怎样,有没有一种直接"为我所用"的传统,或者应该以怎样的阐释进入传统,这在新世纪研究领域仍是一个有待探究的难题。

从新文学发展史的角度看,"新文学传统观"的形成是在五四新文学革命时期,其新最初体现在反传统的立场层面,即在语言、文体、思想等方面相对于中国古典文学而彰显的标新立异,这是最初形成的新传统,此后在不同的社会语境和回望传统的20世纪中国文学史评判中,有关新文学传统的内质界定几经争论和辨析,逐渐形成了四种新文学传统的学说,即周扬、冯雪峰、王瑶、支克坚、黄曼君等学者的"革命说";李泽厚首倡,朱寿桐、杨春时等学者发展的"启蒙说";王瑶、陈平原、钱理群、黄子平、朱德发等学者的"现代说",以及温儒敏、洪子诚、陈晓明等学者提出的"新传统说"。四种学说,在不同的历史语境下,或强调新文学中思想革命与社会革命传统,或侧重启蒙、救亡以及超越启蒙的理性精神,或强调"启蒙现代性"与"审美现代性"的张力,或主张在新的文学语境中"重新阐释"新文学传统,其目的在于反观和建构其对于不同时代、不同价值系统的文学意义。比如,从思想史的角度看,以启蒙为主的"人的文学"传统和关注无产阶级大众的"人民文学"传统,前者侧重于对"人的发现与解放",是缘起于"从'五四'开始的人民文学运动","沿着为工农兵服务的方向",按"社会主义现实主义原则",并以"接近群众的语言描写现实生活和斗争的人民文学",这是出于革命现实主义文艺合法性的阐释,在客观上又促成了"人民文学"新传统的形成。已故文学史家支克坚在论述这两种新文学传统的关系及意义时认为,学术界一般认同的新文学传统就是"五四"时期的新文学,多把目光集中在西方文学的刺激与启迪方面,注重知识分子对社会发展的意义,强调以精英立场启蒙大众以完成社会改造的文学理想,忽视了"人民文学"的历史价值。而陈平原认为,新文学是传统文学的创造性转化,因为中国是一个自身不断变化的实体,具有自己的运动能力和强有力的内在方向感。在陈平原看来,在新文学传统的形成因素中,外来文化的影响只起刺激和促进作用,真正起决定作用的变革动力来自文学、文化传统内部,正如周作人把新文学的源流和明末文学运动联系在一起——这一观念与胡适把新文学的源流和一千多年前的白话文学现象联系在一起有根本的区别;周作人则特别强调"五四"文学传统中形成的文体革命、思想革命以及社会革命的重大意义。也就是说,欲言传统,必先分清传统形成与发展的脉络,进一步说,欲言传统,必先确立传统之为传统的话语谱系及其当下价值,否则从外部"链接"传统的努力仍将成为一种想当然的话语行为。

第二,动态阐释,作为"对话"传统的传统观。诸多肯定新世纪文学与新文学传统关系的论述,仍局限于"就传统论传统",是一种理论的演绎,其价值判断要么肯定传统的功用,放大新文学传统的当下价值,是一种静态的文学传统观;要么有意"阻断"当下正在生成和新变中的文学传统,缺少"对话"传统的意识,其结果是封闭了文学资源和文学传统,难以对新世纪文学做出确当的当下性价值判断。所以,与怎样的传统观"对话"新文学传统事关新世纪文学观念根基的形成。诚然,新世纪文学与新文学精神一脉相承,这已是定论,但两个阶段的历史语境迥异。比如,"底层书写"、"新乡土叙事""网络文学"等呈现出与"20世纪中国文学"某种"连续"与"断裂",这一系列文学形态的社会、文化环境与新文学传统之间的区别首先在于表达形态,这在很多论者那里都有所体现,也容易得到认定,难的是如何在两个不同时期的文学表现方式中作宏观的文学史辨析,并对两阶段文学书写的文学史意义予以深度分析,如果仍流于在"20世纪中国文学"资源中截取某一种思潮或话语片段,并与新世纪文学做对比、比附式的关联性连接,缺乏一种宏观的文学史视野和当下性诠释的开放眼光,也就很难将新世纪文学置于新文学传统及其精神资源序列当中做出细致的考量。

事实上,传统既可以是一棵大树,供后人纳凉,也可能是一个包袱,使后人囿于既成惯例。所以,对文化传统的认知意义在于文本自身具有的结构性特征与阐释理解文本的辩证运动中,正如雷蒙·威廉斯在《文化分析》所言,"在一个整体社会中,在它的全部活动之中,文化传统可被看做对先人的持续选择和重新选择","一个社会的传统文化总是倾向于与它同时代的利益和价值系统保持一致,因为它绝对不是作品的总和,而只是一种持续的选择和阐释"。威廉斯注意到"时代的利益和价值系统"对传统"选择"的重要性,以具体时代的价值系统对传统的"选择"和建构,即一种动态的阐释传统观。

若能在动态的"文学传统观"中观照新世纪文学与新文学传统的历史生成与当下新变,在启蒙、革命、"后革命的转移"的复合语境下,择取底层文学、乡土叙事、网络文学、城市文学等新世纪勃兴的文学形态,确证新世纪文学与新文学传统之间的承继与扬弃,或关注二者之间"对话"与"潜对话",既可以丰富和阐释新文学传统,也可以在新世纪文学传统溯源中主动参与"中国文学的现代性建构"。

三、激活传统与创化传统

文学史观念中的"断裂观"也好,"转型说"也罢,在新世纪文学领域,根源于世纪之交当代中国文化出现的新态势,新格局,也折射了新型文化的内在冲突,这标志着现代性的建构仍是中国文化当代发展的根本性任务。那么,我们能否以新文学传统的生成与流变为背景,以 20 世纪中国文学史的发展与演变为参照,考察新世纪文学的生存语境,客观分析诸如乡土文化、消费文化、网络文化等新世纪文学的典型形态与典型文化之利弊,评估新世纪文学题材选择和书写方式的"常"与"变",并在新世纪文学的价值选择中分析中国文学当代发展应然的价值取向呢?我们不妨以新世纪文学中的"底层文学"和"新乡土小说"这个影响深远的文学思潮和文学形态为例,分析其对新文学传统激活和创化。

第一,底层的自我表述与新文学传统的激活。在"底层文学"成为新世纪最大的文学思潮时,即被部分论者认为底层关注古已有之,至少是"五四"新文学"为人生"文学和写"血与泪"文学传统的当下延续,同时又是左翼文学、文化在当下的复兴;也有部分论者将其置于新文学单一的启蒙话语,对新世纪文学的资源作"集体向后看"的传统追寻。从新文学与底层民众的关系来看,中国现代文学发轫之初,就已经确立了与底层民众沟通与对话的方向,这是新文学的一个可贵传统。但是,"五四"文学一直未能解决的问题恰恰是启蒙底层民众,以期民众的自我觉醒,而后者更是五四知识分子的"困惑和心结",正如鲁迅曾言:"在现在,有人以平民——工人农民——为材料,做小说做诗我们也称之为平民文学,其实这不是平民文学,因为平民还没有开口。这是另外的人从旁看见平民的生活,假托平民底口吻而说的。"在鲁迅看来,真正的"平民文学"要等到平民得到真正的解放,因为"现在的文学家都是读书人……工人农民的思想,必待工人农民得到真正的解放,然后才有真正的平民文学"。"五四"一代知识分子的难题在新文学初期并未能得到解决,鲁迅的愿景也未能在其有生之年实现。历经一个世纪后的今天,当"底层文学"同样面对质疑者"表述/被表述"的责难时,我们看到了两个世纪几乎共同的难题,即平民(或底层)能否自我发言,若不能,作家(或知识分子)代言的合法性和限度何在? 一个鲜明的倾向是,代言最有可能使作家陷入自我身份确认的道德焦虑,或因此有意"制造底层状况"而引来"道德归罪",最终仍然成为知识分子自我价值焦虑的言说方式。

那么,新世纪文学在回答"底层能否说话","底层能否自我表述"的一系列问题时,是否仍是"五四""平民文学"传统的线性延续呢? 当然不是。从书写姿态来看,将文学与现实人生发生密切关系,并将创作主体置于自我审视的地位,既是鲁迅等"五四"一代知识分子自我审视的一种途径,也是我们以此反思近代以来中国社会文化的切入点。在这种关切点中,"人道主义的深刻的理解与同情"与"个人主义的消遣与欣赏"是区别文艺的现代意识与传统观念的分水岭,也是中国新文学能否将底层作为"与自己相关的集体"并将"自己也燃烧在里边"(鲁迅)文学观念的明显界限。具体而言,就是以谁的眼光和视角看待底层,以何种价值观来定义底层,这是新文学与现实血脉相连的价值所在。在这个意义上看,"底层文学"即是对"启蒙文学"的承续。但是,新世纪"底层文学"的新质更多体现在作家群体对现时代复合语境下实践"自我表述"和"底层突围"的"新的文学精神"。

新世纪底层文学所面对的是消费时代盛行、资本与市场合谋、阶层严重分化等复合社会语境,其书写对象是这一现实状况中的"新阶层"。在这一阶层中,既有一些不能言说的"沉默的大多说",更有"开口说的少数";而后者的出现,是新文学在百年发展历程中的一种全新内变。打工文学、留守日记,以及候鸟叙事、城中村叙事等文学类型和叙事形态,已经开启了自我言说的文学新历史。尽管他们的表述不及"五四"一代知识分子的启蒙和自审意识深刻,但足以触动当下社会迟钝的神经;他们在进行自我言说时,打破了知识分子代言的想象,比如王十月、郑小琼等,他们不刻意想象"血与泪",而更多描写现代机器生产"拉"(线)上沉重的叹息,在闷罐车里焦急的乡思;当他们在异乡的水果摊上看到被挑拣的苹果,就想到和自己同为漂泊者的命运;作为建设社会大厦力量的主力军,他们能用笔墨写出自己的思念、孤独。那个"无声的世界"终于发出了自己的声音。所有这些,理所当然地成为这个时代一个庄严的时代命题。

这种表述,从主体到客体,没有"中介",没有他者想象,而是一种真切的自我表述。这一表述的出现是普通民众(平民)将自己作为心灵主体的伟大实践,也是鲁迅所期待的"平民开口"和自我表述的文学行为,更是文学审美现代性的典型显现。所以,新世纪"底层文学"中的打工文学、留守日记以及草根自述等文学样式和文学形态,一方面从底层主体言说的层面开始"部分地践行"五四一代作家启蒙理想的终极关怀,同时又激活了启蒙的、革命的历史话语。在历经一个世纪后,"底层文学"使新文学初期未完成的启蒙得以继续,也使"人的文学"未竟的文学现代性得以远距离续接。这既是一种历史主体获得解放的社会进步,更是新文学中为人生的启蒙话语、为艺术的审美话语、为政治的革命话语在新世纪文学中的当下新变。

从历史主体解放的角度看,新世纪"底层文学""打工文学"等文学形态是"被启蒙的民众"在"自我表述"中自我突围、自我救赎的书写方式,是新世纪文学对新文学传统的延续、突破与创化。

第二,乡土叙事的当代变迁与新文学传统的创化。新文学初期形成的乡土叙事传统,其思想根基建立在作家对乡土社会以血缘、家族为静态结构的审美判断。1920年代周作人、鲁迅等首倡的"乡土文学"传统中的乡土叙事,通过鲜明的人性和道德的尺度控制人物和事件;在叙事伦理层面表现为对新旧社会变革中的道德批判、文化批判和社会批判。这既是中国新文学初期形成的"乡土审美经验",也是批判现实主义精神传统在1990年代式微后能够再度复苏的思想起点。这一审美经验的改写发生在城乡关系壁垒被打破、城乡互动真正形成的过程中。

首先,新文学传统中的城乡关系。19世纪后半叶,中国现代意义上的城市开始兴起,传统农业国家逐渐出现了城市与乡村的分野,并形成了城乡二元社会结构形态。中国新文学在发生期既已表现出现代与传统、城市与乡村的强烈冲突,也凸显了作家体验、回应现代性时复杂的价值取向,这是"五四"时期"乡土文学"出场的历史语境。而新世纪的乡土书写,特别是"新乡土小说"的根基是建立于1980年代的农村题材的小说和1990年代逐渐成型的多元价值。这一书写逐渐跨越了对静态的乡土社会的审美批判,更多呈现出城市与乡村的"交往",农民与城市的博弈,这里有对异质化的空间变迁的把捉,也有对落后与先进、愚昧与文明二元结构的理性辨析,更有对乡村文化伦理和城市文化伦理的交往融合的切身观照。这一变化是百年农民心灵史在21世纪的历史节点上的飞跃,也是新语境下文学自身审美表达的历史使命。

尽管20世纪文学中的"乡土小说""农村题材小说"与新世纪"新乡土小说"具有"同源关系",比如二者对农民、农村的现实观照。但是二者已存在明显的差异,"乡土文学"叙事空间明显具有"符号化"特征,比如鲁迅的鲁镇、未庄,或者王鲁彦、许钦文、蹇先艾等的故乡小镇、山地农村等。在新文学传统中,农村作为知识分子关注底层民众和社会进步的一个空间概念,仍然是作家回忆的、想象的精神家园,而不是变动的、日常农村世界,在"乡土文学"的审美观念中,农村文化愚昧落后、狭隘保守。所以,在"乡土小说"中没有体现出两种文化的互动与交融,而仍然停留于一种单一空间的文化想象,甚至"乡土文学"作家提出"避开都市题材,专写边远乡镇中的人物和风景"。在很长一段时间,乡村与城市的隔离未能被拆除。虽然鲁迅的《阿Q正传》、老舍的《骆驼祥子》《离婚》,甚至萧也牧的《我们夫妇之间》等小说从不同层面触及"城—乡"关系,但"进城叙事"在很长一段时间并没有为后来作家很好地继承。同样,城市书写也仍在相对封闭的都市空间展开,比如1930年代的穆时英、刘呐鸥、施蛰存等"新感觉派"文学,在咖啡厅、酒吧、歌厅等现代性特征的局域空间里寄托了知识分子的现代体验:身居都市的孤独与落寞。在都市文学中,城市具其自身的"非人性道德"和"历史罪恶",而"革命文学"中的都市也最终成为"革命和欲望"的容器,这是现代作家对欲望化都市的集体表述。城乡与乡村、都市与乡下等城与乡的空间互融的书写局限显而易见。

其次,新世纪文学的城乡互动书写。近三十多年来,特别是21世纪初,制度层面的城乡流动壁垒进一步被破除,城市化进程加速,城乡一体化已成为时代巨变的风向标。城乡之间的物资交换、人口流动、文化交流等日益频繁,城乡空间成为一个最为重要的、对人民生活影响最为巨大的社会结构存在,也是当下中国社会正在形成的文化心理结构。铁凝的《哦,香雪》,高晓声的《陈奂生上城》,路遥的《人生》《平凡的世界》等作品标识了这一时代巨变。城乡互动已成为时代解冻的"春之声"。这为此后的城乡关系书写发出了信号。1980年代中后期,新写实小说中的《一地鸡毛》《塔铺》等小说则是以历史和现实中的进城难题,表达了人在面临日常生活构成时生存困境的无奈与尴尬。在新世纪文学中,进城叙事再次成为文学面对的重大命题,"城—乡"关系书写再度成为文学表现中国社会城市化、现代化的重要语码。首先,从"符号化"到具体化。新世纪"新乡土小说"立足于现代性视域下的乡村变革,将小说的叙事视域与叙事空间向城市甚至荒野扩延,出现了城中村空间叙事、农民市民化叙事、"候鸟"叙事等动态的审美空间和"交往叙事"形态,作家开始以"交往"的眼光将乡村看成一个变动的现实空间,而不是静态的历史空间,这是对"五四"乡土新文学传统乃至新时期农村题材小说相对封闭的想象空间的突破,从而逐渐形成了文学世纪转型过程中新的审美形态和审美经验。其次,从"想象化"到"经验化"。新文学传统中想象化的"符号乡村"中,人物形象虽具有高度的典型特征,落后、愚昧、精神胜利,这一判断是现代代知识分子批判传统的利器。而21世纪以来的乡村逐渐显现出具体化、日常化、细节化的"现实乡村"景象,无论周大新的《湖光山色》中的"回乡"困境的原生态世相呈现,李洱《石榴树上结樱桃》中世俗化乡村生存难题等,还是极尽叙事技巧的《上塘书》(孙惠芬)、《生命册》(李佩甫)、《带灯》(贾平凹)等"新乡土小说",或以细节带动叙事,或以日常生活呈现乡村社会在时代褶皱里的隐在变迁。这既是一种新的乡土小说审美,也是对新文学传统中乡土小说资源的激活与创化,显现了现实语境下社会转型及其表征背后隐含的当下性乡土经验,对发掘言说"中国经验"的表述方式有积极意义。

21世纪"城—乡"关系中呈现的日常化、琐细化的叙事方式注重感受和体验的生活碎片,根源于转型期乡村社会遭遇的整体困境和城市生活制造的"现代性碎片"。从另一个侧面看,又是传统自身按照经验、习俗、惯例而自发地存在的"质性传统"的连续和异变,也是新世纪文学应对当下现实的时代性显现。

总之,新世纪文学从命名初期即与新文学传统之间进行着对话与潜对话,但二者的关系并非不言自明。新世纪文学与新文学乃至20世纪中国文学的关系既不是一种断裂,也不是臣服,而是一种世纪转型语境下的承传、革新与创化。无论是新世纪文学历史根基的寻找还是以当下价值标准"选择诠释"传统的努力,都是建构"中国文学精神"、铸造新世纪文学的思想和理论资源的重要途径。所以,重新发掘与建构二者的精神联系,立足当下,回望传统,确立新质,可为新世纪文学发展寻得创新之道。

本文系国家社科基金项目《城市化进程中的"城—乡"关系与社会文明价值建构——近三十年小说书写研究》(13BZW120)阶段性成果,受天水师范学院"青蓝"人才工程基金项目资助)

注:本文曾发表在《当代文坛》2015年1月1日。

神圣时空下伏羲庙灸百病习俗的人类学阐释

余粮才*

相传农历正月十六日是伏羲的诞辰日,每年的这一天天水伏羲庙都要举行庙会祭祀伏羲,其中的灸百病习俗是庙会中的一大特色,这一习俗是在神圣时空下进行的。本文结合田野考察,分析了灸百病习俗的源流,指出这种习俗承历史上巫医易相通之理,结合当地民间用艾草灸病传统,又与北方地区"走病"习俗有密切关系。文章从人类学视野出发,对灸百病习俗进行了剖析,认为天水伏羲祭祀中呈现出具有民间宗教性质的伏羲信仰与具有巫术性质的灸百病习俗合流变形的特征。

伏羲庙灸百病习俗是天水民间伏羲春祭仪式上重要的民俗事象。对于这一民俗事象,地域文化研究学者在民俗志里记载的较多,进行深入研究的却很少。曹玮从民俗学的视角对灸百病习俗进行了民俗志的记录和分析,取得了一定的成果。本文以田野考察为基础,运用人类学的相关理论和方法,对灸百病习俗进行分析,试图进一步揭示其背后的文化内涵。

一

天水地处甘肃省东南部,横跨黄河、长江两大水系,扼守关陇咽喉,是甘肃的东南大门,历来为陇东南军事、交通要冲和政治、经济、文化中心。天水历史文化源远流长,是中华远古文明的发祥地之一,也是传说中伏羲的诞生地,这里长期以来盛行对伏羲的信仰崇拜和祭祀活动。

灸百病是天水民众每年农历正月十五日晚及正月十六日在秦州区伏羲庙庙会中进行的民俗信仰活动之一。正月十五日晚上,天水民众吃完元宵夜团圆饭后

---

* 作者简介:余粮才(1973—),男,甘肃天水人,天水师范学院文学与文化传播学院副教授,主要从事民俗学研究。

便倾城而出,看焰火,赏花灯。焰火结束后,浩浩荡荡的人群就往伏羲庙前进。天水民间认为,正月十六是伏羲的诞辰,是民间祭祀伏羲的正日,伏羲城的民众也将此日作为纪念伏羲的重要日子,并且形成了盛大的庙会活动。十六日零点是民间祭祀伏羲的神圣时刻,人们争着在十六日零点整给人宗爷烧香,也叫"烧头香"。与此同时,伏羲庙里灸百病的民俗活动也拉开了帷幕。从正月十五日晚上起,人们在伏羲庙内的柏树上,以纸人作替代,用点燃的香来点艾草灸纸人给替代的人治病去疾。

伏羲庙内,古柏森森,当地民众认为这些古柏是可以治病的神树。据说这些古柏最初共有六十四棵,按照八卦排列,现在庙内共有三十多棵。这些柏树按照天干地支六十甲子排列循环,每年推选一棵柏树值班,据说这棵大柏树就成了伏羲旨意的直接体现者。它会治疗疾病,无所不能。庙会时神树上悬挂红灯作为标志,以供奉祀。灸百病仪式需要的材料有纸人、香、干艾草、浆糊等。其中,纸人多用红纸剪成人的形状,有男性和女性,过去灸病的信众自己从家里剪好带来,现在在伏羲庙门口和庙内有人兜售,卖纸人的多是附近农村来的上了年纪的老人或小学生。买来的纸人可以代表自己,也可以代替别人,性别根据灸病所替代的那个人选定。一个纸人售价一角至两角不等,买的多一些可以讨价还价。香是灸百病习俗中不可缺少的,要灸病的信众在进伏羲庙时都要买上香裱给人宗爷烧香磕头并祈祷。浆糊与艾草由卖纸人的小贩搭售,同时还会另送一小节搓好的艾条,并在纸人的背面涂上浆糊。信众在伏羲像前叩拜完毕后买纸人灸病。人们可以给自己灸病,也可以代亲戚朋友灸病。灸百病的过程是这样的:信众先拿着纸人,在伏羲庙先天殿前的院落内选择一棵柏树,将纸人粘贴在树干上,并将艾条贴在与所代替的人病痛相应的部位,用香头点燃艾草,口中祈祷人宗爷治好病,直到艾草烧完,灸百病仪式方才完成。现在也有不用艾蒿的,直接用香头灼烧纸人相应的部位来灸病。据说这两种方法都可以替自己或别人治好疾病。

关于伏羲庙灸百病习俗,有这样一个传说:

　　明代时候,秦州修复重建了伏羲庙以后,按照伏羲创造的八八六十四卦,在头门进去的前院至先天殿太极殿的前后院里,一共栽了八八六十四棵柏树。当时种树的时候,谁也没有想到这些柏树还能给人治疗百病。

　　当这些柏树年复一年茂盛起来以后,前院后殿已是一片郁郁葱葱,把整个伏羲庙妆扮得既古雅又壮观。不断有游人和香客前来瞻仰和朝拜。特别是正月十六日,伏羲庙上元会过会的这一天,比过节还热闹。

　　大约在明嘉靖年间,秦州城里有个姓李的贫民汉子,因出外躲债到腊月三十晚上还没有回来。这个汉子有一个儿子，还不到十岁，见他父亲躲债未归，母亲常年有病，哭哭啼啼卧床不起。他就从正月初一日城里城外地寻找他的父亲，一直找到正月十五日，他还没有找见他父亲的踪影。这些日子，人家的孩子都穿着新衣，吃着好吃的，欢欢乐乐的过年。他呢，挨饿受冻，东奔西跑累得已经大病浸身。十五晚上，他浑身肿疼得不想动了，见父亲未找见，母亲又奄奄一息的睡在炕上，他没有法子想了，就高一脚、低一脚地蹒蹒跚跚地摸揣到伏羲庙里。想求一签，看父亲到底是活还是死了，他来到庙里，还未求签却昏倒在一棵柏树跟前，像死了一般。

这个姓李的孩子，昏睡到鸡叫头遍时，听见他身旁的那棵柏树哗哗一阵大响，连柏叶都落下厚厚的一层，他睁眼看看别的柏树，却纹丝未动。这就奇了，他正想着，有位道仙端着一只木盘来到他的身边，指着木盘内的艾叶和点燃的香头说："孩子你觉得哪处疼，就把艾叶坐在那处去灸吧。"

这孩子觉得浑身都在疼，他把盘里的艾叶浑身上下都放上，点着，周身像跑烟的炉子一般，等艾叶快着到挨肉时，只觉浑身烧得一疼，他"呀"地叫了一声，翻身醒来，但觉得浑身舒舒服服的，一点儿也不疼了。他四处看去，没有那个盛着艾叶的木盘，但这棵柏树周围确确实实有落下的许多柏叶。他把这事讲给上元会的会长，会长不信。孩子说："我妈有病，她经常头疼，这几天疼得更加厉害，我去把他背来，在树前灸灸，看灵验么不灵验？"

会长叫了一个人，帮孩子去把他妈背来，在这棵柏树下把头一灸，这孩子的母亲果然再不呻吟了，说她的头也不再疼了。

伏羲庙的柏树能灸百病的消息一传开来，在每年的正月十六日上元会过会时，就有许多的病人前来灸病，有灵的也有不灵的。这位会长就琢磨着这件事儿。想着这个姓李的孩子，他小小的年纪，对父母是那样的孝敬，伏羲庙的柏树怎么就为这个孩子来治病呢？说不定这孩子将来还是一位大贵人呢。他这么想着，就经常资助这孩子和他母亲的生活，还帮助这个孩子到私塾房里去读书。

有时这孩子看见会长为柏树给患者治病灵与不灵的事犯难，就说："会长，既然这树是按六十四卦栽的，你又懂卦，把治病灵验的人叫到一起回想回想，看他们是哪一年在哪棵柏树上灸的病，这样也许能找出一个头绪来的。"

这孩子的一句话猛然提醒了会长。他找了几个灸好病的熟人一问，再掐指算了算，才发现本年正月十六早上喜神在何方，那处的一棵柏树旁灸病就灵验。于是，会长就糊了个灯笼，哪一年喜神来自哪棵柏树的方位，就把灯笼挂在那棵柏树上，让患者去灸病，这样会更灵验些。

后来,这位孩子考取了进士曾为朝中官员,伏羲庙至今在正月十五晚上和十六日整整一天,都是人山人海,在柏树上灸百病者不断。

这一传说,在天水民众中广为流传,是天水民众的历史记忆。它与伏羲信仰结合起来,使传说之于民众更加真实,这也是灸百病习俗流传至今的一个重要因素。因此,从某种意义上来说,传说的产生和流传过程是包含着丰富社会情境的一个历史真实。

伏羲庙灸百病习俗是在神圣的时空下进行的。从时间上说,伏羲庙春祭庙会时间一般从正月十三日到十七日,正月十六日零点起,由上元会组织的民间伏羲祭祀仪式准时举行,灸百病习俗也在此时进行。人们在烧完头香,祭拜完伏羲后,需灸病的信众便选择一棵柏树灸百病,这项民俗活动持续整整一天。从空间上讲,伏羲庙会期间,祭祀活动在整个伏羲城进行,庙会期间整个伏羲城装扮华丽,信众也抬上伏羲神像绕伏羲城游城祭祀,但是灸百病只在伏羲庙内先天殿前的院子中进行,这里是民间正式祭祀伏羲的场所,是伏羲城中最神圣的地方。民众认为,在祭祀伏羲神圣的时空下,灸百病会得到伏羲的佑助,病就会很快好起来的。因此争着在靠近伏羲庙先天殿前的柏树上灸百病,这里灸病纸人要比周围其他地方柏树上的纸人更加集中,成为这项民俗活动发生的神圣场所。由此,我们可以看出,灸百病习俗是在神圣的时空下进行的,这其中民间口头流传的传说也起了十分重要的作用。

二

关于灸百病习俗的产生和传承,从其来源上讲,纸人灸病的习俗来自唐后中医界奉行的"医易同源"理论。唐代大医学家孙思邈在他的《千金方》中谈到医和易的关系。宋徽宗赵构作《圣济经》,将《周易》和医学著作《黄帝内经》《神农本草》一同归入他理解的三皇之书。元代诏令全国通祀三皇,奉三皇为医师始祖,由医官主祭。按照这一推理,医学是易学派生的。易的基础是阴阳八卦,八卦又是伏羲首创,用香火代银针灸贴在古柏上的纸人,理所当然被认为能"治病"。因此,灸百病习俗与民间对伏羲的信仰有着十分密切的关系。关于灸百病习俗传承的深层原因,主要有以下几个方面:

(一)人们在现实生活中的困境与历史上巫医易并举

弗雷泽在《金枝》中写道:"(巫)确曾对人类产生过不可估量的好处。他们不仅是内外科医生的直接前辈,也是自然科学各个分支的科学家和发明家的直接前辈,正是他们开始了那在以后时代由其后继者们创造出如此辉煌而有益的成果的工作。"杨堃先生也认为:"我国古代原是巫、医并称的。到了春秋战国时期,巫和医才逐渐分开,但在一些地区,解放前还很流行。""直到今天,在一些后进民族中仍可看到巫术与医术相结合的情况。"人类学告诉我们,人类社会的早期是巫、医集于一体的,巫师用巫术治病时,也懂得采用医术与方药,而医师为了迎合患者的迷信心理的需要也学会了一套巫术,巫、医是不分的。巫医和巫师往往是一职两兼的,他们治病,常常一面使用巫术驱走鬼邪,一面用原始药物进行治疗。灸百病习俗既是古老的巫术活动的残留,也是人们从心理层面治病的一种表现。

从社会层面而言,社会为民众提供了医院、医生,医生们按照医学的理论、方法治病救人。这其中有一个十分重要的社会假设:即民众有治病的经费,社会提供全能的医生,能够识病,并治愈疾病。而这些假设往往与现实存在着很大的矛盾,广大民众并不是随时有充足的费用来治病,医生也不可能包医百病,特别是有些疾病根本无法治愈。在病魔的折磨下,人们"病急乱投医",开始从多个层面去寻找治愈疾病的办法,如请阴阳驱魔、巫师念咒治病、向神许愿等。天水民间相信,八卦为伏羲所创造,其中包含着深奥的内容,人们通过占卜,能够解决自身存在的困难或者疾病。在伏羲庙虽然没有巫觋专门为人灸病,但灸病所在的时空本身就是一个神圣的场域,神圣的场域代表着伏羲神灵的存在。在过去,一般由巫师按照八卦推算喜神的方向,在喜神所在的柏树上专门设置红灯笼,以供信众在特定的柏树上灸百病;现在,缺失了算喜神挂红灯笼这一程序,人们将先天殿前院子中的所有柏树都当作神灵的存在,并通过伏羲庙灸百病仪式从心理上得到一线希冀。

可以看出,伏羲庙灸百病习俗的传承与当地民间对易经的信仰有着密切的关系,易的基础是八卦,他们认为八卦为伏羲首创,因此,也可以说,灸百病习俗是围绕伏羲信仰而延伸出来的一项民俗活动。同时,它的传承,又与民间流传的巫易结合治病有着密切的关系。

(二)天水民间一直有用艾叶灸病的传统

艾又叫艾草,别名冰台、医草、黄草、艾蒿,是一种多年生草本植物。一般用于针灸术的"灸"。所谓针灸其实分成两个部分。"针"就是拿针刺穴道,而"灸"就是拿艾草点燃之后去熏、烫穴道,穴道受热固然有刺激,但并不是任何纸或草点燃了都能作为"灸"使用。《本草纲目》记载,(艾)"主治灸百病"。在中医里,艾叶有温经散寒、扶阳固脱、消瘀散结、防病保健等功效。中国民间用拔火罐的方法治疗风湿病时,以艾草作为燃料效果更佳。长期以来,灸艾就是民间治病的一个重要环节,有经验的老人往往担当了灸病的角色;同时,在哪个部位灸有什么功效,往往具有一定的方法和程式。

艾草的中医功效与民俗活动是相辅相成的。《荆楚岁时记》里记载，"宗则字文度，常以五月五日鸡未鸣时采艾，见似人处，揽而取之，用灸有验。《师旷占》曰：'岁多病，则病草先生'。艾是也。今人以艾为虎形，或翦彩为小虎，粘艾叶以戴之"。在天水农村，人们把艾草叫艾蒿，农村中广泛流传着用艾蒿灸病的习俗。艾在天水农村山野丛生，人们通常在田野耕作之余随手抓几把回家，晒干后备用。因用艾草灸病常用于小儿，所以在有新生儿的家中，几乎都备有艾蒿。新生儿降生后，人们便把艾蒿搓成条，贴在小孩肚脐周围进行灸病。这与人们在伏羲庙上用艾蒿在纸人上灸病很相似。伏羲为人祖，用艾蒿为人灸病，可以治疗各种疾病，朝拜人祖庙的人对此都坚信不疑。

（三）与北方地区广泛流传的"走病"习俗有关

在北方，正月十六日"走百病"是广为流传的民俗活动。早在汉代，就有"正月十六火焚身"的说法，在中原地区正月十六是"朝人宗庙日"。《帝京岁时记胜》记载："元夕妇女群游，祈免灾咎，前一人持香辟人，曰走百病。"天水的游百病习俗则在正月十六日，是时游人或游山玩水，或逛庙烧香，因此时年味犹存而春回大地，人们心情舒畅，扬眉吐气，自然会消灾解病，故曰游百病。据传旧时天水游百病习俗中要游城墙，天水旧时五城相连，也即游遍五城。天未明要摸城门钉、过桥，连袄打滚等等。过桥又谓度厄，相传不过桥不得长寿；过桥者则可保一年无腰腿疼痛。摸钉则是好友们在城门洞摸城门上的铜钉，谓此举宜男，亦即生男孩之意。在天水农村地区，还流传着正月十五与正月十六晚上点灯盏找蚰蜒，祛疾病的民俗；是夜，女人或老人点着用面做成的食用油灯盏，进入每间房屋的每一个角落，边走边念："蚰蜒蜒，你在哪里呢？张家瞎马把你踏死了。"这些习俗与伏羲庙灸百病习俗具有很多相似之处，例如，时间相同，基本在正月十六，又都与祛病有关，此外在北方广大地区流传，因此，这些民俗事象之间在传承方面有一些渊源关系。

三

民俗文化与人们的生活紧密相关，在其发展过程中又与民间崇拜和各种宗教文化发生联系，所以民俗文化是俗民生活的重要组成部分，同时其承载的民俗活动还往往带有神秘主义色彩。民俗活动形式很多，但其基本的理念是避祸祈福、趋吉去凶。民众生活中的许多问题，如人们遇到的天灾人祸、人的生老病死等，均是人力无法或难以解决的问题，面对这些情况，他们不能不求助于神灵的保佑，以避免灾难的降临，希冀得到安宁与幸福。民俗文化里有一部分直接就是民间的各种宗教祭祀活动，及其由此衍生的文化活动；而其他的民俗活动，包括离精神文化较远的经济生活，其中也多少带有一定的宗教性，或者说有宗教文化的渗入。这个原因其实不难解释,简单地说,民众需要神的帮助。所以民俗的活动,很多与娱神消灾有关。这样的活动至少可以使民众得到心理上的安慰,在艰难的生活中变得稍许轻松些。

弗雷泽在《金枝》一书中将巫术归于交感巫术(交感律),并将其分为顺势巫术(相似律)和接触巫术(接触律)。顺势或模拟巫术是以相似的事物代替当事人或事,作为施行巫术的对象;接触或感染巫术认为两种事物接触时,彼此会产生长期的感应关系。灸百病习俗以纸人代替活人,通过灸纸人从而达到给活人治病的目的,是模仿或相似巫术的一种表现。曹玮认为,灸百病其实是一种表现美好愿望的"模拟巫术",它遵循"同类相生"的原则,把"彼此相似的东西看成是同一个东西",灸纸人就是灸得病者,人们相信,通过灸它,人的身体也会得到康复。这种在巫术治病形式的外衣下隐含着某些科学的合理的因素,其中就掺杂着心理疗法。灸病柏树的选择、纸人的形态以及灸病时人们的虔诚心理,反映当地民众对伏羲神力的信仰,表达了人们希望去病祛邪、繁衍生命的强烈愿望。因此,灸百病习俗与顺势巫术有着密切的关系。

史密斯在谈到儒家时,为宗教一词下了一个宽泛的定义,他说,宗教是"环绕着一群人的终极关怀所纺织成的一种生活方式。这种生活方式不能脱离传统的祖先崇拜与人际之间的礼仪"。天水人将伏羲称为"人宗爷",把伏羲当作祖先崇拜,对伏羲有着十分广泛的信仰。这种信仰,表现在当地民众中,是一种对无限的追求。天水对伏羲的祭祀主要在秦州伏羲庙和卦台山伏羲庙,有基本固定的信仰群体和有体系的神圣仪式活动。伏羲信仰本身就包含着宗教信仰的因子,并通过伏羲庙会中的一系列世俗化了的民俗活动表现出来。如对伏羲的民间公祭、献牲、烧香、灸百病等习俗,成为民众生活的一个重要组成部分。

伏羲信仰圈属农耕文明区域,这在学术界已成共识。然而在农业社会中,人们经常所面临的困难是抵御自然灾害的能力弱,经常遭遇水、旱、虫等自然灾害,人畜疾疫,特别是有病无钱可医、无技可治等等,人们在这些困难面前感到软弱无力,而又盼望解决,于是把希望寄托于非自然的神灵上,通过各种娱神活动,祈求神灵给予帮助,以便过上好日子。人们对于神灵的信仰通常在传承过程中与当地其他民俗相结合,发生一定的变异,构成当地民众生活的一部分。巫术先于宗教,然面,随着社会的发展,宗教与巫术经常合流,这在天水伏羲祭祀中表现尤为明显,呈现出具有宗教性质的伏羲信仰与具有巫术性质的灸百病习俗合流变形的特征,而这种变形也深深影响着当地民众的意识。就像维克多·特纳在恩丹布人伊瑟玛仪式(Isoma)研究中所指出的,"我们不能否认恩丹布人使用的药物具有很大的心理慰籍作用,我们也不能忽视这个群体对个人不幸的深切关注,整个群体将他们良好的心愿通过象征的方式表现出来,为个人祈福,并将这个不幸者的命运与象征生命与死亡的永恒过程相联结"。仪式强调的是一种秩序,这种秩序是家庭或家族中的身份——谁是家或家族之长为基本依据延伸出来的地位,结合社会关系中的人们的认同共同确定的,体现了信仰圈内社会继承方式的惯性延续。伏羲庙灸百病习俗与其说是古老巫术的延续,不如说是当地民俗对生活的一种良好愿望,是信仰圈内民俗生活的构成部分。

注:本文曾发表在《西北民族研究》2013 年第四期上

贬谪文学的转折

——以《黄州新建小竹楼记》为中心

赵　鲲[*]

本文通过对王禹偁《黄州新建小竹楼记》的细读，将其与宋前的贬谪文学，及《岳阳楼记》《醉翁亭记》《沧浪亭记》《赤壁赋》等文进行对比，发现《黄州新建小竹楼记》所表现出的"不以谪为意"的旷达心态是此前的作家很少呈现的，而在其后很多作家的作品中却成为一种共同的精神气质。这既是作家影响的结果，又有着深刻的思想史背景。故而，笔者认为《黄州新建小竹楼记》在中国贬谪文学史中具有某种转折性的历史意义。

王禹偁作为宋初的一位文豪，虽然迄今未得到应有的重视和全面研究，但他的散文《黄州新建小竹楼记》却历来备受称赞。关于这篇文章本身的艺术成就，学界论述已多。而且，还有人将《黄州新建小竹楼记》与欧阳修的《醉翁亭记》加以比较，使我们隐约看到了《黄州新建小竹楼记》的某种历史影响。如果从贬谪文学的角度出发，往王禹偁之前及之后的文学史看去，我们会发现《黄州新建小竹楼记》所表现出的"不以谪为意"（苏辙《黄州快哉亭记》语）的旷达心态，是此前的作家很少呈现的，而在其后范仲淹、欧阳修、苏舜钦、王安石、苏轼、苏辙等人的作品中却成为一种共同的精神气质。可以说，《黄州新建小竹楼记》在中国贬谪文学史中具有某种转折性的历史意义。

一

贬谪文学作为与政治相关的某种文学现象，由来已久。早在《诗经》当中，就已有零星的表现遭贬之怀的诗作。而我国第一位大诗人屈原，正是第一位和贬谪

---

　　*　作者简介：赵鲲（1977—　　），男，陕西凤翔人，天水师范学院文学与文化传播学院教授，主要从事中国古代文学研究。

有深刻关联的作家。其《离骚》《渔父》《卜居》等诗篇都是直接书写贬谪的作品。甚至，我们可以说，正是贬谪塑造了屈原文学创作的核心。后世凡遭贬谪，宦海失意者所书写的言志之作，无不与屈原所开启的贬谪文学传统存在着某种程度的关联。

因为中国文人的作家身份与政治身份的高度密合，贬谪作为其政治生活的家常便饭在文学中的相应反映，其比重之大，可想而知。贬谪，乃是现象，其本质是政治失意。贬谪文学是书写政治失意的作品。

虽然在政治史上，遭贬谪的文人代不乏人，但从先秦至唐以前，"贬谪文学"尚未成大观。自唐代起，遭贬谪的文人剧增，贬谪文学此后便成为中国文学的一道风景。如张九龄、李白、杜甫、韩愈、柳宗元、白居易、刘禹锡等，都因贬谪而写下了很多杰作。其中，最为突出者是柳宗元。他的《永州八记》既是中国山水文学中里程碑式的作品，也是贬谪文学的经典之作。就内容而言，柳宗元《永州八记》开了贬谪而寄情山水的风气。就情调言，屈原的贬谪之作是愤激狂傲，贾谊是哀怨孤愤，柳宗元是沉郁凄切，而王禹偁则是旷达自适。从屈原到柳宗元，对于遭贬的态度，大体都是伤感而不能自遣的。这股伤感的暗流至王禹偁，似乎变成了开阔而明朗的河流。

《黄州新建小竹楼记》写于宋真宗咸平二年（999 年）中秋。王禹偁时贬官黄州，是他第三次遭贬。此文写成后不到两年，就死在黄州。作为一篇"记"，《黄州新建小竹楼记》先以很简省的笔墨交代了修建小竹楼的由来。原来是在子城西北隅的蓁莽荒秽之地，因地制宜以黄冈之竹修建的一所小楼，绝非名楼伟观也。紧接着是一段对在小竹楼上所见之景，及所行之事的描写："远吞山光，平挹江濑，幽阒辽夐，不可具状。夏宜急雨，有瀑布声；冬宜密雪，有碎玉声。宜鼓琴，琴调和畅；宜咏诗，诗韵清绝；宜围棋，子声丁丁然；宜投壶，矢声铮铮然；皆竹楼之所助也。"再下来，进一步写作者在小竹楼上的所为和所见："公退之暇，被鹤氅衣，戴华阳巾，手执周易一卷，焚香默坐，消遣世虑。江山之外，第见风帆沙鸟，烟云竹树而已。待其酒力醒，茶烟歇，送夕阳，迎素月，亦谪居之胜概也。"读之真令人心胸洒然。以上部分便是《黄州新建小竹楼记》的核心。

大约自东晋起，中国文人形成了以自然山水为精神家园的意识。在此点上，王禹偁和柳宗元并无二致。《黄州新建小竹楼记》的景物描写，与《永州八记》或后来的《醉翁亭记》比，有点"逸笔草草"的意味，是写意的手法。就视境而言，《永州八记》除《始得西山宴游记》外，其它诸记所写山水都显得格局较小，有种"园林感"在其中，而《黄州新建小竹楼记》虽亦有"作小楼二间"的人工修葺，其终局却不是园林，而是在小楼上看到的"远吞山光，平挹江濑，幽阒辽夐"的阔大山水。这还不是关键——《黄州新建小竹楼记》与《永州八记》的深层区别在于精神气质的不同。《永州八记》中虽有"心凝形释,与万化冥合"的超越性体验,但自始至终没有欢乐的情绪,《旧唐书·柳宗元传》说柳宗元遭贬后之文"览之者为之凄恻",诚然。王禹偁所遭受的政治打击,未必在柳宗元之下,但《黄州新建小竹楼记》却潇洒出尘得多。当然,所谓"四年之间,奔走不暇,未知明年又在何处"依然流露着愤懑不平之气,而它给人的感觉不是抑郁伤感,而是刚健无畏的浩然之气,其旷达潇洒即来自此种人格境界。

如果我们说王禹偁有种"不以谪为意"的心态的话,除了《黄州新建小竹楼记》外,他的其他一些作品还可以进一步佐证,譬如,与《黄州新建小竹楼记》约略写于同时的《三黜赋》就更为鲜明地表示:"屈于身兮不屈其道,任百谪而何亏。吾当守正直兮佩仁义,期终身以行之。"由此,我们可以看到屈原式的倔傲灵魂。早在王禹偁被贬商州期间,他就曾赋诗曰:"平生诗句多山水,谪宦谁知是胜游。"(《听泉》)还有那首著名的七律《村行》,也是对贬谪之怀的含蓄写照,虽不无寂寞之感,但却襟怀洒落。又如《清明日独酌》尾联曰:"脱衣换得商山酒,笑把《离骚》独自倾。"何等洒脱!王禹偁是志在兼济,胆识过人之人,他因为徐铉辩诬,被贬商州,任团练副使,且不得签书公事,俸禄微薄,甚至不得不亲自躬耕自给,能有如此豪健心胸,其人格境界确乎高远。第二次被贬滁州,是因议论宋太祖皇后宋氏之丧,群臣不成服,触犯太宗忌讳;第三次是因预修《太祖实录》,直书其事,得罪宰相,被贬黄州。而无论是被贬滁州、黄州,王禹偁都曾上书皇帝、宰相,明确表示了自己的不服气——其刚直倔强的性格真是令人敬畏。小竹楼的"竹",正是王禹偁坚贞品质的象征。

二

中国政治自宋以后,专制制度日趋升级,贬谪事件层出不穷。尤其是庆历年间出现改革派与保守派的"党争"之后,本就庞大臃肿的官僚阶层,相互的倾轧斗争进一步升级,宦海沉浮乃成为普遍之事,至熙宁变法时期,贬谪形成高潮,于是贬谪文学也被推向了新的维度。而如果我们熟悉宋代文学,就会发现,很多宋代文人对于贬谪都表现出了王禹偁这种"不以谪为意"的心态。我们不能说他们这种境界都是王禹偁影响的结果,但就可见的文献看来,宋代的几位大家确都曾表示过对王禹偁,及其《黄州新建小竹楼记》的赞赏,譬如,与《黄州新建小竹楼记》在内容、文体上相近的《岳阳楼记》《沧浪亭记》《醉翁亭记》《前赤壁赋》《黄州快哉亭记》等散文,都存在着与《黄州新建小竹楼记》的共通之处。

首先与《黄州新建小竹楼记》相近的文章是范仲淹的《岳阳楼记》,无论所写景象,还是思想,《岳阳楼记》都比《醉翁亭记》与《黄州新建小竹楼记》更接近。

两文都是"楼记",古人为亭、台、楼、阁写记,乃是常规。小竹楼是新建之楼,岳阳楼是始建于公元220年的千古名楼;《小竹楼》是贬谪之文,《岳阳楼记》亦然,而且由范仲淹领导的"庆历新政"的很多革新纲领与王禹偁曾经提出的改革建议一脉相承;两文都写在高楼上面对雄伟开阔的山水,一在江畔,一在湖边,视野都极开阔;两文所表达的"不以谪为意"的思想,是完全一致的。只不过,《岳阳楼记》对此义做了正面的表达。

在描写上,《岳阳楼记》景物描写的对象、次序,甚至用语,都与《小竹楼记》颇似。如"予观夫巴陵胜状,在洞庭一湖。衔远山,吞长江,浩浩汤汤,横无际涯;朝晖夕阴,气象万千"与《小竹楼记》之"远吞山光,平挹江濑,幽阒辽夐,不可具状"皆是先从眼中山水之全景写起。《岳阳楼记》中"至若春和景明,波澜不惊……登斯楼也,则有心旷神怡,宠辱偕忘,把酒临风,其喜洋洋者矣"与《小竹楼记》中"江山之外,第见风帆沙鸟、烟云竹树而已。待其酒力醒,茶烟歇,送夕阳,迎素月,亦谪居之胜概也"写景物之美,心情之旷,皆明丽动人,气宇轩昂。其中,都写到了船帆、日月、饮酒,以及豪迈之概。两文都写到了"骚人";《岳阳楼记》所谓"宠辱偕忘"就是《小竹楼记》所谓"消遣世虑"。范仲淹"噫,微斯人,吾谁与归!"仿佛就是对王禹偁"幸后之人与我同志,嗣而葺之,庶斯楼之不朽乎!"的回应。

做为范仲淹的追随者,苏舜钦也于庆历新政失败之后被削职为民,退居苏州,"作沧浪亭,日益读书,大涵肆于六经,而时发其愤懑于歌诗"(欧阳修《湖州长史苏君墓志铭》),《沧浪亭记》便是对其退居生活的写照。这篇文章的作年与《岳阳楼记》亦大至同时。虽然,《沧浪亭记》所写是规模小得多的园林景观,但其形骸既释,真趣盎然的心境却与《小竹楼记》完全一致。在文章的末尾,苏舜钦议论道:"古之才哲君子,有一失而至于死者多矣,是未知所以自胜之道。予既废而获斯境,安于冲旷,不与众驱,因之复能乎内外失得之原,沃然有得,笑闵万古。尚未能忘其所寓目,用是以为胜焉!"苏舜钦批评的"古之才哲君子","未知所以自胜之道",指其宦海失意之后不能忘怀得失,刚强自立,如贾谊"国其莫我知兮,独壹郁其谁语?"(《吊屈原赋》)的抑郁,韩愈"知汝远来应有意,好收吾骨瘴江边"(《左迁至蓝关示侄孙湘》)的衰飒,柳宗元"一身去国三千里,万死投荒十二年"(《别舍弟宗一》)的沉痛,白居易"同是天涯沦落人,相逢何必曾相识"(《琵琶行》)的自怜——宋人很少作此等语。由此观之,王禹偁、范仲淹、苏舜钦等人正所谓"知所以自胜之道"者也。

比范仲淹、苏舜钦晚一年,欧阳修于1045年被贬滁州,其名文《醉翁亭记》依然是庆历新政失败后的产物。

欧阳修对王禹偁道德文章的崇敬是溢于言表的,他在《书王元之画像侧》中说:"想公风采如常在,顾我文章不足论。"从表面看,《醉翁亭记》没有像《黄州新建小竹楼记》那样直接言及贬谪之事,但他所书写的"山水之乐""太守之乐"正是在遭贬之后寻求精神慰藉的产物。虽然,自"苍颜白发,颓乎其中,太守醉也"一句,我们能隐约感到"太守"那内心深处的忧郁,整篇文章却是紧扣"乐"字来写的。这种"乐"的情绪,我们在《小竹楼记》中"夏宜急雨,有瀑布声;……宜投壶,矢声铮铮然——皆竹楼之助也"一段,不难感受得到。可以肯定,《黄州新建小竹楼记》对《醉翁亭记》的影响是必然的。再看欧阳修《黄溪夜泊》中的句子:"行见江山且吟咏,不因迁谪岂能来",这与王禹偁"平生诗句多山水,谪宦谁知是胜游"的口气何等相似。欧阳文忠的旷达劲健实不在王元之之下。

似乎是某种天意的安排,王禹偁第二次被贬的滁州,和第三次被贬的黄州,恰好是后来的两位文豪欧阳修和苏轼著名的贬谪之地。欧阳修和苏轼分别在滁州和黄州进入了他们人生的沧桑之境及文学的成熟之境,并写下了《醉翁亭记》《赤壁赋》等贬谪文学的杰作。

王禹偁写下《黄州新建小竹楼记》之后的第 83 年(元丰五年),同样被贬黄州的苏轼写下前后《赤壁赋》,次年写下《记承天寺夜游》《念奴娇·赤壁怀古》《卜算子·缺月挂疏桐》《定风波·莫听穿林打叶声》等杰作。

《前赤壁赋》虽与《小竹楼记》体制不同,但其"惟江上之清风,与山间之明月,耳得之而为声,目遇之而成色。取之无禁,用之不竭。是造物者之无尽藏也,而吾与子之所共适"的中心思想正可谓是王禹偁《小竹楼记》中"皆竹楼之所助"的衍伸,其所表达的是人在得江山之助时的那一份空阔自适的心境。《后赤壁赋》与《记承天寺夜游》虽然不无清冷之感,但毕竟无牢骚伤感之辞。此两文,在精神上仍然与《黄州新建小竹楼记》脉息相通。

其实,早在熙宁四年,苏轼因反对新政无效而自请外调任密州知州时所写的《超然台记》中就集中表达了游于物外,"无往而不乐"的哲学。虽然此文还不够深沉,但苏轼是一个把贬谪人生及旷达胸怀体现到了相当程度的人,后世对苏轼的敬佩主要即基于此点。但我们往往把旷达境界的体现者聚焦在苏轼身上,忽略了其精神先辈王禹偁、范仲淹、欧阳修等人。

《黄州新建小竹楼记》的"乐"前文已说;《岳阳楼记》有"登斯楼也,则有心旷神怡,宠辱偕忘,把酒临风,其喜洋洋者矣"之句;《醉翁亭记》则一副乐陶陶的样子(山水之乐、众人之乐,太守之乐)。《前赤壁赋》中间部分发人生苦短之悲观论,但全文却是以"饮酒乐甚"起始,以"客喜而笑"为结的;黄庭坚"未到江南先一笑,岳阳楼上对君山"(《雨中登岳阳楼望君山》其一),对于贬谪亦是付之一笑;苏轼

《超然台记》、苏辙《黄州快哉亭记》直以快乐为主旨。此种基于旷达胸怀的"乐"，是宋以前贬谪文学少有的。这种"乐"其实是一种"消遣世虑"或"宠辱偕忘"的体验，是一种忘却忧患得失的超拔的人生境界，而此种境界，在贬谪文学中，正是从《黄州新建小竹楼记》开始的。这便是《黄州新建小竹楼记》在贬谪文学中的历史转折意义。

仅就唐宋文人比较而言，宋代文人这种"不以谪为意"的心态，既有关乎作家个体人格，亦有关乎时代运会的移易。唐代是一个在长期战乱之后由隋朝奠基而开创出的大帝国，文人们自初唐起就有强烈的建功立业奋发有为的志向，因为这种志愿是如此强烈，所以一旦遭遇挫折，往往不能释怀，悲愤抑郁，如陈子昂那"念天地之悠悠，独怆然而涕下"的不得志的痛苦，实在也是情理必至之事。而宋代文人，对贬谪失意有了更多的历史性了解和理解，故而能逆来顺受。另外，宋代文化因逐渐融合了儒、释、道等多元因素，使得宋代文人能够从更宽广的人生哲学中汲取力量。譬如，前文所说《黄州新建小竹楼记》等文的"乐"，除了人在山水胜景中本身的愉悦之外，也在不同程度上体现了作家们精神世界中的道家风骨和儒家境界，如《黄州新建小竹楼记》中"公退之遐，披鹤氅，戴华阳巾，手执《周易》一卷，焚香默坐，消遣世虑"，分明显示着王禹偁对道家超然虚畅境界的体证；苏轼《前赤壁赋》则完全是对庄子人生观的阐释。但从王禹偁到苏轼，其人生观的主体是儒家的淑世精神，而非道家的弃世逍遥。唐代虽然亦是"三教合一"，但宋代三教融合的深度远过于唐代。理学便是吸取了佛、道，而以儒学为主体的新型哲学。无论宋代文人们对理学的亲或疏，其精神大抵都会受到理学的影响。《黄州新建小竹楼记》等文的所谓"乐"，更接近于儒家"乐以忘忧"的"孔颜乐处"。宋代理学家寻绎孔子的精神，认为儒家的最高精神修养正是所谓"孔颜乐处"，此即所谓"仁"的境界。王禹偁以后文人在贬谪之作中表现出的劲健高旷，与自宋代始的理学不无关系。

就文学风气的演变而言，无论是宋诗，还是宋文，都有个与前代不同的特征，即日本学者吉川幸次郎所谓"对悲哀的抑制"。《黄州新建小竹楼记》《岳阳楼记》《赤壁赋》何尝没有抑郁不平之气？只不过，他们把这种情绪冲淡到了最低程度。

就艺术性而言，《黄州新建小竹楼记》《岳阳楼记》《醉翁亭记》《赤壁赋》皆是千古名文。据说，王安石认为《黄州新建小竹楼记》比《醉翁亭记》高，黄庭坚亦以为然，也有人不以为然。王安石的道理何在呢？笔者以为，《黄州新建小竹楼记》写得更朴素、无意，即吴楚材、吴调侯所谓"冷淡萧疏，无意于安排措置，而自得之于景象之外"，而《醉翁亭记》则有些"有意为文"的味道，《岳阳楼记》《赤壁赋》《黄州快哉亭记》等文亦然。所以，就自然无意而言，《小竹楼记》高于后出诸作。

北宋以后,贬谪作为古代政治的伴生物,一直延续到清朝末年。那些遭贬的文人不论是愤懑伤感,抑或达观坚贞,都是人之常情。但大体观之,在文学作品中表现出"不以谪为意"的态度,北宋最为突出,其贬谪之作呈现出了与宋以前的贬谪文学不同的精神面貌,而此种精神面貌,细绎其转变,王禹偁的《黄州新建小竹楼记》具有转折性的历史意义。

　　　　　　　　　　　　　　　　　　　　　　　　写于 2009 年秋

　　注:本文曾发表在《解放军艺术学院学报》2010 年 1 月 10 日。

梁实秋"清书事件"考辩

魏斌宏*

鲁迅与梁实秋的论战可以说是中国现代文学史上持续时间最长、影响最为深远的事件之一。论战时间大约从 1926 年①到 1936 年,前后达十年之久,直到鲁迅逝世,才最终停歇下来。论战双方一为文坛耆宿,一为学界新秀,身处两个阵营,论战内容涉及到文学阶级性、翻译问题、文艺政策等诸多方面的话题,两个"忘年敌手"之间的较量在当时颇具轰动效应和象征意味。

在论战初期,双方尚能秉持学理上的探讨,到后来难免就有意气之争。从鲁迅的"乏走狗"之讽,再到梁实秋的"乏牛"之讥,显然都已偏离了正常的论辩轨道,颇有几分人身攻击的味道。而外界盛传的发生于 1932 年夏天的国立青岛大学图书馆内的所谓梁实秋清除左翼进步书刊及鲁迅著作的"清书事件",无疑更加深了双方的隔阂。鲁迅后来曾两次提及该事件,亦可见其对此事之耿耿于怀。一次是出现在《"题未定"草(六)》中:"《集外集》的不值得付印,无论谁说,都是对的。其实岂只这一本书,将来重开四库馆时,恐怕我的一切译作,全在排除之列;虽是现在,天津图书馆的目录上,在《呐喊》和《彷徨》之下,就注着一个'销'字,'销'者,销毁之谓也;梁实秋教授充当什么图书馆主任时,听说也曾将我的许多译作'驱逐出境'。但从一般的情形而论,目前的出版界,却实在并不十分谨严,所以

---

* 作者简介:魏斌宏(1978—),男,甘肃秦安人,天水师范学院文学与文化传播学院副教授,主要从事文艺理论研究。

① 按:"迄今的一些史籍、书传,皆认为鲁梁论战的年限始于 1928 年,导火索是梁实秋发表于 1927 年 10 月《复旦旬刊》的《卢梭论女子教育》(此文早在 1926 年 12 月 15 日就载于《晨报副镌》)。实际上,梁实秋的《现代中国文学之浪漫的趋势》于 1926 年 3 月 25 日在《晨报副镌》发表后,已引起文坛的关注。鲁迅 1927 年 4 月 8 日在黄埔军校作《革命时代的文学》的演讲中,12 月 21 日在上海复旦大学以《文艺与政治的歧途》为题的演讲中,都已对梁实秋观点发起辩难。"见黎照.鲁迅梁实秋论战实录[M].北京:华龄出版社,1997:前言 1－2.

印了我的一本《集外集》，似乎也算不得怎么特别糟蹋了纸墨。"①（该文写于 1935 年 12 月 18—19 日）。另一次出现在鲁迅为曹靖华翻译的《苏联作家七人集》所作的序言中："为了我的《呐喊》在天津图书馆被焚毁，梁实秋教授掌青岛大学图书馆时，将我的译作驱除，以及未名社的横祸，我那时颇觉得北方官长，办事较南方为森严，元朝分奴隶为四等，置北人于南人之上，实在并非无故。后来知道梁教授虽居北地，实是南人，以及靖华的小说想在南边出版，也曾被锢多日，就又明白我的决论其实是不确的了。这也是所谓'学问无止境'罢。"②（该文写于 1936 年 10 月 16 日，距离鲁迅逝世仅三天）

两次提及的事件大致相同，但叙述语气却有微妙的变化，对于天津图书馆的"销书事件"，第一次用"销"，第二次用"焚毁"；而对梁实秋的"清书事件"，第一次用"听说"，第二次则直接坐实，这种心理的变迁也颇值得玩味。

回归事件本身，我们来大致还原一下当时的情况。1930 年夏天，"久已厌恶沪上尘嚣"③的梁实秋欣然应杨振声（金甫）之邀，赴青岛参与国立青岛大学的成立筹备工作。是年 9 月初，学校开学，梁实秋被聘为外文系主任兼图书馆馆长。上任伊始，筚路蓝缕，百废待举，梁实秋对图书馆的已有书籍进行了细致的分类整理，加大了图书馆的建设力度，除了大量采购新版图书以充实馆藏外，还加强了对古籍的搜救整理工作。与此同时，"为了加强图书馆的领导，梁实秋还组织了'图书馆委员会'，邀请闻一多、杨振声、赵太侔等一批知名教授任委员，共同管理图书馆工作。在梁实秋主持下，图书馆每周出版一期《图书馆》周报，铅印四开二版，主要介绍到馆新书目，怎样利用图书馆，同时也有书评和学术论文"④，使得这所新办大学的图书馆颇见起色。

1931 年"九·一八事变"发生后，全国各地爆发了大规模的抗日示威游行，特别是上海、平津等地学生罢课南下赴京请愿的活动声势尤为浩大，"这一浪潮终于蔓延到了青岛，学生们强占火车，强迫开往南京，政府当局无法制止，造成乱糟糟的局势"⑤。加之青岛大学在复核第一届所招的一百二十六名学生档案时，发现利用假文凭考取的就有四五十人之多（注：当时青岛大学规定，报考必须要有高中文凭），并且学校当局认为学生罢课风潮也与某些用假文凭考取的捣乱分子的策

① 鲁迅."题未定"草（六）[M]//鲁迅全集：第 6 卷.北京：人民文学出版社,2005：435.
② 鲁迅.曹靖华译《苏联作家七人集》序[M]//鲁迅全集：第 6 卷.北京：人民文学出版社, 2005：573.
③ 梁实秋.谈闻一多[M]//梁实秋文集：第 2 卷.厦门：鹭江出版社,2002：539.
④ 陈锡岳,林基鸿.名人与图书馆[M].天津：天津人民出版社 1993：370.
⑤ 梁实秋.谈闻一多[M]//梁实秋文集：第 2 卷.厦门：鹭江出版社,2002：550.

划有关。于是,"在校务会议中,我们决议开除为首的学生若干名,一多慷慨陈词,认为这是'挥泪斩马谡',不得不尔。因此而风潮益形扩大,演变成为反对校长,终于金甫去职。在整个风潮里,一多也是最受攻击的对象之一"①。这些事件遂构成了学生与学校当局的尖锐对立。

对于学潮发生前后的所谓"清书事件",据当时青岛大学学生运动的领导者之一的王林在事后回忆的情况是:"青大党支部根据地下市委的指示和前两次罢课斗争的经验,决定运用各种学术组织团结同学,相继成立了时事讨论会、新文学研究会,并在一九三二年春成立了海鸥剧社,在校内演出《工场夜景》《月亮上升》等话剧,使一度沉寂的空气没有持续多久,又呈现出活跃气氛。当时,上海的左翼作家联盟外围刊物《文艺新闻》,曾用《预报暴风雨的海鸥》的标题,来形容海鸥剧社的演出活动。同学们活跃起来,关心民族危机,关心世界形势,争取民族与自身光明前途的要求越来越强烈,觉悟程度逐步提高。学校当局感到了这种革命空气的压力,立刻采取对策。除了在讲堂上继续灌输资产阶级精神毒品外,他们还封闭了图书馆里马列主义的英文著作和左翼书刊。图书阅览室原有一本左翼刊物《新文艺》,第一期里有马雅可夫斯基《谈诗》的译文,支部用它作为培养群众的教材。忽然有一天不见了,党支部一位同志问图书管理员,回答说是馆长梁实秋禁止出借。同时禁止出借的还有鲁迅译的《苏联文艺政策》《艺术论》及英文的列宁著作《国家与革命》《帝国主义论》等。学校当局的这种行径,引起同学们的强烈不满。中共青岛地下市委指示青大支部:用反对'学分淘汰制'为口号发动新的斗争,给学校当局以有力地回击,并锻炼群众,以配合全国的抗日反内战总形势。"②由于王林当时是国立青岛大学地下支部第一书记,是南下请愿团的领导和"学潮"的主要号召者,他的说法则源于"支部的一位同志"经某"图书管理员"的转述,在这里我们很难排除其特殊身份造成的影响以及"传话效应"所产生的变形。因此这种描述是否可信,是确有其事,抑或是以讹传讹,都需进一步考证。

显然,鲁迅所依据的消息来源,无非只有两种渠道:一种就是听"某人"当面述及此事(鲁迅曾谓"听说",但听谁说? 不明。);一种可能就是书面文字的记录材料,目前仅发现一种,那就是出自 1932 年 5 月 23 日第 2 版由"左联"主办的《文艺新闻》上的一则发自青岛大学的通讯《"自由思想"如此者般!》,为存真起见,特照录如下。

"自由思想"如此者般!

---

① 梁实秋.谈闻一多[M]//梁实秋文集:第 2 卷.厦门:鹭江出版社,2002:550.
② 王林.青岛大学的爱国民主斗争[M]//播种.北京:解放军出版社,2009:265-266.

　　国家主义者是秦始皇远代的徒子

　　"小人尚未得志,威风已经不小"

　　【青大通讯】青岛大学现在完全被新月派、民声派等国家主义者所统治。前数日有一部分同学出过一张壁报,略为谈到新月派在书馆内的"清书事件",即是把鲁迅译的《艺术论》、蒋光慈的《最后的微笑》等类的书不下二百余种完全清出,壁报上把学校讥笑一顿,说他们是一向反对"一党专治"的,而主张"自由思想"的;现在竟至自己露出狐狸的尾巴来。这事竟惊动了新月派的小说家沈从文和诗人陈梦家,冒雨来看了之后,不到一个钟头,壁报就被撕去,代替的是恫吓的"训令",学校当局调遣一批走狗同学暗中调查办报的人,新月派所施行的自由主义德谟克拉西,原来如此!(五·四日)①

　　笔者以为,鲁迅的消息依据除了"听说"之外,来自这则通讯的可能性也极大,因为《文艺新闻》是"左联"领导主办的一种周报,鲁迅又是"左联"的领导人之一,常看这种刊物的可能性很大,并且在他的日记中也有给朋友寄赠《文艺新闻》的记载②。因此,我们做这样的推论应该是可以成立的。

　　但是,平心而论,《文艺新闻》上这则消息的真伪却颇值得怀疑。因为消息来自青岛大学的学运联络人,当时的情势是,学校当局和闹学潮的学生之间的关系已经势如冰炭,严重对立,一些教授如闻一多、梁实秋、张道藩以及校长杨振声等都是学生驱逐的对象。在这种情况下,双方均不可能保持客观冷静,互相攻击当然在所难免。因此,对于"清书事件",要么果有其事,要么小题大做,要么纯属捕风捉影的杜撰,均是有可能发生的事。对于鲁迅而言,至少从情感上,他是同情和倾向于学生的,假使当他面对来自青岛大学罢课闹革命的学生与自己的"宿敌"梁实秋的辩白时,无疑他更容易相信学生的话。毛泽东说,没有调查就没有发言权。但是,显然鲁迅并不具备去实地调查的条件,而《文艺新闻》作为"左联"主办的刊物,对其发布的消息,特别是"敌手"的消息,或许他也是习焉不察,宁可信其有,不可信其无了。

　　对于这一事件,梁实秋在其晚年所写的《关于鲁迅》一义中进行了辩解:"我首先声明,我个人并不赞成把他的作品列为禁书。我生平最服膺伏尔德的一句话:'我不赞成你说的话,但我拼死命拥护你说你的话的自由。'我对鲁迅亦复如是。

---

① "自由思想"如此者般![N].文艺新闻,1932-05-23.

② 注:鲁迅在1932年5月9日的日记中载:"昙。上午复马珏信。复子佩信。下午同广平往高桥齿科医院。得增田君信,一日发,即复,并寄周刊两种,《北斗》一本。"(周刊即指《中国论坛》与《文艺新闻》),见鲁迅.鲁迅全集:第16卷[M].北京:人民文学出版社,2005:309,312.

我写过不少批评鲁迅的文字,好事者还曾经搜集双方的言论编辑为一册,我觉得那是个好办法,让大家看谁说的话有理。我曾经在一个大学里兼任过一个时期的图书馆长,书架上列有若干从前遗留下的低级的黄色书刊,我觉得这是有损大学的尊严,于是令人取去注销,大约有数十册的样子,鲁迅的若干作品并不在内。但是这件事立刻有人传报到上海,以讹传讹,硬说是我把鲁迅及其他左倾作品一律焚毁了,鲁迅自己也很高兴的利用这一虚伪情报,派作我的罪状之一! 其实完全没有这样的一回事。宣传自宣传,事实自事实。"①

众所周知,梁实秋是自由主义者,深受美国白璧德新人文主义思想熏陶,尽管对于暴力革命和把文学当作工具的做法不表认同,但是对于限制思想自由的做法更为反感。1930 年,他曾和胡适、罗隆基合作出版过一本《人权论集》,对于国民党当局钳制民众思想的做法大加抨击。他说:"思想这件东西,我以为是不能统一的,也是不必统一的。……别种自由可以被恶势力所剥夺净尽,惟有思想自由是永远光芒万丈的。一个暴君可以用武力和金钱使得有思想的人不能发表他的思想,封书铺,封报馆,检查信件,甚而至于加以'反动'的罪名,枪毙,杀头,夷九族!但是他的思想本身是无法可以扑灭,并且愈遭阻碍将来流传的愈快愈远。"②对于共产党的主张,尽管他不认同乃至反对,却也能仗义执言:"许多青年所最向往的马克斯主义在大学的课程表里没有一个适当的位置,这是极不合理的。"③他甚至还发出过"加入共产党,不犯罪;信仰共产主义,不犯罪;组织共产党团体,宣传共产主义,亦不犯罪"④的大胆言论。

通过上述我们引述梁实秋的言论,至少可以有两点推论:一,梁实秋对于"低级的黄色书刊"即"淫书"的态度是明确而坚决的,即必须取缔。他曾撰有专文《取缔淫书》,表示"甚愿将淫书淫杂志也一齐的肃清一下"⑤,并为此和张竞生展开辩论,对其性学理论、书籍及其私行大肆攻击。(注:张竞生的书籍能否一概贬之为"淫书"尚需辨析。)二,对于左翼的言论、共产党的主张和鲁迅的著作,梁实秋并没有主张取缔,而是希望在"思想自由"的前提下,让清者自清,浊者自浊,尊重人们的意愿,让人们自己判断,自由选择。

上面的推论似乎也多少能显示出梁实秋内心的某些模糊之处,譬如"取缔淫书"是否也是限制思想自由之一种,"淫书"的标准又当如何界定等等,这些问题在某些

---

① 梁实秋. 关于鲁迅[M]//梁实秋文集:第 1 卷. 厦门:鹭江出版社,2002:614 - 615.

② 梁实秋. 论思想自由[M]//梁实秋文集:第 6 卷. 厦门:鹭江出版社,2002:429 - 430.

③ 梁实秋. 青年思想的问题[M]//梁实秋文集:第 7 卷. 厦门:鹭江出版社,2002:300 - 301.

④ 梁实秋. 如何对付共产党? [J]. 自由评论,1936(17).

⑤ 梁实秋. 取缔淫书[M]//梁实秋文集:第 2 卷. 厦门:鹭江出版社,2002:170.

情况下都是比较难以回答的。但梁实秋作为一个有较强道德观念的古典主义者,其大而化之的说法却是可以理解的。而且基本可以推定的是,他不大可能把鲁迅的著作和左翼其他作家的作品归入"淫书"一类。由此,梁实秋所谓的"清书事件"似乎是不大可能的,有可能属于误传,而鲁迅撰文也有可能是属于轻信的"误伤"。

但是,无风不起浪,之所以有"清书事件"这样的传言,肯定是有原因的。其中除了学生和学校当局的矛盾以及"新月派"与"左翼"的积怨外,还有一点很重要的事实,梁实秋在任青岛大学图书馆馆长期间,出于个人的偏好,在充实馆藏时,非常重视采购中外文科学、文化专著和古籍方面的著作,特别是作为莎士比亚研究专家,"外文书重点采购各种版本的莎士比亚著作,以数量多、版本全而著称,成为特藏"①。但是,可能由于观念的差异以及某些个人恩怨,对于左翼的书籍包括鲁迅著作的采购,梁实秋或许显得不太积极和重视则是有可能的,进而引发进步青年学生的不满,有这样的传言也自在情理之中。

兼听则明,偏信则暗。对于"清书事件",还有其他一些旁证值得关注,但明显与前述王林的说法不同。比如,据当时图书馆"采编组"仅有的三个工作人员(注:另两人为曲继皋(曲培谟)和李云鹤(江青))之一的张兆和(沈从文之妻)回忆说:"我到图书馆以后,没有发生过。"②张兆和在国立青岛大学图书馆工作的确切时间是1933年2月—7月,为期近半年,此时"学潮"风波已过,杨振声校长也已因学潮而去职,青岛大学亦改名山东大学,校长由赵太侔接任。③ 此前发生的事情张兆和可能并不知情,但至少可以肯定的是,在她任职的近半年时间内,再没有发生过"清书"之类的事情。

另一个旁证来自诗人臧克家,作为当年青岛大学梁实秋的学生,他在梁实秋逝世后写的悼念文章《致梁实秋先生》中说:"最近几年,有人问我:'您当年在'青大'兼任图书馆长,把鲁迅的著作统统撤除了,有这事吗?'我回答说:'我想不会的,也是不可能的。'这不是我有意成人之美,凭我对您的认识和您的气度,我这么想的。"④

此外,还有研究者查阅了现存当年国立青岛大学的档案,结果是:"并没有这方面的文件。"⑤

---

① 杨洪勋.梁实秋与国立青岛大学图书馆[M]//青岛文史资料:第16辑.青岛:青岛出版社,2006:158.

② 鲁海.作家与青岛[M].青岛:青岛出版社,2006:78.

③ 吴世勇.沈从文年谱[M].天津:天津人民出版社,2006:132.

④ 臧克家.致梁实秋先生[M]//陈子善.回忆梁实秋.长春:吉林文史出版社,1992:14.

⑤ 鲁勇.上世纪30年代的山东大学图书馆[N].半岛都市报,2011-10-19.

　　论述至此,关于梁实秋"清书事件"的真相其实并未见出分晓,依然是处于"公说公有理,婆说婆有理"的状态,并且在"清书"的内容与数量上,双方说法差异甚大,一说将"大约有数十册""有损大学的尊严"的"低级的黄色书刊"予以注销,而"鲁迅的若干作品并不在内";一说则谓"把鲁迅译的《艺术论》、蒋光慈的《最后的微笑》等类的书不下二百余种完全清出"。到底孰是孰非,时过境迁,真相更是扑朔迷离。因此,笔者以为,就常理度之,在没有充分的证据之前,我们姑可认定两类说法的可能性都是存在的,但以不下结论为好。

　　但是,遗憾的是,由于长期以来梁实秋在与左翼论辩中所形成的负面形象,先有鲁迅亲批于前,后有毛泽东钦定于后,再加上后来左翼文学的强势效应,使得我们的许多文学史著的书写在证据不足的情况下就贸然将"清书事件"作为铁案写进教材,无须辨析,毫无可疑。典型的论述如:"不堪一击的梁实秋,在上海难以立足,只好跑到青岛。在青岛,他虽然利用他担任青岛大学图书馆馆长的职权,禁止出借鲁迅的著作,并且跳出来为'第三种人'帮腔,借机攻击鲁迅,那也只能是他的垂死挣扎。'乏'了的走狗们毕竟无能支撑门面,正如鲁迅1933年春天写的《言论和自由的界限》所揭露的那样,他们'不幸和焦大有了相类的境遇'。《新月》出到四卷七期,也就奄奄一息,寿终正寝";①"三十年代,他出任青岛大学图书馆馆长,曾令取消馆藏的马克思主义书籍,包括鲁迅的《文艺政策》译本在内。"②显然,这样的论述无助于学理上问题的解决,沿袭陈说并将明显的政治意识形态差异作为判定事实真相的准绳,更是不可取的。

　　更为遗憾的是,由人民文学出版社组织众多专家精心校勘编纂、至为权威的《鲁迅全集》(2005年版)和《鲁迅大辞典》(2009年版)中亦采用此种说法,且言之凿凿,不知判定依据出自何处?③

---

① 曾庆瑞.鲁迅评传[M].北京:中国传媒大学出版社,2008:488.

② 廖超慧.中国现代文学思潮论争史[M].武汉:武汉出版社,1997:169.

③ 按:在鲁迅《"题未定"草(六)》一文后面关于"梁实秋"词条的注释为:"梁实秋(1902—1987年),浙江杭县(今余杭)人,作家、翻译家。新月社的主要成员之一。1930年前后他任青岛大学教授兼图书馆主任时,曾取缔馆藏马克思主义书籍,包括鲁迅所译《文艺政策》在内。"见鲁迅.鲁迅全集:第6卷[M].北京:人民文学出版社,2005:450;《鲁迅大辞典》中关于词条"梁实秋"的解释,与此基本相同,称梁实秋"在兼任该校(按:指青岛大学)图书馆主任时,又取缔馆藏马克思主义书籍,其中包括鲁迅所译苏俄《文艺政策》。"见《鲁迅大辞典》编委会.鲁迅大辞典[M].北京:人民文学出版社,2009:1020;另,上述两处关于梁实秋的职务介绍有误,当时国立青岛大学图书馆设有"图书馆馆长"与"图书馆主任"二职,1930年9月,梁实秋接任宋春舫为"图书馆馆长",图书馆主任为皮高品。见曲继皋.抗战前后的山大图书馆[M]//山东省政协文史资料委员会.悠悠岁月桃李情.北京:中国文史出版社,1991:368.

1973 年,英国著名历史学家汤因比在回答"自由欧洲电台"著名播音员厄本关于"历史是胜利者的宣传"的话题时,他说:"的确如此,而你却不可能探明这些歪曲了的真相……胜利者确实具有一种巨大的优越性;而历史学家必须提防的事情之一,就是听任胜利者垄断对后人叙述故事的权力。"①或许,历史书写的逻辑向来如此,或者说总是易于呈现出此种趋向。因此对于学术研究而言,特别是治史的学者而言,胡适的告诫还是非常中肯的:"我近数年教人,只有一句话:'有几分证据,说几分话'。有一分证据,只可说一分话;有三分证据,然后可说三分话。治史者可以作大胆的假设,然而决不可作无证据的概论也。"②因此,我们的文学史书写也应该从意识形态的牢笼当中摆脱出来,尽力避免先入为主的成见,对于那些证据不足的史实,切不可妄自推定。扎实去做一些严谨的考证工作,才是我们应有的态度。

由是言之,对于梁实秋的"清书事件",作为一个历史悬案,尽管"事出有因",但却"查无实据"。书是肯定清过,论辩双方对此点均不存疑问,但是到底清了哪些书? 清了多少? 在被清理的书籍中是否有左翼书刊和鲁迅的著作? 这些问题尚需进一步考证。笔者以为,在没有新的证据出来之前,还是让其和鲁迅"兄弟失和"的悬案一样,不妨让其继续悬着为好,用存疑的方式严谨而慎重地对待这样的问题,才不失一种真诚的、科学的、客观的研究态度。

（本文原发表于《鲁迅研究月刊》2013 年第 7 期）

---

① 汤因比,厄本. 汤因比论汤因比:汤因比与厄本对话录[M]. 王少如,沈晓红,译. 上海:上海三联书店,1989:10.

② 胡适. 致罗尔纲[M]//胡适全集:第 24 卷. 合肥:安徽教育出版社,2003:294.

城市空间·社会群体·传统戏曲

——基于兰州市区秦腔茶园的调查研究

郭富平[*]

20 世纪 90 年代以来,秦腔茶园(当地俗称"戏园子"或"茶园子")在西北各大中城市的涌现已成为一种具有鲜明地域特征的社会文化现象。2012 年 3 月至2013 年 6 月,笔者主要运用参与观察、深度访谈等方法,对兰州市区的秦腔茶园展开了深入调查。立足于调查结果,本文分别从地理分布、观众群体、社会文化功能三个方面对其进行了初步探讨。

一、城市文化空间中的秦腔茶园

茶园作为戏曲表演场所并非现代产物,而是古已有之。宋元时期就有戏曲艺人在酒楼、茶肆中做场的记载①,但此时的戏曲表演仅是招徕顾客的辅助性手段。及至清代,茶馆中开始搭建戏台,用于正式的戏曲表演。自此之后,戏曲以茶园为载体,茶园以戏曲为依托,相辅相成,同步发展。久而久之,茶园与戏园的功能逐渐合二为一。正因戏曲与茶之间存在着如此密切的关系,后世将戏园又称茶园,并有"戏曲是茶汁浇灌起来的一门艺术"的说法[1]。概而言之,从中国戏曲表演场所的发展演进过程来看,茶园作为正式剧场出现于清代前期,并成为"从清代乾隆年间一直到民国近二百年间的代表剧场式样"[2]。新中国成立之后,经过 1950 年代的"戏改"运动,戏曲表演团体成为政府设立的国营剧团,茶园这种民间的、自发性的戏曲表演场所不复存在。进入 20 世纪 80 年代中期以来,在社会结构调整和文化体制改革的时代浪潮中,专业剧团经过改制,逐步走向了自负盈亏的市场化

---

* 作者简介:郭富平(1978—　),男,甘肃通渭人,天水师范学院文学与文化传播学院副教授,文学博士,主要从事地方戏曲与民间文化研究。

① 如吴自牧《梦粱录》卷十六"茶肆"条说"大凡茶楼,多有富家子弟、诸司下直等人汇聚,习学乐器、上教曲赚之类,谓之挂牌儿。"又如西湖老人《繁盛录》说到"独勾栏瓦市,稍远,于茶肆中作夜场"。

经营之路。在此背景下,戏曲茶园这种传统的剧场形式又开始在城市中悄然出现。

基于中国地方戏曲的多样性,不同地区存在着演出不同剧种的戏曲茶园。秦腔是西北地区的第一大剧种,与西北民众的民间信仰、人生礼仪、节庆娱乐、宗教祭祀等民俗文化活动存在着多维度的内在关联,是该地区具有标志性的地方文化符号。因此,在兰州、西安等城市虽然也有豫剧茶园、蒲剧茶社等戏曲茶园的零星存在,但从数量、规模、影响等方面来说,具有绝对优势的仍数秦腔茶园。新时期以来的秦腔茶园是在 20 世纪 90 年代初的兰州率先兴起的,然后逐步扩展至西北各大中城市。直至今天,兰州市区①的秦腔茶园在整个大西北仍居于龙头地位,发挥着引领性作用。

兰州市区现存的秦腔茶园总计 20 余家,遍布于除红古区以外的城关区、七里河区、安宁区、西固区。其具体分布情况,概述如下:

城关区:共有 6 家,分别位于东湖宾馆和西关什字一带。以东湖宾馆为中心方位,向东 400 米处的"秦韵戏苑"院内集中了"金缘秦苑""西凤秦苑""秦韵苑""秦之源"四家,向南 100 米的五里铺桥头有名为"鑫盛茶社"的一家。2008 年下半年之前,"秦韵戏苑"院内的四家也在五里铺桥头营业,后因所租用场地被政府列入开发建设范围内而整体搬迁到现址。西关什字一带只有"西关闲雅茶园"一家,位于沛丰大厦背后的西关综合市场内。

七里河区:共有 12 家,主要分布于工人文化宫一带,包括第一文化宫(南部)8 家、第二文化宫(北部)1 家、天龙水宫 3 家。第一文化宫的八家呈倒"Z"形分布:"秦兰春""福泰祥茶园""正屹茶社""园茗苑"四家位于大门左侧的牡丹池内;"海利茶苑""三艺苑"两家位于中间位置;另有无具体名称的一家位于左侧后方,所占建筑名为三公祠;"天顺茶社"位于右侧后方。第二文化宫有"北部中心茶园"一家。与第一文化宫尾部相毗邻的"天龙水宫"三楼共有"秀艺苑""天乐苑""兴隆秦腔艺术团"3 家。

安宁区:共有 2 家,位于万新南路费家营什字向南 200 米的银安市场内,一家名为"中亿厅茶园",另一家名为"银滩路社区娱乐活动中心秦腔茶园",两家相距100 米左右。

西固区:共有 1 家,名为"雅翠艺术社",位于西固城的天乐商城后面。

---

① 作为行政区划概念的兰州市区包括五区三县,即城关区、七里河区、安宁区、西固区、红古区、榆中县、永登县和皋兰县。基于论题所限,本文中的兰州市区仅指"五区",而不包括"三县"。

　　综合上述情况,可以看出,兰州市区的秦腔茶园在地理分布上呈现出"两区、边缘化、两集群"三个特点。首先,从区位空间来看,主要集中在城关区和七里河区。这是由不同的区位条件所决定的。城关区和七里河区总体上属于兰州市的中心区域,相对而言,安宁区和西固区处于兰州市的边缘区域,而红古区则属于兰州市的远郊区。城关区和七里河区之所以能汇集整个兰州市区近90%的秦腔茶园,与这两区作为兰州市政治、经济、文化、交通、商贸中心的区位优势密不可分。其次,从社区空间来看,远离城市繁华区而靠近市民活动区。人口流动性较强的群众文体活动中心或集贸市场往往是秦腔茶园的"安身之处",虽然这些地方环境卫生脏乱差的现象比较普遍,但市民的大量存在可以为秦腔茶园提供观众保证。同时,因为并不在市民生活区内,所以可避免扰民等社会问题的出现。最后,从密度空间来看,形成了东湖宾馆集群和文化宫集群。这两大集群的形成与其特定的地理位置、文化环境等因素有着紧密联系。位于兰州市东部边缘地带的东湖宾馆,南北两边汇集了甘肃规模最大的商品集散地和物资交流中心——南边有东部综合批发市场和兰新家电批发市场,北边有雁滩家具与建材批发市场。几大批发市场的存在使得这里成为兰州市流动人口和外来人口最密集的区域。在此租房居住的外来务工人员主要来自甘肃和周边省份的农村,自小生活在秦腔文化圈中。如同老天桥之于北京,文化宫就是兰州的"杂吧地"①,是五行八作杂陈之地、三教九流聚散之所。从城市生理学的角度来看,如果将西关什字、南关什字视为兰州市的"上体",那么,作为市井文化聚集地的文化宫则属于兰州市的"下体"。秦腔茶园无疑是这一下体的重要"构件",在相当程度上涵蕴并承载着兰州的市井文化。总而言之,秦腔茶园主要分布于城市中心区域的边缘地带。

　　有学者认为,以地理空间为标准,当下城市文化可分为中心时尚文化、城市原乡文化以及边缘城市文化三个层次。[3]据此观点,不难看出,以城市中心区域的边缘地带为地理分布特点的秦腔茶园,显然属于介乎于中心时尚文化层与城市原乡文化层之间的边缘城市文化层。一方面,由于它处于城市的中心区域,因而具有向时尚文化积极靠拢的"求同"趋向;另一方面,因为它具体位于中心区域的边缘地带,所以又在一个相对独立的文化空间中呈现出继承传统的"求异"特点。如果将秦腔茶园纳入城市民俗学的视野予以观照,就会发现,在这种边缘城市文化区

---

　　① 作为民俗学研究对象的"杂吧地",由岳永逸首先提出。他在《老北京杂吧地:天桥的记忆与诠释》(生活·读书·新知三联书店,2011)一书中,将天桥这一老北京市井文化的聚集地称为"杂吧地",并将其象征性地比拟为北京的"下体",从而提出了颇有启发性的"城市生理学"的概念。

域,"既有传统民俗在现代社会的回放,又有与商业文明结合的再生"[4]。举例来说,"搭红"作为秦腔茶园中最主要的经济运作方式,就充分体现了"新、旧民俗的互融交叉性"[5]这一城市民俗的重要特征。"搭红"也称"挂红""挂彩""披红"等,作为传统的秦腔演出习俗,它是观众对演员精彩表演的一种当场褒奖方式,具体体现为:在演员表演最精彩的当口,搭红者在观众的一片叫好声中走上舞台,当场把事先准备好的红绫或红底绸缎被面披挂在演员身上,演员表示感谢后继续演出。[6]在今天的秦腔茶园中,"搭红"虽然在外在形式上基本延续了传统习俗,但其内涵已发生重大变化而成了一种独特的取利方式:当有观众要给正在表演的演员搭红时,无须走上舞台,只需向专门负责搭红事宜的人做出伸手指这种特定的暗示性动作①,红色手帕就会被扔在演员脚下;与此同时,负责人将搭红者、搭红对象和搭红数目记录在簿,搭红者在离开茶园前按一个"红"十元钱将相应现金交予负责人。原则上,搭或不搭、给谁搭、搭多少均出于自愿,但事实上,这些都是特定演员和特定观众之间事先达成的,且大多情况下表现为演员向观众主动索取的"要红"。可见,"搭红"的实质已由传统的精神奖励方式蜕变为现金收入的象征之举,这种新型的城市民俗"已经与原来的现实生活场景相脱离,已经被现代社会中的人们按照自身的文化需求进行过一定程度的复制、再创与加工改造",[7]属于一种再生文化形态。

二、作为秦腔茶园观众主体的老年群体

没有观众的存在,就不会有表演场所的产生;同时,不同的表演场所又有其特定的观众群体。秦腔茶园这一戏曲表演场所的观众主要有老人、农民工等。其中,老人是最基本的观众群体。

在兰州市区的秦腔茶园中,农民工的数量约占观众总数的 15 %左右。在 20 世纪 90 年代初期,秦腔茶园作为一种刚刚兴起且消费水平较低的娱乐场所吸引了大量的农民工,但随着 KTV、酒吧、棋牌室、茶屋等多种休闲娱乐场所的出现,这一观众群体开始大量流失。然而,直至今天,这一数量有限的观众群体仍然是秦腔茶园中的主要消费者之一,特别是他们中的一些个体老板,因为收入较为丰厚,所以在茶园中出手阔绰。某种意义上来说,正是这一小部分人维系着秦腔茶园的生存与发展。据秦腔茶园老板介绍,这一数量不到 20 %的观众群体,在消费额上超过了整个茶园的 80 %。② 农民工之所以能成为秦腔茶园观众的重要构成部分,

---

① 一般来说,伸出的手指数与搭红数相一致,例如一根手指代表一个红,一只手代表五个红。
② 2012 年 6 月 2 日访谈录音资料。

原因主要在于两个方面。一方面,他们大多出身于西北农村,自小深受秦腔这一植根于农业文明的草根艺术的濡染,所以,在心灵深处对秦腔怀有一种亲近之感,他们中的有些人是忠实的秦腔戏迷;另一方面,对于常年在外的他们来说,进茶园看戏不仅可以放松疲惫的身心,同时也包含着藉此抒发乡情乡思、获得自我身份认同的意义。然而,农民工这一观众群体毕竟数量有限,而且一般只选择在周末或节假日期间光顾秦腔茶园,因此,他们不是秦腔茶园观众的主体部分。

无论从数量来说,还是从稳定性来说,老年人是兰州市区的秦腔茶园中最基本的观众群体。根据调查获得的材料,老年观众的数量占茶园观众总数的80%以上,而且绝大多数是频繁光顾的常客。

概括而言,秦腔茶园中的老年观众具有如下特点:

1. 从年龄与性别来看,介于60—80岁之间的男性老人是老年观众的绝对主体。就年龄来说,秦腔茶园中的老年观众大多在60—75岁之间。这一阶段的老年人因年事已高而退休或不再从事劳动,同时身体条件尚允许在此类场合出现。就性别来说,秦腔茶园中女性观众极为少见,偶尔出现的个别老太太,也不外乎两种情况:要么是"铁杆"戏迷或者退休演员,想借茶园一过戏瘾;要么是陪同老伴。

2. 从身份与职业来看,老年观众主要由退休人员和市郊农民构成。退休老人可分为以下几类:从出生、成长、工作直至退休始终没有离开兰州的本地人;因为工作单位的原因在兰州安家落户的外地人;只身一人在外地工作,退休后回到兰州家中安度晚年的老人。其中,前两类在数量上占优。就其退休前的职业来说,有工人、机关干部、教师等。老年农民大多是来自兰州近郊的崔家崖、马滩、龚家坪、晏家坪一带的菜农和果农。因为年事已高,他们基本上不再从事农活,而且,由于近年来城郊的土地被政府大量征用,他们事实上已成为保留着农民身份的市民。除了退休人员和市郊农民之外,老年观众中还有一小部分是被子女接至兰州的农村老人以及来兰州探亲的外地老人。由于这部分观众属于暂住兰州,且其数量非常之少,因此不具有典型意义。

3. 从进茶园的频率来看,经常光顾或每天必至的常客远远多于偶尔才来的非常客。绝大多数老年观众隔三差五就会进一次秦腔茶园,相当一部分是除了天气、身体等特殊原因外每天必到的固定观众。对这些老人而言,进秦腔茶园看戏不仅仅是休闲娱乐的需要,而是不可或缺的日常生活内容。有些老年观众只有在周末或节假日期间,甚至每隔一两周或一两个月,才能有一次光顾秦腔茶园的机会,因为其他时间有事在身。例如,市区近郊的菜农吴××虽然很爱看戏,但由于平时要接送孙子上下学而无法脱身,因此只有在周末儿子儿媳妇在家时,才会欣然前往。① 至于因为探亲等原因在兰州短时间居住的老年观众,自然算不上秦腔茶园的常客。

4. 从时间安排来看,老年观众一般只在白天进茶园看戏。大多老人每次抵达与离开秦腔茶园的时间比较固定,一般午饭后稍作休息即便出门,然后根据不同的路程,要么乘坐公交车,要么步行,赶在下午两点半开戏前到达目的地,五点左右戏结束后回家,晚上不再出门。正因如此,绝大多数秦腔茶园晚上关门,即使有个别茶园晚上正常营业,寥寥几个观众也是清一色的年轻人,极少出现老年人的身影。可见,老年观众的多少直接关系到秦腔茶园的经营情况。

5. 从对秦腔的熟悉程度来看,老年观众有戏迷、爱好者和娱乐者之分。戏迷指的是那些非常喜欢秦腔,且对秦腔的剧目内容、声腔音乐、表演程式、服饰道具等比较熟悉的观众。这一类老年观众进秦腔茶园的唯一目的就是看戏,能欣赏到高水平演员的表演自然是他们的心愿。因此,由于茶园演员的流动性,他们往往出入于不同的茶园,而不会长期固定于某一个茶园。虽然此类观众为数不多,但占有一定比例——家住马滩村的菜农崔××即属此列。这位常年在文化宫一带的秦腔茶园中看戏的 73 岁老人,曾长期在村上的业余剧团演戏,1981 年剧团解散后,还组织自乐班在农闲时演出。职是之故,他谙熟秦腔艺术,谈起秦腔界的名演员来可谓如数家珍。② 在对秦腔的熟悉程度上,爱好者介于戏迷和娱乐者之间。他们爱好秦腔但不痴迷,懂得秦腔但达不到谙熟程度。这一类老年观众是秦腔茶园观众的主体部分。此外,还有少数老年观众完全不懂秦腔艺术,对他们来说,秦腔茶园仅仅是一种同龄人多、比较热闹且消费较低的娱乐场所,看戏并非他们的真正意图,从事下棋、打牌、喝酒、玩麻将等娱乐活动才是其目的所在。在人数上,这类老年观众仅占很小一部分。

6. 从消费状况来看,老年观众有搭红者与不搭红者之分。进秦腔茶园看戏,观众无需买票进场,每人至少消费一杯茶或一瓶啤酒或一盘瓜子即可。③ 通常情况下,大多数老人进茶园之后只要一杯苦茶,除此之外没有其他消费。但来自茶酒小吃的收入远远不能支撑一个茶园的生存,秦腔茶园最主要的取利方式是观众给演员的搭红。比较而言,老年观众中搭红者极少,即使偶尔有搭红者出现,但所搭红的数量也相当有限。举例来说,兰州供电公司的退休职工、年逾八十的

---

① 2013 年 4 月 20 日访谈录音资料。
② 2013 年 4 月 22 日访谈录音资料。
③ 在兰州市区的秦腔茶园中,茶分为清茶和三泡台两种,当地人分别称之为苦茶和甜茶。前者一杯 5 元,后者一杯 8 元。茶酒小吃的价格基本统一,但也有例外,例如,安宁区的中亿厅茶园一杯苦茶 4 元,一杯甜茶 6 元。

李××,平时在茶园中深得一位女演员端茶倒水之类的照顾,所以他每隔三四天就会给该演员搭一两个红,以示谢意。① 再如上文述及的崔××,在茶园看戏已逾 20 年,但至今只有一次搭红经历,而且还是在比较特殊的情形之下。当时一位外请的老艺人正在演出唱做并重的纱帽戏《杀驿》,非常精彩,但没有一个观众搭红。出于对秦腔艺术和老艺人的尊重,他搭了两个红。② 老年观众中的搭红者主要是有固定收入的退休老人,出身于农村的老人极少搭红。虽然也曾有过个别市郊农民在秦腔茶园中大肆挥霍土地补偿款的事例,但总体来说,此类情况极为少见。

三、秦腔茶园的"准老年俱乐部"性质

老年人为什么成为秦腔茶园最基本的观众群体? 秦腔茶园又在哪些方面、何种程度上满足了老年人的需要? 或者说,秦腔茶园具有怎样的社会文化功能呢?

在调查过程中,对于"您为什么进秦腔茶园"这一问题,老人们的回答主要有以下几类:

个案一

> 那些高级的娱乐场所,我们消费不起,也不适合我们。如果没有这些茶园子,我们到哪里去呢? 不是天天去逛大街的吧? 逛也逛不动,又不是经常蹲在家里的。茶园子虽然环境一般,但有个坐的位置,消费也便宜。③

虽然各种娱乐场所遍布于城市之中,但真正适合于老年人的少之又少。所以,走出家门后无处可去是老年人不得不面对的现实境况。相对而言,消费低廉、既能看戏又能休息的秦腔茶园是比较适合老年人的场所。

个案二

> 我有冠心病,做过心脏搭桥手术。得了这个病需要经常活动,吸收外边的新鲜空气。我呢,喜欢秦腔,也懂些戏,再没地方去,就这样进了茶园子。除了看戏,有时候也下几盘棋,来这地方也就是为了混时间嘛。④

对于有病在身且需要在外活动的老人来说,秦腔茶园成为他们散心养神、打

---

① 2013 年 4 月 21 日访谈录音资料。
② 2013 年 4 月 22 日访谈录音资料。
③ 访谈对象:张××,71 岁;访谈时间:2013 年 4 月 22 日下午;访谈地点:东湖宾馆金缘秦苑。
④ 访谈对象:王××,67 岁;访谈时间:2013 年 4 月 19 日下午;访谈地点:文化宫茶摊。

发时光的去处。在秦腔茶园中,除了看戏之外,他们也会从事其他娱乐活动。

个案三

> 我的子女都在外地工作。老伴在世的时候,我们早上在黄河边打会太极拳,老伴过世后,没人陪我了,也就不到黄河边锻炼了。我自小就喜欢秦腔,还会一点口琴和二胡。所以,在朋友的引见下就来茶园子了。这里老年人多,有时能交上一两个朋友。①

丧偶本身会对老年人造成极大伤害,如果子女不在身边,他们的生活就会更加地寂寞孤独。秦腔茶园作为年龄和境况接近的老年人的聚集之地,能在一定程度上实现空巢老人通过社会交往摆脱单调生活的强烈愿望。

个案四

> 我一直喜欢秦腔,但现在要看一场正规的戏,不容易啊!国家好像也不太重视,陕西电视台的"秦之声"现在看不上了,甘肃电视台的"大戏台"安排在晚上9:30—11:00,老人要休息,也没法看。所以,就来戏园子了。②

在传统戏曲日渐式微、演出市场不断萎缩的背景下,电视媒体成为喜爱秦腔的老人们满足戏瘾的最主要途径。当这种途径不再"畅通"时,进秦腔茶园成了他们退而求其次的选择。

综合分析上述材料,不难发现,秦腔茶园之所以成为老年人的聚集之地,不仅是一个有关传统戏曲生存危机的现象,而且是一个具有老年社会学意义的问题。在我国,一个不可逆转的老龄社会正在形成之中,养老问题已成为严峻的社会问题之一。在老年人的物质需求相对满足的今天,精神养老(或精神赡养)的重要性日益凸现。对于城市老人来说,退休后的闲暇生活如何安排,"直接关系到老后生活的满足程度和生存意义",因为"退休是进入老年期的重要社会标志。它将从根本上改变老年人生活的时空结构,并且对老年人生活造成全面而深刻的影响"[8]。当下的问题在于,家庭赡养和社区赡养这两种城市居家养老模式下的精神赡养方式都无法满足城市老人的真正需求,很多退休老人(包括城郊农民)走出家门后无处可去即是其现实表征。

正是在此情形下,秦腔茶园这种传统戏曲遭遇生存危机后的产物,在西北地区逐渐拥有了"准老年俱乐部"的性质。从某种意义上来说,正是因为秦腔茶园的

---

① 访谈对象:李××,80岁;访谈时间:2013年4月21日下午;访谈地点:文化宫茶摊。

② 访谈对象:韩××,73岁;访谈时间:2013年4月24日下午;访谈地点:文化宫北部中心茶园。

存在,很多老人才走出家门,进入群体生活,进而有限地融入社会之中。首先,秦腔茶园的基本消费非常低廉,完全在老年观众的可接受范围之内。一个老人进一次秦腔茶园的花费不过是来回车费和5元茶钱,况且兰州市区的公交车实行老年优惠卡制度,年满60岁每次0.5元,70岁以上免费。再者,在茶园这一特定场合中,老人们不仅能欣赏到自己喜欢的传统戏曲,还可以从事其他娱乐活动,如下棋、打牌、玩麻将、喝酒等(绝大多数秦腔茶园在坐席后方设有棋盘、酒桌、牌案等)。长此以往,原先相互陌生的老人之间会形成戏友、棋友、牌友、酒友关系,而且这些良性的交往关系有可能延伸至茶园之外的整个日常生活之中。对于失去老伴或有病在身的老人来说,进秦腔茶园更有排遣孤独寂寞的意义。由此可见,秦腔茶园既是一种娱乐消闲场所,又是一个社会公共空间,不仅满足了老人们的休闲需要,丰富了他们的精神生活,同时也增强了他们的城市认同感和归属感,有利于其生活质量的提高。所以,对于老人进秦腔茶园,大多数子女比较支持。

值得注意的是,秦腔茶园的这种"准老年俱乐部"性质,也逐渐引起了地方政府部门的关注。据一位茶园老板介绍,在经营许可证办妥之后,秦腔茶园可作为老年活动中心,以繁荣老年人文化娱乐生活的名义向当地文化部门申报项目,获得一定的资金支持。不过这属于疏通关系基础上的"灵活操作",并没有作为政策正式出台。① 事实上,出于茶园生存的考虑,秦腔茶园的经营者一直在努力寻求着这种民间戏曲表演场所与官方政策导向之间的"合拍"与"共鸣"之处,最直观的表现是通过茶园的招牌、对联等凸显当前的文化大发展大繁荣方针。例如,安宁区的一家秦腔茶园,名称即为"银滩路社区娱乐活动中心"。再如,内容为"发展民族文化,振兴秦腔艺术""盛世和谐,文化灿烂""观前贤喻古今和谐之声,翻旧曲唱新歌与时俱进"之类的室内标语或舞台对联非常多见。

然而,就目前现状来看,秦腔茶园并非老年文化娱乐场所的理想形态,这也是不能将其直接看做"老年俱乐部"的原因所在。从秦腔茶园的性质来说,它既非正式的剧院,又非纯粹的茶馆,而是一种活跃于城市民间的商业性戏曲表演场所。也就是说,它是由民间自发兴办的、自负盈亏的经济文化实体,采取的是以赢利为目的的市场化经营方式,具有鲜明的文化消费色彩。而大多数老年观众因为消费水平有限,所以不被茶园老板与演员视为主要的消费主体。如此一来,就造成了文化产品的生产者与消费者之间的错位关系。从老年观众自身来说,他们对于秦腔茶园不同程度地存在着安全顾虑和认同危机。在调查过程中,大多数老人表现得非常警惕,戒备心很强,对自己进秦腔茶园的经历和见闻不愿提及,往往以"我

---

① 2013年4月23日访谈录音资料。

不经常来""对这里边的情况不太熟悉""你去采访那些常来的"等托词表示拒绝，而从他们与演员的熟悉程度来看，又分明是常客。究其原因，大致有两个方面：一是担心被欺诈。接受过访谈的观众和演员一致认为，秦腔茶园中的人员构成非常复杂，"各种各样的人都有"，观众的钱财被盗被骗的事件也曾多次发生，所以老年人的担忧似乎也不无必要。二是觉得进茶园并非光彩之事。这种心理印象与道德困境的形成，既与旧式戏园中狎旦品花之风盛行所造成的传统偏见有关，也与秦腔茶园中个别女演员与观众相互调笑，甚至可能存在非正常关系的现象有关。上述因素对老年观众的影响不可小视，其直接后果是导致了老年观众之间的深度交往相当有限，除了同伴之外，大多为点头之交。而且，各行其是、缺少互动造成的陌生感会进一步增强相互间的防范心理。总之，秦腔茶园在实现老年人的精神赡养功能方面不容乐观。

参考文献

[1]连振娟.茶馆的前世今生[J].文史博览,2006(3).

[2]廖奔.中国古代剧场史[M].北京：人民文学出版社,2012：6.

[3][4]程洁.城市民俗圈理论及其与城市文化分层的关系[J].学术月刊,2011(6).

[5]方川.中国城市民俗特征论[J].民俗研究,1998(1).

[6]中国戏曲志编辑委员会.中国戏曲志·甘肃卷[M].北京：中国 ISBN 中心,1995：599.

[7]蔡丰明.上海城市传统民俗文化空间[J].民间文化论坛,2005(5).

[8]胡汝泉.老年社会学的对象、领域和作用[J].社会学研究,1988(1).

注：本文曾发表在《西北民族研究》2013 年第 4 期

后　记

　　六十年风雨历程，六十年求索奋进。编辑出版《天水师范学院60周年校庆文库》(以下简称《文库》)，是校庆系列活动之"学术华章"的精彩之笔。《文库》的出版，对传承大学之道，弘扬学术精神，展示学校学科建设和科学研究取得的成就，彰显学术传统，砥砺后学奋进等都具有重要意义。

　　春风化雨育桃李，弦歌不辍谱华章。天水师范学院在60年办学历程中，涌现出了一大批默默无闻、淡泊名利、潜心教学科研的教师，他们奋战在教学科研一线，为社会培养了近10万计的人才，公开发表学术论文10000多篇(其中，SCI、EI、CSSCI源刊论文1000多篇)，出版专著600多部，其中不乏经得起历史检验和学术史考量的成果。为此，搭乘60周年校庆的东风，科研管理处根据学校校庆的总体规划，策划出版了这套校庆《文库》。

　　最初，我们打算策划出版校庆《文库》，主要是面向校内学术成果丰硕、在甘肃省内外乃至国内外有较大影响的学者，将其代表性学术成果以专著的形式呈现。经讨论，我们也初步拟选了10位教师，请其撰写书稿。后因时间紧迫，入选学者也感到在短时期内很难拿出文稿。因此，我们调整了《文库》的编纂思路，由原来出版知名学者论著，改为征集校内教师具有学科代表性和学术影响力的论文分卷结集出版。《文库》之所以仅选定教授或具有博士学位副教授且已发表在SCI、EI或CSSCI源刊的论文(已退休教授入选论文未作发表期刊级别的限制)，主要是基于出版篇幅的考虑。如果征集全校教师的论文，可能卷帙浩繁，短时间内难以出版。在此，请论文未被《文库》收录的老师谅解。

原定《文库》的分卷书名为"文学卷""史地卷""政法卷""商学卷""教育卷""体艺卷""生物卷""化学卷""数理卷""工程卷"，后出版社建议，总名称用"天水师范学院60周年校庆文库"，各分卷用反映收录论文内容的卷名。经编委会会议协商论证，分卷分别定为《现代性视域下的中国语言文学研究》《"一带一路"视域下的西北史地研究》《"一带一路"视域下的政治经济研究》《"一带一路"视域下的教师教育研究》《"一带一路"视域下的体育艺术研究》《生态文明视域下的生物学研究》《分子科学视域下的化学前沿问题研究》《现代科学思维视域下的数理问题研究》《新工科视域下的工程基础与应用研究》。由于收录论文来自不同学科领域、不同研究方向、不同作者，这些卷名不一定能准确反映所有论文的核心要义。但为出版策略计，还请相关论文作者体谅。

鉴于作者提交的论文质量较高，我们没有对内容做任何改动。但由于每本文集都有既定篇幅限制，我们对没有以学校为第一署名单位的论文和同一作者提交的多篇论文，在收录数量上做了限制。希望这些论文作者理解。

这套《文库》的出版得到了论文作者的积极响应，得到了学校领导的极大关怀，同时也得到了光明日报出版社的大力支持。在此，我们表示深切的感谢。《文库》论文征集、编校过程中，王弋博、王军、焦成瑾、贾来生、丁恒飞、杨红平、袁焜、刘晓斌、贾迎亮、付乔等老师做了大量的审校工作，以及刘勍、汪玉峰、赵玉祥、施海燕、杨婷、包文娟、吕婉灵等老师付出了大量心血，对他们的辛勤劳动和默默无闻的奉献致以崇高的敬意。

《天水师范学院60周年校庆文库》编委会

2019年8月